Bibliografische Information der Deutschen Bibliothek
Die Deutsche Bibliothek verzeichnet diese Publikation
in der Deutschen Nationalbibliografie; detaillierte
bibliografische Daten sind im Internet über
http://dnb.de abrufbar.

Ernst Tradinik (Hrsg.)
Inklusive Medienarbeit.
Menschen mit Behinderung in Journalismus, Radio,
Moderation und Film
Köln: Halem, 2024

Alle Rechte, insbesondere das Recht der Vervielfältigung und Verbreitung sowie der Übersetzung, vorbehalten. Kein Teil des Werkes darf in irgendeiner Form (durch Fotokopie, Mikrofilm oder ein anderes Verfahren) ohne schriftliche Genehmigung des Verlages reproduziert oder unter Verwendung elektronischer Systeme (inkl. Online-Netzwerken) gespeichert, verarbeitet, vervielfältigt oder verbreitet werden.

© 2024 by Herbert von Halem Verlag, Köln

ISBN (Print)   978-3-86962-676-5
ISBN (PDF)   978-3-86962-678-9
ISBN (ePub)   978-3-86962-677-2

Den Herbert von Halem Verlag erreichen Sie auch im
Internet unter http://www.halem-verlag.de
E-Mail: info@halem-verlag.de

Dieses Buch wurde auf FSC©-zertifiziertem Papier gedruckt.

SATZ: Herbert von Halem Verlag
LEKTORAT: Julian Pitten, Rabea Wolf
DRUCK: docupoint GmbH, Magdeburg
UMSCHLAGABBILDUNG: © Adobe Stock »inclusive diverse society
of the future« By bxtr
GESTALTUNG: Bruno Dias, Porto/Berlin
Copyright Lexicon ©1992 by The Enschedé Font Foundry.
Lexicon® is a Registered Trademark of The Enschedé Font Foundry.

Ernst Tradinik (Hrsg.)

Inklusive Medienarbeit

Menschen mit Behinderung in Journalismus, Radio, Moderation und Film

HERBERT VON HALEM VERLAG

WIDMUNG

»Warum gehst du mit dem Pleampel in der Öffentlichkeit herum?! Der gehört eingesperrt!«

Dann meine Wiener Oma, sie wurde 84 Jahre alt:

»Jetzt hast grad dem Herrgott die Füße abgeschleckt und nun schimpfst du auf einen geistig behinderten Mann, der sich nicht wehren kann! Schäm dich!«

Gewidmet meiner Wiener Oma, die sich gegen die Anfeindungen gegenüber ihrem Sohn mit geistiger Behinderung bis in die 1980er-Jahre auf den Straßen Wiens hat wehren müssen. Gegenüber jenen (so meine Oma) »verlogenen Menschen, die gerade aus der Kirche kamen« und dann ihren Sohn (meinen Onkel) und meine Oma auf offener Straße beschimpften.

DANK

Großer Dank an alle Autor*innen und Sendungsmacher*innen dieses Buches. Sowie dem Herbert von Halem Verlag, Julian Pitten und Rabea Wolf für ihre Geduld und Ausdauer.

Und an Univ. Prof. Dr. Fritz Hausjell und dem Institut für Publizistik- und Kommunikationswissenschaft in Wien. Die Wertehaltung des Instituts und der unterrichtenden Personen haben mich immer sehr beeindruckt. Und herzlichen Dank an meine Eltern, die mich auf die Bibliothek im Gemeindebau aufmerksam gemacht haben.

»Inklusive Medienarbeit meint die elektronische (Radio, Video und ähnl.) Medienarbeit von und mit Menschen mit (Lern-)Behinderung und/oder psychischer Erkrankung. Mit oder ohne Begleitung/Unterstützung von Expert*innen aus dem (sozial-)pädagogischen, kommunikationswissenschaftlichen oder ähnl. (Medien-)Bereichen.«
Ernst Tradinik, München 2015

»Wenn man vor vierzig Jahren gefragt worden wäre, was die Hauptprobleme in der Thematik ›Menschen mit Behinderungen in den Medien‹ seien, hätte die Antwort vermutlich gelautet: ›Was ist das, Menschen mit Behinderungen in den Medien?‹«
Peter Radtke, 2014

»Ich dachte lange, alle hörenden Menschen wären klug.«
Nikole Mitterbauer,
Moderatorin von *deafies in wonderland*

INHALT

Widmung		4
Dank		5
1.	**Einführung**	15
	Von Ernst Tradinik	
TEIL 1:	**WAS IST INKLUSIVE MEDIENARBEIT?**	30
2.	**Inklusive Medienarbeit**	30
	Von Ernst Tradinik	
3.	**Teilbereiche der inklusiven Medienarbeit**	52
	Von Ernst Tradinik	
	3.1 Geschichte der inklusiven Medienarbeit	53
	3.2 Sprache und (Nicht-)Sprechen	55
	3.3 Kompetenzen und Selbstbemächtigung	59
	3.4 Teilhabe und Partizipation	61
	3.5 Persönliche Anforderungen an die Begleitung und Unterstützung inklusiver Medienarbeit	62
	3.6 Technische Anforderungen an die Begleitung und Unterstützung von inklusiver Medienarbeit	66
	3.7 Mediengestaltung und Medientechnik	67

3.8	(Lern-)Behinderung und psychische Erkrankung	67
3.9	Medienberufe am ersten und zweiten Arbeitsmarkt	69
3.10	Öffentlichkeit und (Selbst-)Darstellung von Menschen mit (Lern-)Behinderung und/oder psychischer Erkrankung in den Medien	72
3.11	Aktuelle Produkte der inklusiven Medienarbeit	73

TEIL 2: EINBLICKE IN DIE GESCHICHTE DER INKLUSION UND DER INKLUSIVEN MEDIENARBEIT 75

4. Der Beginn und ein Überblick 75
Von Ernst Tradinik

5. Am Anfang war der Schleifstuhl 78
Von Friedrich Gföllner

5.1	»Schon die Arbeit am Film war ein Erfolg«	86
5.2	»Urlaute einer Spastikerin sind kein Tabu«	90

6. HARTHEIM TV und die Medienwerkstatt Hartheim (2002–2007). Eine Erinnerung 94
Von Christian Grill

7. 45 Jahre in einer Einrichtung: Wie es damals war und wie es jetzt ist 110
Von Cornelia Pfeiffer (2019)

8. Im Bann der Lautsprache: Gehörlosenpädagogik und Anstaltserziehung im 19. und 20. Jahrhundert 120
Von Mirjam Janett und Martin Lengwiler

9. Gehörlose Österreicher*innen im Nationalsozialismus 138
Von Ernst Tradinik

TEIL 3: THEORIEKONZEPTE UND ANWENDUNGEN INKLUSIVER MEDIENARBEIT 140

10. Selbstbemächtigung durch inklusive Medienarbeit 142
    Von Lukas Adler

11. Inklusive Medienarbeit im Studium Soziale Arbeit 159
    Von Andrea Nagy

12. Partizipation in inklusiver Medienarbeit 172
    Von Ralf Gröber

13. UK - Unterstützte Kommunikation am Beispiel Interviewführung als Redakteurin mit einem Sprachcomputer 186
    Von Natascha Toman
    13.1 Inklusive Medienarbeit Schnittpunkt Logopädie 191
    Von Theresa Bitriol

14. Das Berufsqualifizierungsprojekt Inklusive Lehrredaktion (ILR) im ORF 208
    Von Anna Mark

15. Inklusive Medienarbeit, Digitalisierung und Menschenrechte 217
    Von Lukas Adler

TEIL 4: RADIO & PODCAST 233

16. ›Auf Augenhöhe‹ ist mehr als eine Floskel 237
    Von Anja Thümmler

17. Das Leben in der Kapsel 247
    17.1 Christian Winkler und das Radio 247
    Von Anna Michalski
    17.2 An ein unbekanntes Publikum. Leben in der Kapsel. Ein Erlebnisbericht 253
    Von Christian Winkler

18.	**Radio loco-motivo**	**258**
	18.1 Menschen mit und ohne Psychiatrieerfahrung machen gemeinsam Radio - Schweiz Von Ernst Tradinik	258
	18.2 Aktive Rolle für Psychiatrieerfahrene - ein Gespräch mit Gianni Python - Schweiz	259
19.	**Hinschauen statt Wegschauen. Radio Rene - ein inklusives Medienprojekt** Von Brigitte Himann und Andrea Tabery	**268**
20.	**Podcast Neue Norm - Deutschland** Von Ernst Tradinik	**279**
21.	**Radio Wissensteam - Österreich** Von Ernst Tradinik	**281**
22.	**Barrierefreies Radiostudio beim Radio fro - Österreich** Von Ernst Tradinik	**286**
	22.1 Das Studio des Radio FRO	287
23.	**Podcast S.O.S. - Sick Of Silence - Schweiz** Von Ernst Tradinik	**291**
24.	**Radio Lebenshilfe Salzburg** Von Ernst Tradinik	**292**
25.	**Freakradio, Freakcasters & Ö1 Podcast »Inklusion gehört gelebt« - Österreich** Von Ernst Tradinik	**294**
26.	**Ideen sind Gedanken der Schöpfung - wir alle haben sie** Von Christina Damböck, Natalia Lehner und Gregor Wallner	**296**
	26.1 Einleitung	**296**
	26.2 Der Verlauf des Projekts	**298**

26.3	Wir und unsere Rollen im Projekt. Kontaktaufnahme mit den Teilnehmer*innen - Erfahrungsbericht	301
26.4	Moderationsperspektive - Erfahrungsbericht	302
26.5	Erstellung der Radiosendungen - Erfahrungsbericht	303
26.6	Inklusive Radiosendungen mit dem Titel »Ideen sind Gedanken der Schöpfung - wir alle haben sie« - Inklusive Medienarbeit / Ergebnisse des Forschungsprojekts	305
26.7	Die Macht der Sprache	305
26.8	Wahrnehmung von Menschen mit (Lern-)Behinderung und/oder psychischer Erkrankung	308
26.9	Arbeitsmarkt	311

TEIL 5: FERNSEHEN, FILM & SOCIAL MEDIA — 337

27. Love Talk: Die TV-Talkshow mit einer sehbehinderten Moderatorin im TV-Studio der FH St. Pölten — 345
Von Lisa Schuster

28. Face to Face - TV- Talk mit Raúl Krauthausen - Deutschland — 361
Von Ernst Tradinik

29. NA (JA) GENAU — 364
Von Ernst Tradinik
29.1 NA (JA) GENAU - die intelligente humorvolle TV-Sendung — 364
29.2 NA (JA) GENAU - Breitenseer Lichtspiele - Kinogespräche im ältesten Kino Wiens — 366

30. Die Talk-Reihe 100percentme — 370
30.1 100percentme - Deutschland — 370
30.2 Schauspieler und Filmemacher Leonard Grobien im Gespräch mit Ernst Tradinik — 371

31. Inklusion Kärnten — 374
Von Ernst Tradinik

32. Freakstars 3000 — 376
Von Ernst Tradinik

33.	Reporter*innen ohne Barrieren - Schweiz Von Ernst Tradinik	378
34.	Martin Habacher dreht nicht mehr - er fehlt mir jetzt schon! Von Martin Ladstätter (vom 20.01.2019)	380
35.	Sehen statt Hören - Deutschland Von Ernst Tradinik	384
36.	deafies in wonderland. 1st Austrian Deaf Podcast - Österreich Von Noah Holzgethan und Nikole Mitterbauer	385
37.	Redakteur und Moderator Alex Oberholzer - Schweiz Von Ernst Tradinik	396
38.	Sendung ohne Barrieren - Österreich Von Ernst Spiessberger	398
39.	Die ORF-Moderator*innen Miriam Labus und Andreas Onea Von Ernst Tradinik	400
40.	LOKvögel, Fische & Schmetterlinge - Ein Film über die wirklich wichtigen Dinge im Leben - Österreich Von Ernst Tradinik	401
41.	5 vor 12. Es wird Zeit - Ein Inklusivo Spaghetti-Western - Österreich Von Ernst Tradinik	403
42.	Perspektivenwechsel - Österreich Von Ernst Tradinik	408

43.	**Redaktion andererseits - Österreich** Von Ernst Tradinik	**410**
44.	**Peter Radtke - Deutschland** Von Ernst Tradinik	**412**
45.	**Weitere inklusive Projekte aus Fernsehen, Film und Social Media**	**415**
	45.1 Radio NÖ Bündnis gegen Depression	415
	45.2 Barrierefrei aufgerollt - Österreich	416
	45.3 Podcast *Echt Behindert* - Deutschland	417
	45.4 Radiosendungen »Ideen sind Gedanken der Schöpfung - wir alle haben sie«	417
	45.5 Radiosendung »*Wohnen und Arbeiten* - Menschen mit Handicaps« - Deutschland	418
	45.6 Oli Inclusive - Die-Redaktion - Schweiz	419
	45.7 Gebärdenwelt TV - Österreich	419
	45.8 FINGERZEIG - die Talkshow in Gebärdensprache - Deutschland	421
	45.9 *Hand drauf* auf Instagram - Deutschland	421
	45.10 Signes - Schweiz	422
	45.11 Jahns rollende Welt - Moderator Jahn Graf - Schweiz	423
46.	**Fazit und Aussichten der inklusiven Medienarbeit** Von Ernst Tradinik	**424**

1. EINFÜHRUNG

Von Ernst Tradinik

Der Mann spulte die Aufnahme immer wieder zurück und hörte sich seine Stimme immer wieder an. Er korrigierte die Lautstärke mal ins Laute und mal ins Leise. Er spulte wieder zurück und begann, die Aufnahme noch einmal abzuspielen. Er hörte sich seine Stimme an. Immer wieder. Und noch einmal. Gespannt saß ich daneben und sah und hörte zu. Er machte dies mit voller Aufmerksamkeit. Seine eigene Stimme, seine eigenen Laute anhören. Ganz konzentriert. Der Mann war ca. 30 Jahre alt und sein Sprachschatz bestand ausschließlich aus Lauten. Ich konnte keine Worte hören. Ich sah ihm mit großer Spannung zu und war ganz fasziniert von …

Ja wovon eigentlich? Ich vermute, von dieser Faszination handelt dieses Buch.

Dieses Ereignis fand bei einem Radioworkshop statt, den ich 2003 in Oberösterreich abhielt. Ich hatte ein Mischpult, einen Verstärker und ein Mikrofon dabei, ebenso Kopfhörer und Audioboxen. Dies hatte ich aufgebaut und wir machten Radio. Wir nahmen unsere Stimmen auf und spielten Musik dazu. 6 Personen mit (Lern-)Behinderung und/oder psychischer Erkrankung nahmen daran teil. Neben der offenen Arbeitsweise, also dem freien Sprechen ins Mikrofon, machten jene, die wollten, Moderationsübungen. Wir mischten dies mit Musik ab bzw. spielten diese ein. Sie konnten ins Mikrofon sprechen bzw. lautieren und sich währenddessen im Kopfhörer hören. Und eben auch, wie jener beschriebene Mann, anschließend über die Audioboxen anhören.

Alle hörten sich die eigene Stimme an. Das ist immer spannend beim ersten Mal. Man findet seine eigene Stimme zunächst seltsam und komisch. Bei ihm war so auffällig, dass er sich hinsetzte und sich seine Stimme immer wieder anhörte. So, als ob er ein (persönliches) Forschungsprojekt startete. Wenn ich einen Marker setzen wollte, war das für mich der Beginn der inklusiven Medienarbeit (auch wenn ich dies hier noch nicht so benannte). Also jener Zeitpunkt, in dem ich beschloss, meine beiden Arbeitsbereiche, jene der Arbeit mit elektronischen Medien (Radio, Audio und Video) und die Arbeit mit Menschen (Betreuer, Trainer, Sozialpädagoge) zusammenzubringen.

Dabei hatten wir dies schon 1998 gemacht. Mit meinem damaligen Arbeitskollegen Ronald Strasser. Wir arbeiteten in einer Wohngemeinschaft für Menschen mit (Lern-)Behinderung und/oder psychischer Erkrankung in Wien und machten eine Radiosendung bei ORANGE 94.0, dem freien Radio in Wien. Unsere Sendung hieß: *Radio Insieme, die Sendung für Menschen mit Herz und anderen Störungen*. Zu dieser Sendung nahmen wir O-Töne von Menschen mit (Lern-)Behinderungen und/oder psychischer Erkrankung auf, die wir damals betreuten. Wir baten sie etwas zu sagen, was ihnen eben einfiel oder die Sendung anzumoderieren und gestalteten aus diesen Aufnahmen Radiojingles für unsere Sendung. Diese Sendung lief jeden Mittwochvormittag. Je zwei Stunden und 12 Jahre lang. Wir sprachen manchmal in der Radiosendung über unsere Arbeit. Als Betreuer in der ersten Wohngemeinschaft in Wien, in der die ersten sechs Menschen vom Steinhof – Psychiatrie in Wien – lebten und mit denen wir arbeiteten. Wir sprachen über die beruflichen und gesellschaftlichen Herausforderungen. Durch die Psychiatrieausgliederung wurden (damaliger Terminus) ›geistig behinderte Menschen‹ in Wohngemeinschaften aus der Psychiatrie ausgegliedert‹. Der Ort Psychiatrie war grundsätzlich nicht der richtige. Geschweige denn, wie mit diesen Personen dort umgegangen wurde.

»Unter dem Hitler hatte es das nicht gegeben«, dieser Satz war noch bis in die 1980er-Jahre (und darüber hinaus) zu hören. Auch am Steinhof sagten dies regelmäßig Angestellte (Fachkräfte wie Pfleger, Ärzte

u. a.) gegenüber Patient*innen des Steinhofs, wie mir dann spätere Arbeitskolleg*innen erzählten. Dies hatte eine Haltung zur Konsequenz, die normalen Umgang und Menschlichkeit gegenüber Patient*innen mit (Lern-)Behinderung und/oder psychischer Erkrankung völlig vermissen ließ. Auch wenn es so nicht ausgesprochen wurde, das Wort ›lebensunwert‹ hielt sich, so meine These, in verschiedenen grausamen Formen. Dies geht bis ins Heute, wo man bei der pränatalen diagnostischen Beratung sehr schnell und fast selbstverständlich zur Abtreibung rät.

Viel zu lange ließ man diese Personengruppe in der Psychiatrie am Steinhof in Wien eingesperrt. Erst Anfang der 1990er-Jahre entließ man diese Schritt für Schritt in Wohngemeinschaften und ähnliche betreute Einrichtungen. Mit diesen Menschen arbeiteten wir in einer Altbauwohnung in Wien. Mit hoch traumatisierten Menschen mit (Lern-)Behinderung und/oder psychischer Erkrankung, welche Jahrzehnte, manche vom Kleinkindalter an, am Steinhof lebten. Und fast zwangsläufig verteidigten wir diese relativ auffälligen Personen gegenüber dem damaligen direkten Umfeld. Sie fielen durch ihr damaliges Verhalten, ihr Aussehen und ihre Sprache auf.

Wir bauten also deren Stimmen und Worte in die Radiosendung ein. »Zu Weihnachten kommt der Christbaum« zum Beispiel. Oder eben: »Herzlich willkommen bei Radio Insieme, der Sendung für Menschen mit Herz und anderen Störungen«. Kaum ein/e Hörer*in wusste, wer da die Jingles besprach. Einmal wurden wir gefragt, warum wir einen alkoholisierten Mann den Begrüßungsjingle sprechen ließen.

Der oben beschriebene Radioworkshop fand 2003 im Institut Hartheim statt. Das ist ein Institut, in dem Menschen mit (Lern-)Behinderungen arbeiten und wohnen. Wenn man dorthin kommt, ist die räumliche Nähe zum Schloss Hartheim sehr auffällig. Dort wurden während des Nationalsozialismus viele Kinder und Erwachsene mit (Lern-)Behinderung umgebracht. Es gibt dort eine Gedenkstätte. Während der Tage, in denen wir in dem Radioworkshop im Institut Hartheim arbeiteten, zeigte mir jemand eine DVD. »Das musst du dir mal anschauen«, sagte jemand zu mir. »Das ist HARTHEIM TV, das gibt es hier am Institut«.

Ich sah damals die DVD mit sehr großem Interesse an. Da war ein ganz typisches Fernsehinterview zu sehen, ein Straßeninterview. Ein Reporter befragte einen Passanten. An die Frage selbst kann ich mich nicht mehr erinnern. Sehr wohl aber an die nächste Ähnlichkeit aus meinem Berufsleben als Betreuer in der damaligen Wohngemeinschaft.

Der Reporter fragte immer wieder dieselbe Frage. Und der Interviewte versuchte, so gut es geht, immer wieder genau zu antworten. Dies kam mir ebenso vertraut vor und spiegelte einen Teil der Arbeit als Betreuer und Sozialpädagoge wider. Das war eine der größten Herausforderungen in diesem Berufsfeld, mit den sehr häufigen Wiederholungen von gesagten Sätzen und Fragen umzugehen. Man kennt das vielleicht von Kleinkindern.

Da gibt es Phasen, da wird immer wieder dasselbe gefragt. Aber das hört wieder auf und verändert sich. In diesem Arbeitsfeld ist dies nicht immer so. Da wird unter Umständen immer wieder dieselbe Frage gestellt. Immer wieder. Ich rechnete mir einmal aus, wie oft ich meinem damaligen Bezugsklienten Franz ein- und dieselbe Frage in einem Jahr beantwortete: »Wann kommt morgen der Bus?« fragte er immer und immer wieder. Er meinte den Bus, der ihn jeden Morgen in die Arbeit und am Nachmittag wieder in die Wohngemeinschaft brachte.

Die Schwierigkeit, die unter Umständen hier noch unklar ist, ist jene, dass man – oder zumindest ich – diese nicht immer gleich freundlich beantworten konnte. Trotz des eigenen Anspruches, dass man ja immer freundlich sein möchte. Ich rechnete also nach und kam auf ungefähr 3.500.

3.500 Mal im Jahr antwortete ich also Franz auf die Frage, »Wann kommt morgen der Bus?«. Mich beruhigte die Zahl. Weil mir diese erklärte, warum ich nicht 3.500 Mal immer freundlich antworten konnte: »Lieber Franz, der Bus kommt morgen um 7 Uhr«.

Eine ähnliche Dynamik sah ich da also in einem anderen Kontext. Ein Journalist, ein Reporter fragt einen Passanten mit Mikrofon und Kamera immer wieder dieselbe Frage. Ich war erstaunt, wie viel diese kleine Szene in mir ins Schwingen brachte. Es hatte etwas Beruhigendes und Faszinierendes. Nämlich dieser (nicht) normale Umstand, dass diese Personengruppe auch einen Beruf oder eine Tätigkeit wie die des/der Journalist*in umsetzen kann. Dies ist umso erstaunlicher, da ich ja von der Publizistik- und Kommunikationswissenschaft komme (kombiniert mit Pädagogik und Psychologie) und hauptberuflich lange mit Menschen mit (Lern-)Behinderung und/oder psychischer Erkrankung arbeitete.

Das heißt also, es ist tief in mir verwoben gewesen, dass diese Personengruppe nicht selbst als z. B. Fernsehjournalist*in tätig sein kann. Da kam ich nicht mal auf die Idee. Das fand ich sehr interessant. Wo ich mich doch als sehr fortschrittlichen Betreuer/Sozialpädagogen und Kommunikationswissenschafter sah. Wie kam das zustande?, fragte ich mich. Weil es so ein TV noch nicht gab? Es gab natürlich schon, zum Beispiel, das *Freakradio* in Österreich. *Freakradio* wurde und wird von Menschen mit und ohne Behinderung gemacht. Das war zunächst nicht im öffentlich-rechtlichen Sender zu den allerbesten Zeiten zu hören. Zunächst war es gar ausschließlich auf Mittelwelle zu hören, wogegen alle anderen Radiosender auf FM liefen. Aber es war und ist seit 1998 da. Und mündete nun auch im Podcast *FreakCasters*, der in Österreich als Online-Medium von Ö1 (Radiosender Ö1 vom öffentlichen rechtlichen Rundfunk in Österreich) zu hören ist.

Nun sah ich also einen Ausschnitt von HARTHEIM TV, welches von Christian Grill in Oberösterreich initiiert und geleitet wurde (HARTHEIM TV, 2002-2007, initiiert wurde es schon gegen 1998). Menschen mit (Lern-)Behinderung und/oder psychischer Erkrankung, welche im Institut Hartheim in Alkoven in Oberösterreich lebten, machten Fernsehen, welches im Kabel-TV des Institut Hartheim auf Sendung ging (s. Kap. 6). Ich habe vermutlich auch hierzu einen besonderen Bezug, weil dort Menschen journalistisch arbeiteten, die von manchen aus dem professionalisierten Betreuungsbereich als schwierig oder verhaltensauffällig angesehen wurden. Und Christian Grill, der Initiator und Leiter von HARTHEIM TV hat ähnliches in meiner Vorlesung im Rahmen der inklusiven Medienarbeit an der FH St. Pölten beschrieben, wie ich dies durch meine langjährige Arbeit als Betreuer und Sozialpädagoge kennengelernt habe. Wenn man Menschen ernst nimmt und das Stigmata des schlechten Verhaltens weglässt, kann es ganz leicht sein, dass diese Verhaltensauffälligkeiten – überraschend – ganz weg sind.

Dies ist ein wichtiger Teilbereich der inklusiven Medienarbeit. Wie begegne ich Menschen? Wie gehe ich tatsächlich mit ihnen um? Dies ist einer der schwierigsten Bereiche. Weil ja natürlich alle Inklusion wollen und leben. Das wird jede/r so sagen. Dies ist auch so schwierig, weil Inklusion nicht messbar ist. Oft geht es um (un-)bewusste Machtfragen. Dennoch gilt es, sich damit zu beschäftigen, wie man dennoch einen gewissen Qualitätsstandard einhält.

Wer könnte hier besser einen Einblick geben als Autorin Cornelia Pfeiffer, die selbst in Einrichtungen in Österreich aufgewachsen ist. Sie hat diesen Artikel für den Literaturpreis Ohrenschmaus in Österreich geschrieben: *45 Jahre in einer Einrichtung: Wie es damals war und wie es jetzt ist* (s. Kap. 7).

In Deutschland ist seit April 1998 das Radioprojekt *Durchgeknallt* die bundesweit erste Sendung von und für Psychiatrieerfahrene beim Nürnberger Lokalsender RADIO Z on air. Das *Radio loco-motivo* – eine Radiosendung von Menschen mit Psychiatrieerfahrung – gibt es in der Schweiz in Bern seit 2011 (s. Kap. 19). Gerade dieses Feld der inklusiven Medienarbeit finde ich besonders wichtig. Psychiatrie und psychische Erkrankungen sind den meisten noch immer sehr fremd. Zu wenig weiß man über psychische Erkrankungen, zu stigmatisiert sind diese und unter Umständen – nicht nur aus dem historischen Kontext betrachtet – sind Menschen dem möglichen gesellschaftlichen Ausschluss preisgegeben. Es kann Angst machen, wenn jemand *verrückt* wird. Um diesen Ängsten bzw. diesem Unwissen entgegenzusteuern, ist eine Radiosendung von Betroffenen eine gute Brücke. Einerseits verleihen sich durch das Radio(-machen) die Macher*innen eine Stimme, andererseits wird hier das Bild dieser Menschengruppen korrigiert. Vorbild ist u. a. das *Radio loco* aus Argentinien, von dem erzählt der Initiator Gianni Python.

Menschen, die Radio machen, erzählen manchmal vom Fehlen des Radiomachens. Es fehlt ihnen der Akt des Sprechens ins Mikrofon, das Sprechen an ein – im Grunde – unbekanntes Publikum. Man weiß nicht, ob und wer zuhört. Wenn sie eine Zeit lang nicht Radio machen, so erzählen Kolleg*innen, dann fehlt ihnen etwas. Es fehlt dieses ins Mikrofon Sprechen, das Sprechen in einem leeren Raum, in dem die (potenziellen) Zuhörer*innen nicht gesehen werden. Dies brachte mich, weil ich mich schon längere Zeit mit Psychoanalyse nach Lacan auseinandersetze, zu Ähnlichkeiten mit Phänomenen der Psychoanalyse. Zu ähnlichen Effekten, wie sie beim Sprechen in einer Analyse stattfinden können bzw. eben auch umgekehrt. Was sind das für Phänomene? Was tut sich da und wie kann man das nutzen, wenn man eine Person mit (Lern-)Behinderung und/oder psychischer Erkrankung beim Radiomachen begleitet oder unterstützt? In Bezug auf das Zuhören beim Arbeiten mit einer Person am Set, beim Radiomachen oder der Gestaltung eines Podcast?

Wenn ich mit einer Person Radio mache, wie z. B. Radio mit Tom (im Rahmen der Arbeit mit dem *Radio Wissensteam* [s. Kap. 21]), dann fragte ich mich, was genau welchen Effekt bereitet? Ist es meine Offenheit beim Zuhören? Was ist diese Offenheit, die ich da sofort mit größter Selbstverständlichkeit hinschreibe? Ist es die Offenheit für jegliches Thema, die Bereitschaft, nicht nur Radio zu machen? Also die Bereitschaft, dass grundsätzlich mal alles sein darf? Also ein offenes freies Sprechen sein darf? Auch wenn man z. B. live anders arbeiten muss, weil man natürlich nicht gegen Menschenrecht oder Medienrecht verstoßen möchte. Wo und wie setze ich einen Punkt, mache eine Intervention oder lasse dem Humor freien Lauf? Welche Themen dürfen sein und kommen? Tom hat, nachdem er zusagte, mit mir kurze Beiträge für das *Radio Wissensteam* zu machen – »aber nur 5 Minuten« – diese selbst vermehrt in die Länge gezogen.

Was ist das Tolle und Erleichternde beim Radiomachen? Welche Möglichkeiten bietet dies, unabhängig vom Produkt Radiosendung? Und ab wann kommt auch der Wunsch, den Beruf des Moderators, eines/r Journalist*in auszuüben?

Wie kann man also das Radiomachen, abgesehen vom journalistischen Berufsbild, nutzen? Worauf achtet man in der Zusammenarbeit mit Menschen mit (Lern-)Behinderung? Was bedeutet das »Arbeiten auf Augenhöhe?«, darüber schreibt Anja Thümmler in Kapitel 16. Welche Effekte entstehen durch das regelmäßige Radiomachen? Welche Effekte und Auswirkungen hat das Radiomachen bei der Radiosendung *Leben in der Kapsel*? Darüber schreiben Christian Winkler und Anna Michalski (s. Kap. 17). Oder wie wird beim Radiomachen vermehrt »ins Sprechen« gekommen (Beispiel *Radio Wissensteam* [S. 281ff.])?

Wie das Sprechen im Radio, das Radiomachen von Menschen mit Psychiatrieerfahrung genutzt wird, welche Möglichkeiten dies bietet, darüber erzählt Gianni Python (s. Kap. 18.2). Wie ist das Radiomachen, wenn der Moderator mit Rollstuhl unterwegs ist? Und evtl. seine Aussprache anders gestaltet ist als sonst üblich? Kann man so eine Radiosendung machen? Sollen sich Hörer*innen daran gewöhnen dürfen und dies in ihrem Alltag integrieren? Was tut sich bei einem jungen Menschen mit Behinderung, wenn der Berufswunsch des Radiomoderators auftaucht? Darüber schreiben Brigitte Himann und Andrea Tabery in ihrem Artikel *Hinschauen statt Wegschauen* (s. Kap. 19). Wie kann man journalistisch oder als Moderator*in arbeiten, wenn das Sprachvermögen eingeschränkt ist oder anders funktioniert, als die Allermeisten es gewohnt sind? Wie sieht und hört sich dies dann für Hörer*innen an? Natascha Toman (s. Kap. 13) und Theresa Bitriol (s. Kap. 13.1) schreiben in ihren Buchbeiträgen über die Möglichkeiten von UK – Unterstützte Kommunikation. Wie kann man diese in der Medienarbeit nutzen und umsetzen?

Wie ist das, wenn die Muttersprache nicht das jeweilige deutsche, schweizerische oder österreichische Deutsch ist, sondern die österreichische, deutsche oder Schweizer Gebärdensprache? Wie gestaltet man da eine Sendung? Und wie kann so eine Sendung gestaltet werden, wenn man hörende und nicht-hörende Menschen als Zuseher*innen dabei haben möchte? Darüber schreiben die beiden (gehörlosen) Sendungsmacher*innen vom ›1st Austrian deaf podcast‹, Nikole Mitterbauer und Noah Holzgethan (s. Kap. 36).

Sehr spannend finde ich auch die Dokumentationen der Universität Wien über gehörlose Menschen im Nationalsozialismus in Österreich (*Gehörlose Österreicher*innen im Nationalsozialismus*, s. Kap. 9). Einerseits, weil gehörlose Menschen zu Wort kommen, wie es ihnen im Nationalsozialismus erging. Durch die Brille der inklusiven Medienarbeit gesehen ist die Gestaltung der Dokumentationen sehr interessant. Weil hier Kriterien angewandt wurden, die meiner Meinung nach viel zu wenig eingesetzt werden. Also die Gestaltung eines Filmes, eines Videos ohne Audiospur. So kann ich mich als hörende Person direkter in die gehörlose Welt begeben.

Mirjam Janett und Martin Lengwiler schreiben über den Umgang, der (Schul-)Pädagogik mit gehörlosen Menschen: *Im Bann der Lautsprache: Gehörlosenpädagogik und Anstaltserziehung im 19. und 20. Jahrhundert*

(s. Kap. 8). Dieser war, wie in den allermeisten Heimen und Institutionen eine menschliche Katastrophe. Zudem musste eine Sprache, die Lautsprache erlernt werden, die die gehörlosen Kinder selbst nicht hören können. Gebärdensprache wurde nicht gelehrt, also haben sich Kinder in Pausenzeiten dann eine eigene Zeichensprache ausgedacht. In Österreich ist die Gebärdensprache erst seit 2005 (!) in der Bundesverfassung verankert.

Durch die Arbeit der Studierenden (Akademischer Lehrgang Sozialpädagogik an der FH St. Pölten in Österreich) mit inklusiven Medienprojekten (Special Olympics in Kap. 10) und wissenschaftlichen Arbeiten der (ehem.) Studierenden wurde immer klarer, wie wichtig die Bereiche der Partizipation (Ralf Gröber in Kap. 12), der Demokratisierung, des (Mit-)Sprechens, des selbstbestimmten Gestaltens von Medienproduktionen und der Selbstbemächtigung sind. Dass dies direkt die Menschenrechte betrifft, und welche Möglichkeiten hier Digitalisierung bringt, damit beschäftigt sich Lukas Adler in seinem Beitrag (Kap. 15).

Es ist wichtig, die Berufsfelder im Medienbereich neu zu betrachten und für Menschen mit (Lern-)Behinderung und/oder psychischer Erkrankung zu öffnen. Diese können journalistisch, als Redakteur*in oder Moderator*in arbeiten. Wie kann man solche Sendungen gestalten? Was braucht ein/e Zuhörer*in, um so einer Sendung gut zu folgen oder diese interessant zu machen? Was braucht ein/e potenzieller Arbeitgeber*in, um Menschen mit (Lern-)Behinderung und/oder psychischer Erkrankung in seinem Medienbetrieb anzustellen oder für ein Medium journalistisch arbeiten zu lassen? Welche Begleitung oder Unterstützung benötigen potenzielle Kolleg*innen? Welche Unterstützung und Begleitung benötigen (oder eben nicht) Menschen mit (Lern-)Behinderung und/oder psychischer Erkrankung? Was kann hier die inklusive Medienarbeit leisten bzw. beitragen?

Wenn man zum Beispiel an eine Fernsehmoderatorin denkt, die blind bzw. sehbehindert ist: Was braucht es da für die Umsetzung bei der TV-Studioaufzeichnung, was könnten da Medientechniker*innen, Redakteur*innen an Informationen und Begleitung brauchen? Wie funktioniert so eine TV-Studio-Aufnahme einer Talkshow, wenn die Talkmasterin blind ist? Damit beschäftigt sich Lisa Schuster in ihrem

Artikel (Kap. 27). Sie hat mit Studienkolleg*innen der Sozialpädagogik und Studierenden der Medientechnik (beides an der FH St. Pölten in Österreich) die Talksendung *Love Talk* gemacht und untersucht, wie so eine Talksendung ablaufen kann.

Das erste bekannte inklusive vierteilige TV-Projekt in Österreich heißt *Am Anfang war der Schleifstuhl* (s. Kap. 5). Auch diese ist in Oberösterreich entstanden. Friedrich Gföllner, einer der Initiatoren dieser TV-Serie beschreibt die Entwicklung und Arbeit an der Serie. Hierzu machte übrigens Christian Grill, Initiator und Leiter von HARTHEIM TV (2002-2007) die Filmmusik.

In Österreich ist seit 2020 die inklusive journalistische »Redaktion andererseits« tätig. Die Journalist:innen schreiben, machen aber auch Radio und TV. 2022 haben sie ein starkes Zeichen für Menschen mit (Lern-)Behinderung und/oder psychischer Erkrankung im Fernsehen gesetzt. Wie werden im öffentlich-rechtlichen Rundfunk, in der gut gemeinten Spendensendereihe *Licht ins Dunkel* (Sendereihe im ORF) diese Menschengruppen dargestellt? Die Kritik daran gibt es schon seit vielen Jahren. Schon in den 1970er-Jahren bei einer *Club 2*-Sendung von Volker Schöneswiese (Erziehungswissenschafter, u. a. an der Universität in Innsbruck tätig und Aktivist der Behindertenrechtsbewegung). Auch BIZEPS (Zentrum für selbstbestimmtes Leben) wies immer wieder darauf hin. BIZEPS ist eines der wichtigsten Nachrichtenmedien in Österreich in Bezug auf Inklusion und Menschenrechte. Beim freien Radio in Wien gestalteten sie einige Jahre die Sendereihe *Barrierefrei aufgerollt* (s. Kap. 46.2).

Inklusive Medienarbeit zeigt (mit) auf, welche beruflichen Möglichkeiten für Menschen mit (Lern-)Behinderung und/oder psychischer Erkrankung für Medienunternehmen in einem ersten oder zweiten Arbeitsmarkt da sind, wenn man sie denn nur nutzen würde. Fritz Hausjell (Univ.-Prof. Dr. Fritz [Friedrich] Hausjell, stellvertretender Institutsvorstand des Institutes für Publizistik in Wien mit den Schwerpunkten Disability und Medien, Medienkompetenz u. v. a.) erzählte, dass er regelmäßig Medienunternehmer*innen darauf hinweist, dass sie sich durch die Nichteinstellung von Redakteur*innen oder Journalist*innen mit Behinderung, potenzielle Leser*innen und Seher*innen entgehen lassen.

Das heißt, durch die Begebenheit beim Radioworkshop 2003 in Oberösterreich, als der Mann sich seine Stimme immer und immer wieder anhörte, hat sich für mich (erst) etwas geöffnet, wo ich darüber nachzudenken begann, wie man inklusive Medienarbeit für die Gruppe der Menschen mit (Lern-)Behinderung und/oder psychischer Erkrankung nutzen kann und auch erforschen muss. Seitdem setzte ich verschiedene inklusive Medienarbeiten um, wie zum Beispiel *LOKvögel, Fische & Schmetterlinge* (2008/09, s. Kap. 40), seit 2014 die TV-Sendereihe *NA (JA) GENAU, die intelligente humorvolle TV Sendung* (s. Kap. 29), verschiedene Radio- und Podcast-Projekte oder 2015/16 der inklusive Spaghetti-Western, eine Hommage an den Italowestern, *5 vor 12. Es wird Zeit* (s. Kap. 41).

ABBILDUNG 1
Dreharbeiten zur Hommage an einen Italowestern

Foto: Delphine Esmann

Seitdem versuche ich, meine sowie die Überlegungen und Erkenntnisse von (ehemaligen) Studierenden und Kolleg*innen aus verschiedensten Bereichen in eine Theorie und Ordnung zu bringen. So entstanden die Teilbereiche der inklusiven Medienarbeit (s. Kap. 3). Was soll man sich näher ansehen und erforschen, um den Nutzen, das Wissen und die Erfahrung von inklusiver Medienarbeit zu bündeln und gut weitergeben zu können?

Es gibt erste Bachelor- und Masterarbeiten zur inklusiven Medienarbeit. Einige dieser Absolvent*innen kommen in diesem Buch zu Wort. Leider (noch) nicht alle, wir haben es aus zeitlichen Gründen nicht geschafft. Gemeinsam mit Lukas Adler unterrichte ich seit 2020 inklusive Medienarbeit, ich mache Vorträge, mache Workshops und setze inklusive Medienarbeit um. Meine erste Kollegin an der FH St. Pölten, Andrea Nagy, die nun an der Universität München unterrichtet, war jene, die mir sagte: »Du machst da einen ganz neuen Forschungsbereich auf«.

Andrea Nagy beschreibt in ihrem Buchbeitrag die Ergebnisse der ersten, von Studierenden der Sozialpädagogik initiierten und sozialwissenschaftlich begleiteten inklusiven Medienarbeiten (*Inklusive Medienarbeit im Studium Soziale Arbeit* [s. Kap. 11]).

Für mich ist inklusive Medienarbeit ein neuer wissenschaftlicher Bereich. Dies schließt natürlich nicht Erkenntnisse und Wissen von anderen Disziplinen aus. Ganz im Gegenteil.

Inklusive Medienarbeit beschreibt die Medienarbeit von Menschen mit (Lern-)Behinderung und/oder psychischer Erkrankung und von ihren Unterstützer*innen und Begleiter*innen. Was braucht man u. U. an Wissen über (Lern-)Behinderung und psychischer Erkrankung? Braucht es einen technischen Support, technische Umbauten an Geräten, um diese umsetzen zu können? Diese Möglichkeiten und das Wissen sind selbstverständlich schon längst in medienpädagogischen Disziplinen, in inklusiver Medienbildung u. a. zu finden. Oder in Beratungseinrichtungen wie bei lifetool Wien, welche sich viel Zeit für die Arbeit mit Menschen nehmen, die (technisch) unterstützte Kommunikation benötigen. Welche Taster, Tastaturen und ähnliches für verschiedene Gruppen von Menschen kann man auch in der inklusiven Medienarbeit einsetzen, um die Bedienung eines Gerätes, einer Kamera, eines Computers oder eines Sprachcomputers zu ermöglichen? Dieses Knowhow ist vorhanden. Man braucht es nicht neu zu erfinden. Man muss u. U. nur neu denken und kombinieren.

So entwickelte ich, so entwickelten sich – durch die Arbeit in der Praxis – die Teilbereiche der inklusiven Medienarbeit (S. 52ff.). Die Teilbereiche können und sollen näher betrachtet und beschrieben werden. Diese Aufgabe stellen wir uns in diesem Buch, einen ersten Rahmen zu bauen, der ausgefüllt werden soll, um ihn gut zu nutzen. Für Medienmacher*innen, für Unterstützer*innen und Begleiter*innen von inklusiver Medienarbeit und für (potenzielle) Arbeitgeber*innen, Sozialpädagog*innen u. a., Kolleg*innen und alle Interessierten. Und das Buch soll, falls dies nötig sein sollte, künftigen Medienmacher*innen Mut machen, ihre Ideen umzusetzen. Hier gibt es wie immer schon, die allerwichtigste Regel zu beachten: Tu' es einfach! Lass dich von niemandem davon abhalten! Auch nicht von dir selbst.

Zeitgleich möchte ich hier gerne klar sagen, dass dies – eine Beschreibung von inklusiver Medienarbeit – gar nicht so gewollt sein kann und muss. Denn, wie kommt man als Medienmacher*in dazu, in eine inklusive Schublade gesteckt zu werden? Mich würde es unendlich nerven, wenn meine Medienprodukte unter dem – zum Beispiel – Label »Menschen mit besonderen Sehgewohnheiten (also Brillenträger*innen u. a.) eingestuft und wissenschaftlich untersucht werden würden. Und nicht vorrangig als ein Medienprodukt von mir gesehen würden. Ein Medienprojekt von Ernst Tradinik. Das heißt, allein die Einteilung und Untersuchung in inklusiver Medienarbeit birgt so ihre Gefahren. Darum bedanke ich mich besonders bei allen Autor*innen und Sendungsmacher*innen, dass sie mir das Vertrauen schenken, diese nicht selbstverständliche Zuweisung oder Betrachtung mit der Brille der ›Inklusiven Medienarbeit‹ hinzunehmen.

Im vorliegenden Buch kommen Autor*innen mit und ohne wissenschaftlicher Ausbildung oder wissenschaftlichem Beruf, mit und ohne (Lern-)Behinderung und/oder psychischer Erkrankung zu Wort. Die meisten Artikel wurden für das Buch geschrieben oder/und sind gekürzte Resultate aus Bachelor- und Masterarbeiten zu inklusiver Medienarbeit des akademischen Lehrgangs für Sozialpädagogik an der FH St. Pölten in Österreich. Manche Artikel sind auch schon fertig gewesen und ich darf diese für das Buch verwenden.

Auch wird der ORF, neben seiner Redaktion in Einfacher Sprache (Anna Mark, s. Kap. 14), 2024 die ersten Menschen mit Lernbehinderungen zu Journalist*innen ausbilden. Oder zumindest einen Einblick hinter die journalistischen Kulissen des ORF blicken lassen. Einer der Initiatoren, Franz Joseph Huainigg, hatte schon 2002, gemeinsam mit

Fritz Hausjell, Beate Firlinger u. a. den integrativen Journalismuslehrgang umgesetzt. Oder man sieht in folgendem Beispiel, wie eine *Tagesschau* in (deutscher) Gebärdensprache moderiert wird.

Tagesschau
https://www.tagesschau.de/multimedia/video/video-922341.html

Ich entschuldige mich hiermit bei all jenen, die nicht mit ihrer inklusiven Medienarbeit in dem Buch abgebildet sind. Dieses Buch ist neben meinen sonstigen Arbeiten als Herzensprojekt entstanden.

Ich möchte auch darauf hinweisen, dass ich mich – vor 5 Jahren – zu der Bezeichnung ›Menschen mit (Lern-)Behinderung und/oder psychischer Erkrankung‹ entschlossen habe. Diese wurde mir damals in Rücksprache mit Institutionen und Expert*innen empfohlen. Ich möchte mit diesem Begriff alle Menschen in einem möglichst kurzen Terminus beschreiben, die in irgendeiner Form eine Lernbehinderung, eine Behinderung haben. Die (Lern-) Behinderung kann mit einer psychischen Erkrankung kombiniert sein. Der Begriff ist nicht als medizinischer oder ähnlicher Begriff gedacht. Zudem ist es für mich sekundär, ob und welche Bezeichnung gerade richtig ist oder erscheint. Ich nehme zur Kenntnis, weil dies Ende 2022 so vorgefallen ist, dass es Menschen gibt, die völlig entsetzt sind, wenn man z. B. nicht »Menschen mit Lernschwierigkeiten« sagt oder schreibt. Da wurde mir sofort vorgeworfen und mitgeteilt, dass ich keine Ahnung von Inklusion hätte und eine diskriminierende Ausdrucksweise verwende. Ohne mir irgendeine Art von Verständnisfrage oder zum Kennenlernen meiner Person oder meines Lebenslaufes zu stellen. Gut, das nehme ich zur Kenntnis.

Ich habe schon mehrmalige Wechsel der jeweiligen Bezeichnungen erlebt und weiß, dass in jeder Zeit parallel verschiedene Begriffe verwendet werden. Ich weiß auch, obwohl ein Begriff geändert wurde, es dennoch weiterhin Übergriffe in Einrichtungen gegenüber betreuten Menschen gegeben hat und dennoch auf den jeweiligen Webseiten zum Beispiel »wir sind inklusiv« und ähnliches kolportiert wurde.

Dennoch möchte ich mich an dieser Stelle bei jenen Personen mit Behinderung und/oder psychischer Erkrankung entschuldigen, die

die Definition »Menschen mit (Lern-)Behinderung und/oder psychischer Erkrankung« als falsch, abwertend, diskriminierend, veraltet oder ähnliches befinden. Ich kann an dieser Stelle versichern, dass dies nicht abwertend, diskriminierend usw. gemeint ist. Und ich auch nur ein Mensch bin, der sich – aus obigen banalen Gründen und Nachfragen – dazu entschieden hat.

Dabei möchte ich es belassen und nur mehr auf dieses hinweisen: Halten Sie Handy oder ein ähnliches Gerät bereit! In diesem Buch finden Sie die QR-Codes/Links zu den jeweiligen Sendungen, Filmen usw. Das heißt, Sie können sofort nachschauen oder nachschauen lassen, worüber da eben geschrieben wurde. Hier ist der Trailer zur Hommage an den inklusiven Spaghetti-Western. Da kann man schon damit beginnen.

 Trailer zu: 5 vor 12. Es wird Zeit
https://youtu.be/gP9dgu8t-k4?si=YE6s7_e4W8Pxa3uZ

TEIL 1: WAS IST INKLUSIVE MEDIENARBEIT?

2. INKLUSIVE MEDIENARBEIT

Von Ernst Tradinik

2015 habe ich inklusive Medienarbeit mit folgender Definition abgesteckt:
> Inklusive Medienarbeit meint die elektronische (Radio, Video und ähnl.) Medienarbeit von und mit Menschen mit (Lern-)Behinderung und/oder psychischer Erkrankung. Mit oder ohne Begleitung/Unterstützung von Expert*innen aus dem (sozial-)pädagogischen, kommunikationswissenschaftlichen oder ähnl. (Medien-)Bereichen (vgl. TRADINIK 2015).

Durch meine jahrelange Praxis in der inklusiven Medienarbeit und auch meine jahrelangen beruflichen Tätigkeiten als Betreuer, Trainer und Sozialpädagoge, aber auch als Redakteur, Radio- und Filmemacher entwickelten sich Fragen und Thesen. Ich fragte mich immer wieder, während meiner Arbeit, was tu' ich da eigentlich? Welche Fragen tauchen auf und wie kann man mögliche Antworten darauf nutzen?

Und natürlich ist die noch sehr kurze Geschichte von inklusiver Medienarbeit interessant. Wo liegen die Wurzeln der inklusiven Medienarbeit? Wann und wer wagte die ersten Schritte in diesem Bereich? Wann entstanden erste inklusive Medienprodukte? Zu Beginn möchte ich einen Überblick der im Buch besprochenen Möglichkeiten und Beispiele inklusiver Medienarbeit geben.

Der Verlag bat mich, alle deutschsprachigen Länder mit einzubeziehen. Dem bin ich gerne nachgekommen und entschuldige mich bei all jenen, die ich übersehen habe. Dies wird wohl vor allem die Schweiz und Deutschland betreffen. Aber auch Österreich, nicht zuletzt deswegen, weil zurzeit sehr viele inklusive Medienprojekte entwickelt werden und im Entstehen sind. Ich hoffe aber sehr, dass ich mit meiner Arbeit einen Einblick geben kann, der Lust auf mehr macht und durch weitere (Forschungs-)Arbeiten vervollständigt wird. Dies würde ich in den kommenden Jahren sehr gerne erreichen.

Wir sind dabei! Inklusive Medienarbeit
Deafies in Wonderland
https://www.youtube.com/watch?v=KHIZiXX4DVg

Einiges erfuhr ich zum Beispiel auf der Tagung »Integrative Medienarbeit« an der FH St. Pölten in Österreich, welche von Alois Huber (Freies Campus & Cityradio St. Pölten und FH St. Pölten) und Simon Olipitz (COMMIT) ins Leben gerufen und geleitet wurde. Diese wurde 2021 in die Tagung »Inklusive Medienarbeit« umbenannt.

Ich war nun also sehr gespannt, was es in Deutschland und der Schweiz an inklusiver Medienarbeit gibt.

Deutschland

Wenn man beginnt, die Wörter ›Inklusion‹ und ›Deutschland‹ im Internet zu recherchieren, stößt man unweigerlich auf Raúl Krauthausen. Er ist wohl der bekannteste Aktivist im Bereich Inklusion. Er ist politisch bzw. gesellschaftlich sehr aktiv. Ich habe einmal einen Vortrag von ihm in Wien gehört. Mir gefielen sein Humor und sein analytischer Verstand, sowie die Selbstverständlichkeit und Beharrlichkeit, mit der er an seiner Arbeit dran ist.

Er kann »gut Geschichten erzählen und diese vermitteln«, sagt er. Und diesem, seinem Know-how, wollte »er eines Tages unbedingt einen Sinn geben« und sich so ganz dem Bereich der Inklusion widmen. Sie finden Beschreibungen zu diesen Sendungen und QR-Codes in diesem Buch, sowie können Sie auch z.B. bei der Plattform *Leidmedien* nachschauen. Er komme von der Werbung, erzählt er in einer seiner Sendungen, die er macht. In der TV-Talksendung *Face to Face* mit der Künstlerin Katrin Bittl

ABBILDUNG 2
TV-Sendung Face to Face mit Raúl Krauthausen & Katrin Bittl

Still von Krauthausen TV. Video abrufbar unter https://www.youtube.com/watch?v=COQtVZgs4bo

Mit dem Projekt ›Leidmedien.de‹ berät ein Team aus Medienschaffenden andere Redaktionen, mit und ohne Behinderung. Ich empfehle sehr, mal auf der Webseite von *leidmedien.de* zu stöbern. Hier finden Sie einiges zum Bereich Journalismus von Menschen mit Behinderungen. Raúl Krauthausen ist ebenso beim Podcast *Die neue Norm* beteiligt.

Der Pionier der inklusiven Medienarbeit in Deutschland (und, soweit ich dies durchschaue, in allen drei deutschsprachigen Ländern) ist das TV-Format für und von gehörlosen Menschen: *Sehen statt Hören*. Diese gibt es seit 1975 auf BR – dem BAYERISCHEN RUNDFUNK. Die Sendung ist – immer noch – einmal wöchentlich on air. 1975 wurde das Magazin *Sehen statt Hören* auf Drängen der Gehörlosen-Community in Deutschland gestartet. Die Moderation erfolgt in Gebärdensprache. Die erste Moderatorin war eine hörende Gebärdensprachlehrerin. Es folgten gehörlose Moderator*innen. Es wurden auch vermehrt gehörlose Redakteur*innen beim TV-Magazin angestellt.

Sehen statt Hören ist ein halbstündiges Magazin, welches sehr anspruchsvoll und zeitgemäß gestaltet ist. Wenn man als hörender Mensch Einblick in die gehörlose Welt bekommen möchte, dann erhält man einen sehr guten Eindruck. Also wie z. B. ist es, wenn jemand in Gebärdensprache kommuniziert? Für gehörlose Menschen ist die Sendereihe neben dem Informations- und Unterhaltungswert ein wichtiger Identifikationsfaktor. Und dies schon seit Jahrzehnten und nicht nur in Deutschland. *Hand.Drauf* auf Instagram ist eine weitere und jüngere Sendeschiene von *funk* (ARD und ZDF), die in Deutschland von und für gehörlose und hörende Menschen produziert wird.

ABBILDUNG 3
Hand Drauf

Quelle: funk/ WDR/ Philipp Pongratz. Pongratz. Videos über Instagram.

Im Bereich der Menschen mit psychischer Erkrankung bzw. Menschen mit Psychiatrieerfahrung ist das *Radio Durchgeknallt* ein weiterer Pionier der inklusiven Medienarbeit in Deutschland. Das Projekt *Radio Durchgeknallt* war die bundesweit erste Sendung von und für Psychiatrieerfahrene und ist seit April 1998 beim Nürnberger Lokalsender RADIO Z zu hören. Initiiert wurde sie von Imedana, einem Institut für Medien und Projektarbeit in Nürnberg, gemeinsam mit dem Selbsthilfeverein Pandora – ein Verein für Menschen mit psychischen Problemen und seelischen Belastungen. Bei der Gründung der Radioredaktion fand sich eine Gruppe von Leuten mit unterschiedlichen Biografien zusammen, die alle Erfahrungen mit dem Stigma ›psychisch krank‹ gemacht hatten.« Eine Radiomacherin erzählt (ebd.):

»Einst eingewiesen, weil ich dringend therapeutische Unterstützung zur Aufarbeitung meiner von Gewalterfahrungen geprägten Kindheit benötigte, wurde ich dort konfrontiert mit erneuter Machtausübung, nunmehr durch Ärzte und Pflegepersonal, Therapeuten. Drei Jahre lang aus dem Leben herausgerissen und stattdessen Zwangsmaßnahmen, Einschränkungen wie Ausgangssperre, Medikamente, die die Selbstheilungskräfte lähmen, Therapien, die eindeutig alles verschlimmerten und um mich herum immer Patient*innen, denen es oft nicht anders ergangen war. Gleich schwer wie das Ausharren dort in den Kliniken war das Wiedereinfinden in das ›normale‹ Leben draußen, fern dieser Käseglocke ›Psychiatrie‹ nach dieser langen Zeit. Drei Jahre lassen sich aus dem Lebenslauf nicht streichen und erst recht nicht aus dem Gedächtnis ... was liegt dann näher, als eine konstruktive Umgangsweise damit zu finden?« (http://ev.imedana.de/archiv/radioprojekte/durchgeknallt/index.html [22.01.2023])

»Was liegt näher, als eine konstruktive Umgangsweise damit zu finden«, sagt die Radiomacherin von *Radio Durchgeknallt* in Nürnberg über ihre Motivation, sich am Radioprojekt von Psychiatrieerfahrenen zu beteiligen. Inzwischen hat sich das *Radio Durchgeknallt* als selbstständige Redaktion bei RADIO Z, das Community Radio in Nürnberg, etabliert und ist regelmäßig zu hören. Vorbild war das *Radio loco-motivo* in Bern, welches sich die Radiosendung *La Colifata* zum Vorbild nahm.

Wenn man weiter stöbert, wird man schnell auf die TV-Talkreihe und Sendung *100percentme* aufmerksam. Die finde ich nach wie vor beispielgebend. Sie ist so gestaltet, wie ich mir sehr gutes inklusives TV vorstelle. Zum Beispiel die Sendung über Dating Apps. Man vergisst schnell, dass hier zwei Menschen mit Behinderung moderieren, obwohl das permanent thematisiert wird. Die Sendung heißt: *Dating-App-Check. Was mit Behinderung nutzen?* Die Sendereihe selbst nennt sich: *100percentme*. Man taucht schnell und einfach in eine Realität ein, die man nicht oder kaum kennt.

Die Sendung moderierte u. a. Leonard Grobien. Er ist Schauspieler und beendet eben sein Filmstudium (ein Gespräch mit ihm in Kap. 30.2). Und auch Amelie Ebner ist einige Male als Moderatorin mit dabei. Hier von ihr z. B. ein Blog und Film, in dem sie über Filme mit Querschnittsgelähmten spricht.

100percentme - Amelie Ebner reagiert auf Filme mit Querschnittslähmung
https://youtu.be/i9IquRX_9K4

In Leipzig gibt es das freie RADIO BLAU, welches seit April 2017 die Sendung *Radio Inklusive* beherbergt. Eine der Initiator*innen, Anja Thümmler schreibt in ihrem Beitrag (s. Kap. 17) über die selbstverständlichen, aber nicht immer einfach zu bewerkstelligen, Herausforderungen an den Alltag von inklusiver Medienarbeit. »Auf Augenhöhe ist mehr als eine Floskel« meint sie und schreibt über die anfänglichen Schwierigkeiten und Barrieren, die sich bei allen Beteiligten ergeben können. Sie zeigt auf, wie es gelingt, eine inklusive Radiosendung zu realisieren, obwohl man zuvor noch kaum gegenseitige Berührungspunkte hatte und auch das Medium Radio für die Beteiligten noch recht neu ist. Auch über die redaktionellen Herausforderungen wird berichtet, welche durch die Pandemie, Corona, gerade zum Start des inklusiven Projektes weitere Herausforderungen mit sich brachte.

ABBILDUNG 4
Team Radio Inklusive

Foto von Radio Inklusive, Anja Thümmler (ganz links), Radio-Verein Leipzig e.V.

Auf drei Moderatoren bzw. Redakteure aus Deutschland mit Sehbehinderung bzw. deren Sendungen möchte ich noch unbedingt hinweisen. Übrigens auch darauf, dass ich mir nicht sicher bin, wie denn nun die korrekte Bezeichnung ist (blinder Moderator, Moderator mit Sehbehinderung o. ä.?). Obwohl mir mein blinder Kollege Hannes Fiedler (Verein TROTZ-DEM, Sensibilisierungsdienstleistung) aus Wien riet, »Blinder Moderator« zu schreiben. Mit dem Hinweis, dass es sicher andere Menschen gibt, die dies anders sagen würden. Und natürlich, so meinte er, solle man im Grunde schlicht »Moderator Herr Sowieso« schreiben. Und nicht auf die Behinderung hinweisen. Dass dies in diesem Kontext – ein Buch über inklusive Medienarbeit – schlecht ginge, dies verstehe er schon, meinte er zum Abschluss unseres Gesprächs.

Wie schon eingangs in diesem Buch beschrieben, ist das eines der Dilemmata von Inklusion und inklusiver Medienarbeit. Ziel soll ja sein, dass es diese Begrifflichkeiten nicht mehr gibt bzw. braucht. Man merkt nun u. U. das noch größere drohende Dilemma für uns Expert*innen. Wenn man dies nicht mehr benötigt, wären wir, wäre ich und meine Arbeit obsolet. Möchte ich das überhaupt? Das sind die Fragen, die wichtig sind, sich zu stellen. Denn genau darum geht es. Inklusion hat obsolet zu werden. Und damit meine eigene Arbeit.

Ein junger Mann mit Trisomie 21 stellte sich mir letztens so vor: »Ich bin Matthias und arbeite bei Ikea«. Was für eine feine Sache! Richtig erleichternd fühlte sich das an. Kein einschlägiger Vereinsname wurde da in einem Satz genannt, sondern eine Firma.

Diese Entwicklung im Arbeitsbereich, also dass nun auch in anderen Arbeitsmärkten etwas in Bewegung gerät, auch Menschen mit (Lern-)Behinderungen angestellt werden, das wird sicher (endlich) weitere tatsächliche Überlegungen und eine Umorientierung in Betreuungsvereinen, Institutionen und ähnlichen bringen. Dies ist sehr wichtig für die weitere Entwicklung von Inklusion. Weil ich den Eindruck habe, dass nicht gerne über den Tellerrand gedacht wird. Können und sollen die von uns betreuten Menschen am ersten Arbeitsmarkt Fuß fassen? Da geht, ob mit Absicht gedacht wird oder nicht, auch um Geld. Zumindest in Österreich bekommt die jeweilige Institution für jede betreute Person und Tag einen bestimmten Tagessatz. Und diejenigen, die man schon Richtung ersten Arbeitsmarkt denken könnte, sind häufig tragende Säulen für die jeweiligen Tageswerkstätten oder ähnliches. Und ein Platz in einer betreuten Wohnung hängt oft ab von einem Platz in einer betreuten Tagesstätte. Verliert man eines, bekommt man unter Umständen Probleme in der anderen betreuten Einrichtung. Einen anderen beruflichen Verlauf, ohne bekannte betreute Struktur, nimmt man lieber nicht in den Blick.

Aber zurück zur inklusiven Medienarbeit. Und zwar die Arbeit im Radio- und Podcastbereich. Ich möchte hier drei Moderatoren vorstellen. Alle drei sind blind. Ohne hier Näheres zu wissen, könnte einem durchaus der Gedanke kommen, dass ein blinder Mensch und seine Stimme mit der Arbeit mit Radio und Podcast besonders gut zusammenpassen. Technische Hilfen für die sonstigen Arbeiten, Schreiben oder einen Beitrag schneiden usw. gibt es schon längst.

»Meine Inklusionslaufbahn begann 1978. Denn zu dieser Zeit bin ich im Alter von drei Jahren vollständig erblindet«, schreibt Moderator Sascha Lang. Er präsentiert sich selbst als Podcaster und Inklusator. Seine Sendungen und den Podcast findet man auf www.igelmedia.com.

Matthias Klaus arbeitet seit fast 30 Jahren als Radiojournalist in den Bereichen Kultur und Musik. Zudem moderiert er seit 2020 auch den Podcast *Echt behindert*. Das ist ein Podcast zu Barrierefreiheit und Inklusion.

Henning Schmidt ist Redakteur für den RBB in der Redaktion von *radioeins*. Es war nicht selbstverständlich, als Redakteur zu arbeiten.

»Mit seiner Sehbehinderung und Spastik würde er nicht einmal in einer Werkstatt arbeiten können. Das wurde Henning Schmidt in seiner Grundschulzeit prognostiziert« (https://leidmedien.de/journalist_innen/henning-schmidt [22.01.2023]).

Echt behindert! - der Podcast zu Barrierefreiheit und Inklusion - Grösstenteils nicht bedienbar! - Moderne Haushaltsgeräte und die Barrierefreiheit
https://www.dw.com/de/haushaltgeraete/av-63272673

Schweiz

Für mich persönlich ist die Schweiz am unbekanntesten gewesen. Wobei dies gar nicht so stimmt, hatte ich doch die Radioschule klipp+klang in Zürich schon kennengelernt. Dennoch möchte ich mit Alex Oberholzer starten. Er ist ein Pionier in Sachen journalistischer Arbeit als Mensch mit Behinderung. Alex Oberholzer begann 1979 während seines Studiums zu schreiben, weil er unbedingt an die Pressevisionen wollte. Er schrieb mir per E-Mail: »So konnte ich alle Filme gratis anschauen, bevor sie ins Kino kamen.«

Andererseits aber auch, weil er nicht so mobil war. Im Kino konnte die Arbeit zu ihm kommen, schreibt er. Es waren von Anfang an Film- und Fernsehkritiken, die er verfasste. 1990 bekam er gemeinsam mit Wolfram Knorr die Sendung *Movie Talk* auf STAR TV.

> »Der lustvolle Streit des gegensätzlichen Kritikerpaars (Alex Oberholzer und Wolfram Knorr) war eine effiziente Methode, um schnell ein Bild vom neuesten Blockbuster oder Arthouse-Erzeugnis zu vermitteln« (https://schweizermonat.ch/nacht-des-monats-mit-alex-oberholzer/).

ABBILDUNG 5
Dr. Christian Jungen (Direktor des Zurich Film Festivals ZFF) und Alexander Oberholzer

Copyright: Christian Lanz

Dass Alex Oberholzer eine Behinderung hat, sahen die meisten Zuschauer*innen nicht. Ihm fehlt von Geburt an eine Hand. Manche wunderten sich bloß, warum er die eine Hand immer in der Jackentasche hatte. Den Hand-/armlosen Ärmel steckte er in die Jackentasche. Alex Oberholzer konnte noch lange mit Stöcken gehen und im TV-Studio saß er dann im Sessel, die Stöcke sah man nicht. Die stellte man im TV-Studio weg. Erst später musste er den Rollstuhl benutzen. Dies war auch insofern einschränkend, weil er dann nicht mehr in alle Kinos konnte (fehlende Barrierefreiheit in manchen Kinos). Er ist der erste Journalist mit Behinderung, der sich mit journalistischer Arbeit sein Leben lang sein Geld verdiente. Per E-Mail schreibt er:

> »Für mich war ein einschneidendes Erlebnis, als ich irgendwann realisierte: die Leute starren mich nicht mehr wegen meiner Behinderung an, sondern, weil sie mich im Fernsehen gesehen haben. Das tat mir damals ziemlich gut.
>
> Heute bin ich pensioniert, stelle im Theater und in einem Restaurant aber noch zweimal monatlich Filme vor. Das mache ich im Rollstuhl.«

Wie schon oben erwähnt, lernte ich bei der Tagung ›Integrative Medienarbeit‹ an der FH St. Pölten in Österreich, welche von COMMIT (Community Medien Institut für Weiterbildung, Forschung und Beratung) und Alois Huber, dem damaligen Leiter des CAMPUS & CITY RADIO ST. PÖLTEN und jetziger Professor des Departement Soziales an der FH St. Pölten, ins Leben gerufen wurde, die Radioschule klipp+klang aus Zürich kennen. Auf der Tagung »Integrative Medienarbeit« wurden integrative Medienprojekte, und so auch die Arbeit von der Radioschule klipp+klang vorgestellt. Zum Beispiel kam Daniela Hallauer von der Radioschule klipp+klang. Sie kam regelmäßig nach Österreich, um bei von COMMIT veranstalteten integrativen Radioworkshops, wie zum Beispiel bei den integrativen Bildungstagen BIV (Akademie für integrative Bildung in Wien) den »Radioworkshop Töne fangen – Radio machen « für Menschen mit (Lern-)Behinderung, abzuhalten. Hier wurde einiges an Erfahrung und Know-how von der Schweiz nach Österreich gebracht. Wenn man auf die Webseite der Radioschule klipp+klang schaut, findet man den Begriff ›Empowerment‹ und Projekte mit Menschen mit Beeinträchtigung. Und hier findet man auch die Redaktion der Radiosendung *Happy Radio*. Diesen Namen haben sich die Radiomacher*innen selbst ausgesucht, weil: »Radio macht uns glücklich, darum passt dieser Name« (https://www.klippklang.ch/de/Happy-Radio/92 [22.01.2023]).

Die Redaktion *Happy Radio* ist ein Projekt der Radioschule klipp+klang in Zusammenarbeit mit dem *Radio Kanal K*. »Im Zentrum steht die Förderung der Partizipation, Selbstbestimmung und Integration.«

Happy Radio sendet regelmäßig auf freien Radios in der Schweiz. Die Menschen der Redaktion *Happy Radio* sind dort selbstverständlich eingebunden. Und dies nun seit knapp über 12 Jahren, wird mir per E-Mail auf meine Anfrage hin, mitgeteilt. Die Sendung *Happy Radio* wird so beschrieben:

> »*Happy Radio* ist ein niederschwelliges Freizeit- und Bildungsangebot, bietet ein Stück aktive und selbstbestimmte Teilhabe an der Schweizer Medienwelt und stärkt die Teilnehmenden gleichzeitig auf verschiedenen Ebenen. Auf einzigartige Weise gibt dieses Empowerment-Projekt den Beteiligten eine Stimme und sensibilisiert nicht zuletzt die Öffentlichkeit für ihre Anliegen und Perspektiven. Happy Radio geht auf die speziellen Bedürfnisse und individuellen Talente der Teilnehmenden ein. So fördert das Radioschaffen neben den gestalterischen, handwerklichen, feinmotorischen und technischen Kompetenzen auch die Kommunikationsfähigkeiten und sozialen Kompetenzen – Stärkung und Bereicherung in vielerlei Hinsicht« (https://www.klippklang.ch/de/Happy-Radio/92 [22.01.2023]).

Dieses Statement sagt viel über die Möglichkeiten und die folgenden Teilbereiche von inklusiver Medienarbeit aus. Neben dem Empowerment-Begriff (GEORG THEUNISSEN: *Empowerment und Inklusion behinderter Menschen*, 2009), der die eigene Arbeit in Medien unterstreicht (im Medium Radio und Podcast ist die ›eigene Stimme‹ mit doppelter Bedeutung präsent), die individuelle Unterstützung und Begleitung von inklusiver Medienarbeit bis hin zur enorm wichtigen – selbst gestalteten – öffentlichen Präsenz von Menschen mit (Lern-)Behinderung und/oder psychischer Erkrankung in Medien. In diesem Video erklärt die Redaktion *Happy Radio* selbst, wie ihre Arbeit aussieht:

Redaktion Happy Radio
https://vimeo.com/168638233

Während sich *Happy Radio* primär an Macher*innen mit Lernbehinderungen richtet, gibt es bei der Radioschule klipp+klang auch das *Radio loco-motivo*. Hier machen Menschen mit Psychiatrieerfahrung Radio. Ins Leben gerufen hat dies Gianni Python. Er arbeitete in Chile in einer psychiatrischen Klinik und lernte dort das Radio von Menschen aus Psychiatrien kennen. Das Radio *La Colifata* aus Hospital Borda in Buenos Aires wird seit 1991 in der Psychiatrie gemacht und auch auf kommerziellen Sendern wöchentlich gesendet. Musik ist ein wesentlicher Bestandteil von *La Colifata,* dem Radio des ›liebenswerten Verrückten‹ – wie der Name aus dem Jargon von Buenos Aires übersetzt heißt. So beginnt die wöchentliche Sendung:

»Ich bin in der Irrenanstalt und möchte raus und die Menschen bitten, meinen Brüdern zu helfen, denn sie brauchen Zuneigung, aber auch Nahrung.«

In der Sendung werden von Gedichten bis hin zu politischen Einschätzungen über alles gesprochen. Einer der ehem. Radiomoderatoren, Miguel Angel, sagt:

»Ich war 14 Jahre lang in diesem Hospital untergebracht. Als 19-Jähriger wurde ich zusammen mit Tausenden von völlig unerfahrenen und kaum ausgebildeten Rekruten auf die Malwinen-Inseln zum Krieg gegen England geschickt. Traumatisiert kam ich zurück und wurde dann hier eingewiesen. Dank des Radios konnte ich vor acht Jahren entlassen werden und benötige nur noch eine ambulante Behandlung. Das Radio diente mir als Kommunikationsmittel mit dem anderen Teil der Welt jenseits der Mauer« (https://www.deutschlandfunk.de/rundfunk-aus-der-psychiatrie-100.html [22.01.2023]).

Radio ist eine Brücke zur Außenwelt und eine Möglichkeit, soziale Stigmata abzubauen. So fand diese Radioarbeit durch Gianni Python ihren Weg in die Schweiz.

Die Radioschule klipp+klang hat in Zusammenarbeit mit der Interessengemeinschaft Sozialpsychiatrie und RADIO BERN – *RaBe* – ab dem Sommer 2011 die erste Redaktion von *Radio loco-motivo* aufgebaut und ausgebildet. Wie zum Beispiel das *Radio loco-motivo* in Winterthur. Dieses sendet seit Oktober 2014 jeweils am ersten Donnerstag im Monat von 16 bis 17 Uhr auf *Radio Stadtfilter*. Im Oktober 2017 war die erste Sendung unter dem neuen Namen *Radio Schrägformat* zu hören. Hier eine Sendung von *Radio Schrägformat*, über die Zukunft der Psychiatrie:

ABBILDUNG 6
Adi, der Techniker bei Radio loco-motivo

Foto von Uli Geyer. Video abrufbar unter https://vimeo.com/216975765?embedded=true&source=vimeo_logo&owner=38255896

Radio Schrägformat: Psychiatrie der Zukunft
https://soundcloud.com/stadtfilter-sendungen/veso-radio-schragformat-psychiatrie-der-zukunft-07072022?in=stadtfilter-sendungen/sets/radio-loco-motivo-winterthur

Beim Dachverband der Behindertenorganisationen in der Schweiz, Inclusion Handicap, gibt es das TV-Projekt ›Reporter*innen ohne Barrieren‹. Ein Reporterteam wird ab 2021 unter der Leitung von Martina Hermann und Senad Gafuri ausgebildet. Menschen mit Behinderung werden zu Reporter*innen geschult.

Die ›Reporter*innen ohne Barrieren‹ sollen regelmäßig journalistische Beiträge gestalten, u. a. mit dem Ziel, Perspektiven von Menschen mit Behinderung in die Gesellschaft zu tragen und damit Vorurteile und Berührungsängste abzubauen. So wird das Bewusstsein für eine inklusive Gesellschaft geschärft (ebd.: https://inclusive-media.ch [22.01.2023]). Aufgebaut wird auf die Erfahrungen von bestehenden Projekten. Das Sendungsformat *Oli inclusive*, und auch *Oli inclusive und Die Redaktion*,

ABBILDUNG 7
Reporter:innen ohne Barrieren, Kundgebung in Bern

Foto von Inclusion Handicap

hat schon einiges produziert. Auch in Zürich ist ein erstes inklusives Reporterteam unterwegs, das Team *Insieme Zürich*:

»Die Insieme Reportagen verbinden den freien Journalismus mit dem Aspekt der Inklusion. Was sehen Menschen mit einer Beeinträchtigung, wenn sie hinter der Kamera stehen? Was werden sie erzählen?« (https://insieme-zuerich.ch/sprachrohr/reporter-team [14.06.2023]).

Das sind Fragen, die sich *Insieme Zürich* stellt.

Im Bereich begleitetes Wohnen von Profirmis wird ein Podcast mit Menschen mit Lernbehinderung umgesetzt. Ihre Podcasts behandeln Themen rund um das (begleitete) Wohnen (https://www.proinfirmis.ch/ueber-uns/podcast.html [23.01.2023]).

Im Schweizer Rundfunk und Fernsehen (SRF) moderiert Jahn Graf die Paralympics. Jahn Graf ist aber auch via eigenem YouTube-Channel *Jahns rollende Welt* aktiv. Beim SRF gibt es zudem den Podcast von Robin Rehmann. Dort werden Menschen interviewt, die an einer chronischen oder psychischen Krankheit leiden. Robin Rehmann arbeitet beim Fernsehen als Moderator, hat die Punkband ›krank‹ und den eigenen YouTube-Channel ›abnormal‹ gegründet. Er erkrankte 2012 an der chronischen Darmkrankheit Colitis ulcerosa. Diese eigene Erkrankung und die nötige Lebensumstellung ließen ihn Themen wie psychische Erkrankung und Behinderung in seine journalistische Arbeit rücken. 2016 lancierte er bei SRF *S.O.S. – Sick Of Silence*, 2018 wurde er dafür mit dem Swiss Diversity-Award ausgezeichnet.

In der Westschweiz gibt es eine Stiftung, die unter anderem eine inklusive Filmabteilung hat, die auf kommerzieller Basis Filme produziert: Diese Abteilung produziert die regelmäßige Sendung *Singularités* im Lokalfernsehen von Genf. Sie ist französischsprachig.

Singularités
https://www.lemanbleu.ch/Scripts/Modules/CustomView/List.aspx?name=Emissions&idn=10701&emission=56314&date=&keyword=

Österreich

Ganz besonders stolz bin ich auf diesen ›Fund‹. In Österreich entstand nach heutigem Wissensstand in Oberösterreich 1995 eine erste inklusive TV-Produktion, die 4-teilige humorvolle Serie *Am Anfang war der Schleifstuhl*. In einem längeren Prozess wurde gemeinsam die Geschichte des Rollstuhls entwickelt, der eine humorvolle Reise durch vier Zeitepochen macht, um so die Entwicklung und Bedeutung des Rollstuhles, vor allem aber die Bedeutung von Menschen mit (Lern-)Behinderung (als Schauspieler im Film, aber auch in der Gesellschaft) neu zu positionieren. Es war nicht sofort selbstverständlich, dass das Projekt von allen positiv angenommen wurde. Aber nach und nach wollten immer mehr Menschen mitmachen und der Mitarbeiter*innenstab wuchs – und so wurde ein feine und humorvolle TV-Serie umgesetzt.

Eine der ersten Radiosendungen von Menschen mit Behinderung war und ist *Freakradio*. Daran kommt man nicht vorbei, sobald man sich mit inklusiver Medienarbeit in Österreich auseinandersetzt. Es war z. B. auch dem ersten und dann einzigen integrativen Journalismuslehrgang zu verdanken, dass hier so professionell und motiviert weitergearbeitet wurde. Der Lehrgang wurde von Fritz Hausjell, Publizistik- & Kommu-

ABBILDUNG 8
Szene aus »Am Anfang war der Schleifstuhl«

Szenenfoto von den Dreharbeiten zu „Am Anfang war der Schleifstuhl". Die Geschichte der Behinderten beginnt satirisch in der Steinzeit, im 20. Jahrhundert gibt es auch sehr ernste Szenen.

Foto: Gföllner

Text und Fotos: OÖNachrichten / Ali Grasböck, 1995, Seite 3

nikationswissenschaft in Wien, Franz Huainigg, Autor, ehem. Nationalratsabgeordneter, Kabarettist und heute auch Berater beim ORF, Beate Firlinger, Radiojournalistin und Autorin u. a. ins Leben gerufen. Beate Firlinger, später auch Mitarbeiterin bei COMMIT, gab 2002 das *Handbuch der Begrifflichkeiten* heraus. Dies wird noch immer genannt, wenn man sich mit integrativem Journalismus, inklusivem Journalismus oder inklusiver Medienarbeit auseinandersetzt. Die Bezeichnung ›integrativ‹ ist natürlich der Zeit geschuldet, heute wäre so ein Lehrgang ohne das Wort ›inklusiv‹ nicht mehr möglich. Im ORF startet 2024 die inklusive Medienpraxis, auch initiiert von Franz Joseph Huainigg.

Zwischen 2002 und 2007 gab es HARTHEIM TV in Alkoven in Oberösterreich. Menschen mit (Lern-)Behinderung und/oder psychischer Erkrankung machten TV, welches innerhalb des Instituts Hartheim via Kabel im ganzen Haus ausgestrahlt wurde. Dies war das 1. Fernsehen von Menschen mit (Lern-)Behinderung und/oder psychischer Erkrankung in Österreich.

Ab 1998 durften in Österreich endlich auch andere Radio- und Fernsehsender als der öffentlich-rechtliche Rundfunk on air gehen. Beim freien Radio in Linz, dem Radio FRO (Freies Radio Oberösterreich), entstanden früh Radiosendungen wie z. B. die *Sendung mit besonderen Bedürfnissen*, *Radiabled*, *No Handicap* u. a. Gemeinsam mit der Ars Electronica wurde das Projekt ›openAIR‹ gestartet.

»Ziel von ›openAIR‹ ist die barrierefreie Bedienung der Studiotechnik und somit die Ermöglichung des selbständigen Radiomachens für Menschen mit Bewegungseinschränkungen. Ein erster Testbetrieb, noch im Entwicklungslabor des Ars Electronica Futurelabs, das sich für die Umsetzung verantwortlich zeichnete, konnte in der vergangenen Woche erfolgreich durchgeführt werden. In einem letzten Entwicklungsschritt wird nun noch am technischen Feinschliff und dem Einbau ins Livestudio von Radio FRO gearbeitet.« Dies startete Sabina Köfler (damals Radio FRO, mit der Redaktion Radiabled [Harald Schatzl u. a.] gemeinsam mit Veronika Pauser von eben Ars Electronica Future Lab (https://www.fro.at/barrierefreies-radiostudio-ist-machbar [23.01.2023]).

Radio FRO ist nach wie vor österreichweit Vorreiter in Sachen barrierefreies Radiostudio. Mittlerweile ist es noch mal neu gedacht und fertig umgesetzt. Eine Masterarbeit mit dem Titel *Barrierefreie Radiomoderation. Eine Erhebung des Ist-Standes der Freien Radios in Österreich* wurde 2018 von Sabine Hubner verfasst. Im freien Radiobereich starten ab 2015 weitere inklusive Medienarbeiten beim CAMPUS & CITY RADIO ST. PÖLTEN, wie z. B. MC *Ron on air*, der sich ganz der Metalmusik verschrieben hat, sowie die Radiosendung *Bündnis gegen Depression* und *Das Leben in der Kapsel* von und mit Christian Winkler und Anna Michalski.

OKTO, der erste nichtkommerzielle Fernsehsender Österreichs, ging 2005 auf Sendung. 2010 startete mit DORF TV ein weiterer Community-TV-Sender in Österreich. 2012 nahm der nichtkommerzielle freie Fernsehsender FS1 im Land Salzburg den Sendebetrieb auf.

Bei OKTO startete 2012 die Sendung *Zitronenwasser*, welche 2014 in *Sendung ohne Barrieren* umgetauft wurde. Beide Sendungen initiierte, produziert(e) und gestaltet Ernst Spiessberger. Seine Produktionsfirma nennt sich ebenfalls *Zitronenwasser*. Martin Habacher startete bei *Zitronenwasser* und der *Sendung ohne Barrieren* als Moderator, bevor er seine eigene Sendungsschiene *Mabacher-TV* und eine Firma gründete. Er nannte sich selbst den »Kleinsten Social-Media-Berater der Welt«. Martin Habacher verstarb viel zu früh im Alter von 41 Jahren. Er war auch schon als Schauspieler 1995 bei *Am Anfang war der Schleifstuhl* dabei. Martin Ladstätter stellt uns dazu seinen 2019 geschriebenen Text zur Verfügung.

Seit 2008 ist das *Gebärdenwelt TV* in Österreich auf Sendung, das ist Österreichs Online-Nachrichten-Portal in Gebärdensprache.

ABBILDUNG 9
Kinogespräch Marcell Vala mit Schauspielerin Christina Scherrer

Foto: Katharina Schiffler

2008/09 machten wir (verschiedene Filmemacher*innen, mein damaliger Kollege Alfred Wetzelsdorfer und ich) den Film *LOKvögel, Fische & Schmetterlinge* beim Verein LOK in Wien. Es war ein Auftrag des Vereins LOK an mich. Ich war zu dieser Zeit dort als Betreuer angestellt. Die Idee war, die von den Filmemacher*innen selbst gewählten Teile des Wohnens und Lebens zu zeigen, die man nicht öffentlich zugängig machen konnte (im Vergleich zu z. B. Werkstätten bzw. Geschäfte des Vereins LOK). So wurde das 20-jährige Jubiläum des Vereins begangen. Der Film wurde im TOP Kino in Wien gezeigt. 2010 startete eine Radiowerkstatt beim CAMPUS & CITY RADIO ST. PÖLTEN und ORANGE 94.0 in Wien. Gemeinsam mit dem Bündniss gegen Depression erlernen Menschen mit Krankheitserfahrungen im psychischen Bereich die Grundlagen des Radiomachens und produzieren seitdem Radiosendungen zum Thema Depression u.a. Begleitet wird dies u.a. von Radiotrainerin Margit Wolfsberger. Ich startete dann 2014 auf OKTO die inklusive TV-Sendung NA (JA) GENAU, *die intelligente humorvolle TV Sendung*, welche im Verlauf des Jahres 2021 erstmalig im ältesten Kino Wiens aufgenommen wurde (Breitenseer Lichtspiele) und sich so zu den zusätzlichen NA (JA) GENAU – *Breitenseer Lichtspiele-Kinogesprächen* wandelte.

Auf DORF-TV werden erste inklusive Medienarbeiten gezeigt, wie z. B. der Krimi KROKO (2012) von Simon Öller, Florian Buchmayr u. a. des Vereins Miteinander in Oberösterreich. Und 2022 werden zwei inklusive Sendungen im Rahmen des Sicht:wechsel Festivals produziert. Die Leitung hatte hier Alfred Rauch inne.

ABBILDUNG 10
Perspektivenwechsel: **Moderatorin Ivana Veznikova und Studiogast Elisabeth Löffler**

Foto: mediengarten.eu

Der inklusive Spaghetti-Western *5 vor 12. Es wird Zeit* eine Hommage an den Italowestern, welchen ich 2015 gemeinsam mit OKTO, dem Community-TV in Österreich, umsetzte, wurde ab 2015 auf OKTO und 2019 auf ORF III gesendet und ist seitdem auch auf YouTube zu finde. Das

Team um Thomas Lindermayer startete mit seiner Produktionsfirma »Mediengarten« 2020 die Sendereihe *Perspektivenwechsel* bei OKTO. Die Moderatorin Ivana Veznikova berichtet über Themen rund um Inklusion.

Im Radiobereich startet 2017 die Sendung *Barrierefrei aufgerollt*, welche von Macher*innen und Journalist*innen von BIZEPS – Nachrichten rund um das Thema Behinderung – umgesetzt werden. Menschen mit Behinderungen arbeiten bei BIZEPS journalistisch und behandeln Fragen der Barrierefreiheit, Ungleichheit, Inklusion u.v.a. Die Radiosendung *Barrierefrei aufgerollt* wird beim freien Radio in Wien, ORANGE 94.0, gesendet und ist ebenso auf YouTube zu finden.

Barrierefrei aufgerollt
https://www.youtube.com/watch?v=x9dSDqqtVRw&list=PLALDhdCOSD2ILHpwEcxFG64_3HJI3xJR8

2017 beginnt in einer Tageswerkstätte in Wien (beim ÖHTB – Österreichisches Hilfswerk für Taubblinde) das *Radio Wissensteam*. Initiator und Betreuer Georg Gegenhuber und seine Gruppe ›Wissensteam‹ erlernte das Radiohandwerk Schritt für Schritt selbst. Das Radioprojekt wurde immer weiter professionalisiert und spiegelte u. a. während der Pandemiezeit (COVID-19) die ursprüngliche Funktion von Radio wider. Neben dem Informationsgehalt, der Unterhaltung und der Musik fungiert es als eine Art Miteinander und Verbindungsglied einer größeren Organisation. Die Sendung wird innerhalb der Betreuungseinrichtung ÖHTB in Wien viel gehört. Sie gab zu Lockdown-Zeiten der Pandemie einen gemeinsamen Halt und informierte darüber, wie es den anderen gerade ergeht in der schweren Zeit von COVID-19. Man konnte hören, wo oder wer in Quarantäne musste oder wo ganze Einrichtungen zusperren, man hörte, dass man nicht alleine ist usw. Die Einrichtung ÖHTB, also das Österreichische Hilfswerk für Taubblinde, betreut vor allem Menschen, die hören können, falls sie sich hierüber schon Gedanken gemacht haben. Es gab fallweise den Versuch, die Radiosendung dann via Video, also in Gebärdensprachdolmetsch, auch an die Gruppe der Gehörlosen weiterzugeben.

Den Workshop ›Töne fangen – Radio machen‹, veranstaltet im Rahmen der integrativen Bildungstage des BIV, unterstützt von COMMIT, durften im Jahr 2002 und 2024 übrigens Lukas Adler und ich abhalten. Das Ergebnis ist das zweistündige Radio PARADIES.

Radio PARADIES
Radio PARADIES von den kreativen Bildungstagen, Teil 1 und Teil 2 - je 60 min. Von: Mathias Eminger, Thobias Fichtinger, Amina Krabbe, Felix Rosendorf, Lisa Spielbüchler und Kerstin Utrata. Leitung, Moderation und Gestaltung: Lukas Adler und Ernst Tradinik. Mit Musik von Peter Alexander, Peter Cornelius, Buntspecht, Nina Hagen, Sigrid Horn, Helene Fischer, Ernst Molden, Nena, Nik P., Oehl, Willi Resetarits u.v.a.
https://cba.fro.at/567977

ABBILDUNG 11
Radioworkshop ›Töne fangen - Radio machen‹ bei den integrativen Bildungstagen

Foto: Cornelia Gregor

Beim ORF – dem öffentlich-rechtlichen Rundfunk in Österreich – starten 2012 und 2017 bei SPORT+ zwei Moderator*innen mit Behinderung, Andreas Onea und Miriam Labus. Diese moderieren regelmäßig Sendungen aus dem Behindertensport, Benefizveranstaltungen und ähnliche. 2021 startet die Redaktion von Freakradio gemeinsam bzw. alternierend mit der Redaktion andererseits den Ö1-Podcast FreakCasters.

Die Redaktion andererseits macht sich 2022 einen Namen, als sie darauf aufmerksam macht, dass die Sendereihe Licht ins Dunkel (Spendensendereihe zugunsten Menschen mit Behinderung in der Vorweihnachtszeit im ORF) in Österreich zu sehr den Fokus auf Defizit und Opferrolle von Menschen mit Behinderung setzte und dies schon lange nicht mehr zeitgemäß sei. Dies wird seit den 1970er-Jahren regelmäßig kritisiert. Erstmalig bei einem *Club2* im ORF. Seitdem wird von diversen Sprecher*innen mit und ohne Behinderung *Licht ins Dunkel* kritisiert, geändert hat sich bisher wenig. Das ZDF reagierte übrigens mit einer humorvollen Hommage auf diese neuerliche Kritik an *Licht ins Dunkel* im Sendeformat *Die Anstalt*.

Dies sind kurze und sicher noch unvollständige Einblicke in die inklusive Medienarbeit in Deutschland, Österreich und der Schweiz. Auf dieses Weise soll aber ein Gefühl vermittelt und erste Fakten geliefert werden, was sich wann und wo in den vergangenen 35 Jahren im Bereich der inklusiven Medienarbeit aufgetan hat. Wobei, wenn man den Beginn der Sendung *Sehen statt Hören* vom BAYRISCHEN RUNDFUNK (1975) mit hineinrechnet – und das gehört natürlich hier hinzu –, dann sind es doch schon 49 Jahre inklusive Medienarbeit. Der Großteil der Arbeiten startete ab etwa Ende der 1990er-Jahre. Das heißt, wir beschäftigen uns in den folgenden Kapiteln vor allem mit den letzten dreieinhalb Jahrzehnten.

3. TEILBEREICHE DER INKLUSIVEN MEDIENARBEIT

Von Ernst Tradinik

Folgende Teilbereiche der inklusiven Medienarbeit haben sich aus der Praxis, der Lehre, und den Arbeiten der Studierenden und Kolleg*innen aus verschiedensten beruflichen Disziplinen ergeben. Diese möchte ich im Folgenden kurz umreißen und als Anstoß sehen, diese genauer zu betrachten und (weiter) zu beforschen.

1. Geschichte der inklusiven Medienarbeit
2. Sprache und (Nicht-)Sprechen
3. Kompetenzen und Selbstbemächtigung
4. Teilhabe und Partizipation
5. Anforderungen an die Begleitung und Unterstützung inklusiver Medienarbeit
6. Technische Anforderungen an die Begleitung und Unterstützung inklusiver Medienarbeit
7. Mediengestaltung und Medientechnik
8. (Lern-)Behinderung und psychische Erkrankung
9. Medienberufe am ersten und zweiten Arbeitsmarkt
10. Öffentlichkeit und (Selbst-)Darstellung von Menschen mit (Lern-)Behinderung und/oder psychischer Erkrankung
11. Aktuelle Produkte der inklusiven Medienarbeit

3.1 Geschichte der inklusiven Medienarbeit

Im vorherigen Kapitel haben wir Eckpfeiler der Geschichte der inklusiven Medienarbeit aufgezeigt. Hier ist es nötig, noch genauer zu recherchieren und zu forschen. In diesem Teilbereich sollte man auch folgende Fragen stellen: Wer und warum ergriff jemand die Initiative? Warum wurde zugestimmt oder abgesagt? Wie viel musste erst erkämpft werden und warum?

Grundsätzlich wirkten sich folgende Faktoren und gesellschaftliche Entwicklungen für das Aufkommen und die Vermehrung von inklusiver Medienarbeit positiv aus:

a. Die Möglichkeit der freien Medien (Radio und TV) – in Österreich erst ab 1998
b. die Bezahlbarkeit der Produktion – Arbeit am Heimcomputer bis hin zur heutigen Möglichkeit, selbst am Handy u. a. zu produzieren
c. die Möglichkeit, selbst im Internet, in Social-Media-Kanälen und ähnlichen zu publizieren

Dies hatte zur Folge, dass vermehrt inklusive Radio- und TV-Sendungen entstanden und entstehen. Ebenso trug die rasante und preiswerte Entwicklung der Podcastproduktion sehr dazu bei, dass viele weitere inklusive Medienarbeiten entstanden.

Auch die Änderung von Hör- und Sehgewohnheiten von linearen hin zu non-linearen/digitalen Rezeptionsgewohnheiten hilft da mit, weil zu den Hauptsendezeiten der großen Sender noch keine inklusiven Medienproduktionen vertreten sind. Ich versuchte im Artikel »Inklusive Medienarbeit«, den ich 2020 schrieb und auf der Webseite www.inklusive-medienarbeit.at veröffentlichte, eine Art Chronologie von inklusiver Medienarbeit in Österreich zusammenzustellen. Diese sieht heute, etwas adaptiert, so aus. Dennoch auch hier wieder der Hinweis auf Unvollständigkeit.

1995　　*Am Anfang war der Schleifstuhl.* Ein Episodenfilm von Assista Soziale Dienste, das DORF in OÖ. Regie: Peter Auer – mit dabei u. a. Martin Habacher, Frank Hoffmann u. v. a.

1997 - heute	*Freakradio* in Wien, zunächst auf Mittelwelle, dann auf FM Ö1 Campusradio
1998 - 2010	*Radio Insieme, die Sendung für Menschen mit Herz und anderen Störungen* auf ORANGE 94.0, RADIO HELSINKI, RADIO FREEQUENNS und RADIO FRO
2002	Integrativer Journalismus Lehrgang, initiiert/geleitet von Franz Joseph Huainigg, Fritz Hausjell, Beate Firlinger u. a.
2002 - 2007	HARTHEIM TV – Konzept & Umsetzung: Christian Grill
2008 - heute	GEBÄRDENWELT TV
2009	*LOKvögel, Fische & Schmetterlinge*
2011 - heute	*Die Sendung mit besonderen Bedürfnissen* – RADIO FRO
2011 - 2019	*Mabacher TV* – *YouTube*
2012	*Kroko war's – eine inklusive Krimikomödie*, Verein Miteinander, OÖ
2012 - heute	*Zitronenwasser TV* / Sendung ohne Barrieren - OKTO
2014 - heute	NA (JA) GENAU, *die intelligente humorvolle TV-Sendung* - OKTO
2015 - heute	*Das Leben in der Kapsel*, CAMPUS & CITY RADIO ST. PÖLTEN
2015 - heute	MC *Ron on air*, CAMPUS- & CITY RADIO ST. PÖLTEN
2015 / 2019	*5 vor 12. Es wird Zeit - der Inklusivo Spaghetti-Western* - OKTO & ORF III
2015 - heute	*Burny4K* – *YouTube*
2017 - heute	*Behindertensportmagazin ohne Grenzen*, ORF SPORT +
2017 - heute	*Barrierefrei aufgerollt* – ORANGE 94.0 u. a.
2017 - heute	*Gerry aka Golden G* – Kunst und YouTube-Musikkanal
2017 - heute	*Radio Wissensteam* – seit 2019 auf CAMPUS & CITY RADIO ST. PÖLTEN, zuvor via Internet
2018	*Special Olympics – eine Sportreportage von betreuten Menschen der Lebenshilfe Regau* / OÖ. Begleitet und unterstützt von Studierenden des akademischen Lehrganges Sozialpädagogik an der FH St. Pölten
2020 - heute	*Deafies in Wonderland – first Austrian deaf podcast* – YouTube.
2020 - heute	*Perspektivenwechsel* – OKTO
2020 - heute	*Redaktion andererseits*
2021 - heute	Ö1 Podcast *Freakcasters* – gem. mit der Redaktion andererseits

3.2 Sprache und (Nicht-)Sprechen

Eingeleitet durch das Erlebnis im Jahr 2003, welches ich eingangs im Intro beschrieb, als ich den Mann beim Radioworkshop beobachtete, der sich seine eigene Stimme, seine Laute immer wieder ganz konzentriert anhörte. Er war ein Mann, der mit Lauten, ohne allgemein verständliche Worte, kommunizierte. Hier dürften erste Fragen aufgetaucht sein, wie man inklusive Medienarbeit bezüglich Sprache und (Nicht-)Sprechen nutzen könnte.

Auch wenn dies ›unsexy‹ wirkt, ich fragte im Internet nach und diese erste Auskunft gibt mir Wikipedia zu ›Sprache‹: »Fähigkeit des Menschen zu sprechen; das Sprechen als Anlage, als Möglichkeit des Menschen sich auszudrücken«. Und wenn ich mir wieder dieses Erlebnis von 2003 herannehme, der Mann, der sich seine eigenen Laute, seine eigene Sprache, seine eigene Stimme immer wieder anhörte, dann beschäftigte er sich mit sich selbst, mit seinem eigenen Erleben, mit seiner Stimme, sicher aber auch mit seiner Sprache, mit der Möglichkeit, sich auch auszudrücken. Ohne nun Näheres zu wissen, was er sich u. U. gefragt hat oder was ihn da beschäftigt hat, stellen sich mir folgende Fragen:

1. Was bedeutet es für die (inklusive) Medienarbeit, wenn jemand ausschließlich mit Lauten kommuniziert? Wie könnte hier eine Sendung aussehen bzw. sich anhören? Wie kann man ein Nichtsprechen und Sprechen durch inklusive Medienarbeit unterstützen? Im Sinne der Partizipation, im Sinne der Selbstwirksamkeit und des Selbstbewusstseins? Bzw. sind dies überhaupt Fragen, die sich dieser Mann gestellt haben könnte? Wie kann man inklusive Medienarbeit, wie kann man das Sprechen ins Mikrofon nutzen, um einen passiven Sprachschatz zu einem aktiveren zu machen? Oder ist diese Fragestellung irrelevant, weil ja schon gesprochen wird? Bekommt man automatisch Lust aufs Sprechen durch das Radiomachen? Und hier dann wieder die Frage, die ich eingangs stellte: Wie kann man dies nutzen?
2. Wie kann ich als Begleiter*in und Unterstützer*in einer inklusiven Medienarbeit so agieren, intervenieren, warten, fragen und ähnliches, dass ein vermehrtes Sprechen in Gang kommt? Oder

eine Sprache und ein (Nicht-)Sprechen, welches die jeweilige Person in eine Situation bringt, welche sie zufriedener macht?

Durch meine Radioarbeit mit Tom im Rahmen des *Radio Wissensteam* bzw. für *Freakradio* beobachtete ich ähnliche Phänomene, von denen mir auch andere Begleiter*innen und Unterstützer*innen von inklusiven Medienarbeiten erzählt haben. Der Initiator und Betreuer des *Radio Wissensteam* aus Wien, Georg Gegenhuber, erzählte, dass die Radiomacher*innen im Laufe der Radioarbeit – auch abseits der Radioarbeit – mehr zu sprechen begannen.

Warum dies so ist, weiß ich (noch) nicht. Es gibt Überlegungen und erste Arbeiten dazu in diesem Buch. Es ist vielleicht das Setting, welches das vermehrte Sprechen interessant macht, oder dass man einfach in Übung gerät. Oder weil es das Sprechen wichtiger macht oder weil man auf alle Fälle jemanden hat, der/die zuhört und dies stimulierend auf das eigene Sprechen wirkt. Es ist vielleicht das Wissen, dass dieses Sprechen ins Mikrofon dazu gemacht ist, um von anderen gehört zu werden. Oder weil man sich dann selber hören kann. Es ist der Akt des Sprechens, des Kommunizierens selbst, der hier einen neuen Platz bekommt. Oder es betrifft schlicht den Berufswunsch Moderator*in. Damit befassen sich Brigitte Himann und Andrea Tabery in ihrem Beitrag (s. Kap. 19).

Eine der wichtigsten Entwicklungen der Digitalisierung ist sicher die (technisch) unterstützte Kommunikation. Dieser Bereich als Ganzes gesehen, ist sehr lehrreich. Menschen, die von außen nicht einschätzbar sind, werden u. U. als nicht sehr intelligent oder ähnliches beurteilt. Das ist eines meiner Lieblingsbeispiele, weil es die eigene, meine eigenen Vorurteile klar sichtbar macht (wenn ich es, so wie jetzt, offen sage). Menschen, die körperlich schwer beeinträchtigt sind und ebenso ihr Sprachvermögen, können (auf mich) zunächst als Personen wirken, die – in Österreich sagt man zum Beispiel – »nicht bis 5 zählen können«. Das ist hochdramatisch. Vor allem für die betroffene Person. Aber natürlich auch, weil sie schlicht nicht sagen kann, was sie denkt. Mit diesen unterstützenden Kommunikationsgeräten ist dies aber möglich. Man kann mit individuellen Tastaturen oder über eine Augensteuerung einen Sprachcomputer bedienen. Und es zeigt auch, dass man schnell bestimmte Vorurteile über manche Personengruppen haben kann, die anders wirken oder sich ohne Hilfsmittel nicht ausdrücken können.

Natascha Toman kommuniziert mithilfe ihres Sprachcomputers und beschreibt in ihrem Buchbeitrag NA (JA) GENAU – UK *Spezialsendung* (s. letzter Abschnitt in Kap. 13), wie man dies im Medienbereich einsetzen kann. Im Grunde ist nichts anders, als zur Kenntnis zu nehmen, dass die Sprache via Sprachcomputer vermittelt wird. Evtl. muss man mit den anderen Geschwindigkeiten umgehen lernen. Als Rezipient*in ebenso, wie zum Beispiel Interviewpartner*innen. Auch der Sound einer Stimme ist unter Umständen etwas anders. Aber längst nicht mehr so fremd, wie zum Beispiel die Computerstimme von Stephen Hawking. Theresa Bitriol hat sich in ihrer Masterarbeit damit auseinandergesetzt und die Möglichkeiten von (technisch) unterstützter Kommunikation und inklusiver Medienarbeit in ihrem Buchbeitrag *Inklusive Medienarbeit Schnittpunkt Logopädie* zusammengefasst (s. Kap. 13.1).

Inklusive Medienarbeit kann auf Wissen aus verschiedensten (wissenschaftlichen) Disziplinen zugreifen. Die Logopädie kann zum Beispiel zum Verständnis beitragen, warum eine Person bestimmte Wörter (nicht) spricht und was man tun kann, diese auszusprechen. Dies kann hier andere Ursachen beschreiben als zum Beispiel die Psychoanalyse. Warum wird etwas gesprochen und anderes nicht? Oder manches immer wieder? Und wie kann man damit als Begleiter*in und Unterstützer*in eines inklusiven Medienproduktes arbeiten? Und dies in eine passende Form für ein Medienprodukt bringen, welches auch öffentlich sein darf? Als Begleiter*in und Unterstützer*in muss man sich natürlich immer wieder die Frage stellen, wer möchte nun eigentlich was? Möchte ich, dass die jeweilige Person etwas in einer bestimmten Form sagt, sagen kann oder möchte dies die jeweilige Person selbst?

Aber es ist eben nicht nur der selbst gestaltete Akt des Sprechens. Wie schon eingangs beschrieben, gibt es eine Erfahrung des ›Vermissens des Radiomachens‹. So erzählten es mir immer wieder Kolleg*innen, die regelmäßig Radio machen. Da stellt sich dann die Frage, was dies sein kann. Mich erinnert das sehr an die Psychoanalyse. Dort spricht man – je nach Richtung der Analyse – in einen leeren Raum. Man spricht sich etwas von der Seele, es gibt jemand, der/die zuhört, aber die Person oder dieser Jemand wird nicht direkt angesprochen, sitzt hinter dir. Natürlich betrifft dies eher Radiomacher*innen, die relativ frei sprechen können. Aber das allein ist es nicht. Es ist auch das Sprechen, und da kann es auch das Vorlesen von Nachrichten sein, also kein offenes Sprechen, welches ähnliches Vermissen hervorruft. Eine mögliche Frage wäre also, gibt es einen Effekt, der das Sprechen zum anderen Menschen, den man ja nicht sieht, das Sprechen in den leeren Raum, also das Sprechen ins Mikrofon im Studio, ähnliche oder vergleichbare Effekte wie auf einer z. B. Analysecouch hervorruft? Und wie kann man dies in der Begleitung und Unterstützung von inklusiver Medienarbeit denken und nutzen?

Welche Art der Sprache und des (Nicht-)Sprechens darf und soll in inklusiven Medienarbeiten umgesetzt werden? Eine ehemalige Moderatorin unserer Sendereihe machte sich Sorgen, sie sei nicht gut genug, obwohl sie schon Sendungen moderierte und Interviews durchführte, weil sie »ja stottere«. Ich war zunächst verwirrt. Ich hörte mir Sendungen mit ihr und ihr Sprechen noch mal genauer an, weil ich das so nicht in Erinnerung hatte. Tatsächlich gab es Teile ihres Sprechens, welche sich wiederholten (stottern?). Aber das sah bzw. hörte ich nicht, weil das Interessante ja der Inhalt war und ihre Präsenz. Eine junge Frau mit Trisomie 21 moderierte und stellte Fragen im ältesten Kino Wiens. Man hört auf die Antworten, schaut die Sendung, das Stottern war völlig belanglos, bzw. man hörte es nicht. Ich hatte auch von niemand anderen die Rückmeldung bekommen, dass sie ›stottere‹ (https://www.okto.tv/de/oktothek/episode/25482). In der leider zu kurzen gemeinsamen Zeit des Arbeitens, meldete sie sich immer mit »NA (JA) GENAU-Reporterin«.

Ich persönlich sehne mich immer noch nach einer Radiosendung, in dem ein/e Moderator*in, ausschließlich mit Lauten z. B. eine Musiksendung moderiert. Wenn man die Moderation nicht versteht und auch mal irritiert ist, beginnt man – sollte man nicht sofort abdrehen –, gespannt hinzuhören, auf bestimmte Lautfolgen, auf mögliche Wörter, auf Rhythmen und Betonung. Ich denke, dass dies eine sehr gelungene Sendung sein könnte.

Wie ist dies mit der Gebärdensprache? Abgesehen davon, dass die Gebärdensprache eine erschreckend kurze Berechtigung hat, und diese immer wieder mit dem Anspruch wechselte, doch Lautsprache lernen zu müssen (siehe den Beitrag von Mirjam Janett und Martin Lengwiler, s. Kap. 8), finde ich es immer noch sehr spannend, wie man eine Sendung ausschließlich aus Sicht einer gehörlosen Person machen würde? Wenn man vollständig auf die Tonebene verzichtet? Würde sich zum Beispiel die Bildsprache dann sehr verändern? Und wie funktioniert dies, wenn die Macher*innen alle Elemente darin vereint haben möchten? Gebärdensprache, Sprache, Untertitelung und Sound? Die Macher*innen von *Deafies in Wonderland*, Nikole Mitterbauer und Noah Holzgethan, zeigen, wie sie das in ihrem Podcast umsetzen (s. Kap. 36) umsetzen.

Und auch die Einfache Sprache, sprich die Reduzierung von komplizierten Wörtern und Begriffen, ist in diesem Bereich nicht mehr wegzudenken. Dies kann für Menschen mit Lernbehinderung u. a. wichtig sein, um an Infos zu kommen, die sie verstehen. Aber nicht nur für jene. Auch für viele andere kann dies wichtig sein und wird, zwar anders benannt, schon seit langer Zeit in Massenmedien so umgesetzt. Der Inhalt soll leicht und für alle Leser*innen bzw. TV-Seher*innen verständlich sein.

Dennoch ist die Einfache Sprache noch einmal etwas anderes und hat u. a. ausführlichere Grundregeln, welche Anna Mark, die die Inklusive Lehrredaktion des ORF bis 2023 leitete, in ihrem Beitrag beschreibt (s. Kap. 14).

3.3   Kompetenzen und Selbstbemächtigung

Ich beginne sehr gerne, ohne Vorinformation mit einer Gruppe zu arbeiten. So komme ich eher zu individuellen Kompetenzen und Interessen, weil ich nicht mit meinem vermeintlichen Vorwissen an die Personen herantrete.

Welche Kompetenzen hat eine Person? Wofür schlägt das Herz? Wofür begeistert sich eine Person? Was kann alles frei gestaltet werden? Oder braucht es eher engere und klare Strukturen, um zu einem Wohlbefinden beim Arbeiten zu kommen? Sind es (journalistische) Tätigkeiten wie Recherche, das Sprechen, das Fragen, das Interviewen von Menschen oder die Bedienung eines Computers, einer Kamera, eines Aufnahmegerätes? Ist die Bildgestaltung anziehend oder das Kontrollieren des

Audiopegels? Ist jemand gern vor oder hinter der Kamera? Wird ein Thema lieber mit Humor oder Seriosität aufbereitet?

Das sind Fragen, welche auf Kompetenzen schließen lassen, denen nachgegangen werden kann, und um die herum man ein Arbeitsfeld aufbereiten kann. Welche Kompetenzen und Interessen an bestimmten Themen, an Personen, an Arbeitsbereichen in der Medienproduktion – Kamera, Moderation, Audio etc. – sind vorhanden? Welche Tätigkeiten werden gerne gemacht oder sind besonders interessant? Das können Grundfragen sein, welche man sich zu Beginn stellt oder im Laufe eines Projekts entwickelt.

Warum ist dies wichtig? Unabhängig vom Medienprodukt kann man inklusive Medienarbeit zum Erkennen von Kompetenzen nutzen. Und zwar am allerbesten in dem Sinne, dass die jeweilige Person selbst erkennt, was sie kann und was sie interessiert. Dies ist im Medienbereich noch relativ auffällig, weil diese Personengruppen hier noch wenig aktiv sind. Schon gar nicht im professionellen Medienbereich.

Die Person kann über das Erkennen von eigenen Kompetenzen diese umsetzen und ins Handeln kommen. Und so die wichtige Erfahrung von Selbstbemächtigung machen. Mit der Selbstbemächtigung setzt sich Lukas Adler in seinem Artikel auseinander. Er gibt einen spannenden ersten Einblick in die Möglichkeiten von Traumapädagogik und wie man diese in der Praxis von inklusiver Medienarbeit einsetzen kann (s. Kap. 10).

Die Selbstbemächtigung mag im ersten Moment banal wirken. Es wird sofort viel klarer, wenn man das erste Mal die Erfahrung gemacht hat, in einer Werkstatt von Menschen mit (Lern-)Behinderung und/oder psychischer Erkrankung gewesen zu sein, und zum Beispiel mit deren Angehörigen und so manchen Kolleg*innen zu tun hatte. Noch immer ist es so, dass an manchen Orten oder manche Menschen, das Sprechen der betreuten Menschen für diese übernehmen. Darum kann es beim Sprechen ins Mikrofon so sein, also auch beim Moderieren oder dem Machen von Interviews, dass hier sehr schnell viel Raum genau dafür vorhanden ist. Für das freie Sprechen. Vorausgesetzt natürlich, man handhabt es in einer Form, die dies ermöglicht. Und somit auch viel

Raum für das Erkennen von Kompetenzen, Interessen da ist und dann die Selbstbemächtigung für die jeweilgen Personen wirksam wird.

Da sprechen wir noch gar nicht von einem veröffentlichten Medienprodukt, von einer journalistischen Arbeit, sondern von der Möglichkeit, selbst und eigenständig zu sprechen oder zu antworten, wenn man etwas gefragt wird.

Das Erkennen von der Notwendigkeit der Selbstbemächtigung, vom Akt der Selbstbemächtigung, von der nötigen Begleitung und Unterstützung von Selbstbemächtigung, dies ist eine wichtige Fähigkeit, die eine Person mitbringen sollte, die eine inklusive Medienarbeit begleitet und unterstützt. Denn das Medienprodukt darf eine Rolle spielen, soll und kann, aber muss nicht. Wichtig ist zunächst der Blick auf Kompetenz und Selbstbemächtigung.

Sollte hier etwas gelingen, dann ist in meinen Augen inklusive Medienarbeit schon gelungen. Und das Medienprodukt kann kommen, oder auch nicht.

3.4 Teilhabe und Partizipation

Der Medienbereich ist geradezu dafür prädestiniert, um über Teilhabe und Partizipation zu sprechen. Im ersten Schritt soll aber ähnlich wie eben bei Selbstbemächtigung gedacht werden, dass ein Blick, unabhängig von der Medienarbeit, auf die realen Möglichkeiten der jeweiligen Personen gemacht wird. Was darf eine Person, was kann sie, was traut sie sich zu? Kommt sie überhaupt auf die Idee, mit partizipieren zu wollen? Oder ist dies völlig fern?

In ersten Schritten soll geschaut werden, beobachtet werden, wo es unter Umständen nötig ist, ein Bewusstsein zu schaffen, dass man dies auch kann und darf. Dies ist Aufgabe der begleitenden und unterstützenden Personen einer inklusiven Medienarbeit. Diese kann dann Übungen oder Arbeiten so anlegen, dass jene dann im Zuge ihrer Arbeit eigene Arten der Moderation, der Interviewführung, eines eigenen Stils entwickelt werden. Es wäre kontraproduktiv, nun auch ebenso ein bestimmtes Handeln zu verlangen.

Dann kommt natürlich unweigerlich die Teilhabe und Partizipation in und an der Medienwelt. Hier ist die mediale und journalistische Teilhabe gemeint. Es ist nötig, Voraussetzungen zu schaffen, dass diese auch via Medienproduktionen in verschiedensten Formaten und Genres, von Menschen mit (Lern-)Behinderung und/oder psychischer Erkrankung, gelingt. Wie Partizipation in einem inklusiven Medienprojekt von/mit Menschen mit (Lern-)Behinderungen gelebt bzw. umgesetzt werden kann, damit setzt sich Ralf Gröber auseinander. Das Studierendenteam des akademischen Lehrgangs Sozialpädagogik der FH St. Pölten begleitete und unterstützte ein Team aus einer Tageswerkstätte der Lebenshilfe in Regau in Oberösterreich. Zunächst wurde ein Einführungsworkshop in Kamera- und Audiotechnik gegeben, erste Interviewübungen wurden gemacht und das Team der Lebenshilfe Werkstätte Regau in Oberösterreich machte eine Reportage über die dort ausgetragenen Special Olympics. Sofort fällt der Unterschied auf: Menschen mit (Lern-)Behinderung und/oder psychischer Erkrankung machen selbst Moderation und Interviews. Niemand weist darauf hin, dass hier eine bestimmte Sportlergruppe auch Sport macht und man diese ›special‹ berichten müsste. Teilhabe und Partizipation an Gesellschaft vor allem in medialen journalistischen Bereichen ist nach wie vor nicht selbstverständlich. Nicht für Menschen mit (Lern-)Behinderung und/oder psychischer Erkrankung.

3.5 Persönliche Anforderungen an die Begleitung und Unterstützung inklusiver Medienarbeit

Durch meine langjährige Arbeit als Betreuer und Sozialpädagoge bin ich besonders hellhörig geworden, wenn es um Machtverhältnisse bei der Begleitung und Unterstützung von inklusiven Medienarbeiten geht. Im Grunde füllt dies wohl ein eigenes Buch (welches schon in Arbeit ist). Sobald Menschen mit (Lern-)Behinderung und/oder psychischer Erkrankung in einer Form der Betreuung, einer Form von Abhängigkeit sind, ist es nicht ausgeschlossen, dass hier Machtmissbrauch in seinen verschiedensten Formen passiert. Vermutlich wird dies nie ganz auszuschließen sein. Das hat verschiedenste Gründe. Einerseits ist Mensch immer wieder erstaunlich asozial, unmenschlich oder bewegt sich gar an kriminellen Rändern im Umgang mit abhängigen Menschen. Dies sind zwar extreme Ausformungen, aber diese haben zum Beispiel vom Nationalsozialismus kommend noch bis in die 1990er-Jahre nachgewirkt. »Unter dem Hitler hätte es das nicht gegeben« – in Form von gesprochenen Sätzen und vor allem den daraus resultierenden Handlungen (Essensentzug, Schlagen, Verweigern ärztlicher Hilfe u. a.). Menschen, die sehr große Macht über andere haben, sind offenbar gefährdet, diese auch maßlos umzusetzen. Es gibt einfach charakterlose Menschen, so meine etwas direkte, sehr persönliche Diagnose.

Natürlich kann auch Überforderung oder ähnliches ein Auslöser zu einem Verhalten sein, das nicht in Ordnung ist. Verstehen Sie mich aber nicht falsch. Ich bin keineswegs der Meinung, dass man fehlerfrei agieren könnte. Aber eine gewisse Menschlichkeit und Empathie sind mitzubringen. Ohne solche ist diese Arbeit nicht möglich. Es ist äußerst wichtig, immer wieder zu überprüfen, wer möchte eigentlich was? Und im Grunde ist es nur möglich, sich einer immer wiederkehrenden, neuen Schleife zu unterziehen, sich mithilfe von anderen und jenen Menschen, mit denen man arbeitet, sich selbst zu hinterfragen. Das große Dilemma ist und bleibt, wir bewegen uns in einem nicht messbaren Arbeitsbereich.

Da geht es um Haltung und Werte, welche man schnell mal gesagt hat oder auch auf seine Webseite geschrieben: »Wir stehen für Inklusion« u.v.a. Dies sagt leider wenig aus, wie denn tatsächlich mit den betreuten Menschen gearbeitet wird. Ich erzähle kurz ein Beispiel. Ich arbeitete in einer Einrichtung in Wien, in der körperlich schwer mehrfach behinderte Menschen betreut werden. Ich wurde zu einer Kollegin geholt, die mir zeigen sollte, wie man Schutzhosen wechselt. Und dies bei einem 19-jährigen Mann, der sich kaum selbst bewegen konnte. Kommunizieren konnte er folgendermaßen. Wenn er ein »böses Gesicht« machte, meinte er »Nein« bzw. war er eben böse oder sauer. Oder er machte ein freundliches Gesicht, wenn er »Ja« mitteilen wollte bzw. froh oder gut aufgelegt war. Die Kollegin, eine höfliche freundliche junge Frau mit einer Ausbildung im Bereich der Arbeit mit behinderten Menschen zeigte mir also, wie das Wechseln der Schutzhosen (früher Windel) zu bewerkstelligen sei.

Nun sei an dieser Stelle das Selbstverständlichste angemerkt: Weder war es für diesen 19-Jährigen sehr angenehm, vor einem fast Fremden nackt zu liegen, noch war es sehr in meinem Sinne, in dieser Situation zu sein. Er war es vermutlich schon gewöhnt, dass auch recht fremde Menschen ihn nackt und auch mit seinem Stuhl und Urin sahen und so kennenlernten. Für mich war es das nicht (ich war dort für Medienarbeit angestellt worden, aber aus Personalnöten, wurde ich dort hinbestellt). Die Kollegin erklärte mir, wie ich denn was bei der Schutzhose auf- und zuzumachen habe usw. und meinte fast nebenbei, dass er, der 19-Jährige eine »ganz schön große Schlange« habe. Ich verstand sofort, was sie meinte, dennoch weigerte sich mein Hirn noch ein wenig gegen die Erkenntnis, darum fragte ich nach, ob sie mit dieser »ganz schön großen Schlange« eben den Penis des jungen Mannes meinte. Zudem hatte ich seine Reaktion gesehen, als sie dies aussprach. Um es kurz zu machen, sie hielt es für selbstverständlich, über den Penis dieses jungen Mannes in einer etwas anzüglichen Art zu sprechen. Sie hielt dies weder für unangemessen, noch beachtete sie sein sehr deutliches »Nein«. Er hat klarerweise ein sehr böses Gesicht gemacht. Er war empört. Sie hat meine Einwände, auch als ich ihr versuchte, ihr diese danach zu erklären, nicht verstanden.

Ich befand mich in einer Tageswerkstätte, die offen und klar für ein menschenwürdiges Betreuen warb und groß das Wort ›Inklusion‹ auf ihrer Webseite stehen hatte. So wie alle.

Dies nur als kurzen Schwenk, welche Tücken es im Umgang mit Personen gibt, die in irgendeiner Form mehr oder weniger abhängig sind von einem.

In der inklusiven Medienarbeit wird u. a. moderiert. Menschen mit (Lern-)Behinderung und/oder psychischer Erkrankung machen Radio und sprechen ins Mikrofon. Wenn nun die unterstützende und begleitende Person dies sofort unterbricht oder ständig korrigiert, dann wird es schwierig, ins eigene Sprechen zu kommen. »So sagt man das nicht«, »Das musst du anders sagen«, »Du musst schöner sprechen« bis hin zu »Du kannst nicht sprechen«.

Eine Voraussetzung von inklusiver Medienarbeit ist, dass alles sagenswert ist. Es gibt kein richtiges oder falsches Sprechen! »Babababa«

ist sagenswert, wenn das jemand in seiner Sendung in die Kamera, in das Mikrofon sagen möchte (vgl. TRADINIK 2019). Das darf nicht unterbunden werden. Damit soll gearbeitet werden. Man wird dann sehen, wohin der Weg führt.

Das heißt, dass man als Unterstützer*in und Begleiter*in einer inklusiven Medienarbeit dem möglichen Druck einer »So ist das aber üblich«-Sprache widerstehen soll. Der erste Schritt ist das Hinhören, die Konzentration auf sein Gegenüber. Was wird gesagt? Was möchte da gesagt sein? Dies ist auch wichtig, um evtl. Medienprodukte entwickeln zu können, die neu sind oder vielleicht nur neu wirken.

Falls dies eine Hilfe ist. Ich denke mir immer wieder: Der/die Zuseher*in muss sich an das Produkt anpassen. Und nicht umgekehrt. Damit eine Chance besteht, dass man neben dem jeweiligen Inhalt der Sendung auch den Menschen etwas kennenlernt.

Ein/e Unterstützer*in und Begleiter*in einer inklusiven Medienarbeit darf natürlich Vorlieben und eine prinzipielle Liebe zu bestimmten Medienformaten mitbringen und dieses Know-how kann man auch zur Verfügung stellen. Das heißt, möchte jemand eine Nachrichtensendung gestalten, wird man diese Art des Sprechens selbstverständlich zulassen.

Welche Instrumentarien kann man also zur Verfügung stellen, um zu gewährleisten, dass kein Machtmissbrauch während der Arbeit geschieht? Mit Machtmissbrauch meine ich hier, dass nicht auf Interessen oder Wünsche der Medienmacher und Medienmacherinnen gehört wird, sondern das umgesetzt wird, was die Begleiter und Begleiterinnen eines inklusiven Medienprojektes für gut befinden. Wir kann das gelingen? Was braucht es dazu? Das sind wichtige Fragen dieses Teilbereichs.

Weiter gibt es folgende Anforderungen an Begleiter*innen und Unterstützer*innen von inklusiven Medienarbeiten, wie dies Irene Nußbaumer in ihrer Bachelorarbeit *Brücken Bauen. Herausforderungen von Sozialpädagoginnen und Sozialpädagogen bei einem Projekt inklusiver Medienarbeit* (2018) beschrieben hat. Sie hat die begleitenden Sozialpädagog*innen für ihre sozialwissenschaftliche Untersuchung befragt. Die »nötige Geduld« spielt eine große Rolle, der Abbau bzw. Umgang mit »Berührungsängsten« mit Menschen mit (Lern-)Behinderung und/oder psychischer Erkrankung und eine Gesprächsführung, die u. U. erst erarbeitet werden muss. Dazu ist ein Grundwissen oder eine Erfahrung im täglichen Miteinander mit Menschen mit (Lern-)Behinderung und/oder psychischer Erkrankung sicher von Vorteil (aber nicht Bedingung).

3.6 Technische Anforderungen an die Begleitung und Unterstützung von inklusiver Medienarbeit

In diesem Teilbereich sollen technische Möglichkeiten untersucht und gesammelt werden, die Menschen mit (Lern-)Behinderung und/oder psychischer Erkrankung bei der Medienarbeit unterstützen können. Hier kann man auf ganz viel Wissen und Erfahrung zurückgreifen, wie zum Beispiel, die schon erwähnte technisch unterstützte Kommunikation. Dies kann von bestimmten Tastaturen, Tastern und Schaltern bis hin zur Augensteuerung reichen. Unter Umständen muss man neue Kombinationen denken, wie zum Beispiel Taster und Kamerabedienung kombinieren u.v.a.

Sehr viel umgesetztes Know-how gibt es beim Radio. Das Radio FRO in Linz hat hier immer schon eine große Vorbildfunktion übernommen. Wie dies österreichweit umgesetzt wurde, damit beschäftigt sich Sabine Hubner: *Barrierefreie Radiostudios* (HUBNER 2018).

An der FH St. Pölten setzten Studierende der Medientechnik und der Sozialpädagogik eine Talkshow um. Tanja Hornbacher, Lisa Schuster & Sonja Simon initiierten und begleiteten die TV-Talkshow *Love Talk* und zeigten ihre Ergebnisse 2021 in einer Masterarbeit. Die Moderatorin des TV-Talks Silvia Oblak ist blind. Das Ergebnis war auf OKTO zu sehen. Folgende Fragen stellten sich hier: Welche Bereiche in der Technik im TV-Studio müssen neu oder anders gedacht und umgesetzt werden, wenn die Moderatorin blind ist? Welche Ängste gibt es im Umgang mit blinden Moderator*innen? Was braucht es von sozialpädagogischen, kommunikationswissenschaftlichen u. a. Expert*innen und Experten, um so ein Projekt gut zu begleiten und anzuleiten? Darüber schreibt Lisa Schuster in ihrem Beitrag *Love Talk: Die TV-Talkshow mit einer sehbehinderten Moderatorin im TV-Studio der FH St. Pölten* (s. Kap. 27).

3.7 Mediengestaltung und Medientechnik

Dieser Bereich soll Lernunterlagen für Lernfelder wie Moderation, Journalismus, Redaktion, Kamera, Licht, Bildgestaltung, Audiotechnik u. v. a. in einer Form beschreiben und zur Verfügung stellen, dass diese für alle verstehbar und zugänglich sind. Es soll eine jeweils individuelle barrierefreie Aufbereitung zur Verfügung gestellt werden, wie zum Beispiel in einfacher oder leichter Sprache, (technisch) unterstützte Kommunikation und Hilfsmittel, Gebärdensprache, Braille u. a.

Da wir uns derzeit in Bereichen bewegen, die nicht hoch finanziert werden, wird man damit eher bis zuletzt warten müssen, bis man genauer weiß, was genau benötigt wird, bevor man sich an die Umsetzung bzw. Finanzierung von benötigten Unterlagen in einer bestimmten aufbereiteten Form macht.

3.8 (Lern-)Behinderung und psychische Erkrankung

Ich verfahre hier ähnlich wie beim Teilbereich zuvor. Eine sehr kurze Beschreibung soll Überblick geben, was dieser Teilbereich meint. Er soll beteiligten Menschen an inklusiven Medienarbeiten einen Überblick geben, welche (Lern-)Behinderungen und/oder psychische Erkrankungen es gibt. Dies soll zum Verstehen und Abbau von möglichen Ängsten beitragen.

Auch zu einer Klarheit und einem Verstehen soll es beitragen, dass dies ganz normale und übliche Möglichkeiten im Leben sind und keine übernatürlichen Phänomene, vor denen man Angst haben muss. Ganz wichtig ist hier auch, den Fokus darauf zu legen, dass man es da mit eigenen Ängsten zu tun bekommt (zum Beispiel vor einer eigenen Behinderung, einer Ausgrenzung oder ähnlichem).

Abgesehen davon, dass alle Menschen unterschiedlich sind, muss immer mit unterschiedlicher Sorgfalt gedacht werden. Die Begleitung und Unterstützung von Menschen mit Lernbehinderung sind möglicherweise anders zu denken als zum Beispiel die Unterstützung und Begleitung eines Menschen mit Behinderung, welcher kognitiv keine

Einschränkung hat. Diese können selbst sehr genau überlegen und planen, was sie brauchen, welches Medienprodukt sie umsetzen wollen, wie viel Geld sie zur Verfügung haben oder nicht, wie viele Assistenzstunden sie benötigen würden u. v. a. Hier braucht es nur jene Begleitung oder Art der Unterstützung, die klar von der jeweiligen Person gefordert wird. Bei anderen Personen kann es sein, dass sie hier eher erst ergründen müssen, welche Art der Unterstützung die angemessene ist. Dies kann nicht sofort klar sein, dies kann etwas verdeckt sein, dies kann beim Arbeiten klarer werden usw. Darum ist sehr gut darauf zu achten, wer denn tatsächlich was möchte – vor allem in Bezug auf redaktionelle Inhalte (Teilbereich Unterstützung und Begleitung einer inklusiven Medienarbeit). Selbstverständlich kann es da auch mal in Ordnung sein, tatsächlich eine Weile etwas vorzugeben, wenn man den Fokus nicht verliert, jederzeit für etwas, das von der anderen Person kommt, genug Platz zu lassen.

Dieser Teilbereich soll ein spezifisch zugeschnittenes Grundwissen über Formen von (Lern-)Behinderungen und psychischer Erkrankung geben. Und zwar auch in einer sehr praktischen Art und Weise. Wie kann so ein Mensch aussehen? Was tut dieser Mensch? Ist der tatsächlich so anders? Wie klingt so ein Sprechen? Was tu' ich, wenn ich nichts verstehe? Muss oder darf ich mich fürchten? Oder darf ich mich ekeln? Was tu' ich dann? U. v. a.

Das sind Grundfragen, die es zu beantworten gilt, um hier gut tätig zu werden. Und je ehrlicher und offener man – in einem geschützten Rahmen – darüber sprechen kann bzw. erzählt bekommt, um so einfacher wird es dann. Eine der vielen Möglichkeiten, einen ersten Einblick über ›Behinderungsarten‹ zu bekommen, bietet zum Beispiel *Insieme* Zürich auf seiner Webseite:

Behinderungsarten
https://insieme-zuerich.ch/ueber-uns/links/behinderungsarten-2/

3.9 Medienberufe am ersten und zweiten Arbeitsmarkt

Abgesehen von Möglichkeiten in der inklusiven Medienarbeit, wie zum Beispiel auf eigene (weitere) Kompetenzen und Interessen zu stoßen, ins Sprechen zu kommen oder an Gesellschaft zu partizipieren und vieles anderes, ist es das Normalste der Welt – auch in Medienberufen arbeiten zu wollen. Als ich vor ungefähr 17 Jahren einem Verein in Wien anbot, eine Medienwerkstatt zu eröffnen, wurde ich milde belächelt. Der Versuch im Jahr 2013, dies in einem Verein als Betreuer umzusetzen, scheiterte an Kolleg*innen und auch an den nicht vorhandenen Ressourcen.

Vor allem aber, und das war immer mein Eindruck, dass man – selbst in diesen professionalisierten und ausgebildeten Bereichen (noch) nicht denken konnte, dass diese Menschen auch in Medienberufen arbeiten können und wollen. Und, dass das auch nicht gewollt ist. Worüber würden sie sprechen, würden sie tatsächlich in diese Richtung unterstützt, eigenständig und kritisch zu denken und dann auch journalistisch zu arbeiten? Was würden sie dann unter Umständen veröffentlichen? Siehe das Beispiel über das herabwürdigende Sprechen über den Penis eines 19-jährigen Mannes.

Was könnten die da erzählen und veröffentlichen? Das ist eine Frage, die einigen tatsächlich Unbehagen bereiten könnte. Darum lieber erst gar nicht auf die Idee kommen. Und lieber in seinem Expert*innentum genau wissen, was richtig und falsch ist, für die jeweiligen Personen. Und diese möglichst wenig ins Sprechen kommen lassen.

Hier beziehe ich mich auf mein fast 30-jähriges Erfahrungswissen als Betreuer und Sozialpädagoge. Ein Umgang auf Augenhöhe, so wie er oft besprochen wird, und Inklusion sind nicht selbstverständlich. Auch wenn Ihnen erzählt wird, hier würde Inklusion gelebt oder auf Augenhöhe gearbeitet. Ich gebe Ihnen den Tipp, dies nicht als selbstverständlich hin- oder anzunehmen.

In dem kurzen Intermezzo 2013 in einer Einrichtung in Wien machte ich zum Beispiel folgende Erfahrung: Ein Mann, mit dem ich zusammenarbeitete, begann E-Mails an berühmte bzw. sehr bekannte Personen in Österreich zu schreiben, um sie zu der von ihm kreierten TV-Sendung als Gast einzuladen. Dies erzählte ich in der Teambesprechung.

Die Leiterin erschrak und wollte dies sofort unterbinden. »Dies wäre nicht möglich, das kann er doch nicht«, meinte sie sofort. Ich stellte mich zunächst unwissend und begann ihr zu erklären, dass wir ja eine bestimmte (Großfeld-)Tastatur gekauft hätten und auch eine bestimmte Vorrichtung montiert sei, damit der damals 32-jährige Mann selbst am Computer arbeiten konnte. »Aber das kann er ja nicht«, meinte sie immer wieder. Wir ›spielten‹ dies noch einige Male so durch, bis sie endlich sagte: »Das darf er aber nicht«.

Nun waren wir endlich am Punkt. Ich erklärte ihr, dass wir als ›Redaktionsteam‹ (und so wurde unsere Arbeitsgruppe bewilligt) wohl Menschen in unsere Sendung einladen dürften. Das ist wohl Sinn und Teil einer Redaktionsgruppe. Sie argumentierte, dass man ja nicht wisse, was und wie er schreibt. Vor allem aber, dass sie das zu entscheiden habe. Der Mann war 32, hat seit seiner Geburt eine schwere körperliche Behinderung und war in keiner Weise kognitiv beeinträchtigt, noch in einer Weise auffällig, dass er zum Beispiel besonders unhöflich wäre, ganz im Gegenteil. Noch hat er, wie zum Beispiel einer seiner Kollegen, das große Bedürfnis, über die redaktionelle Arbeit Frauen kennenzulernen, in einer Wahl der Sprache, die dieses zudem noch erschwert. Das hatten wir natürlich alles bedacht. Es war aber einfach von dieser Leitung, vonseiten des Vereins nicht denkbar, dass dieser 32-jährige Mann selbstständig aus einer ›Geschützten Werkstatt‹ E-Mails im Sinne der gedachten Arbeit schreiben darf. Das konnte sie sich nicht vorstellen. Weil sie ja die Leiterin war und von Beruf Krankenschwester und er ein 32-jähriger Mann, der betreut wird. Und das im Jahr 2013. Ich möchte noch gern erwähnen, dass diese Leiterin sehr sympathisch war und sehr engagiert. Besonders die Arbeit bezüglich körperlicher Bedürfnisse und Notwendigkeiten in Bezug auf Pflege und Training und ähnliches waren den Möglichkeiten entsprechend groß.

Diese Anekdote beschreibt die Haltung, die man vorfinden kann, wenn man tatsächlich so etwas wie eine Redaktion oder journalistisches Arbeiten innerhalb einer Institution aufbauen möchte, die Menschen mit (Lern-)Behinderung und/oder psychischer Erkrankung betreut. Und dies betrifft dann – durch die Sozialisation – auch die Personengruppen und zum Beispiel deren Angehörige selbst. Sie selbst können sich schlecht eine echte Partizipation, echtes redaktionelles Arbeiten, echten Umgang auf Augenhöhe, echtes Empowerment vorstellen. Oder werden, falls sie in irgendeiner Form darauf hinweisen oder es gar einfordern, als verhaltensauffällig abgetan.

Dies ist auch gesellschaftlich so gewachsen. Menschen mit (Lern-)Behinderung und/oder psychischer Erkrankung brauchen Expert*innen, so der Eindruck. Das können nicht alle. Es braucht jemanden, der oder die weiß, was und wie es richtig ist, jemand muss das gelernt haben. Dadurch verliert man aber das Normalste der Welt. Man trifft aufeinander und verständigt sich, so wie man das gerade kann. Als ich in den 90ern mit einem Kollegen und drei betreuten Menschen, welche kaum ein Wort aktiv sprechen konnten, in Italien unterwegs waren, war das Beeindruckendste, dass wir als Betreuungspersonen nicht mehr nötig waren. In Österreich wurde sofort nach uns geschaut oder gesucht, sobald einer der drei Personen etwas wollte. Nicht so in Italien. Wir hatten den Eindruck, wir sind gar nicht nötig. Und das war ein sehr angenehmes und erleichterndes Gefühl.

Ich arbeite in Wien mit dem Medienzentrum wienXtra zusammen. Dort arbeiten sehr kluge und engagierte Menschen, die ein sehr großes Wissen und Gespür für Menschen haben. Wir machen mit deren Unterstützung Studioaufnahmen für unsere Sendereihe NA (JA) GENAU. So kamen wir ins Gespräch, doch auch mit Menschen mit (Lern-)Behinderung zu einer Jugendsendung vorbeizukommen, die dort aufgenommen und gestaltet wird. Ich wurde gefragt, ob ich mit der Gruppe kommen möchte. Erst durch dieses Gespräch wurde uns und auch mir klar, dass man fast automatisch daran denkt, dass bestimmte Expert*innen, in dem Fall ich, dabei sein müssen. Dabei ist dies nicht nötig. Das Medienzentrum wienXtra ist für Menschen bis 22 Jahre da, um dort Unterstützung, Support, Weiterbildungen u. a. für eigene Medienprojekte zu bekommen. Und dennoch ist das fast automatische Bewusstsein da (auch bei mir war das so), dass man dort als Mensch mit (Lern-)Behinderung nicht hingeht. So denken auch die Angehörigen. Und das ist hier schon gar kein Wunder. Die kennen vor allem (leidgeprüft) die Wege über bestimmte Institutionen und bestimmte Schulen. Das heißt, hier sind wir am Beginn einer neuen Zeit, der Möglichkeit, dass man tatsächlich Inklusion lebt. Vielleicht braucht man hier und da mal etwas Mut. Aber viel mehr ist dazu nicht nötig.

Was heißt das nun für den Berufswunsch am ersten und zweiten Arbeitsmarkt? Es ist ein Wandel, selbst in den sozusagen professionalisierten Betreuungsbereichen, nötig. Mittlerweile denke ich, dass es sehr gut ist, wenn sich tatsächlich mehr Firmen finden, die Arbeitgeber werden. Dies trägt sicher zu dem nötigen Umdenken, auch bei professionalisierten Betreuungseinrichtungen, bei.

In journalistischen Bereichen hängt wohl vieles von neuen Initiativen wie der *Redaktion andererseits*, der eigenen Arbeit wie der Redaktion von NA (JA) GENAU, den ›Reporter*innen ohne Barrieren‹ oder der Sendereihe *100percentme* u. a. ab, ob es hier schon bald einen selbstverständlicheren Umgang mit dem Berufsfeld Journalismus geben wird.

Vielleicht werden so vermehrt Tür und Tor am ersten Arbeitsmarkt geöffnet, wenn solche Sendereihen auf solches Potenzial aufmerksam machen. Am zweiten Arbeitsmarkt oder im freien Schaffen sind Podcasts aller Art, TV-Sendungen im freien TV-Bereich und in Social-Media-Kanälen im Kommen bzw. schon einige Jahre da. Radio-Arbeit wird in *Ideen sind Gedanken der Schöpfung – wir alle haben sie* von Christina Damböck, Natalia Lehner und Gregor Wallner thematisiert (s. Kap. 26).

3.10 Öffentlichkeit und (Selbst-)Darstellung von Menschen mit (Lern-)Behinderung und/oder psychischer Erkrankung in den Medien

Dass das Bild von Menschen mit Behinderung in Medien nicht mal ansatzweise stimmt oder nur den Bereich der Bedürftigkeit und ähnliches abbildet, damit setzten und setzen sich immer wieder Menschen auseinander. So werden und wurden Menschen mit (Lern-)Behinderung gerne im TV gezeigt oder thematisiert (vgl. PERNEGGER 2015 oder HUAINIGG/ SCHÖNEWIESE 1996: *Schicksal täglich. Zur Darstellung behinderter Menschen im ORF,* Raúl Krauthausen und die Leidmedien u.v.a.).

Es fehlen nun noch die nächsten Schritte zu einer Selbstverständlichkeit von inklusiver Medienarbeit. Es sind aber, wie dieses Buch zeigt, schon einige Menschen an dieser Aufgabe dran. Und ihre Zahl wird größer, auch weil seit einiger Zeit die technischen Möglichkeiten dafür vorhanden sind. Wie sich die Sicht von Zuseher*innen eines inklusiven Medienproduktes verändern kann, darüber schrieb Michael Fussi in seiner Bachelorarbeit *Mediale Darstellung von Menschen mit Behinderung in einem Projekt der Inklusiven Medienarbeit aus Sicht von Zuseher/innen* (2018) und Bianca Weiland (2018) in *Die Wahrnehmung von inklusiver Medienarbeit aus Sicht der Zuseher*innen*. Beide bezogen sich auf »Anders – oder doch so gleich« (ein inklusives TV-Medienprojekt mit Max und Doris, sowie Michael Fussi, Christina Damböck, Susanne Jäger, Gudrun Wiederkehr und Bianca Weiland) und befragter Rezipient*innen des Videos. Durch das Sehen dieses Videos relativierten sich falsche oder überzogene Vorstellungen von Behinderung, von Lernbehinderung oder einer übermäßig anderen Normalität von einem Wohn- und Lebensalltag. Oder auch die Kochshow *Kochen ohne Oliver*. Diese entstanden in der Projektarbeit »Inklusive Medienarbeit – TV Arbeit von/mit Menschen mit (Lern-) Behinderung«, welche von Andrea Nagy, Patricia Renner und Ernst Tradinik geleitet wurde.

Kochen ohne Oliver
https://www.youtube.com/
watch?v=Lqu6DyaVExw

3.11 Aktuelle Produkte der inklusiven Medienarbeit

Der 11. Teilbereich befasst sich mit inklusiven Medienarbeiten. Er soll einen Überblick über die vorhandene inklusive Medienlandschaft geben. Welche inklusiven Medienprodukte gibt es schon? Wie sieht so ein Medienprodukt, so eine Medienarbeit aus? Diese ist selbstverständlich genauso divers oder ähnlich, wie die sonstige Medienlandschaft.

Einen Unterschied oder eine Unterteilung möchte ich aber gerne hervorstreichen, weil das schon Besprochenes widerspiegelt. Man kann sich die inklusive Medienarbeit auch so ansehen, dass man versucht einzuschätzen, ob und wie sehr ein Medienprodukt von den Bedürfnissen, dem Wissen oder ähnliches der jeweiligen Begleiter*innen und Unterstützer*innen oder Betreuungspersonen geprägt ist. Oder eben kaum bis gar nicht.

Wenn ein inklusives Medienprodukt stark beeinflusst wurde, dann kann es sein, dass da so ein Teil mitschwingt, der klar macht, hier ›dürfen‹ nun auch Menschen mit (Lern-)Behinderungen und/oder psychischer Erkrankung Fernsehen, Radio oder ähnliches ›selbst‹ machen. Schnell bekommt man so den Eindruck vermittelt: »Schau, die können das auch und wir haben das ermöglicht«. Dies genügt nicht den Ansprüchen von inklusiver Medienarbeit. Dennoch können solche Versuche nicht völlig ignoriert bzw. schlecht geredet werden. Einerseits, weil man ja nicht weiß und auch nicht nachmessen kann, was jede/r in dem jeweiligen Projekt tatsächlich selbst wollte, und andererseits, es dennoch als wertvolle Schritte in Richtung inklusiver Medienarbeit anzusehen ist. Jedoch plädiere ich für eine immer wiederkehrendes Reflektieren über die eigene Arbeit. Dies ist natürlich nicht immer einfach, schon gar nicht, wenn man eine Ahnung bekommt, dass man vielleicht etwas verändern muss. Dazu gehört Größe und etwas Mut. Und ein wohlwollendes kollegiales Umfeld.

Für Österreich versuche ich alle inklusive Medienarbeiten auf dieser Webseite zu sammeln. Auch hier gibt es keine Garantie auf einen ganzen Überblick. Diese Seite ist (bis jetzt) ohne Forschungsgelder oder öffentliche Gelder ein *work in progress*: www.inklusive-medienarbeit.at.

TEIL 2: EINBLICKE IN DIE GESCHICHTE DER INKLUSION UND DER INKLUSIVEN MEDIENARBEIT

4. DER BEGINN UND EIN ÜBERBLICK

Von Ernst Tradinik

Friedrich Gföllner und Christian Grill leiten den Teil des Buches ein, auf den ich besonders stolz bin und über den ich mich sehr freue! Friedrich Gföllner schreibt über die 1. (bisher bekannte) inklusive Medienarbeit in Österreich. 1995 wurde die 4-teilige TV-Serie *Am Anfang war der Schleifstuhl* gedreht (s. Kap. 5). Friedrich Gföllner schreibt über die Arbeit, dem gemeinsamen Entstehungsprozess mit Akteur*innen und Schauspieler*innen mit und ohne Behinderung bei dieser TV-Serie und hat dazu Zeitungsartikel und Fotos gesammelt. Ich finde zudem sehr bemerkenswert, dass Vieles von dem, was dort gewollt und umgesetzt wurde, wir in dem Western *5 vor 12. Es wird Zeit* im Jahr 2015, also 20 Jahre später, auch so dachten und umsetzten. Ich kannte zu dem Zeitpunkt die Arbeit von Friedrich Gföllner und seinem Team nicht. Auch, dass wir den Western – zunächst als Vierteiler zu je 20 Minuten umsetzten, ist ein witziger Zufall. Auch wurde schon 1995 über eine Medienstelle für Menschen mit Behinderung (Peter Auer im Beitrag von Friedrich Gföllner) nachgedacht. Selbiges regte ich 2009 in einem Verein in Wien an. Dies wurde aber abgelehnt. Der nächste Versuch 2013, bei einem anderen Träger in Wien, scheiterte an den Vorstellungen, wie man journalistische Arbeit selbstständig umsetzen lassen könne, von den betreuten

Personen. Darum wählte ich dann den Weg, mich diesbezüglich selbstständig zu machen und daraus entstand dann der Label und dann das Firma MENSCHEN & MEDIEN. Um so mehr freue ich mich also, hier die Arbeit und das Team rund um Friedrich Gföllner präsentieren zu können.

Eine ganz besondere inklusive Medienarbeit – HARTHEIM TV – wurde 2002 bis 2007 von Christian Grill umgesetzt. Er war schon bei *Am Anfang war der Schleifstuhl* dabei.

Erste Anregungen und Überlegungen zu HARTHEIM TV machte er 1998. Erst 2002 klappte es mit der Umsetzung, gemeinsam mit Bewohner*innen des Instituts Hartheim in Alkoven in Oberösterreich. Schon die ersten Gespräche und Erzählungen von Christian Grill beeindruckten mich sehr. Vieles von dem Erzählten, der Umgang und die Haltung gegenüber der betreuten Menschen kamen mir sehr vertraut vor (aus der eigenen Arbeit in der ersten Psychiatrieausgliederungs-Wohngemeinschaft in Wien). Es war und ist nicht selbstverständlich, anhand der Machtfrage der Diagnose (störendes verhaltensauffälliges Verhalten), betreute Menschen via Regelwerk oder Sedierung niedrig zu halten. Und dies in Kombination mit inklusiver Medienarbeit zu hören, zumal ich zu diesem Zeitpunkt selbst auch schon einige Jahre inklusive Medienarbeit umsetzte, ging mir regelrecht unter die Haut. Zudem ist der nahe räumliche Connex zu Nationalsozialismus, zu unserer Geschichte im Umgang mit Menschen mit Behinderung und solchen Sendungen von HARTHEIM TV wie *Wert des Lebens* für mich sehr berührend und beeindruckend.

Und: Hier wurde das erste Mal inklusives Fernsehen in Österreich gemacht. Und dies mit Menschen, welche von einigen Professionist*innen als Personen eingestuft wurden, bei denen es sich kaum lohnen würde, viel Zeit oder Vertrauen oder ähnliches zu investieren, weil diese das nicht können, weil diese zu ›verhaltensauffällig‹ seien. Das macht diese inklusive Fernseharbeit so besonders. Weil hier nicht nur Fernsehen und redaktionelles Arbeiten von Menschen umgesetzt wurde, denen man dies nicht zutraute, noch gab man ihnen bis dahin die Möglichkeit, sondern weil durch die Arbeit, durch die Haltung und Werte des Teams von Christian Grill und ihm selbst, sehr viel umgesetzt und ermöglicht wurde, was bis dahin nicht gesehen und erkannt wurde.

Darum sind für mich hier die eben erwähnten Parallelen zu der Arbeit in der ersten Psychiatrieausgliederungs-Wohngemeinschaft zu finden. Wir waren damals damit konfrontiert, dass es viele Menschen gab, auch in der Politik und der Ärzteschaft des Steinhof, die dieses erste Wohnen außerhalb der Psychiatrie von Menschen mit (Lern-)Behinderung und/oder psychischer Erkrankung sehr gerne als gescheitert erlebt hätten. Vermutlich um ihren bis dahin praktizierten Umgang mit diesen Personen im Nachhinein nochmals zu rechtfertigen. Dies weiß ich aus vielen Gesprächen, welche ich Jahre später für eine Drehbuchrecherche machte.

Wie es sich in etwa anfühlt, wenn man als Mensch »in einer Einrichtung« leben muss, kann man sehr gut in dem Artikel von Cornelia Pfeiffer *45 Jahre in einer Einrichtung* nachlesen (s. Kap. 7). Oder ebenso im Beitrag von Mirjam Janett und Martin Lengwiler: *Im Bann der Lautsprache: Gehörlosenpädagogik und Anstaltserziehung im 19. und 20. Jahrhundert* (s. Kap. 8). Auch hier wird aufgezeigt, wie man lange mit Menschen umgegangen ist, die eine Behinderung haben oder gehörlos sind. Was gehörlose Österreicher*innen im Nationalsozialismus erdulden und erleiden mussten, darüber berichten die Dokumentationen der Universität Wien (s. Kap. 9).

5. AM ANFANG WAR DER SCHLEIFSTUHL

Von Friedrich Gföllner

Gesetzt den Fall, keiner spricht von Inklusion, ja keiner kennt das Wort ›Inklusion‹ überhaupt. Und trotzdem »gehen alle hin«, trotzdem passiert Inklusion ...!?

Am 28. September 1995, im Raiffeisensaal des ›Dorfes‹ (heute Assista Soziale Dienste GmbH) in Altenhof am Hausruck in Oberösterreich, präsentierte Schauspieler Frank Hoffmann vor 700 Gästen einen Film. Premiere war für diesen Tag angesagt. Hoffmann passte perfekt für diese Rolle, zumal er in jenen Jahren das sehr bekannte Kinomagazin *Trailer* in ORF 1 moderierte. Hoffmann war damals in Österreich sozusagen ein Synonym für Film, für Kino.

In den ersten Reihen saßen die Hauptakteure des Streifens, manche davor in Rollstühlen, benötigten keine Sessel, brauchten dafür etwas mehr Raum für ihr technisches Hilfsmittel. An die hundert Schauspieler mit und ohne Behinderungen wirkten in diesem Film mit. Tosender Applaus beendete den denkwürdigen, kulturellen Abend. Rückblickend würde man heute sagen, dass ein tolles inklusives Filmprojekt den Weg zu begeisterten Cineasten gefunden hat.

Am Anfang war der Schleifstuhl ist ein Pionierprojekt im Bereich inklusive Mediengestaltung. Doch drehen wir die Filmrolle drei Jahre zurück in das Jahr 1992.

»Dieses immer wiederkehrende Kaffeetrinken als Freizeitbeschäftigung wird allmählich langweilig, Alois.« Ich kämme die Haare von Alois, bin mit der Assistenz zur morgendlichen Pflege fertig, setze mich hin. Er ruckelt sich im Rollstuhl leicht zurecht. Seine fortgeschrittene Muskeldystrophie erlaubt ihm kaum Bewegungen. Einzig der rechte Daumen lenkt den Joystick, um den Elektro-Rollstuhl zu manövrieren. Hals, Kopf, Mund und Sprache sind weniger beeinträchtigt. Alois spricht langsam, bedächtig.

»Ja, finde ich auch, Friedrich.« Seine Augen blitzen kurz auf. »Hier in unserer WG sind so viele besondere Menschen, interessante Typen. Man könnte tagtäglich einen Film drehen, dermaßen viele einzigartige, humorvolle Situationen geschehen zuhauf in unserer kleinen Welt.« Alois schmunzelt, wir sehen einander länger in die Augen.

»Ja, das könnten wir! Das machen wir!«, zwinkere ich leicht amüsiert.

»Sag mal, ...«, die Augen von Alois rollen in mir bekannter Weise leicht nach oben, seine Mundwinkel zucken, seine Stirn runzelt sich in Falten. »Weißt du eigentlich, wie es behinderten Menschen in der Steinzeit erging ...?«.

Die Idee zum Film ist geboren worden. Es beginnt ein Prozess, der sich über drei Jahre erstrecken wird.

Alois und ich konnten Peter Auer für Regie und Kamera gewinnen. Die ersten Drehbuchideen sind in der Cafeteria des Dorfes entstanden. Manche wurden verworfen, zu sehr hatten sich die Akteure in skurrile, kaum drehbare Szenen verstiegen, die zumeist ein Übermaß an Heiterkeit auslösten. Mehr und mehr Menschen gesellten sich dazu, die Begeisterung schwappte auf viele Bewohner*innen und Mitarbeiter*innen des Dorfes über. Die Ideen wurden nicht gefiltert, von wem sie auch immer kamen, Hauptsache sie waren gut. So verschwammen die Grenzen zwischen behindert und nichtbehindert, diese Etikettierung spielte keine Rolle. Es ging uns allen um einen Film. Es ging uns um einen Film, der in erster Linie unterhalten, der Lebensfreude und Humor vermitteln sollte. Aber auch um einen Film, der sich als Integrationsruf verstehen wollte, der nicht zuletzt zum Nachdenken anregen sollte, die Lebenssituation von Menschen mit Behinderungen in unserer Gesellschaft zu überdenken.

Nun, es brauchte neben Skript und technischem Equipment natürlich auch Schauspieler*innen. Kurz zur Technik: Gedreht wurde mit einer S-VHS-Kamera. Die größte Herausforderung war, dass wir ohne Tontechniker auskommen mussten. Das in die Kamera integrierte Mikro und ein angeschlossenes externes Mikrofon erfüllten zuweilen leidlich ihre Dienste. Die später im Studio durchgeführte Arbeit an der Tonqualität konnte dieses Manko bei manchen Szenen des Mittelalters nicht ganz ausgleichen.

So wurde ein Casting angesetzt. Schauspieler*innen mit und ohne Behinderungen sprachen bei Regisseur und Produktionsleiter vor, um ihre Begabungen zu zeigen.

François Villon wurde rezitiert. Gestalten der literarischen Welt zeugten durchaus von schauspielerischem Talent. Hamlet und der Glöckner von Notre-Dame waren Highlights des Castings, mehrere Rollen konnten besetzt werden.

Peter und ich besichtigten Drehorte, um konkret am Skript zu schreiben. Es stellte sich heraus, dass neben Steinzeit und Mittelalter auch die Gegenwart Szenen verlangte. So ergab sich das Format eines Episoden-Spielfilms. Die Verantwortlichen der Organisation stellten ein Budget bereit, sodass Kostüme ausgeliehen und auch die Verpflegung der Akteure sichergestellt werden konnten.

Die Steinzeit wollte gefilmt werden. Mit Fellen und Requisiten bestückt ging es mit vollbepackten Bussen los. Beim Scouting im Vorfeld entdeckten wir bei den Traunauen, etwas erhöht im Wald am Hang eine Höhle, deren Eingang durch verflochtene Äste geschützt wurde. Das perfekte Szenario für eine Steinzeitsippe. Knochen wurden in Haare geflochten, Dreck auf allzu helle Körperstellen aufgetragen, steinzeitliche Laute von sich gegeben.

Die Sippe der ›Traunianer‹ zeichnet sich durch hohe soziale Empathie aus. So schleppt der Steinzeitjäger immer ein weibliches Sippenmitglied mit Behinderung auf der Jagd mit sich, um Teilhabe zu ermöglichen.

Der zweite Drehort der Steinzeit war der Rotkreuzsee bei Raab. Die Traunianer treffen dort auf eine andere Sippe. Diese ist nicht bereit, ihre behinderten Sippenmitglieder übermäßig zu integrieren. Das Damoklesschwert, bei weiteren Umzügen des Lagerplatzes einfach sitzen gelassen zu werden, bereitet Aloisius Kopfzerbrechen. Er ist einer derjenigen, der nicht gehen kann. Er registriert jedoch einige elektrische Impulse mehr in seinem Kopf als der Rest der Sippe. Aloisius sitzt wie immer auf seinem Stein und denkt über das Universum und manche näherliegenden Dinge nach. Neben ihm rollen zwei junge Männchen Keulen einen abgeschrägten Felsen hinunter. Ein Gedanke durchzuckt Aloisius und nach einigen Erläuterungen verschwinden die männlichen Primaten im Wald. Die absolute Idee ist manifest, der Schleifstuhl gebaut.

Alois alias Aloisius meinte später zu den Dreharbeiten der Steinzeit: »Am besten hat mir der Aspekt gefallen, dass hier wirklich integrative Arbeit geleistet wurde. Behinderte[1] und Nichtbehinderte fahren aus zu Drehtagen, kostümieren sich, spielen bestimmte Szenen mehrmals gemeinsam durch. Es war kaum ein Unterschied zu verspüren zwischen Betreuer und Betreuten, im Gegensatz zu den sonst so üblichen festgefahrenen Rollen.«

Die Rolle von Alois in der Steinzeit war durchaus sehr anstrengend und mühsam. Mit Fellen verkleidet saß er Stunden bei einem Felsen in der sonnigen Hitze eines Sommertages. Sein Elektrorollstuhl wurde mit Gebüsch getarnt, dadurch unsichtbar gemacht. Seine Frau hielt ausdauernd einen Sonnenschirm über seinem Kopf, dies spendete ihm den nötigen Schatten.

Ein nettes Detail am Rande zum Dreh der Steinzeit: Die Jäger brachten unter anderem ein kleines Schwein mit von der Jagd zum Verzehr für die Sippe. Das mit Kräutern gefüllte und gewürzte Spanferkel wurde tagsüber am Spieß gebraten. Es diente den Schauspieler*innen nach den anstrengenden Dreharbeiten als wohlverdiente Nahrung am Feuer. Urlaute drückten die Freude über das leckere Abendessen unter freiem Himmel aus.

Die Schenke des Schlosses Mühldorf bei Feldkirchen an der Donau war allabendlich Treffpunkt und Labstelle für Burgfräulein, Gaukler

---

[1] Die Bezeichnung »Behinderte« war damals üblich, auch Betroffene selbst verwendeten diese Bezeichnung. Dies gilt auch für die weiter unten verwendete Bezeichnung »Betreute«.

und andere Gestalten des 16. Jahrhunderts. Das Besondere dieser Tage war, dass neben Menschen mit körperlichen und mehrfachen Behinderungen aus Altenhof, auch Männer und Frauen mit intellektueller Behinderung der AGFIB des Diakoniewerkes Gallneukirchen an einer Tafel saßen und sich grenzenlos unterhielten.

Drei Tage waren mehr als 50 Schauspieler*innen mit und ohne Behinderungen richtiggehend kaserniert. Wir durften in den Rittersälen mit Isomatten und Schlafsäcken am Boden übernachten. Für manch einen war der Transfer vom Rollstuhl auf den Boden eines ehrwürdigen Saals eine Herausforderung. Es machte jedoch unglaublich Spaß. Abends wurden wir mit Kesselgulasch verköstigt und löschten unseren Durst aus Steinkrügen mit köstlichem Gebräu. Die größte Herausforderung war der Aufbau einer abendlichen mittelalterlichen Marktkulisse. Über Stunden hinweg trugen wir alle möglichen kleinen und großen Utensilien in den großen Gewölbekeller des Schlosses, bauten dort Marktstände auf. Fackeln und das schummrige Dunkel schufen eine sehr real wirkende Atmosphäre. Unser besonderer Dank gilt hierbei den Schlossbesitzern Familie Würmer. Wir durften kostenlos drehen, wurden sehr herzlich aufgenommen. Selbst die Großmutter des Hauses erzürnte sich nicht, als sich ein mittelalterlicher Schauspieler in ihre Küche verirrte. Er durfte sich ein deftiges Frühstück mit Speck und Eiern zubereiten.

Martin Habacher († 2019. Zum *Mabacher TV* siehe Kap. 34), der ›kleinste YouTuber der Welt‹, wie er sich selbst bezeichnete, spielte hier seine erste Filmrolle. Als mittelalterlicher Narr beklagt er das dümmlich gierige Volk, welches sich an einer Hexenverbrennung ergötzt. Ideen zu Handlung und Dialogen von allen beteiligten Personen – mit und ohne Behinderungen – wurden vom Filmteam laufend eingebaut. So saßen wir in einer Pause beieinander als Mönch Johann in den Himmel hinaufschaute. In seiner Aussprache beeinträchtigt sagte er bedächtig, aber verständlich: »Ein schöner Tag, aber kühl.«

Seine Brüder und er jubilieren und loben den Herrn vor einem Kornfeld, nachdem ihnen ein Kräutersammler den Weg zu einem nahen Bauernhof gewiesen hat. Sie singen nach Donovans Melodie des Titelsongs zu Franco Zefirellis Film *Brother Sun and Sister Moon* genau diesen Text. Gekonnt, laut, inbrünstig. Der zweite Drehort im Mittelalter war das

ABBILDUNG 12
Stills aus *Am Anfang war der Schleifstuhl*

a   b

Freilichtmuseum Stehrerhof in Neukirchen an der Vöckla. Hier wurde bäuerliches Leben gezeigt. Die behinderte Magd Liesel fristet dort ihr kärgliches Dasein. Die Bauern geben ihr Obdach und Brot, aber Liesel wird ständig mit Schimpf und Schande überschüttet – man könnte auch sagen ausgegrenzt, benachteiligt, diskriminiert. So ganz anders ergeht es der behinderten Grafentochter Trauthilde. Wohlhabend fehlt es ihr an nichts, jedoch verschleißt sie den einen oder anderen Diener mit ihrer eingebildeten, hochmütigen Assistenznehmerin-Haltung. Keiner der Bediensteten kann zu ihrer Zufriedenheit ihre launischen Wünsche erfüllen. So werden die Lakaien ins Burn-out getrieben.

Drehorte und Kostümierungen des Mittelalters waren überaus reizvoll und verleihen dieser Zeitepoche durchaus einen authentischen Charakter. Erstaunlich war das Durchhaltevermögen der Schauspieler*innen mit Behinderungen. Das Anlegen der Kostüme und über Stunden darin zu stecken, sowie Auftragen der Schminke, mehrmaliges Wiederholen von Szenen, dem Ausgesetzt sein von Regen und Sonne – all dies wurde zu gerne auf sich genommen, spielte man doch in einem Film mit, man und frau war Schauspieler*in. In Überblendung der Szenerie von einem inquisitorischen Feuer, hin zu einem am Land in Oberösterreich üblichen Funkenfestes nach der Faschingszeit, befindet sich der Filmbetrachter plötzlich in der Jetztzeit, in der Gegenwart Ende des zwanzigsten Jahrhunderts. Auf dem Gelände des ›Dorfes‹ in Altenhof wandelt ein Betreuer, weiß gekleidet mit einer Harnflasche in der Hand, am Feuer vorbei. Er begegnet seinem personifiziertem Burn-out. Er träumt einen Alptraum.

ABBILDUNG 13
Stills aus *Am Anfang war der Schleifstuhl*

An dieser Stelle gebührt den Verantwortlichen der Organisation – der heutigen Assista Soziale Dienste GmbH – ein großer Dank. Mit finanziellen Mitteln wurden wir soweit unterstützt, dass der Film gedreht werden konnte. Dies war jedoch nur möglich, da keine Gagen gezahlt wurden. Das Engagement, die begeisterte Mitarbeit aller Akteure, war überwältigend. Alle engagierten sich im Ehrenamt in ihrer Freizeit und halfen mit, wo es nur ging. Mitarbeiter*innen brachten von zu Hause Schafe und Hühner für die Steinzeit mit. Der Vater einer Mitarbeiterin baute den legendären Schleifstuhl aus Baumscheiben, Ästen, mit Lianen-Geflecht stabil verbunden. Die örtliche Polizei sperrte Straßen für die Filmarbeit, Nachbar*innen wurden spontan in Szenen eingebunden.

Doch nicht nur die Nacht lässt Menschen träumen. Auch am Tag kann man träumen, auch wenn es eher Wünsche sind, Sehnsüchte. Eben diese Sehnsüchte lassen einen jungen Mann im Rollstuhl eine Vision der besonderen Art erleben. Er wird von wunderschönen, in römischen Tuniken gekleideten Frauen verwöhnt. Trauben werden ihm gereicht, zärtliche Berührungen, Massagen erfreuen sein Herz wie seinen Körper. Aus diesem Tagtraum erwacht findet er sich jedoch wieder in der Wirklichkeit seines Alltags. Die Sehnsucht nach körperlicher Zärtlichkeit bleibt unerfüllt.

Für das besonders schwierige Thema der Euthanasie im Nationalsozialismus kontaktierten Peter und ich den Schauspieler Frank Hoffmann. Er lud uns ins Theater nach München ein. Auf der Bühne las Hoffmann einen Text eines Drehbuchs eines NS-Propagandafilms vor. Für den Inhalt solcher Filme waren oft T4-Psychiater verantwortlich, ein Gremium von Spezialisten, die solchen Werken den wissenschaftlichen Hintergrund gaben. Diesen Text spricht laut Drehbuch ein Universitätsprofessor zu seinen Student*innen. Zwischen den Textauszügen und zum Abschluss dieser Episode gibt es ein Interview mit einem Bewohner des Dorfes in Altenhof. Er beantwortet Fragen zu seiner Person, zu seinem Leben. Die Aussagen des jungen Mannes sollen die Absurdität des Textes und somit das verbrecherische Gedankengut eines Naziregimes unterstreichen.

Alle Szenen waren gedreht, genug Filmmaterial vorhanden. Christian Grill hat die wunderbare Filmmusik geschrieben. Es war so weit, das Schneiden des Films stand an. Im Studio der Aktion Film in Salzburg führten wir die ersten Schnitte aus. Rudolf Marsch von den LRP Studios Ried unterstützte uns anschließend bei der Fertigstellung des Schnitts. Der Film war fertig, die Freude unbeschreiblich groß. Drei Jahre waren vergangen von der Filmidee bis zum Tag der Premiere am 28. September 1995. Ali Grasböck von den *Oberösterreichischen Nachrichten* schrieb einen Artikel über den Film. Am Morgen des besagten Tages entdeckten wir ungläubig staunend, dass Grasböcks Artikel ganzseitig auf Seite drei der auflagenstärksten Zeitung des Landes Oberösterreich veröffentlicht wurde. Hier ist der Originalartikel zum Nachlesen – ein besonderes Zeitdokument. Im Anschluss daran ist noch ein zweiter Artikel angefügt, von Friedrich Peßl, Redakteur der *Salzburger Nachrichten*.

ABBILDUNG 14
Zeitungsartikel zu *Am Anfang war der Schleifstuhl*

Oberösterreichische Nachrichten, Donnerstag, 28. September 1995, Seite 3 - Text und Fotos: Ali Grasböck

5.1 »Schon die Arbeit am Film war ein Erfolg«

Darf man über Behinderte lachen? Diese Frage wirft ein außergewöhnlicher Film auf: *Am Anfang war der Schleifstuhl* (Oberösterreichische Nachrichten – Ali Grasböck)

Film-Superlative: Der teuerste Film aller Zeiten ist »Waterworld«. Der möglicherweise billigste abendfüllende Spielfilm heißt *Am Anfang war der Schleifstuhl* und wurde in Altenhof am Hausruck gedreht. Auch der Einsatz von null Spezialeffekten ist rekordverdächtig.

Der Film beginnt in der Steinzeit. Ein Steinzeitmann im damals üblichen Fred-Feuerstein-Dreß schleppt auf seinem Buckel eine Spastikerin durch die Gegend, haha – aber die Spastikerin ist keine Schauspielerin, sondern eine echte Spastikerin aus dem Behindertendorf Altenhof. Haha?

Ein Film mit echten Behinderten – das müssen viele nicht sehen, man hat ja genug eigene Sorgen. Von Behinderten wollen viele auch nichts lesen – versuchen Sie es trotzdem, vielleicht wird es unterhaltsamer, als Sie fürchten.

Am Anfang war der Schleifstuhl ist nämlich vorwiegend als Unterhaltungsfilm gedacht, denn Dokumentationen über Behinderte gibt es schon reichlich. Der Streifen ist knapp zwei Stunden lang und erzählt die Geschichte der Behinderten in Episoden. An die hundert Schauspieler, die meisten aus Altenhof, einige aus dem Diakoniewerk Gallneukirchen, haben mitgespielt, als einziger Profi war Gaststar Frank Hoffmann dabei. Gedreht wurde mit einer guten Videokamera, Dreh- und Schneidearbeit zogen sich über eineinhalb Jahre hin. Die Kostüme kamen aus einem Verleih, geschminkt haben sich die Darsteller gegenseitig, und die Gesamtkosten beliefen sich auf 100.000 Schilling. Gagen gab es keine, das Geld wurde für Material und Fahrten zu Außendreharbeiten verwendet.

Schon die Arbeit am Film war ein Erfolg.

Regisseur Peter Auer, der im Hauptberuf Behinderte betreut, schätzt die berühmte britische Blödlertruppe Monty Pythons, die vor keinen Tabus zurückschreckt. Natürlich ist er nicht so größenwahnsinnig, sich mit diesen Profis zu vergleichen, aber ein Tabu soll der Film schon brechen: Warum sollen sich Behinderte über sich selbst nicht lustig machen dürfen? Und warum sollen die Zuschauer nicht über Behinderte lachen dürfen? Das Lachen könnte die Mauer aus Mitleid und Erschrecken durchbrechen und enthielte die Erkenntnis: Auch Behinderte haben Spaß und Humor, auch bei Behinderten gibt es Gescheite und – mit Respekt – Dümmere, auch Behinderte sind Menschen wie wir und nicht nur bedauernswerte Außenseiter, denen man zu Weihnachten etwas spendet, weil's da so rührend ist.

Freilich besteht der Film nicht nur aus Blödeleien in der Steinzeit und Action im Mittelalter – in letzterem reitet ein behindertes Schloßfräulein auf ihrem Diener –, sondern enthält auch Kritisches. Zum Beispiel konnte man nicht übergehen, was unter Adolf Hitler mit »unwertem Leben« geschehen ist.

Es war sehr schwierig, dieses Thema darzustellen, ohne in die gewohnte, wenn auch berechtigte Anklage- und Greuelstimmung zu rutschen. Aber das Team glaubt, einen guten Weg gefunden zu haben. Frank Hoffmann liest dazu eine Filmrolle aus der NS-Zeit. Ein Professor spricht über Euthanasie, in der Überblendung erzählt ein Behinderter aus Altenhof aus seinem Leben und macht klar, daß dieses alles andere als wertlos ist.

Alois Schneglberger (53) sitzt im Rollstuhl und kann zur Begrüßung nur einen Finger ausstrecken. Er leidet seit seiner Geburt an Muskelschwund und war immer auf fremde Hilfe angewiesen. Seit 1981 lebt er in Altenhof, wo er geheiratet hat und mit seiner Frau, die auch im Rollstuhl sitzt, den eigenen Haushalt führt. Obwohl er nicht einmal ein Glas zum Mund führen kann »versuche ich mich im Dorf nützlich zu machen und mein Leben auszufüllen.«

Im Film spielt er einen Steinzeit-Weisen, der auf einem Felsen hockt und darüber grübelt, daß es für die Jagd nicht gerade förderlich ist, wenn man einen Behinderten auf dem Rücken schleppt, oder im »Schleifstuhl« hinter sich herzieht. Dank eines Geistesblitzes erfindet er die Rolle beziehungsweise das Rad.

ABBILDUNG 15
Zeitunsartikel zu *Am Anfang war der Schleifstuhl*

Filmproduzenten, die im Hauptberuf Behinderte in Altenhof betreuen: Fritz Gföllner, Peter Auer und Gerhard Riegler.
Fotos: OON/ag

Schauspieler Alois Schneglberger erfindet im Film das Rad.

a   b

Foto: OÖNachrichten von Ali Grasböck, 1995, Seite 3

Schneglberger ist einer jener Mitwirkenden, die bei diesem Projekt bewiesen haben: Wenn man ihnen die Chance gibt, wird bei Behinderten ein unglaubliches Potential an Interesse und Kreativität frei. Der ganze Streifen wurde gemeinsam erarbeitet, und der Andrang auf Mitarbeit war so groß, daß immer wieder nachträglich kleine Rollen eingebaut werden mußten. Schon deshalb gilt der Film als Erfolg, noch bevor er aufgeführt wurde.

Startschuß für ein eigenes Dorf-TV

Die Hauptbetreiber des Projekts – neben Regisseur Auer – die Betreuer Friedrich Gföllner und Gerhard Riegler – wagen noch nicht recht an größere Erfolge zu denken. Es gibt schon Anfragen von einschlägigen Organisationen und Kulturinitiativen, die den Film sehen und zeigen wollen. Eine Ausstrahlung im Fernsehen (etwa in den »Kunststücken«) stellt man sich sicherheitshalber noch gar nicht vor. Man wird sehen, was der Rollstuhlfilm alles ins Rollen bringt.

ABBILDUNG 16
Stills aus *Am Anfang war der Schleifstuhl*, 1995

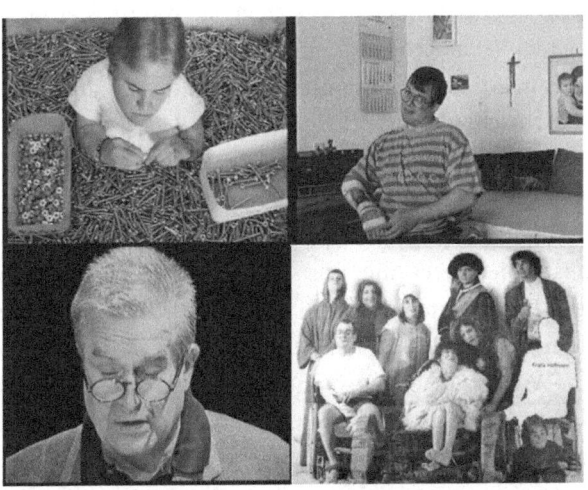

Links oben Martin Habacher († 2019), links unten der Schauspieler Frank Hoffmann († 2022)

Sehr gerne hingegen stellt sich Peter Auer schon vor, daß *Am Anfang war der Schleifstuhl* der Startschuß für eine eigene Medienstelle im Behindertendorf sein könnte. Das Dorf ist verkabelt, und für Menschen, die im Extremfall nicht einmal in der Lage sind, in einem Buch umzublättern, hat das Fernsehen einen außergewöhnlich hohen Stellenwert. Ein kleines Dorf-TV mit eigenen Produktionen wäre sehr gefragt, und bei der Filmarbeit hätte man viel dafür gelernt.

Die Premiere von *Am Anfang war der Schleifstuhl* findet heute um 20 Uhr im Raiffeisensaal des Behindertendorfes Altenhof statt. Frank Hoffman wird anwesend sein, der Eintritt ist frei.

5.2 »Urlaute einer Spastikerin sind kein Tabu«

»50 körperlich und geistig behinderte Schauspieler – Spielfilm als Integrationsruf an die Gesellschaft« (*Salzburger Nachrichten*, Freitag, 29. September 1995 – Friedrich Peßl)

LINZ. Das sicherste Rezept für viele, wenn sie behinderte Menschen sehen: Einfach wegschauen! *Am Anfang war der Schleifstuhl* heißt ein Spielfilm mit und über Behinderter der sich genau mit dem Problem dieses unnatürlichen Verhaltens gegenüber Behinderten auseinandersetzt. Donnerstagabend war Filmpremiere im Behindertendorf Altenhof im oberösterreichischen Hausruckviertel.

Das besondere an der Produktion: Rund 50 körperliche und/oder geistig behinderte Menschen nahmen als Schauspieler an den Dreharbeiten teil, die länger als ein Jahr dauerten. Die Filmproduzenten Friedrich Gföllner, Peter Auer und Gerhard Riegler betreuen in ihrem Hauptberuf Behinderte. »Wir sind Amateure, Laien im Filmemachen, aber Insider in der Behindertenbetreuung«, erzählt Gföllner im SN-Gespräch. »Wir versuchen, unseren Alltag zu beschreiben und das Bild von Behinderten zurechtzurücken. Der Film soll ein Integrationsruf an die Gesellschaft sein.«

Behinderte wären gerne Menschen wie Du und Ich, über die und mit denen man sprechen und lachen könne, betont Gföllner. Nähe, Kommunikation und Abbau von Ängsten vor dem behinderten Menschen, dem »Großen Unbekannten«, seien notwendig. »Es gibt viel Scheu und unnatürliches Verhalten, weil Behinderte in Heimen weggesperrt sind«, sagt Gföllner. Der satirisch-gesellschaftskritische Film beleuchtet das Leben Behinderter in Steinzeit, Mittelalter und Gegenwart. Ein Abschnitt ist auch dem »Dritten Reich« gewidmet – Leben mit Behinderung galt als »unwert« und wurde vernichtet.

Eine Szene: Ein Steinzeitmann schleppt beispielsweise auf seiner Schulter eine Spastikerin zur Jagd mit. Diese wiederum gibt unverständliche Urlaute von sich – Blödeleien und Unterhaltung mit tiefsinnigem Hintergrund. »Da werden Fragen der Integration angesprochen. Denn es ist mühsam und nicht selbstverständlich, sozial Schwache mitzutragen«, sagt Gföllner. Eine andere Szene: Alois Schneglberger, der gelähmt im Rollstuhl sitzt, spielt einen Steinzeit-Weisen, der auf einem Felsen hockt und über seine Behinderung grübelt. Um mit den anderen herumzukommen, erfindet Schneglberger einen Untersatz mit Rädern. Gföllner: »Es war ein tolles Erlebnis. Als der letzte Drehtag vorbei war, waren alle traurig. Bei den Filmarbeiten hat die Integration funktioniert.«

ABBILDUNG 17
Stills aus *Am Anfang war der Schleifstuhl*, 1995

a

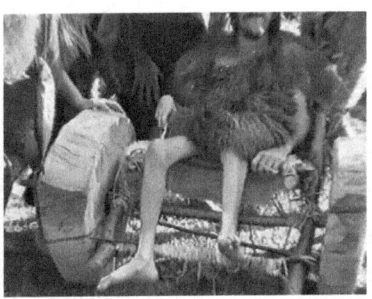
b

Resümee: Der Streifen ist eigenwillig, regt zum Nachdenken an und macht betroffen. Denn nicht nur im Film entscheiden »Normale« über das Schicksaal von Randgruppen. Ein knappes Jahr nach der Filmpremiere, am 22. Juni 1996, fuhr ein Bus mit Schauspieler*innen nach Ebensee zum ›Kurzfilm Festival der Nationen‹. Der Episodenteil der Steinzeit wurde mit einem Bronzenen Bären prämiert. Im Jahr 2015 gab es eine Jubiläumsfeier in Altenhof am Hausruck, wiederum im Raiffeisensaal der Assista Soziale Dienste GmbH. Das Filmteam und zahlreiche Schauspieler waren anwesend. Peter und ich führten mit einem »Making Of« in den Filmabend ein. Zu diesem Anlass hatte der damalige Leiter der Medienstelle in Altenhof, Thomas Binder-Reisinger, den Film gemeinsam mit den LRP Studios restauriert.

Die Jubiläums-Fassung *20 Jahre Am Anfang war der Schleifstuhl* ist im Online-Shop der Assista Soziale Dienste GmbH käuflich zu erwerben. Ein kurzer Trailer ist auf YouTube zu sehen (https://youtu.be/GIqllkE zA9s?si=auBmbUigvoxIKKCR).

Am Anfang war der Schleifstuhl A/1995 - Credits

Episodenfilm mit hauptsächlich Laiendarsteller*innen, 93 Minuten. Gefilmt auf A-VHS, Schnitt Betacam. Schnitt in LRP Studios, Ried im Innkreis, Aktion Film Salzburg

Regie	Peter Auer
Drehbuch	Peter Auer, Friedrich Gföllner
Kamera	P. A. Bronstein
Schnitt	Peter Auer
Musik	Christian Grill
Verantwortlicher Produzent	Walter Binder
Produktion	Das DORF, Altenhof
Produktionsleiter	Friedrich Gföllner
Restauriert	Thomas Binder-Reisinger, Rudolf A. Marsch
Darsteller*innen:	
Gerhard Riegler	Steinträger, Bertram der Lakai, Fußballtrainer
Hiltraud Schmidt	Steingetragene, Gräfin Junior
Wolfgang Voglmayr	Steinboss, Ritter, Alpträumer, Chauffeur
Alois Schneglberger †	Steinzeitweiser
Otto Aschauer	Inquisitor, Geschäftsführer
Ingrid Macala	Liesel, Magd

Serkan Akbulut	Tagträumer
Martin Habacher †	Narr, Industriearbeiter
Günter Sichart	Narr
Dietmar Gföllner	Landesrat
Andreas Ternai †	Interviewter
Frank Hoffmann †	Leser Drittes Reich

6. HARTHEIM TV UND DIE MEDIENWERKSTATT HARTHEIM (2002-2007). EINE ERINNERUNG

Von Christian Grill

Die Medienwerkstatt Hartheim war ein Medienarbeitsplatz für Bewohner*innen des Instituts Hartheim, einer Einrichtung für die »Betreuung und Begleitung von Menschen mit kognitiver und mehrfacher Beeinträchtigung« (*institut-hartheim.at*) in Alkoven in Oberösterreich. Die Mitarbeitenden erlebten und erlernten, welche Arbeitsschritte für die Produktion bestimmter Medien, z. B. einer Fernsehsendung nötig sind. Nach einer Einarbeitungs- und Probephase stand den Redaktionsmitgliedern eine Spezialisierung in den Bereichen Kamera, Moderation, Text- und Skriptverfassung offen. Für den zusätzlich zum ›normalen‹ Fernsehprogramm ausgestrahlten hauseigenen Fernsehkanal HARTHEIM TV produzierten sie eigene Beiträge und die Sendung *Hartheim News*. Dabei zeigte sich, dass neben unterhaltsamen auch »schwere« Themen Einzug fanden. Innerhalb kürzester Zeit entwickelte sich HARTHEIM TV zu einem fixen Bestandteil des Instituts und der internen Kommunikation, leistete dabei einen wertvollen Beitrag für das gegenseitige Verstehen und wirkte positiv auf das Selbstbewusstsein und die soziale Interaktion nicht nur der mitwirkenden Klient*innen.

...und Spaß machte es auch noch.

Vorgeschichte

Seit 1898 betrieb der katholische Oberösterreichische Landeswohltätigkeitsverein (OÖLWV), heute Gesellschaft für Soziale Initiativen (GSI), im Schloss Hartheim eine Einrichtung für Menschen mit Beeinträchtigungen, damals bezeichnet als Anstalt für die »Armen Schwach- und Blödsinnigen, Idioten und Cretinösen« (*gsi-hartheim.at*) unter der Betreuung und Pflege von geistlichen Schwestern. 1938/39 wurde der Verein enteignet und aufgelöst. In den Folgejahren wurde das Schloss unter der nationalsozialistischen Herrschaft zur Vernichtungsanstalt umgebaut und bis zu 30.000 Menschen, darunter zunächst auch viele Menschen mit Beeinträchtigungen, als sogenanntes ›lebensunwertes Leben‹ gefoltert, brutal ermordet, verbrannt und ihre Asche auf dem Gelände des Schlosses oder in der Donau entsorgt.

Nach dem Ende des Zweiten Weltkriegs wurde der Landeswohltätigkeitsverein neu gegründet und erhielt 1948 das Schloss und umliegende landwirtschaftliche Gründe refundiert. In einem Interview, das ich 1998 mit dem langjährigen Obmann des Vereins, Dipl.-Ing. Anton Strauch, führen durfte, erzählte er, dass aufgrund der Ereignisse im Schloss die Arbeit mit behinderten Menschen dort nicht neu aufgenommen werden konnte und so habe man sich auf die Suche nach neuen Möglichkeiten gemacht, sich schließlich aber dafür entschieden, »dieses neue Institut unter dem Gedanken Sühne für Hartheim, Sühne für die Verbrechen, die im Schloss passiert sind« in unmittelbarer Nähe zum Schloss neu zu bauen (vgl. GRILL 1998). Allerdings habe zunächst die Schwierigkeit bestanden, »dass die Menschen durch die NS- und Kriegspropaganda doch recht abgestumpft waren«. Es sei zunächst schwer gewesen, der Bevölkerung klar zu machen, dass »der Krieg vorbei ist und damit die Euthanasie sich ins Gegenteil umkehrt« und man nun geistig behinderte Menschen schützen müsse. Die ersten Gänge in die Öffentlichkeit seien von Unverständnis, der Meinung, diese Arbeit habe doch gar keinen Sinn und der Frage, warum man diese Menschen nicht sterben lasse, geprägt gewesen. Dem habe sich der Landeswohltätigkeitsverein entgegengestemmt.

1965 wurde mit dem Bau begonnen und im Herbst 1968 eröffnete der erste Teil des Instituts für ungefähr 90 Menschen mit Behinderungen, vorwiegend Kinder. Als Mitarbeiterinnen setzte man zunächst wieder auf Ordensschwestern mehrerer geistlicher Kongregationen. Doch dieses Konzept aus dem letzten Jahrhundert konnte nicht gut gehen. Berichte von eklatanter Vernachlässigung der Heimbewohner*innen und Gewalt durch überforderte und unausgebildete geistliche Schwestern und ihre weltlichen sogenannten ›Laien‹-Helfer*innen brachten dem Institut Hartheim in den 1970er- und 1980er-Jahren vermehrt öffentliche Kritik und negative mediale Aufmerksamkeit (vgl. *gsi-hartheim.at* bzw. WEGSCHEIDER 2020).

Als ich im Spätherbst 1992 im Institut zu arbeiten begann, fanden sich noch Ausläufer dieser Zeit, z. B. in Form von Zwangsjacken für einige Bewohner*innen in einem Vorzimmerkasten der Wohngruppe, die wir kopfschüttelnd entsorgten. In der Rückschau können die 1990er-Jahre aber als eine Zeit des Aufbruchs gesehen werden, in der »Warm, satt und sauber« als endlich überholte Pflege- und Betreuungsform aus der Vergangenheit galt, das Normalisierungsprinzip als Gradmesser diente, das Empowerment-Konzept mehr und mehr darauf aufbaute und noch niemand von Pflegeaufwand sprach. Zwar war das Althergebrachte noch deutlich sicht-, spür- und hörbar, aber alte Weltbilder erschienen nicht mehr unüberwindbar.

Es galt vieles zu hinterfragen und noch mehr zu lernen. Das medizinische Modell von Behinderung war allgegenwärtig und damit einher ging die Reduktion von Menschen mit diagnostizierten Behinderungen auf ihre jeweiligen Diagnosen, die alle Widrigkeiten und Abweichungen von einer angenommenen Norm erklären sollten. Dies verstellte im Alltag oft den Blick auf Problemlösungen, die manchmal gar nicht so schwer zu finden waren. Ein Beispiel: Einer jungen Frau mit diagnostizierter Cerebralparese, die angegurtet in einer Sitzschale eines Handrollstuhls saß, wurden Getränke mittels Schnabeltasse oder Trinkbecher teils so hastig in ihren Mund geleert, dass sie sich ständig verschluckte. Auf Nachfrage musste das so gemacht werden, wäre immer so gemacht worden und ginge nicht anders, schließlich sei sie ja schwerstbehindert und habe Spasmen. Ich habe an meinem zweiten Arbeitstag Strohhalme mit Knick mitgebracht und bot der jungen Frau an, ein Getränk mittels eines Strohhalms zu trinken, was sie freudig und problemlos tat.

Ab diesem Moment war sie ein kleines Stück selbstbestimmter. Zusammen mit internen und externen Helfenden haben mein Wohngruppenteam und ich später über ein Jahr lang mit und für diese junge Frau eine Steuerung für einen Elektrorollstuhl entwickelt und gebaut, obwohl das von den damals zuständigen Therapeut*innen zunächst für unmöglich gehalten wurde, und sahen mit Stolz, wie großartig sie damit fahren lernte und was sie aus der dadurch gewonnenen Mobilität machte. Ein diagnostizierter Entwicklungsrückstand besteht nur so lange, bis ein Weg gefunden wird, ihn teilweise oder ganz zu kompensieren.

Die Idee eines Medienarbeitsplatzes für die Bewohner*innen, die ich seit 1995 unregelmäßig ansprach, wurde zunächst von meinen Vorgesetzten noch verworfen, dafür wurde eine andere Idee überraschend rasch wohlwollend aufgenommen. Nicht alle Bewohner*innen des Instituts konnten die Erfahrung machen, eine Kinovorführung zu besuchen. Bei vielen Bewohner*innen hatten ihre Betreuer*innen bedenken, dass diese die Zeit nicht durchhalten oder ruhig genug bleiben würden, und deshalb wurde es oft erst gar nicht versucht. Ich dachte, ein eigener Vorführraum als Trainings- und Erlebnisort könnte das Problem lösen und letztlich für viele auch externe Teilhabe ermöglichen. Hier wäre es zunächst egal, wenn man oft auf die Toilette musste, sehr enthusiastisch war oder zwischendurch nach Hause wollte. Und es würde auch Spaß machen, den Alltag auflockern und Gemeinschaftserlebnisse fördern. Der ursprüngliche Gedanke der Institutsleitung, man könne die Kapelle gelegentlich dafür benutzen, wurde glücklicherweise verworfen und letztlich hat man nicht benötigte Kellerräume unter dem eigenen Kaffeehaus eigens dafür umgebaut. In der Zwischenzeit hatten, über Vermittlung des kulturaffinen Geschäftsführers Günther Weixlbaumer, Christa Pindeus und ich mit Gabi Heim und Georg Krammer die Kulturinitiative Hartheim gegründet. Wir veranstalteten zumeist ehrenamtlich Kinoabende, Konzerte und die von Christa Pindeus geplanten Kreativwerktage Schön mit Bewohner*innen des Instituts, der Schwestereinrichtung in Schön und mit Kulturschaffenden wie Peter Assmann und Heinz Janisch.

1999 erhielt ich die Möglichkeit, den Piloten einer internen Nachrichtensendung zu entwerfen und zu drehen. Es gab dafür drei Wochen Zeit, außer einer Kamera kein Equipment, kein Team und kein Budget. Aber den Wunsch zu zeigen, dass Medienarbeit von und mit Bewohner*innen des Instituts möglich und sinnvoll war. Zunächst galt es Menschen im Haus zu finden, die gerne eine Fernsehsendung machen würden. Ich brauchte motivierte Leute vor und hinter der Kamera, Ideen für interessante Beiträge und die Bereitschaft von Protagonist*innen im Haus, uns filmen und Fragen stellen zu lassen. Es wurde ein Erfolg. Christiane Atzlesberger und Erwin Kowar moderierten die Sendung und fungierten als Reporter*innen, Thomas Wintersteiger und Peter Ganser machten Erfahrungen hinter der Kamera. Einen Computer hatten wir noch nicht, die Texte wurden ausgedruckt und abgefilmt. Die verwendeten Mikrofone (noch meine privaten) lagen z. B. für die Moderation auf einer Videokassette als improvisiertes Stativ, der Studiohintergrund war ein eigens von der WG Hof für uns gemaltes Bild (Danke an Josef Wiesinger, Friedrich Reintaler und Engelbert Buchmayr) und ›geschnitten‹ wurde die Sendung mit zwei VHS-Videorecordern. Wir stellten in 39 Minuten das interne Kaffeehaus, die Großküche, den Verkaufsraum und Helmut Maurer und seinen Computerclub vor, und interviewten den damaligen Geschäftsführer Günther Weixlbaumer, denn schließlich war er es, der entschied, ob das Projekt eine Zukunft haben würde und er sollte direkt involviert sein und die Bewohner*innen bei der Arbeit erleben. Und wir erfuhren Interessantes über die Aufgaben der Geschäftsführung, und dass er nie gelernt hatte zu tanzen. Heute ist diese Sendung, wie so viele Beiträge, die noch folgen sollten, ein interessantes Zeitdokument. Damals stellte die erste Ausgabe der *Hartheim News* die Weichen endgültig in Richtung eines positiven Ausgangs des Projekts Medienarbeitsplatz im Institut Hartheim.

Die Medienwerkstatt

Ich wollte keine herkömmliche, typisch institutionelle Werkstatt. Es sollte im Sinne des Empowerment-Gedankens (vgl. THEUNISSEN/HERRIGER 1995) ein vollwertiger Arbeitsplatz sein, der Bewohner*innen nicht nur Beschäftigung bieten, sondern Mit- und Selbstbestimmung fördern und auch einfordern würde.

»Für den Arbeitsbereich bedeutet dies, dass meine Mitarbeiter*innen lernen, Aufgaben eigenständig zu erfüllen und für diese Aufgaben auch Verantwortung zu übernehmen. Ich habe im Grundkonzept der Medienwerkstatt das Ziel festgeschrieben, einen professionellen Medienarbeitsplatz zu schaffen, der die geistig- und mehrfach behinderten Mitarbeiter*innen nicht auf das Abarbeiten einfachster Tätigkeiten reduziert und vor allem nicht nur den Anschein von eigenständigem Arbeiten erweckt, sondern dieses tatsächlich fördert« (GRILL 2007: 39).

Ich wollte eine Medienorganisation gründen, die Fernsehen, Radio, das noch junge Internet und Printmedien umfassen sollte und in der Menschen mit diagnostizierten ›geistigen und mehrfachen Behinderungen‹ individuell ihre Fähigkeiten erproben und zeigen und Themen, die ihnen aufgrund ihrer Erfahrungen und Lebensumstände wichtig sind, vor einer breiteren Öffentlichkeit ansprechen konnten. Eine Arbeit, die nicht nur das Selbstbewusstsein stärken könnte, sondern auch bezahlt würde. Nicht alles war realisierbar. Eine echte Entlohnung war leider damals utopisch und selbst das übliche Taschengeld wurde weiterhin von der Werkstättenbereichsleitung für die herkömmlichen Werkstätten ausbezahlt. Meine Mitarbeiter*innen waren diesbezüglich organisatorisch von anderen Bereichen nur geliehen. Die Pädagogische Leiterin bestand auf der Bezeichnung ›Werkstatt‹ und die Geschäftsführung war strikt gegen Öffentlichkeit. Aber wir konnten 2002 beginnen.

Grundvoraussetzung für die Mitarbeit in der Medienwerkstatt war der Wunsch von Bewohner*innen des Instituts mitzuarbeiten.

»In der Praxis ergeben sich natürlich vordergründig für einzelne Teilbereiche noch weitere Notwendigkeiten. So sollte jemand, der Sendungen moderieren möchte, grundsätzlich verbal kommunizieren können, oder jemand, der mit einer Videokamera Aufnahmen machen möchte, sollte diese halten können und feinmotorisch in der Lage sein, diese zu bedienen. Aber selbst, wenn dies nicht der Fall wäre, ist eine Mitarbeit nicht per se ausgeschlossen. Eine Moderation mit nonverbalen Mitteln und z. B. Untertiteln ist für ein bestimmtes Zielpublikum ebenso vorstellbar, wie z. B. die Montage einer Kamera an einen Rollstuhl und, wenn die Bedienung derselben nicht möglich ist, eine persönliche Assistenzperson, die diese nach den Vorgaben des Menschen mit Behinderung einstellt und startet. Außerdem gib es noch wei-

ABBILDUNG 18
Christian Grill, Alexander Dvorak und Thomas Deubler

hartheim tv 2002

tere Tätigkeiten im redaktionellen Bereich. So könnte ein schwerst geistig und körperlich beeinträchtigter Mensch eine Art Lektoratsposten für die Filmbeiträge übernehmen, d. h. entscheiden, ob ein Beitrag für die betreffende Zielgruppe verständlich aufbereitet wurde oder nicht. Die Grenzen liegen hier bei den Grenzen der Fantasie und der Problemlösungsfähigkeit bzw. -bereitschaft der beteiligten Personen und / oder bei struktur- und systembedingten Vorgaben« (GRILL 2007, Kap. 4.3.2).

Der Hauptfokus lag auf dem Medium Fernsehen. HARTHEIM TV, wie wir uns nannten, war ein interner Fernsehkanal, der im gesamten Institut eingespeist und zu empfangen war. Gesendet wurde zunächst aus den Kino- und Veranstaltungsräumlichkeiten, später erhielten wir zwei eigene große Arbeitsräume. Zu den Mitarbeiter*innen, die bereits bei der Pilotsendung dabei waren, kamen neue hinzu, wie Ludwig Bachner und Franz Mayr, und wir begannen im Stil eines guten Regionalsenders über aktuelle Begebenheiten im Institut, Feste und Umzüge, Ehrungen und Veranstaltungen zu berichten. Schnell kristallisierten sich aber auch Umfragen zu unterschiedlichsten Themen als ein sowohl in meinem Team als auch bei unserem Publikum beliebter Sendungsmodus heraus. Bewohner*innen befragten Bewohner*innen. Mit zum Teil wunderbaren, zum Nachdenken anregenden, gelegentlich komischen und oft überraschenden Inhalten. Zu Beginn war ich bei den Dreharbeiten immer dabei, aber nach und nach wurde klar, dass einzelne Teams Interviews im Haus auch ohne mich durchführen konnten. Die Fragen wurden zuerst in einer gemeinsamen Redaktionssitzung erarbeitet und stammten weitgehend vom Filmteam selbst. Ich versuchte, mich wenn möglich auf Hilfe bei Formulierungen zu beschränken, was zunächst für viele ungewohnt war und von uns allen ein Umdenken erforderte.

Ein gutes Beispiel einer dieser Umfragen war eine Arbeit von Reporter Thomas Deubler und Kameramann Alexander Dvorak, für die sie selbstständig in verschiedenen Werkstätten und Wohngruppen Bewohner*innen unter anderem befragten, wozu diese Betreuung brauchten und was ihre Betreuer*innen können müssen, wie sie ihre Freizeit verbringen und wie oft sie Aktivitäten außer Haus machen könnten. Mit Betreuung waren damals alle Hilfestellungen und Tätigkeiten gemeint, die Mitarbeiter*innen der Wohngruppen und Werkstätten mit und für die einzelnen Bewohner*innen durchführten. Eine Trennung in verschiedene abgegrenzte Zuständigkeitsbereiche wie Pflege, Alltags- und Freizeitbegleitung, Sozialbetreuung etc. gab es nicht. Betreuung umfasst alles, was eine Person individuell an Hilfen und Begleitung benötigt. Nachdem gleich zu Beginn einige Interviewte aufzählten, was sie alles selbst machten, änderte Thomas Deubler seine erste Frage in »Was kannst oder machst du alleine und wofür brauchst du Betreuung?« Es folgten teilweise stolz vorgetragene Aufzählungen der eigenen Selbstständigkeit im Alltag oder der Tätigkeiten in der Werkstätte. Betreuung und Hilfe brauchten die Befragten nach eigenen Angaben in individuell sehr unterschiedlicher Form. Die Antworten umfassten dabei Hilfestellungen beim Anziehen, Baden oder der Toilette ebenso, wie Unterstützung beim Erlernen neuer Fähigkeiten, beim Schreiben, bei Schwierigkeiten aller Art, für Ausflüge, zum Reden und wenn man sich irgendwo nicht auskenne oder Probleme habe. Betreuer*innen würden aber auch benötigt, um zu sagen, was man tun solle, z. B. im Haushalt und in der Arbeit oder wie man sich verhalten solle. Sie würden auch das Geld verwalten und Kaffee und Kuchen machen. Zwei Befragte versuchten, ihre Betreuungspersonen dazu zu bewegen, für sie zu antworten. Es wurde auch der Wunsch geäußert, dass man wissen möchte, welche Betreuungsperson, wann im Dienst sei. Als Antwort auf die Frage, was Betreuer*innen können müssen, kam von vielen Befragten die idente Antwort:»Alles!«. Auf Nachfrage wurden dann oft noch spezifische Fähigkeiten oder Wissensvermittlung auf unterschiedlichsten Gebieten aufgezählt. Nur eine Betreute in einer Werkstätte überlegte kurz und sagte dann im Brustton der Überzeugung:»Rauchen und Kaffee trinken. Und Mittwoch eine Besprechung. Von 1 Uhr bis 4 Uhr!«. Sendungen wie diese regten zum Nachdenken an.

Menschen mit Behinderungen in der institutionalisierten Behindertenhilfe dabei unterstützen zu wollen, mehr Möglichkeiten der Selbstbestimmung zu erlangen, erfordert zuerst immer auch die Bereitschaft zur Selbstreflexion. Die Rolle der Betreuenden ist machtvoller, als viele wahrhaben oder sich eingestehen wollen, und der Einfluss auf das Leben der Betreuten ungemein weitreichend (vgl. GRILL 2007, Kap.4.3.1). Eigene Handlungen, Regeln und Grenzsetzungen werden häufig mit der Verantwortung der Betreuungsperson gegenüber diversen rechtlichen, medizinischen oder institutionellen Vorgaben begründet und natürlich mit der Verantwortung für die Bewohner*innen. Dies ist oft zutreffend. Aber bei Weitem nicht immer. Mehr als uns bewusst ist, sind sie auch von unserer persönlichen Geschichte, unserer Einstellung zu bestimmten Dingen und Personen, unseren Erfahrungen und unserem darauf aufgebauten Welt- und Menschenbild mit den subjektiv gefüllten Schubladen unserer Kognitionen geprägt und gesteuert. Es ist nicht verwunderlich, dass für viele Heimbewohner*innen die Information, welche Betreuungs- und Pflegeperson wann Dienst hat, immens wichtig ist, denn davon hängen vielfach die Regeln und Möglichkeiten des betreffenden Tages ab. Menschen mit diagnostizierten geistigen und/oder Mehrfachbehinderungen in Institutionen leben individuell mehr oder weniger in Abhängigkeiten von fremdbestimmenden Systemen und häufig wechselnden Personen. Sie sind dabei oft von mannigfaltigen sekundären Beeinträchtigungen (vgl. GRILL 2010) betroffen, die geeignet sein können, Entwicklungsrückstände zu vergrößern und das subjektive Bild der eigenen Fähigkeiten negativ zu beeinflussen.

Die Erfahrung fehlender Selbstwirksamkeit kann einerseits zu latenter Depression und/oder erlernter Hilflosigkeit (vgl. HERRIGER 2014) führen. Davon betroffene Menschen sind zumeist mit dem Konzept, selbst etwas bestimmen oder entscheiden zu können und dies dann zu verantworten, überfordert, weil sie diese Erfahrung bisher nicht oder nicht nachhaltig machen durften. Empowerment bedeutet in der professionellen pädagogischen Arbeit dann, für diese Menschen langfristig das Vertrauen in die eigene Selbstwirksamkeit erlebbar zu machen, die Entscheidungs- und Bewertungsmacht der Betreuungs- und Pflegeperson im Betreuungskontext individuell Stück für Stück abzugeben, selbstbestimmte Entscheidungen zu fördern und dabei auch Fehler zuzulassen, um daraus resultierende Lernprozesse zu ermöglichen. Dies gilt auch für einen anderen, in Institutionen häufig anzutreffenden Weg gegen das Gefühl der Ohnmacht und Fremdbestimmung: den Versuch, sich aktiv und oft mit aggressiven und damit negativ bewerteten Mitteln gegen Fremdbestimmung zu wehren. Die Grenzen der eigenen Selbstbestimmung dürfen nur so geschützt werden, indem man nicht die Rechte anderer verletzt. Selbstverständlich darf und soll man diese Grenzen klar und deutlich kommunizieren. Parallel dazu ist es gut, wertschätzend alternative Handlungsspielräume zu eröffnen, um persönliche Ziele und positiv besetzte Perspektiven aufzuzeigen. So kann von den negativ besetzten Handlungsmustern nach und nach abgelassen werden.

Ich stellte rasch fest, dass manche Berichte und Zuschreibungen aus anderen Abteilungen und vor allem aus dem Wohnbereich über einzelne meiner Mitarbeiter*innen nicht den Erfahrungen entsprachen, die ich mit ihnen gemacht hatte. Es gab in der Medienwerkstatt keinerlei Aggressionen, keine Probleme mit Abmachungen oder der Durchführung von Aufträgen, keine negative Stimmung oder Unmut. Der personenzentrierte Ansatz (Rogers) und, wie ich es damals nannte, die »Kommunikation auf Augenhöhe« haben funktioniert. Es war für uns alle ein jeweils individueller Lernprozess, der nicht immer leicht war. Einige zunächst interessierte Menschen waren überfordert und entschieden sich nach einer Probezeit gegen eine Weiterarbeit oder für eine Nachdenkpause.

Durch die Erfolge und die positiven Rückmeldungen, die meine Mitarbeiter*innen auch außerhalb unseres Arbeitsplatzes schon bald erhielten, stellte sich aber für viele rasch eine Steigerung des Selbstwerts und des Glaubens an die eigenen Fähigkeiten ein. Und das schien sich auch noch zu potenzieren. Nicht nur, dass von uns gefilmte und befragte Bewohner*innen sich offensichtlich gerne »im Fernsehen« sahen, sie zeigten ebenfalls oft Fähigkeiten, die ihnen andere, vor allem ihre Betreuer*innen, zuvor nicht zugetraut hätten oder diese überraschten, wie z. B. die plötzlich benutzte Hochsprache oder die reflektiert vorgetragenen Ansichten zu bestimmten Themen. Und sie erhielten ihrerseits positive Feedbacks. Und mehr und mehr war in den Beiträgen der einzelnen Teams auch zu sehen, dass die Reporter*innen dazu übergingen, auch ruhige, schüchterne und scheinbar weniger selbstbewusste Interviewpartner*innen mit aufmunternden Worten zu animieren, etwas ohne fremde Hilfe zu sagen oder zu zeigen und ihnen dafür Zeit zu geben.

Obwohl die Produktion von Fernsehbeiträgen unser Hauptzweig war, gab es auch andere Möglichkeiten, in der Medienwerkstatt mitzuarbeiten oder sich einzubringen. Eine davon war das Schreiben von Berichten und Artikeln, die wir zwar nicht drucken und veröffentlichen konnten, dafür aber als Wandzeitung intern allen Interessierten zugänglich machten. Besonders in Erinnerung geblieben sind mir die wunderbaren Arbeiten von Andrea Obwaller, die zunächst bei uns TV-Beiträge anmoderierte, aber mehr und mehr auch Texte über ihren Alltag und für sie besondere Ereignisse verfasste, so beispielsweise auch über den Irak-Krieg. In ihrem auch optisch ansprechenden, handgeschriebenen Essay reflektierte sie über den Wahnsinn des Krieges, die Angst und das Sterben der Menschen, bat damit aufzuhören und stellte fest, dass sie nicht in den Irak hinunterfahren werde, aber in Bad Schallerbach kein Krieg ist.

In einer davon inspirierten Sendereihe *Was ich noch sagen wollte. Bewohner*innen haben das Wort* erzählte sie mit den einleitenden Worten »Da ist etwas passiert. Und ich habe es gesehen!« über einen Autounfall und bat eindrücklich und mit einer ihr innewohnenden Energie, nicht so schnell zu fahren. Ein anderer Mitarbeiter fand für sich eine weitere Nische. Thomas Wintersteiger, der auch vor und hinter der Kamera arbeitete, brachte sich im Rahmen unserer Redaktionssitzungen immer häufiger bei der Themenfindung ein und wies dabei auch auf Sendungen im öffentlichen Fernsehen hin, die er aufnahm und uns zeigte, weil er sie wichtig fand und auch andere davon erfahren sollten, darunter auch eine Sendung über das Konzentrationslager Mauthausen.

Abseits des Normalbetriebs, nach unzähligen internen Umfragen, Berichten über Adventmärkte und Feiern, Vorstellungen diverser Werkstätten, Wohngruppen und der Landesschule, Projekte neuer Intensivbetreuung, Institutsfesten, Interviews mit Bewohner*innen, Interviews mit Leiter*innen diverser Abteilungen und Ankündigungen zukünftiger Veränderungen, Filmaufnahmen der Institutstheatergruppe, aber auch Filmbeiträgen zum Thema Sexualität und der versuchten Beantwortung von Bewohner*innenfragen wie »Warum sind Menschen mit Verantwortung nie anwesend?« öffnete sich 2006 erstmals die Tür in Richtung Öffentlichkeit.

Das Schloss Hartheim war auf Betreiben der GSI und des Instituts im Verbund mit dem Land Oberösterreich zum Lern- und Gedenkort umgebaut worden. Nach der Sonderausstellung »Wert des Lebens« im Jahr 2003 sollte die nunmehrige Dauerausstellung in Teilen neugestaltet werden. Das Institut für Gesellschafts- und Sozialpolitik der Johannes-Kepler-Universität Linz wurde vom Verein Schloss Hartheim mit der inhaltlichen Neugestaltung der Räume ›Leben mit Behinderung‹ beauftragt. Im Zuge dessen sollten auch Videoinstallationen geschaffen werden und die Medienwerkstatt Hartheim wurde gebeten, die dafür notwendigen Filmbeiträge zu erstellen. Ich konnte für dieses doch umfang- und arbeitsreiche Projekt Thomas Deubler als Interviewer und Alexander Dvorak als Kameramann begeistern, und wir drei begannen relativ rasch mit den Vorbereitungen. Zuallererst galt es abzuklären, welche inhaltlichen und zeitlichen Vorgaben vonseiten unserer Auftraggeber vorhanden waren und wie unsere Arbeitsweise zu diesen Vorgaben passen würde. Danach begannen wir, einen Fragenkatalog zu erstellen.

Wichtig war mir dabei, dass die Fragen nicht vorgegeben, sondern tatsächlich wieder weitgehend von meinen Mitarbeiter*innen erstellt werden, alles andere wäre eine Reduktion auf Vorlesen und Abfilmen gewesen und wir wollten nicht nur so tun, als ob, sondern tatsächlich mit größtmöglicher Professionalität auch schwere Themen selbst gestalten. Den vorgegebenen Rahmen bildete das »Bild von behinderten

Menschen in der Öffentlichkeit«. Wir setzten uns also zu dritt hin und versuchten, dazu relevante Fragestellungen zu entwickeln. Irgendwann habe ich eine Videokamera auf dem Tisch platziert und nahm das Gespräch auf, um später einen Beweis zu haben, denn, obwohl meine Mitarbeiter*innen sich bereits oft bewiesen hatten, war eine »leichte Skepsis«, ob Menschen mit einer diagnostizierten geistigen Behinderung das Thema dem Anlass entsprechend behandeln könnten, zunächst bei Dritten allgegenwärtig. Letztlich kamen in einem langen Findungsprozess mit Gesprächen über seine persönlichen Erfahrungen fast alle Fragen von Thomas Deubler (vgl. GRILL 2007, Kap. 4.3.3).

Der erste Drehtag führte uns nach Wien und zunächst ins Parlament, wo wir dank der Organisation unserer Kontaktperson von der Johannes-Kepler-Universität Angela Wegscheider die Behindertensprecher*innen dreier Parteien, Franz Joseph Huainigg (ÖVP), Christine Lapp (SPÖ) und Theresia Haidlmayr (Grüne), interviewen konnten. Zu diesem Zweck wurde uns ein Sitzungssaal zur Verfügung gestellt, der sonst für Ausschüsse verwendet wird. Nach getaner Arbeit erhielten wir eine Führung durch das Parlament, wurden von der Abgeordneten Theresia Haidlmayr zum Essen in die Parlamentscafeteria eingeladen und anschließend auch mit der Straßenbahn zu unserem nächsten Drehort, dem Verein bizeps begleitet, wo wir Manfred Srb und Martin Ladstätter interviewten. In Erinnerung sind mir Thomas Deublers zusätzliche Nachfragen geblieben, die die Politiker*innen gelegentlich dazu herausforderten, nicht in Stehsätzen oder Floskeln zu antworten. Und, dass dieser letztlich über 12 Stunden dauernde Arbeitstag mit seinen vielen Gesprächen, die wir alle auch abseits der Interviews nicht nur, aber hauptsächlich zum Thema Behinderung führten, herrlich unkompliziert und normal wirkte. Weitere Interviewtermine mit der großartigen Carina Metka, die uns computerunterstützt Einblicke in ihre persönlichen Erfahrungen mit Behinderung und Selbstbestimmung trotz schwerer körperlicher Beeinträchtigung lieferte, Belinda Wallner und Gerhard Engelmann, die uns an ihren Erfahrungen und ihrem Leben mit psychischer Erkrankung teilhaben ließen und mit Michael Orthacker, der versuchte, für seinen Klienten Anton Fuchsbauer zu antworten, folgten. Ein an uns gesandtes Antwortvideo von Helene Jarmer in Gebärdensprache komplettierte unser Material. Die Schnittfassungen zu einzelnen Fragen aus den Interviewserien wurden ab 2007 im Rahmen der Ausstellung »Wert des Lebens« im Lern- und Gedenkort Schloss Hartheim gezeigt.

Wir hatten wieder einen großen Entwicklungsschritt getan und waren bereit, weitere externe Aufträge zu übernehmen, aber unsere Euphorie wurde bald gedämpft, als klar wurde, dass das Institut, die ohnehin nur Teilzeitstunden für die Medienwerkstatt weiter drastisch kürzen wollte, weil diese Ressourcen in einem anderen Bereich benötigt wurden. In Gesprächen mit der Institutsleitung wurde deutlich, dass eine Weiterführung leider nicht machbar sein würde.

Im Juni 2007 machten Thomas Deubler und ich noch eine Straßenumfrage in Linz zur Außensicht von Behinderung für die Aktion ›sicht:wechsel downtown‹. Die Interviews zum Beitrag »Kirche, Glaube, Behinderung« mit Monika Aufreiter, Florian Buchmayr, Maria Gabriel, Rosalia Hasibether, Rosa Hörmann, Johann Innendorfer, Silvia Mittermayr und Alfred Prantl im Auftrag der Kirchenzeitung der Diözese Linz, Assista und dem Verein No Limits haben Thomas Deubler, Alexander Dvorak und ich bereits in der Freizeit durchgeführt und fertiggestellt.

Der Versuch, auf Augenhöhe zu agieren, also vorhandene Machtgefälle abzubauen, Selbstbestimmung und Selbstverantwortung zu ermöglichen und anzuregen und Zeit zu geben, um aus Erfolgen und Misserfolgen lernen zu können, war als Basiskonzept für die Medienwerkstatt erfolgreich und hat individuell zu positiver sozio-emotionaler Entwicklung, Selbstwertsteigerung und in gewisser Weise auch Sozialprestige geführt. Rückblickend betrachtet konnten wir zeigen, dass Medienarbeit von und mit Menschen mit diagnostizierten geistigen und mehrfachen Behinderungen möglich, in vielerlei Hinsicht sinnvoll, interessant und lehrreich sein kann. Und trotz der engen Rahmenbedingungen haben wir auch andere inspiriert, es ebenfalls zu versuchen und weiter zu gehen. Inklusive Medienarbeit kann und soll einen Beitrag leisten, um das historisch betrachtet fragile gesellschaftliche Verständnis für Menschen mit unterschiedlichsten Behinderungen zu erhalten und zu verbessern. Heute erscheint der Defizitblickwinkel auf Behinderung unter Verwendung geänderter Begrifflichkeiten vielen wieder ausreichend zu sein. Das ist er aber nicht. Und das war er nie.

Autor Christian Grill ist Sozialwissenschafter, Lehrer, Behindertenpädagoge und allgemein beeideter und gerichtlich zertifizierter Sachverständiger. Er initiierte und leitete von 2002 - 2007 hartheim tv. Webseite: www.christiangrill.com

Quellen

CLOERKES, G. (1997): *Soziologie der Behinderten. Eine Einführung.* Edition Schiele

GRILL, C. (2007): *Soziogene Behinderung. Die Diagnose »Geistige Behinderung« bei Erwachsenen und die diesbezüglichen Sichtweisen unterschiedlicher Systeme.* http://bidok.uibk.ac.at/library/grill-soziogene-dipl.html#idm368 (Stand: Oktober 2022)

GRILL, C. (2010): *Primäre, sekundäre und soziogene Behinderung. Eine Definition als Grundlage pädagogischer Arbeit mit Menschen mit Beeinträchtigung(en).* Festschrift »25 Jahre Schule für Sozialbetreuungsberufe« der Caritas für Menschen mit Behinderung. Wiederveröffentlichung: bidok der Universität Innsbruck. http://bidok.uibk.ac.at/library/grill-soziogen.html (Stand: Oktober 2022)

GESELLSCHAFT FÜR SOZIALE INITIATIVEN: *Die Geschichte der GSI.* https://www.gsi-hartheim.at/index.cfm?seite=geschichte-gsi&sprache=DE (Stand: Oktober 2022)

INSTITUT HARTHEIM: https://www.institut-hartheim.at/ (Stand: Oktober 2022)

LERN- UND GEDENKORT SCHLOSS HARTHEIM: https://www.schlosshartheim.at (Stand: Oktober 2022)

HERRIGER, N. (2014): *Empowerment in der Sozialen Arbeit. Eine Einführung.* 5., erweiterte und aktualisierte Auflage. Verlag Kohlhammer

ROGERS, C. (2018): *Entwicklung der Persönlichkeit. Psychotherapie aus der Sicht eines Therapeuten.* 23. Auflage. Klett-Cotta

THEUNISSEN, G. et al (1995): *Empowerment und Heilpädagogik. Ein Lehrbuch.* Lambertus Verlag

WEGSCHEIDER, A. (2020): *Die Zustände im Institut Hartheim als Motivation für die junge Behindertenbewegung.* https://bidok.library.uibk.ac.at/obvbidoa/content/titleinfo/6991389 (Stand: Oktober 2022)

Videos

GRILL, C. (1998): *Grüß Gott, ich bin der Obmann! Die Geschichte des Oberösterreichischen Landeswohltätigkeitsvereins.* Erzählt von Konsulent Dipl.-Ing. Anton Strauch. Video. Schnittfassung aus dem Jahr 2004

MEDIENWERKSTATT INSTITUT HARTHEIM (2002-2007): *Diverse Filmbeiträge*

7. 45 JAHRE IN EINER EINRICHTUNG: WIE ES DAMALS WAR UND WIE ES JETZT IST

Von Cornelia Pfeiffer (2019)

Verantwortung

Geld: Früher musste ich mir das Geld von den Betreuerinnen bzw. Schwestern holen. Jetzt habe ich ein Konto und kann über mein Geld, das ich verdiene, selbst verfügen. Ich habe die Verantwortung, mir das Geld einzuteilen.

Gesunde/ungesunde Lebensweise: Es wird schon darauf geschaut, dass ich so gesund wie möglich lebe. Einmal in der Woche ist Training und auch Abwaage. Begründung: Ich bin schon älter und da ist es schwierig, Muskeln aufzubauen und Gewicht zu verlieren. Ich bestimme aber selber, wann ich mich gesund ernähre und wann ich etwas Ungesundes esse und trinke. Ich bestimme auch selbst, wann und wie oft ich außer dem Training Bewegung bzw. Sport mache. Ich bestimme auch selbst, wann ich Alkohol trinke. Ich bestimme auch selbst, ob ich rauche. Ich trage die Verantwortung für meine Gesundheit.

Hygiene und Sauberkeit: Einmal im Monat haben wir Wohnungskontrolle. Diesen Tag müssen wir einhalten und wenn es wirklich nicht geht, einen anderen Tag in dieser Woche festlegen. Sonst bestimme ich selbst über meine Wohnung, wie ich sie sauber halte.

Auch über meine Kleidung bestimme ich selbst. Jede von uns hat einen Waschtag und ich habe die Verantwortung, meine Wäsche zu waschen. Ich bestimme auch selbst, wann ich mich pflege (duschen, Haare waschen, Zähne putzen etc.).

Früher hat es keine Duschen gegeben. Es hat 2 Bade-Räume mit einer Badewanne gegeben, außerdem eine Bade-Einteilung. Sonst hat es nur große Waschräume mit mehreren Waschbecken gegeben. Das Waschen (vor allem das Ausziehen) vor allen anderen war mir unangenehm.

Jemanden einladen: Früher hat es so etwas nicht gegeben. Entweder man hat Besuch bekommen oder man ist heimgefahren. Da hat es auch Heimfahr-Wochenenden gegeben. Jetzt kann ich selbst bestimmen, wann ich jemanden einlade und wen ich einlade.

Einrichtung verlassen: Früher habe ich mich immer abmelden müssen, wenn ich die Einrichtung verlassen habe. Ich habe sogar fragen müssen, ob ich einkaufen gehen darf. Unser Tag zum Einkaufen war der Samstag. Jetzt kann ich selbst bestimmen, wann ich die Einrichtung verlasse. Und ich muss nicht mehr fragen. Ich bin selbst dafür verantwortlich. Ich kann auch selbst bestimmen, wann ich zurückkomme, zum Beispiel, ob ich nach der Arbeit gleich heimkomme oder ob ich später heimkomme, weil ich noch einkaufen gehe.

Nur, wenn ich allein auf Urlaub fahre, muss die Einrichtung Bescheid wissen, wann ich wegfahre und wann ich zurückkomme. Zum Beispiel: im Sommerurlaub oder zu Weihnachten.

Rückzug: Früher hat es für mich keine Rückzugs-Möglichkeiten gegeben. Ich habe mein Schlafzimmer mit mehreren Mädchen geteilt. Das Schlafzimmer war nur zum Schlafen da und auch zum Aufräumen. Hat man sich sonst im Schlafzimmer aufgehalten, ist man in den Tagraum hinübergeschickt worden. Der Tagraum war ein großer Aufenthaltsraum. Wenn das Wetter schön war, habe ich mich draußen aufhalten können. Rückzugsmöglichkeit war das nicht wirklich. Jetzt habe ich meine Wohnung. Wenn ich allein sein möchte oder wenn ich nicht gestört werden möchte, sperre ich die Tür zu.

Wahlmöglichkeiten

Begleitung/Betreuung: Früher waren die Betreuerinnen, die neu gekommen sind, einfach da. Wir Kundinnen haben nicht mitreden und auch nicht wählen können. Meistens war ich mit den Betreuerinnen zufrieden, aber mit manchen bin ich nicht gut ausgekommen. Noch früher hatten wir Schwestern. Und da hat es in keiner Hinsicht Wahlmöglichkeiten gegeben.

Wenn jetzt neue Begleiterinnen kommen, die stellen sich vor und verbringen ein paar Stunden mit uns. Wir dürfen dann sagen, wen wir uns als Begleiterin vorstellen können.

Urlaub: Gemeinsamen Urlaub hat es früher nie gegeben. Da sind alle heimgefahren zu den Eltern oder zu den Verwandten. Seit es unsere teilbetreute Wohngruppe gibt, haben wir auch Gruppen-Urlaube. Jede darf mitbestimmen, wo wir hinfahren.

Sport und Freizeit-Aktivitäten: Früher hat es gar keine Wahlmöglichkeiten gegeben, was Sport und Freizeit-Aktivitäten betrifft. Es hat nur gemeinsame Spaziergänge und Ausflüge gegeben. Allein spazieren gehen oder Kaffeehaus-Besuch hat es nicht gegeben. Sonst haben wir uns im Tagraum aufgehalten und wenn es schön war, auch mal im Garten.

Später ist es aber besser geworden. Da habe ich auch allein mit meiner Freundin spazieren gehen dürfen. Jetzt sind wir in einer teilbetreuten Wohngruppe. Wir können vieles alleine unternehmen. Wir können spazieren gehen, Ausflüge machen. Zum Beispiel auf den Pöstlingberg fahren und auch in ein Kaffeehaus gehen. Wir können auch schwimmen gehen.

Einmal haben wir gemeinsam Trainingsstunde. Wir fahren auch einmal im Monat zum Kegeln. Und wir haben einen gemeinsamen Spielabend und einen gemeinsamen Filmabend. Jede darf mitbestimmen, was wir spielen. Jede darf mitbestimmen, welchen Film wir uns anschauen. Das ist aber alles freiwillig.

Ernährung: Mittags gibt es in St. Elisabeth beim Essen drei Menüs zur Auswahl. Mich betrifft das jetzt nicht mehr. Ich kann beim Essen auch wählen. Zum Frühstück, zum Abendessen und zum Wochenende kann ich auch essen und trinken, was ich möchte. Ich kann wählen, ob ich mich gesund oder ungesund ernähre.

Das war früher nicht so. Früher hat es mittags nur ein Menü gegeben. Das hat man essen müssen, ob es nun geschmeckt hat oder nicht. Wenn ich etwas nicht gegessen habe, so habe ich auch nichts anderes bekommen. Zum Beispiel: Mir hat die Suppe nicht geschmeckt. Ich habe sie nicht gegessen. Darum habe ich auch die Hauptspeise nicht bekommen. Das heißt: Ich habe vom Frühstück bis zum Abendessen nichts zum Essen gehabt. Ich bin auch gezwungen worden, etwas zu essen, was mir nicht geschmeckt hat. Zum Beispiel: Ein Brot, dick mit Butter bestrichen, oder Milchnudeln (Nudeln in Milch).

Essen (wo und wann): Früher hat es geregelte Essenszeiten gegeben: Frühstück: 7:00 Uhr Mittagessen: 12:00 Uhr, Abendessen: 18:00 Uhr. Diese Zeiten habe ich einhalten müssen. Es hat keine Ausnahmen gegeben, außer ich war krank.

Es hat einen großen Speisesaal gegeben. Ich habe nicht im Zimmer essen dürfen, außer ich war krank. Wenn ich mittags später gekommen bin wegen einem Arztbesuch oder einem Besuch bei einer Behörde, habe ich noch etwas von der Küche bekommen. Das war aber selten. Wenn ich später zum Abendessen gekommen bin, weil ich zum Beispiel einkaufen war, bin ich zum Abwaschen oder zum Tischdienst eingeteilt worden. Jetzt habe ich meine eigene Wohnung und ich kann mir meine Essenszeiten selber einteilen.

Arztwahl: Früher sind alle Ärzte von den Schwestern bzw. von den Betreuerinnen ausgesucht worden. Der praktische Arzt ist später zu uns in die Einrichtung gekommen. Die Zahnärztin, die für uns ausgesucht worden ist, hat uns Kundinnen wie kleine Kinder behandelt. Der Zahnarzt, der später für uns Kundinnen ausgesucht worden ist, hat mir viele Zähne gerissen. Die Assistentin war auch unfreundlich. Ich habe noch einmal den Zahnarzt gewechselt und bei dem bin ich heute noch. Den praktischen Arzt habe ich nicht gewechselt. Das heißt: Es ist schon ein neuer Arzt da, weil der andere Arzt in Pension gegangen ist. Aber mit dem neuen Arzt bin ich zufrieden. Die Vertretung kann ich mir selbst aussuchen, weil es mehrere Ärzte zu Vertretung gibt. Ich bin auch mit der Frauenärztin zufrieden, welche die Praxis vom ausgesuchten Frauenarzt übernommen hat. Ich hätte sie schon wechseln dürfen. Beim Augenarzt habe ich mich beraten lassen.

Arbeitsangebot: Ich war sehr lange in St. Elisabeth und zwischendurch im Institut Hartheim. Die Arbeit habe ich mir nie selber aussuchen dürfen. In St. Elisabeth habe ich von Anfang an in der Näh-Werkstatt gearbeitet. Ich hatte Lieblings-Arbeiten beim Nähen, die habe ich mir aber nicht selber aussuchen dürfen.

Im Institut Hartheim war ich zuerst in der Küche und dann in der Wäscherei. Das war auch von der Leitung so bestimmt. Es hat eine Zeit gegeben, da habe ich lieber in der Küche arbeiten wollen. Aber die Schwester Oberin hat mir nur gut zugeredet. Sie hat auch mit den Mitarbeiterinnen von der Wäscherei geredet. Ich bin weiter in der Wäscherei geblieben. Mein Wunsch war es auch, wieder in St. Elisabeth zu arbeiten. Und dieser Wunsch hat sich nach ein paar Jahren doch erfüllt, weil mir die Schwestern von St. Elisabeth auch geholfen haben. Ich habe wieder in der Näherei gearbeitet. Das habe ich gern gemacht. Durch eine Ausbildung, die ich später gemacht habe, arbeite ich jetzt bei Proqualis am KI-I als Qualitäts-Evaluatorin. Das ist ein Beruf am allgemeinen Arbeitsmarkt.

Integrative Beschäftigung: Ich selbst habe integrative Beschäftigung nicht mehr erlebt, weil ich da schon bei Proqualis am KI-I gearbeitet habe. Früher hat es keine integrative Beschäftigung gegeben. Jetzt gibt es die integrative Beschäftigung auch in St. Elisabeth. Die Kunden und Kundinnen können auch wählen. Zum Beispiel: Eine Kundin arbeitet lieber beim Spar als auf dem Bauernhof. Oder: Eine Kundin arbeitet lieber auf dem Bauernhof als bei der Bettwäsche-Firma Fleuresse.

Arbeit in der Einrichtung: Es gibt jetzt auch in der Einrichtung mehr Wahlmöglichkeiten. Man kann in einer Werkstatt arbeiten. Die Arbeit in der Werkstatt kann man sich teilweise aussuchen. Zum Beispiel, wenn es mehr Arbeits-Möglichkeiten gibt. Man kann auch in einem Caritas-Kaffeehaus arbeiten.

Veränderung

Das habe auch ich erlebt. Zuerst hat es nie eine Veränderung gegeben. Ich habe immer in der Werkstatt gearbeitet, acht Jahre lang. Die erste

Veränderung, die besser wurde, war die neue Einrichtung in Linz. Die erste Einrichtung war in Gallneukirchen. Da hat es große Schlafzimmer mit sechs bis acht Betten gegeben und den großen Tagraum. In der neuen Einrichtung hat es mehrere Gruppen gegeben. In jeder Gruppe hat es auch ein Wohnzimmer gegeben, keinen allgemeinen Tagraum mehr. Wir Kundinnen haben uns in der Freizeit auch im Zimmer aufhalten dürfen. Es hat Zweibettzimmer und Dreibettzimmer gegeben. Ich habe mir zum ersten Mal meine Zimmerkolleginnen aussuchen dürfen.

Die nächste Veränderung war das Institut Hartheim. Das war aber deshalb so, weil ich nicht immer in St. Elisabeth bleiben konnte. Es hat noch keine Dauerplätze gegeben. Erst ab 1988 hat es in St. Elisabeth Dauerplätze gegeben. Auf meinen Wunsch habe ich wieder dort arbeiten und wohnen können. Die nächsten Veränderungen waren die Ausbildungen. Ich habe das Angebot bekommen, die Ausbildung SUD zu machen. SUD heißt: Selbst Und Direkt.

Im Anschluss machte ich die Weiterbildung SUD mobil. Das war ein EU-Projekt. Jahre später machte ich die Ausbildung zur Qualitäts-Evaluatorin und dadurch bekam ich meine Arbeit bei Proqualis. Auch im Wohnen hat es Veränderungen gegeben. Ich habe eine Wohnung bekommen, zuerst war es nur eine ganz kleine Wohnung, später habe ich eine etwas größere Wohnung bekommen und in dieser Wohnung bin ich auch jetzt noch. Das ist teilbetreutes Wohnen. Es gibt Zielvereinbarungs-Gespräche.

Es hat auch schon persönliche Zukunftsplanung gegeben. Es gibt auch Psychologinnen, wenn man Probleme hat und wem zu reden braucht. Außerdem gibt es Peer-Beratung. Peer-Beratung heißt: Menschen mit Beeinträchtigungen beraten andere Menschen mit Beeinträchtigungen.

Informationen

Informationen haben wir schon immer bekommen, auch von den Schwestern. Sie haben uns gesagt, wenn Veränderungen geplant waren. Zum Beispiel: Als es öfter Heimfahr-Wochenenden gegeben hat. Oder als es eine neue Zimmer-Einteilung gegeben hat. Und auch, wenn eine Schwester die Einrichtung verlassen hat und eine neue Schwester gekommen ist. Wir haben auch die Information bekommen, als es zum Übersiedeln war. Diese Informationen haben wir immer rechtzeitig bekommen. Auch jetzt werden wir informiert, wenn etwas Wichtiges ansteht oder wenn es Veränderungen gibt. Wir haben auch jeden Monat eine Besprechung. Im IV Büro gibt es einen Laptop. Da können wir uns auch im Internet informieren. Über die Dokumentation informiert uns unsere Betreuungs-Person.

Soziales Umfeld

Früher hat es dies auch noch nicht gegeben. Wir sind ziemlich abgeschirmt gewesen. Es hat aber Sonderaktionen gegeben, die es jetzt nicht mehr gibt. Das war zum Beispiel: ein Nachmittag im TOUROTEL an der Donau. (Das heißt jetzt ARCOTEL.) Es hat auch den Sonnenzug gegeben. Mit dem haben alle Mädchen fahren dürfen, wenn sie neu in das Elisabeth-Heim gekommen sind. 20 Jahre später habe ich beim Sparverein mitmachen können. Auch meine Freundin und eine andere Kollegin waren dabei. Leider ist der Sparverein aufgelöst worden. Und viele Leute von damals leben nicht mehr. Jetzt gibt es das Café Carla. Da kann man auch mit Leuten aus dem Umfeld in Kontakt kommen und auch neue Leute kennenlernen. Meine Freundin und ich waren zwei Jahre in einem Fitness-Studio. Da haben wir auch nette Leute kennengelernt. Leider war es uns auf die Dauer zu teuer. Das ging nämlich nur mit Vertrag.

Jetzt können wir durch besondere Aktivitäten mit anderen Leuten in Kontakt kommen: Wir gehen einmal im Monat kegeln. Wir fahren Wellnessen. Wir lernen Leute bei Ausflügen kennen. Oder wir können im Urlaub Kontakte knüpfen. Zum Beispiel auf einer Kreuzfahrt.

Bildung

Früher hat es so etwas nie gegeben, dass Menschen mit Beeinträchtigungen Weiterbildungen machen können. Ich habe lange Zeit nur in der Werkstatt gearbeitet. Ich habe auch in der Küche und in der Wäscherei gearbeitet. Das Angebot zu einer Weiterbildung habe ich erst 2002 bekommen, 26 Jahre, nachdem ich aus der Schule gekommen bin. Jetzt gibt es Weiterbildungen vom Empowerment-Center, auch von FRISBI und von EULE.

Partnerschaft und Sexualität

Dies war sehr lange ein Tabu-Thema. Wir haben auch keine Hefte darüber lesen dürfen. Solche Hefte hat man uns weggenommen. Wir waren nur Mädchen im Heim. Ich habe einmal einen jungen Mann kennengelernt. Er hat mich besuchen wollen. Aber bei den Schwestern war das unmöglich. Ich war damals siebzehn. Der junge Mann war auch noch nicht viel älter, vielleicht war er zwei bis drei Jahre älter als ich. Das weiß ich nicht mehr. Ich habe mich immer nach einem Freund gesehnt. Erst 2002 habe ich einen Freund bekommen. Und der wollte nur Sex mit mir haben. Der Kontakt ist mir nicht verboten worden. Ich bin von selbst draufgekommen, dass wir nicht zusammenpassen. Bei uns ist es jetzt erlaubt, dass man einen Freund hat. Bei uns gibt es auch das Gütesiegel Sexualität. Das Thema Sexualität ist kein Tabu-Thema mehr.

Privat-Sphäre

Früher habe ich keine Privat-Sphäre gekannt. Immer waren andere Mädchen um mich, die mir sogar zugeschaut haben, was ich mache. Ich habe hauptsächlich gelesen oder geschrieben, manchmal auch mit anderen gespielt. Zum Beispiel: Mensch ärgere dich nicht. Ich habe Tagebuch geschrieben. Es hätte jeder darin lesen können. Es hat keinen Kasten zum Einsperren gegeben. Und bei mir im Zimmer haben sechs bis acht Mädchen geschlafen. Es war schwierig, weil wir uns früher tagsüber nicht im Zimmer aufhalten durften.

Auch meine Post ist einmal gelesen worden, weil die Oberin nicht wusste, wer mir geschrieben hat. Es war eine Freundin und die hat etwas Schäbiges über die Schwestern geschrieben. Sie hat sich auch über die Schwestern lustig gemacht. Das hat mir auch gefallen. Aber ich habe eine Strafe bekommen.

Ich musste dieser Freundin zurückschreiben. Und diesen Brief musste ich die Oberin lesen lassen. Ich habe heimlich noch einen Brief geschrieben und zwar in Geheimschrift – mit Zahlen statt mit Buchstaben. Zum Beispiel: A=1, B=2, C=3 und so weiter. Gottseidank ist es jetzt nicht mehr so. Ich habe eine Wohnung. Ich habe auch ein Handy. Und ich kann Post empfangen, die niemand anderer liest. Und ich kann selber bestimmen, was ich wen lesen lasse.

Barriere-Freiheit

Als Interessen-Vertreterin kann ich das IV-Büro nutzen. Ich kann unsere Gemeinschaftsräume nutzen und ich kann die Bücherei nutzen. Aber: Rollstuhlfahrer könnten uns nicht besuchen, weil es in unserer Wohngruppe keinen Aufzug gibt.

Gewalt

Früher waren sogar die Betreuungs-Personen bzw. die Schwestern gewalttätig, wenn ihnen an den Mädchen etwas nicht gepasst hat. Sie haben uns zwar nicht geschlagen, aber ziemlich hart angepackt. Sie haben mich gezwungen, etwas zu essen, vor dem mir gegraust hat. Ich bin auch gezwungen worden, in die Kapelle zu gehen, obwohl ich Besuch hatte. Und ich bin bloßgestellt worden, weil mir durch die Periode ein Malheur passiert ist.

Später wurden diese Methoden abgeschafft. Wenn ich Besuch habe, kann ich mit dem Besuch alleine sein. Ich werde zu nichts gezwungen. Ich werde auch nicht bloßgestellt.

Bei uns hat es auch einen Selbstverteidigungs-Kurs gegeben. Und ich weiß, wie ich mich vor Gewalt schützen kann.

Interessen-Vertretung

Seit 2010 bin ich Interessen-Vertreterin. Vorher nur für IV-Arbeit (IV = Interessensvertretung), seit 2016 für IV-Wohnen. Früher hat es dies nicht gegeben. Da waren für alle Menschen mit Beeinträchtigungen die Betreuungs-Personen bzw. die Schwestern da. Wir Mädchen hatten nichts zu sagen. Wir konnten uns selbst nicht vertreten und wir konnten andere Mädchen nicht vertreten. Wenn sich wer für wen anderen eingesetzt hat, hat es eine Maßregelung gegeben. Wir haben uns nirgends einmischen dürfen, zumindest fast nirgends. Ein anderes Mädchen hat mir schon einmal geholfen. Und zwar, als es eine Kasten-Kontrolle gegeben hat.

2002 habe ich das Angebot zur Ausbildung SUD bekommen. Das heißt: Selbst Und Direkt. Das war eine Ausbildung zur Selbstvertretung. Und daraus wurde bei mir später die Interessen-Vertretung. Jetzt bin ich schon lange Interessen-Vertreterin. Und ich bin froh, dass es eine Interessen-Vertretung gibt.

Cornelia Pfeiffer lebt und arbeitet in Oberösterreich. Sie wurde 1961 geboren und ist seit 1976 im Berufsleben. Derzeit arbeitet sie bei »Proqualis« als Evaluatorin. Proqualis heißt »ualität«. Dort beschäftigt sie sich viel mit der einfachen Sprache. https://www.proqualis.at Mit diesem Text gewann sie 2020 einen Preis beim Literaturpreis Ohrenschmaus - https://ohrenschmaus.net/

8. IM BANN DER LAUTSPRACHE: GEHÖRLOSENPÄDAGOGIK UND ANSTALTSERZIEHUNG IM 19. UND 20. JAHRHUNDERT

Von Mirjam Janett und Martin Lengwiler

Heute leben mehr als 10.000 Gehörlose in der Schweiz. Über eine Million Menschen sind hörbeeinträchtigt.[2] Gehörlose kommen in Vereinen und Gruppen zusammen und tragen mit ihrer Gehörlosenkultur zu einer vielfältigen Schweiz bei. Sie verstehen sich nicht als Menschen mit Behinderungen, sondern als kulturelle Minderheit. Zentral für ihre Identität ist die Gebärdensprache.[3]

---

[2] Diese Zahlen nennt der Schweizerische Gehörlosenbund: Anerkennung der Gebärdensprache, https://www.sgb-fss.ch/positionen/anerkennung-der-gebaerdensprache/ [3. Mai 2022]. Unser Beitrag beruht auf Forschungen, die wir zusammen mit einem Forschungsteam im Buch *Aus erster Hand* veröffentlicht haben. Vgl. REBECCA HESSE; ALAN CANONICA; MIRJAM JANETT; MARTIN LENGWILER; FLORIAN RUDIN: *Aus erster Hand. Gehörlose, Gebärdensprache und Gehörlosenpädagogik in der Schweiz im 19. und 20. Jahrhundert*. Zürich 2020.

[3] Dennoch ist die Gebärdensprache in der Schweiz gesetzlich nicht als Landessprache anerkannt. Der Schweizerische Gehörlosenverband fordert deswegen jüngst beim Bund ein Gesetz über die Gebärdensprache, um die drei Schweizer Gebärdensprachen offiziell anzuerkennen und die Gehörlosenkultur zu fördern. Vgl. Medienmitteilung des Schweizerischen Gehörlosenbunds, Anerkennung der Gebärdensprache – der Gehörlosenbund ist enttäuscht vom Bundesrat (abrufbar unter: https://www.sgb-fss.ch/wp-content/uploads/2021/09/CP_Rapport-Reconnaissance-LS-DE-1.pdf). Der Bundesrat unterstützt sein Anliegen, die Gebärdensprache zu fördern. Er spricht sich aber nicht für die Anerkennung der Gebärdensprache als Landessprache aus. Medienmitteilung des Bundesrats, Rechtliche Anerkennung der Gebärdensprache, <https://www.admin.ch/gov/de/start/

Gehörlose galten lange als Menschen mit ›Behinderung‹. Sie wurden als Kinder in spezialisierten Anstalten, sogenannten ›Taubstummenanstalten‹ untergebracht, in denen sie Unterricht erhielten und zu ›nützlichen Gliedern‹ der Gesellschaft geschult wurden. Tatsächlich erlebten sie in den gesonderten Einrichtungen einen sozialen Ausschluss und waren vielfältigen Formen der Diskriminierung und Gewalt ausgesetzt. Das Aufwachsen in den Anstalten förderte aber auch die Entstehung einer Gehörlosenkultur. Die Kinder gingen soziale Bindungen ein und begannen, sich als Gehörlose zu identifizieren. Es entstand eine wachsende Gehörlosenbewegung, die sich für die Interessen und Rechte von nicht-hörenden Menschen einsetzte.[4] Dieser Artikel gibt einen Überblick über die vielschichtige Geschichte der Gehörlosenpädagogik und den gesellschaftlichen Umgang mit Gehörlosen in der Schweiz. Diese Geschichte weist auch transnationale Bezüge auf, insbesondere zu anderen deutschsprachigen Ländern. Sowohl die Gehörlosen als auch die Pädagoginnen und Pädagogen pflegten grenzüberschreitende Kontakte, beispielsweise durch Besuche an internationalen Kongressen, Tagungen und Veranstaltungen.[5]

Seit Ende des 18. Jahrhunderts versuchten zunächst Geistliche sowie Pädagoginnen und Pädagogen, den gehörlosen Kindern, eine Bildung zukommen zu lassen. Diese aufklärerischen Bemühungen verbanden sich mit einem staatlichen Disziplinierungsanliegen und medizinischen Forschungsinteressen. Als Resultat dieser Bestrebungen wurden Gehörlose im 19. und 20. Jahrhundert zunehmend als ›behindert‹ klassifiziert und gerieten ins gesellschaftliche Abseits.

Im ersten Teil der folgenden Ausführungen beschäftigen wir uns mit der Institutionalisierung der Gehörlosenbildung. Wir zeigen auf, wie im 19. Jahrhundert zuerst aus privater, später aus staatlicher Initiative

dokumentation/medienmitteilungen.msg-id-85249.html, abgerufen am 3. Mai 2022>.

4   Zum Entstehen der Gehörlosenbewegung in Deutschland siehe YLVA SÖDERFELDT: *From Pathology to Public Sphere. The German Deaf Movement 1848–1914*. Bielefeld 2013. Im Gegensatz zu Deutschland ist die Geschichte der Gehörlosenbewegung der Schweiz kaum erforscht. Für die Geschichte des Gehörlosenbunds siehe die Festschrift von BARBARA HÄNE; KATRIN MÜLLER; ANINA ZAHN: *Zeichen setzen. 75 Jahre Schweizerischer Gehörlosenbund* (hrsg. vom Schweizerischen Gehörlosenbund). Zürich 2021.

5   Vgl. MARION SCHMIDT; ANJA WERNER: Einleitung. In: dies. (Hrsg.): *Zwischen Fremdbestimmung und Autonomie. Neue Impulse zur Gehörlosengeschichte in Deutschland, Österreich und der Schweiz*. Bielefeld 2019, S. 9–47, hier S. 16f.

spezialisierte Schulen für gehörlose Kinder entstanden. Im zweiten Teil steht die Gehörlosenpädagogik im 20. Jahrhundert im Mittelpunkt. Die als Internate betriebenen ›Taubstummenanstalten‹ hielten ihren Unterricht in der Schweiz strikt nach der oralistischen Methode ab und unterdrückten im schulischen Alltag die Verwendung von Gebärden. Die Ablehnung der Gebärdensprache im Unterricht hatte weitreichende Auswirkungen auf das Leben der Betroffenen. Der strikte Fokus auf die Lautsprache wirkte sich negativ auf die Gehörlosenbiografien aus. Er führte nicht nur zu Bildungsdefiziten, sondern nahm den Gehörlosen auch eine identitätsstiftende Kommunikationsform weg. Im dritten Teil beleuchten wir, wie um 1900 Gehörlosigkeit zunehmend pathologisiert wurde, durch medizinische Disziplinen und die Heilpädagogik. Auch neuere Disziplinen wie die Audiologie, die im 20. Jahrhundert den Umgang mit Gehörlosigkeit veränderten, kommen zur Darstellung, ebenso die Gehörlosenbewegung, die anfangs des 20. Jahrhunderts entstand und seit den 1970er-Jahren auch den Fachdiskurs zu beeinflussen begann. Abschließend ziehen wir ein Fazit, das auch neuere Tendenzen aufgreift, etwa das Spannungsfeld zwischen der Gehörlosenkultur und medizinischen Innovationen wie dem Cochlea-Implantat, das sich seit den 1980er-Jahren zunehmend ausbreitet.

Die Gründung der ersten Gehörlosenanstalten

Die ersten Einrichtungen in der Schweiz für Gehörlose orientierten sich an ausländischen Vorbildern. Bereits Ende des 18. Jahrhunderts entstanden fast zeitgleich zwei auf Gehörlose spezialisierte Bildungsinstitutionen.[6] 1765 eröffnete die Institution Nationale des Sourds-Muets in Paris, 1778 das Churssächsische Institut für Stumme und andere mit Sprachgebrechen behaftete Personen in Leipzig. Die Motive zur Gründung dieser Einrichtungen fußten auf der aufklärerischen Überzeugung, dass der Mensch ein lernfähiges und zu perfektionie-

---

6 Ganzer Abschnitt nach: MIRJAM JANETT: Gehörlosigkeit und die Konstruktion von Andersartigkeit. Das Beispiel der Taubstummenanstalt Hohenrain (1847-1942). In: *Schweizerische Zeitschrift für Geschichte* 66/2 (2016), S. 226-245, hier insbesondere S. 230f.

rendes Wesen ist. Die Gründerfiguren waren überzeugt, dass Gehörlose bildungsfähig sind. Das Ziel des pädagogischen Zugriffs lag in der Erziehung zu »nützliche[n] Glieder[n] der Gesellschaft«. In solchen Zielen kamen philanthropische Erziehungsideale mit ökonomischen Nützlichkeitserwägungen zusammen. Der »Taubstumme [...], der ohne Zucht und Unterricht aufwächst«,[7] wurde als Bedrohung für die Gesellschaft wahrgenommen. Die früheste Gehörlosenschule in der Schweiz nahm 1777 in Schlieren ihren Betrieb auf. Weitere zunächst noch auf privaten oder kirchlichen Initiativen beruhende Gründungen kamen rund vierzig Jahre später hinzu. 1811 eröffnete die Gehörlosenanstalt in Yverdon und 1822 die Knabentaubstummenanstalt Wabern im Kanton Bern (ab 1890 in Münchenbuchsee). Bis 1890 gab es gesamthaft in der Schweiz vierzehn Gehörlosenanstalten, die meisten davon im ländlichen Umfeld angesiedelt.

Forschung zu Gehörlosigkeit intensivierte sich. Sie beinhaltete auch statistische Enquêten, auf welche die Anstalten zurückgreifen konnten.[8] Dank ihnen konnte erfasst werden, wer, wie und in welchem Grad von Gehörlosigkeit betroffen war. Verschiedene Kantone (Landesteile) führten etwa ab den 1870er-Jahren entsprechende Umfragen durch. Gehörlosigkeit wurde durch diese Erhebungen zu einer objektivierten, messbaren Erscheinung.

Die Betroffenen, die sich sowohl in dem Grad als auch in der Art ihrer Beeinträchtigung und in ihrem soziokulturellen Hintergrund voneinander unterschieden, wurden zu einer homogenen Gruppe zusammengefasst. Die Zählung, Ordnung und Klassifizierung der Gehörlosen ermöglichten erst, den flächendeckenden Unterricht in spezialisierten Anstalten von Kindern, die unter diese vermeintliche Pathologie fielen.

---

7   Staatsarchiv Luzern (StALU), Akt 411/2888, Brief der Schweizerischen Gemeinnützigen Gesellschaft.
8   Ganzer Abschnitt nach: JANETT 2016, S. 232f.

ABBILDUNG 19
Lehrschwestern beim Unterricht in der Luzerner Taubstummenanstalt Hohenrain, um 1915

Quelle: Schweizerisches Sozialarchiv, F_5153-Fx-02-064.

Die Verbannung der Gebärdensprache aus dem Unterricht

In den frühen ›Taubstummenanstalten‹ und späteren Gehörloseninternaten und Sprachheilschulen gingen sowohl gehörlose wie hörbeeinträchtigte Kinder und Jugendliche einem strengen, geregelten Alltag nach, oft unter der Aufsicht von Ordensschwestern.9 Durch ihr Sprachvermögen sollten Gehörlose in die Gesellschaft integriert werden. Über die Frage, welche Sprache unterrichtet werden sollte, stritten sich Gelehrte und Pädagoginnen, sowohl hörende als auch nicht-hörende. Zwei Gruppen standen sich gegenüber. Die eine favorisierte die sogenannte ›Gebärdensprache‹: ein visuelles Sprachsystem, dessen Grammatik in körperlich dargestellten Sprachbildern besteht. Prominenter Vertreter der Gebärdensprache war der 1712 geborene Gehörlosenpädagoge Abée Charles

---

9   Die folgenden zwei Abschnitte nach: MIRJAM JANETT: Vom Wert der Gebärde. Die Geschichte der Gehörlosen, in: WOZ 42, 19. Oktober 2017. Mit den Anstalten im 19. und 20. Jahrhundert befassten sich ausführlich HESSE et al. 2020.

Michel de L'Epée, der die von Gehörlosen praktizierte Gebärdensprache systematisiert und weiterentwickelt hatte. Er passte die Gebärdensprache der französischen Schriftsprache an, indem er jedem Begriff ein eigenes Zeichen zuwies. Die zweite Gruppe propagierte dagegen die Lautsprache. Ihr bedeutendster Verfechter war Samuel Heinicke, der in Leipzig ein Institut begründete und leitete. Mit der oralen Methode wollte er den Gehörlosen die Lautsprache durch Sprech- und Artikulationsunterricht beibringen. Sie sollten lernen, wie die ›Normalen‹ zu sprechen.

ABBILDUNG 20
Fingeralphabet, um 1915

Bis heute wird die Daktylologie dazu verwendet, Namen und Worte auszubuchstabieren, für die es noch keine Gebärden gibt. Quelle: Schweizerisches Sozialarchiv, F_5153-Fx-02-069

ABBILDUNG 21
Schusterwerkstatt in der Taubstummenanstalt Locarno (Datum unbekannt, um 1910)

Schuhmacher war im 20. Jahrhundert ein typischer Beruf für männliche Gehörlose. Quelle: Schweizerisches Sozialarchiv, F-5153-Gc-0071

Der Unterricht in den ›Taubstummenanstalten‹ erfolgte meist entweder in der Gebärden- oder der Lautmethode. Zuweilen wurden beide Ansätze auch kombiniert. Im Verlauf des 19. Jahrhunderts gewann die Lautsprache jedoch die Oberhand, insbesondere in akademischen Kreisen. Der britische Anthropologe Edward B. Tylor kam zum Schluss, dass die Lautsprache natürlicher sei, weil sie sich im Prozess der menschlichen Evolution herausgebildet habe. Gebärden waren für ihn eine primitive Verständigungsform und deswegen ein inferiores Kommunikationsmittel. In die gleiche Richtung zielt der linguistische Darwinismus. Er postulierte, dass im Prozess der natürlichen Selektion und des *survival of the fittest* minderwertige Sprachen wie die der Indigenen Amerikas oder die Gebärdensprache zwangsläufig aussterben würden. Charles Darwin etwa vertrat die rassistische Überzeugung, dass das Gestikulieren mit den Händen als Kommunikationsform nur bei ›Dummen‹, ›Wilden‹ und ›Gehörlosen‹ vorkomme. Noch lange litt die Gebärdensprache unter dem Stigma der ›Affensprache‹.

1880 fand in Mailand der Zweite Internationale Taubstummenkongress statt. Der Kongress verhandelte die Frage, welcher pädagogische Ansatz in der Gehörlosenpädagogik vorzuziehen sei: der lautsprachliche oder der gebärdensprachliche. Rechtsbindend waren die Kongressbeschlüsse zwar nicht. Für die nationalen Fachgesellschaften bildeten sie aber wichtige Orientierungshilfen und prägten deren Ausrichtungen. An der Zusammenkunft in Mailand nahmen ›Taubstummenlehrer‹ aus ganz Europa und Nordamerika teil, allerdings ausschließlich hörende Pädagogen. Gehörlose Gelehrte waren nicht eingeladen. Die nordamerikanische Delegation sowie einzelne Delegierte aus Großbritannien und Schweden befürworteten den Unterricht in Gebärdensprache. Die überwiegende Mehrheit der Kongressteilnehmenden erklärte jedoch die Überlegenheit der oralistischen Methode gegenüber der Gebärdensprache. Sie empfahlen, den Gebrauch von Gebärden in den Schulen zu verbieten. Dies galt auch für die Delegierten aus Frankreich und Italien, wo der Gebärdenspracheunterricht generell verbreiteter gewesen war als im übrigen Europa.[10] Der Kongress von 1880 gilt in der Gehörlosengeschichte häufig als Wendepunkt. Der Ausschluss der Gebärdensprache als Kommunikationsmittel und die Hinwendung der Schulen zur lautsprachlichen Norm verlief jedoch schrittweise. Vor allem im deutschsprachigen Raum hatten sich in verschiedenen Anstalten bereits vor dem Kongress lautsprachliche Ansätze früher durchgesetzt. Die Gebärdensprache verschwand in der zweiten Hälfte des 19. Jahrhunderts zunehmend aus dem Unterricht.

Dies kritisierten besonders die wenigen gehörlosen Lehrpersonen. Exemplarisch dafür steht der deutsche gehörlose Pädagoge Johannes Heidsiek, der 1891 die Schrift *Notschrei der Taubstummen* veröffentlichte. Darin kritisierte er scharf die »Deutsche Methode«, den ausschließlichen Lautspracheunterricht. Die letzten hundert Jahre hätten gezeigt, dass diese Methode nicht funktioniere. Wie das hörende Kind in der Schule die Lautsprache zu perfektionieren habe, müsse das gehörlose Kind, das sein »Denken, Fühlen und Wollen« mit Gebärden zum

---

10 Vgl. HESSE et al. 2020: 148f.

Ausdruck bringe, auch in der Gebärdensprache geschult werden.[11] Sein Aufruf verhallte jedoch ungehört. In der Schweiz wie auch insgesamt in Westeuropa verfolgten im 20. Jahrhundert alle größeren Gehörlosenanstalten und -schulen ausschließlich die orale Methode.[12] Die Öffnung gegenüber der Gebärdensprache erfolgte spät und in kleinen Schritten. Die Gehörlosenschule in Zürich führte beispielsweise erst 1970 die Lautsprachebegleitenden Gebärden (LGB) ein. Die Schulen in Genf und Basel öffneten sich in den 1980er-Jahren gegenüber Gebärden und bilingualen Methoden. In St. Gallen und Hohenrain (Kanton Luzern) indes verfolgten die Einrichtungen noch bis in die 1990er-Jahre den ausschließlich lautsprachlichen Unterricht.[13]

Zwischen Förderung und Repression: Schulunterricht, Leben und Alltag in den Einrichtungen

Die ›Taubstummenanstalten‹ professionalisierten seit den 1950er-Jahren und wandelten sich im Laufe des Jahrhunderts zu modernen Gehörlosen- und Sprachheilschulen, die zunehmend über Fachpersonal und entsprechende Infrastruktur verfügten. Zugleich ging der Internatsbetrieb kontinuierlich zurück. 1980 wohnten beispielsweise in der Zürcher Anstalt mehr Kinder extern als in dem der Schule angegliedertem Internat.[14] Fachliche Neuerungen schritten langsam voran. In der Schule überwog die Hörerziehung; der Fokus des Unterrichts lag auf der Sprachschulung. Deswegen nahm der Deutsch- und Artikulierunterricht im Stundenplan viel Raum ein. Allgemeinbildende Fächer wie Geschichte oder Geografie wurden hingegen vernachlässigt. Die Gebärdensprache war bis in die 1970er-Jahre strikt verboten; ihr Gebrauch zog rigide Sanktionen mit sich. Die Arbeitserziehung war ein fester Bestandteil der Erziehung

---

11 HEIDSIEK, JOHANNES: *Ein Notschrei der Taubstummen*. Breslau 1891, S. 10.
12 So z. B. Zürich, Genf, Riehen (bei Basel), St. Gallen, Hohenrain (Luzern). Vgl. HESSE et al. 2020: 259.
13 Vgl. ebd.: 259.
14 Vgl. HESSE et al. 2020: 155.

im Internat. Kinder fühlten sich in den Einrichtungen oft einsam. Nur selten durften sie ihre Eltern besuchen.¹⁵

ABBILDUNG 22
Erziehung zur Arbeit: Mädchen besorgen die Anstaltswäsche der Taubstummenanstalt Hohenrain, um 1915

Quelle: Schweizerisches Sozialarchiv, F_5153-Fx-02-073

Gewalterfahrungen dominieren die Erzählungen der ehemaligen Schülerinnen und Schüler sowie Heimzöglinge.¹⁶ Sie erinnern sich an Strafen, psychische Demütigungen wie öffentliches Bloßstellen wegen Bettnässen, aber auch an körperliche Grenzüberschreitungen. Sehr negativ ordnen sie im Rückblick den intensiven physischen Kontakt mit den Lehrpersonen ein. Immer wieder wurden die Kinder am Körper berührt und zurechtgewiesen. Diese Kontakte sehen die Ehemaligen heute als körperliche Integritätsverletzungen an. So fassten Lehrpersonen beim Artikulierunterricht die Kinder etwa im Gesicht an. Dazu verwendeten sie zum Beispiel Mundspachtel oder Holzklötze, die sie den Kindern in

---

15 Vgl. ebd.: 187-189.
16 Zur Lebenswelt von gehörlosen Kindern siehe auch die Publikation von VERA BLASER und MATTHIAS RUOSS: Gitter am Kopf und Loch im Herzen. Lebenswelten ehemaliger Schüler und Schülerinnen der Taubstummenanstalt St. Gallen, 1930er bis 1950er-Jahre. In: SCHMIDT/WERNER 2019, S. 83-119.

den Mund schoben, um ihnen die korrekte Mund- und Zungenstellung für die unterschiedlichen Laute zu zeigen.[17] Kinder gehörloser Eltern mussten in ihren ersten Schuljahren die Arme in Kartonröhren stecken, um andere Kinder mit dem Gebärden nicht ›anzustecken‹.[18]

ABBILDUNG 23
Der Mund wird in die richtige Stellung gebracht. Artikulierunterricht an der Taubstummenanstalt Wabern bei Bern, um 1910

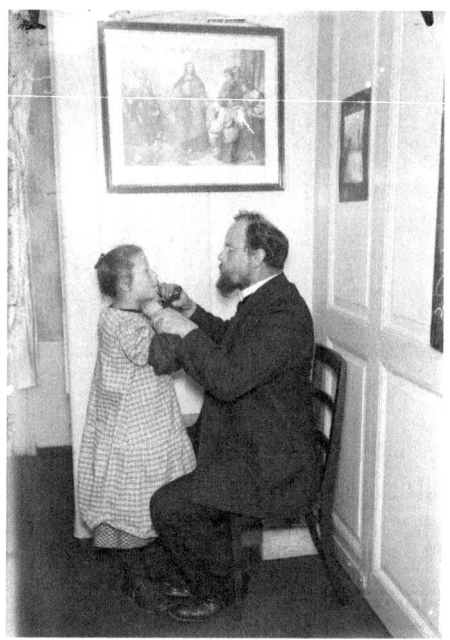

Quelle: Schweizerisches Sozialarchiv, F_5153-Gc-0365

Körperstrafen waren noch in den 1950er-Jahren ein gängiges Erziehungsmittel, beispielsweise Stockschläge auf die Hände, wenn Kinder beim Gebärden ertappt wurden. Körperstrafen als Erziehungsmittel verloren in den nachfolgenden Jahren zwar an Bedeutung. Physische

---

17 Vgl. HESSE et al. 2020: 162.
18 Vgl. ebd.: 160.

und psychische Gewalthandlungen blieben aber ein Teil des Schul- und Internatsalltags, teilweise in einem Ausmaß, das die damals gesellschaftlich verbreiteten Praktiken überstieg. Ende der 1960er-Jahre rückten erste Schulen von den rigiden Strafpraktiken ab. Dieser Prozess verlief jedoch nicht gradlinig und unterschied sich von Schule zu Schule. Die Grenzziehungen zwischen Strafe und Züchtigung blieben fließend. Die Straf- und Gewaltpraktiken in Gehörlosenschulen und -anstalten im 20. Jahrhundert ähneln jenen von Kinder- und Erziehungsheimen hörender Kinder.[19]

ABBILDUNG 24
Leibesübungen halten auch den Geist in Schuss, Taubstummenanstalt St. Gallen, um 1913

Quelle: Staatsarchiv St. Gallen, A 451/7.4.01-1

19 Zur Fremdplatzierung in der Schweiz gibt es umfassende Literatur. Einen guten Einblick in die Problematik gibt LENGWILER, MARTIN: Der strafende Sozialstaat. Konzeptuelle Überlegungen zur Geschichte der fürsorgerischen Zwangsmassnahmen. In: *Traverse. Zeitschrift für Geschichte* 25/1 (2018), S. 159-197. Für den aktuellen Forschungsstand zu Fremdplatzierungen in der Schweiz siehe JANETT, MIRJAM: *Verwaltete Familien. Vormundschaft und Fremdplatzierung in der Deutschschweiz, 1945-1980*. Zürich 2022.

Im Gegensatz zu Einrichtungen für Hörende kamen in Gehörlosenschulen Strafen und Gewalthandlungen aufgrund des Gebärdens hinzu.[20] Konflikte und Strafaktionen gegenüber gebärdenden Kindern, bis hin zu disziplinarischen Körperstrafen, waren in den Schulen und Internaten an der Tagesordnung. Als das lautsprachliche Primat noch uneingeschränkt Geltung beanspruchte, gingen die Einrichtungen rigid gegen das Gebärden vor. Sie banden im Unterricht zum Beispiel gebärdenden Kindern die Hände auf dem Rücken zusammen. Auch im Heimalltag war das Gebärden verboten. Die Kinder gebärdeten heimlich weiter und tauschten sich untereinander in Gebärden aus. Die praktizierten Gebärden blieben aber basal und entsprachen nicht der etablierten Gebärdensprache, in der die Kinder ja nicht gefördert wurden. Gleichwohl entstand die paradoxe Situation, dass viele Kinder die ersten Gebärden auf den Pausenplätzen jener Schulen lernten, die im Unterricht die Verwendung der Gebärdensprache verboten hatten.[21]

Der starre Fokus des Schulunterrichts auf die Lautsprache verband sich mit verschiedenen sozialen Stigmatisierungen. Das Ziel der Schulen, gehörlose Kinder mittels eines rein lautsprachlichen Unterrichts in die hörende Gesellschaft zu integrieren, erwies sich als unrealistisch und wurde nicht erreicht. Der Ansatz war im Gegenteil kontraproduktiv. Der Sprachunterricht nahm viel Raum ein, zulasten anderer Fächer, was sich wiederum in allgemein schlechten Schulleistungen spiegelte. Entsprechend schwierig war der Übertritt ins Berufsleben, nach Abschluss des obligatorischen Schulunterrichts. Ein Universitätsstudium blieb Gehörlosen faktisch verschlossen.

(Heil-)Pädagogik, Medizin und neue Technologien

Ende des 19. Jahrhunderts wurde die Grenze zwischen verschiedenen Graden von Gehörlosigkeit vor allem von medizinischen Disziplinen und der jungen Heilpädagogik gezogen.[22] Das wissenschaftliche Inte-

---

20 Vgl. HESSE et al. 2020: 212f.
21 Vgl. ebd.: 262.
22 Absatz nach: JANETT 2016; JANETT 2017.

resse an der angeborenen ›Taubstummheit‹ führte zu einer stärkeren Differenzierung zwischen taub geborenen und ertaubten Gehörlosen.

Unterschieden wurde zwischen Gehörlosigkeit als ›Entartungserscheinung‹ aufgrund von sozial deviantem Verhalten seitens der Eltern (wie Alkoholkonsum, Verwandtenehe oder mangelnden hygienischen Verhältnissen), der vor allem in gebirgigen Gegenden vorkommenden ›Endemischen Taubstummheit‹ (verursacht durch eine ›Entartung der Schilddrüse‹) sowie der vererbten ›Taubstummheit‹ durch gehörlose Eltern.[23] Besonders letztere zog das wissenschaftliche Interesse auf sich und wurde oft mit ›Geistesschwäche‹ in Verbindung gebracht.

Gehörlosigkeit beschränkte sich nicht länger auf ein körperliches Defizit, sondern wurde mit einer Krankheit gleichgesetzt, die in Verbindung mit Entartungserscheinungen wie Degeneration,[24] Geistesschwäche und anderen Anomalien stand. Diese galt es zu vermeiden, zu verhindern oder zu therapieren. Medizinische Experten übernahmen die Deutungshoheit zur Einschätzung der Bildungsfähigkeit der gehörlosen Kinder. Am Beispiel der Anstalt in Luzern zeigt sich, dass die als bildungsfähig eingestuften Kinder (oft Kinder, die über Resthörigkeit verfügten) in die ›Taubstummenanstalten‹ kamen, um die Lautsprache zu erlernen. Die angeblich nicht-bildungsfähigen, die oft vollständig gehörlos waren, wurden in Anstalten für ›Schwachsinnige‹ geschickt.[25]

Mit dem Aufkommen der Rassenhygiene und der Etablierung der Eugenik als wissenschaftlicher Disziplin zu Beginn des 20. Jahrhundert, galt Gehörlosigkeit zunehmend als eine präventiv vermeidbare Pathologie. Entsprechend erließen Behörden verschiedene sozialpolitische Maßnahmen. Gehörlose sollten beispielsweise durch Eheverbote oder durch Sterilisationen davon abgehalten werden, Nachkommen zu zeugen. Das von den Nationalsozialisten 1933 erlassene ›Gesetz zur Verhütung erbkranken Nachwuchses‹ führte in Deutschland dazu, dass

23 Vgl. BÜHR, WILHELM: *Das Taubstumme Kind. Seine Schulung und Erziehung. Führer durch die schweizerische Taubstummenbildung.* St. Gallen 1928, S. 10f.
24 Die »Degenerative Taubstummheit« wurde auf »eine abnormale Bildung des Zentralnervenapparates des Gehirns« zurückgeführt (BÜHR 1928: 13).
25 Vgl. JANETT, MIRJAM: *Die Taubstummenanstalt Hohenrain (1847-1942). Gehörlosigkeit und die Konstruktion von Andersartigkeit* (unpublizierte Masterarbeit, Universität Zürich). Zürich 2014, S. 37-43.

rund 17.000 Zwangssterilisationen von taub geborenen, aber auch hörgeschädigten Menschen durchgeführt wurden. Schätzungsweise 1.600 Gehörlose wurden im Rahmen nationalsozialistischer Verfolgungsprogramme ermordet. Eugenische Maßnahmen gab es nicht nur in Nazi-Deutschland. Auch in der Schweiz, wo nur der Kanton Waadt eine gesetzliche Grundlage zur Zwangssterilisation kannte, wurden Gehörlose und Schwerhörige informell zur Sterilisation gedrängt. In den Schulen wurde den Kindern aufgrund ihrer Gehörlosigkeit davon abgeraten, im Erwachsenenalter Familien zu gründen.[26]

Ende des 19. Jahrhunderts entstand eine erste Gehörlosenbewegung, die sich gegen die Pathologisierung wehrte, sich für die Gebärdensprache einsetzte und gesellschaftliche Teilhabe einforderte. Die Schweizerische Gesellschaft der Gehörlosen machte 1941 darauf aufmerksam, dass Gehörlose keine »Wesen mit pathologischer Psyche« seien, sondern »völlig normale Menschen«, die einfach kein Gehör hätten.[27] Politische Erfolge erzielte die Gehörlosenbewegung vor allem seit den 1960er-Jahren, nicht zuletzt durch Impulse aus den USA. Dort war die Gehörlosenbewegung stärker und fand Unterstützung aus der Linguistik, die Gebärdensprache als ein der Lautsprache gleichwertiges Sprachsystem anerkannte. Gehörlose gewannen in der Öffentlichkeit und in den Medien an Sichtbarkeit. In Paris gründeten drei Gehörlosenaktivisten das International Visual Theatre (ITV), um die Gehörlosenkultur theatralisch auszudrücken und zu vermitteln. Die Räumlichkeiten des ITV, das Château de Vincennes, wurden zu einem Bildungs- und Informationszentrum der Gebärdensprache und zu einer Plattform der Gehörlosenkultur, die bis in die Schweiz ausstrahlte.[28]

In der zweiten Hälfte des 20. Jahrhunderts übten medizinaltechnische Entwicklungen einen wichtigen Einfluss auf die Gehörlosenbildung aus. Maßgeblich daran beteiligt war die Audiologie, ein medizinisches Fach, das sich mit der auditiven Wahrnehmung befasst. Die Disziplin differenzierte sich nach dem Zweiten Weltkrieg aus. Ihre Erkenntnisse

---

26 Vgl. WYSS, MARKUS: *Der Eugenikdiskurs in der Fürsorge und Bildung von Gehörlosen und Schwerhörigen in der Schweiz in der ersten Hälfte des 20. Jahrhunderts*. Zürich 2011.
27 Vgl. HESSE et al. 2020: 70f.
28 Vgl. HESSE et al. 2020: 81.

bildeten eine der Grundlagen für medizinaltechnische Innovationen wie leistungsstärkere Hörhilfen und bessere diagnostische Technologien. Die Hörgeräte wurden nicht nur kleiner und leistungsstärker, sondern auch erschwinglicher. Die Schulen nutzten zunehmend Hör-Sprechanlagen für den Unterricht. Sie richteten außerdem pädo-audiologische Beratungsstellen ein, um die Eltern gehörloser Kinder fachlich zu beraten und zu einer möglichst frühen Hörerziehung anzuhalten.[29] Diese Entwicklungen begünstigten die lautsprachliche Ausrichtung des Gehörlosenpädagogik.

ABBILDUNG 25

Mitglieder der intrakonfessionellen Selbsthilfeorganisation ›Hepatha‹ schulen Kinder im Umgang mit dem Schreibtelefon, um 1990

Quelle: Schweizerisches Sozialarchiv, F_5147-Fa-019

Die Bedeutung audiologischer Medizinaltechnologien wurde durch die Sozialversicherungen verstärkt. In der Schweiz leitete die 1960 gegründete eidgenössische Invalidenversicherung (IV) eine neue Weichenstellung in der Behindertenpolitik und der Gehörlosenpädagogik ein.

---

29 Vgl. HESSE et al. 2020: 70f.

Die IV war stark auf die Eingliederung von Menschen mit Beeinträchtigung ausgerichtet und stellte dazu finanzielle Mittel zur Verfügung. Die Gehörlosenschulen bekamen nun vom Staat deutlich höhere finanzielle Unterstützungen, um die bauliche Infrastruktur zu verbessern, ihr pädagogisches Angebot zu erweitern und in die Medizinaltechnik zu investieren. Die IV war auch für die schulische und berufliche Eingliederung von Gehörlosen zuständig. Diese erhielten ein Anrecht auf staatliche Leistungen.[30] Angestoßen durch den Gehörlosenaktivismus, aber auch durch die linguistische Forschung kam der reine Lautspracheunterricht in den 1970er-Jahren jedoch unter Druck. Seit den 1980er-Jahren setzten sich bilinguale Ansätze in der Gehörlosenpädagogik schrittweise durch.

Schluss

Die Gehörlosengemeinschaft indes steht auch heute vor diversen Herausforderungen. Die Gleichstellung von nicht-hörenden mit hörenden Menschen ist nicht erreicht. Trotz fachlicher und zunehmend auch rechtlicher Anerkennung der Gebärdensprache sind Gehörlose weiterhin mit vielfältigen Hürden konfrontiert und haben mit gesellschaftlichen Marginalisierungen zu kämpfen. Die Förderung ihrer Anliegen hat nicht automatisch die Anerkennung ihrer Sprache zur Folge. Dies zeigt das tertiäre Bildungsangebot für Gehörlose, das in der Schweiz ungenügend ausgebaut ist. Zudem ist die Akzeptanz der Gebärdensprache nicht gleichbedeutend mit der Anerkennung der Gehörlosen als kulturelle Minderheit. Diese wäre aber zentral, um ihre Kultur und Sprache nachhaltig zu fördern. Offen bleibt zudem, wie sich medizinische Innovationen auf die Gehörlosenkultur auswirken werden. Neue Technologien wie das Cochlea Implantat, das in den 1980er-Jahren auf den Markt kam, zielen auf die Verbesserung der Hörfähigkeit ab, sind also auf lautsprachliche Kommunikation ausgerichtet. Viele Gehörlose fühlen sich dadurch bedroht. Sie fürchten um ihre kulturelle Identität, die auf der Gebärdensprache gründet.

---

30 Vgl. HESSE et al. 2020: 74f.

Mirjam Janett ist promovierte Historikerin und arbeitet am Historischen Institut der Universität Bern. Sie forscht und lehrt zur Geschichte der Familie und der Kindheit, zur Frauen- und Geschlechtergeschichte, zum Zusammenhang von Wissenschaft und Gender.

Martin Lengwiler ist Professor für Neuere Allgemeine Geschichte an der Universität Basel. Martin Lengwiler habilitierte sich 2004 an der Universität Zürich und nahm seither mehrere Gast- und Vertretungsprofessuren ein, unter anderem an der Ecole des Hautes Etudes en Sciences Sociales (2009) und an der Universität Basel (2006-2009). Er war 2001 Fellow am Historical Research Institute, University of California, Irvine. Zudem ist er assoziiertes Mitglied der Projektgruppe Wissenschaftspolitik am Wissenschaftszentrum Berlin für Sozialforschung (WZB). 2009 wurde er an der Universität Basel auf eine Assistenzprofessur mit Tenure Track (Allgemeine Geschichte des 19. und 20. Jahrhunderts) berufen. 2012 wurde die Stelle in ein Ordinariat umgewandelt.

9. GEHÖRLOSE ÖSTERREICHER*INNEN IM NATIONALSOZIALISMUS

Von Ernst Tradinik

Ich möchte an dieser Stelle die Dokumentation bzw. Kurzfilme von Verena Krausneker und Katharina Schalber mit der Erzählerin Astrid Weidinger aus dem Jahr 2009 anführen. Einerseits, weil dies inhaltlich an diese Stelle passt. Die Greuel und Verbrechen des Nationalsozialismus gegenüber gehörlosen Menschen, gegenüber Menschen mit Behinderung liegen noch nicht so weit zurück. Und haben so natürlich auch Auswirkungen auf die späte Entwicklung von inklusiver Medienarbeit. Und andererseits, weil ich die Machart dieser Filme sehr wichtig und beachtenswert finde. Diese wurden ohne Ton gemacht. Dies erlaubt einen zusätzlichen Einblick in die Welt von gehörlosen Menschen. Und das finde ich für die inklusive Medienarbeit so besonders spannend. Wie kann Film- oder Videoarbeit von gehörlosen Menschen gestaltet sein? Wie kann diese aussehen? Ich denke, dass man sie auch nicht mit der Stummfilmzeit vergleichen kann, in der die Filme ja auch von hörenden Menschen gemacht wurden. Und die, so meinte der Stummfilmpianist Gerhard Gruber in einem der *Kinogespräche* im ältesten Kino Wiens, auch keine ›Stummfilme‹ waren, weil ja immer Musik vom Klavier bzw. Piano dabei war.

Mein erster Bildungsweg, die Lehre als Werkzeugmacher bei der Fa. Kapsch in Wien, ließ mich als 15-Jähriger in den 1980er-Jahren gehörlose Kollegen in der Werkstatt bekommen. Das war damals völlig normal für mich. Es fiel mir erst wieder ein, als ich vor 4 Jahren einen Gebärdensprachlehrgang bei Equalizent absolvierte. Equalizent ist ein Schulungs- und Beratungsinstitut für gehörlose und schwerhörende Personen und alle, die sich dafür interessieren. Dort wurde mir während einer Weihnachtsfeier erstmals klar, dass die Gestaltung eines Videos von gehörlosen Menschen anders sein muss oder ganz anders sein könnte als von hörenden Menschen. Bei dieser Feier wurde nämlich ein selbst produziertes und gestaltetes Video gezeigt. Das Video fiel durch die besondere Farbgebung und Gestaltung auf. Und eben dem Fehlen der Audiospur, bzw. fehlte diese Audiospur ja eben nicht.

Es wäre sehr interessant, wie sich Video- und Filmgestaltung von gehörlosen Menschen entwickeln würde, wenn sie konsequent einen eigenen Weg beschreiten würden und die Sozialisation durch die Filme und Videos von hörenden Menschen außer Acht lassen würden. Wie könnte und würde so ein Kinofilm gestaltet sein?

Dies ist der zweite Grund, warum ich diese Dokureihe hier anführe. Weil auf die Audioebene komplett verzichtet wurde. Das hat aber auch folgenden Grund, wie mir Verena Krausneker (Bildungsinstitut Uni Wien) per E-Mail schrieb. Man wollte keine Ablenkung oder Irritation bei hörenden Seher*innen durch die Geräusche und Laute von gehörlosen Menschen, wenn sie gebärden, schaffen. Im Jahr 2013 wurde eine Fassung für den ORF gemacht, die doch vertont wurde. An dieser Stelle möchte ich aber auf die Originale hinweisen.

Gehörlose Österreicher*innen im Nationalsozialismus
https://gehoerlos-im-ns.univie.ac.at/

Überblick Gehörlosenschulen
https://gehoerlos-im-ns.univie.ac.at//index.php?language=de&page=movie&movie=schulen

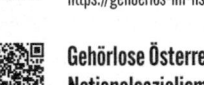
Gehörlose Österreicher*innen im Nationalsozialismus - Lager
https://gehoerlos-im-ns.univie.ac.at//index.php?language=de&page=movie&movie=lager

TEIL 3: THEORIEKONZEPTE UND ANWENDUNGEN INKLUSIVER MEDIENARBEIT

Einleitung

Von Ernst Tradinik

Es ist wohl wenig verwunderlich, wenn – und natürlich nicht nur hier – in inklusiver Medienarbeit ein besonderes Augenmerk auf ›Partizipation‹ (siehe den Beitrag von Ralf Gröber *Partizipation in inklusiver Medienarbeit* in Kap. 12) und ›Selbstbemächtigung‹ zu legen ist.
 Lukas Adler (s. Kap. 10) und Ralf Gröber haben ihre Buchbeiträge anhand eines inklusiven Medienprojekts, eine Sportreportage über Special Olympics Vöcklabruck 2018 (Redaktion ud Kamera: Patricia Doppler, Edeltraud Nussbaumer, Alexander Watzinger, Richard Schiefer, Ulrich Gogl, Jürgen Hummer, Günther Gross und Dieter Styhler – in Zusammenarbeit mit Studierenden der Sozialpädagogik auf der FH St. Pölten. Technische Beratung: Simone Zauner) geschrieben, welches sie umgesetzt und wissenschaftlich begleitet haben.
 Im Jahr 2018 wurden 3 inklusive Medienarbeiten an der FH St. Pölten umgesetzt und wissenschaftlich begleitet. Was dies für das Studium Soziale Arbeit bedeutet und welche Möglichkeiten qualitative empirische Sozialforschung bei der Erforschung von Teilbereichen der inklusiven Medienarbeit bietet, beschreibt Andrea Nagy (s. Kap. 11). In diesem Teil des Buches wollen wir zudem die Möglichkeiten von unterstützter Kommunikation in der inklusiven Medienarbeit aufzeigen. Natascha Toman, selbst Nutzerin eines Sprachcomputers und UK-Beauftragte der Gesellschaft für unterstützte Kommunikation (www.gesellschaft-uk. org), schreibt über ihre Erfahrungen als Redakteurin (s. Kap. 13). Welche Schnittpunkte es zwischen inklusiver Medienarbeit, Sozialpäda-

gogik und Logopädie gibt, beschreibt Theresa Bitriol in ihrem Beitrag (s. Kap. 13.1). In ihrer Masterarbeit beschäftigte sie sich mit folgender Forschungsfrage:

»Wie empfinden Menschen ohne Behinderung die Auseinandersetzung mit Inklusiven Medien am Beispiel eines Kurzfilms, in welchem Nutzer*innen von Unterstützter Kommunikation ihre individuellen Fähigkeiten, Kompetenzen als auch alltäglich genutzte technische Hilfsmittel in selbstbestimmter Weise präsentieren?«

Leichte Sprache kann für Menschen mit Lernbehinderung wichtig sein, um an verstehbare Informationen zu kommen. Wer kann dies besser als die Betroffenen selbst? Und wie funktioniert das? Darüber schreibt Anna Mark (s. Kap. 14). Sie ist die Leiterin der inklusiven Lehrredaktion beim ORF, dem österreichischen öffentlich-rechtlichen Rundfunk, welches von Jugend am Werk Sozial:Raum GmbH betrieben wird. Was und wie inklusive Medienarbeit mit Digitalisierung und Menschenrechten zusammenhängt, damit beschäftigt sich Lukas Adler in seinem Buchbeitrag *Inklusive Medienarbeit, Digitalisierung und Menschenrechte* in Kap. 15.

10. SELBSTBEMÄCHTIGUNG DURCH INKLUSIVE MEDIENARBEIT

Von Lukas Adler

Eine Förderung von Selbstbemächtigung durch inklusive Medienarbeit bietet potenziell Chancen auf mehreren Ebenen. Von der Erweiterung eigener Kompetenzen, Selbstwirksamkeit durch eigens erstellte Produkte, Teilhabe an Prozessen öffentlicher Kommunikation, Selbstbestimmtheit in der eigenen Darstellung (vgl. MIESENBERGER et al. 2012: 30-31), hin zur Übertragung dieser, in der inklusiven Medienarbeit erfahrenen neuen Lerninhalte, Handlungsstrategien, Gedanken und Herangehensweisen in den Alltag. Durch die Betrachtung dieser Übertragung kann die Nachhaltigkeit von Selbstbemächtigung durch inklusive Medienarbeit analysiert werden. Hierbei gilt es festzustellen, ob die Selbstbemächtigung von Teilnehmer*innen eines Projekts inklusiver Medienarbeit ein nachhaltiger, linearer Prozess oder ein punktuelles Phänomen ist. Daraus ging das dieser Arbeit zugrunde liegende Forschungsprojekt im Hochschullehrgang Sozialpädagogik an der FH St. Pölten hervor, wie ein inklusives Medienprojekt die Förderung von Selbstbemächtigung unterstützen kann.

Trauma und nicht sichtbare Menschen mit (Lern-)Behinderung

»Menschen mit geistiger Behinderung erleiden überdurchschnittlich oft Traumatisierungen. Traumatisierungen, also psychische Verletzungen, bilden eine wichtige Ursache für die Entwicklung psychischer Störungen, unter denen geistig behinderte Menschen ebenfalls drei- bis viermal so häufig leiden wie nicht behinderte Menschen« (SENCKEL 2008: 246). Traumatisierende Risikofaktoren für Menschen mit (Lern-)Behinderung bestehen in schweren medizinischen Eingriffen, Vernachlässigung, körperlicher und sexueller Gewalt, Stigmatisierung, einschränkenden Lebensbedingungen und sozialer Isolation. Solche Faktoren können spezifische Trauma-Folgeerscheinungen in Form von neurophysiologische Konsequenzen, fehlende Selbstregulierung, emotionale Verarmung, soziale Isolation und Rückzug, Flashbacks sowie Trauma-Folgeerkrankungen verursachen (vgl. SENCKEL 2008: 248-253).

»Das zentrale Merkmal der geistigen Behinderung besteht in einer Reizverarbeitungsschwäche. Das bedeutet: Geistig behinderten Menschen fällt es schwerer als nicht behinderten, aus der Umwelt oder dem eigenen Körper stammende Reize in sinnvolle Informationen umzuwandeln und angemessen auf sie zu reagieren. Sie haben also Probleme, ihre Wahrnehmungen zu organisieren und zu verstehen. Das erschwert es ihnen, Handlungen zu planen und durchzuführen, den Erfolg zu bewerten und aus Erfahrungen zu lernen, also das Verhalten bei Misserfolg abzuwandeln und durch zweckmäßigeres zu ersetzen. Daraus folgt weiterhin, dass es ihnen nur selten gelingt, differenzierte, an die Situation angepasste Bewältigungsstrategien zu entwickeln« (SENCKEL 2008: 2-3).

Daher ist eine Verarbeitung von Trauma für Menschen mit (Lern-)Behinderung aufgrund dieser Faktoren erschwert. Traumapädagogik bietet hier einen Ansatz, der Methoden zur Betreuung und Anleitung bei der Trauma-Verarbeitung anbietet (vgl. MAKRIGIANNI 2013). Hier kann die Pädagogik der Selbstbemächtigung Anwendung finden, um heilende Erfahrungen anzubieten, die traumatisierten Menschen mit (Lern-)Behinderung im Umgang mit Folgen zu unterstützen (vgl. WEISS 2016: 120), sowie gleichzeitig als ein Mittel zur Ermächtigung, Förderung von Teilhabe und Inklusion aufgrund der Parallelen zum Empowerment zu wirken (vgl. THEUNISSEN 2013: 27-32).

Menschen mit (Lern-)Behinderung werden zudem in den Medien weniger abgebildet und sind noch weniger präsent in der Gestaltung dieser Medien. In Österreich sind Menschen mit (Lern-)Behinderung in den Massenmedien stark unterrepräsentiert und in thematisch verengter Weise durch die Nutzung von Rollenbildern und Klischees dargestellt, oft zur Generierung von Emotionen wie Bewunderung oder Mitleid. Eine Darstellung wird auf die Inszenierung von (Lern-)Behinderung reduziert, begegnen Barrieren in Teilhabe und Nutzung der Medien und werden einem Wohltätigkeitsgedanken dienend porträtiert. Zudem ist ein Gender-Gap erkennbar, da weibliche Menschen mit (Lern-)Behinderung deutlich seltener dargestellt werden, während gleichzeitige Migrationserfahrung noch weniger repräsentiert ist. Weiter liegen Unterschiede zwischen Fremd- und Selbstdarstellung vor (vgl. PERNEGGER 2017: 87-90).

Eine marginalisierende und in ihrer Art exkludierende Darstellung in den Medien steht einer Inklusion entgegen, was die Strategie nahelegt, Menschen mit (Lern-)Behinderung Gelegenheiten, Kompetenzen und Erfahrungen nahezubringen, um selbst die Art und Weise der Berichterstattung in den Medien zu gestalten (vgl. ZACH 2009: 80). Entgegen dieser Unterrepräsentation und einseitigen Berichterstattung, sind jedoch nicht ausgeschöpfte Ressourcen zur medialen Verwirklichung in Menschen mit (Lern-)Behinderung vorhanden, was die Selbstbemächtigung urbar machen kann. Geeignet dazu ist die Methodik der inklusiven Medienarbeit zur eigenen Gestaltung und Umsetzung von Inhalten, die selbst in die Öffentlichkeit getragen werden können (vgl. KLIMSA 2007: 141-142).

Die Ausgangslage zur in diesem Beitrag behandelten Problemstellung bildet sich aus einer Verknüpfung dieser beiden Unterrepräsentationen von Menschen mit (Lern-)Behinderung. Einerseits die fehlende Beschäftigung mit Traumatisierung, andererseits die fehlende oder nicht der Realität entsprechende Mediendarstellung von Menschen mit (Lern-)Behinderung, der durch inklusive Medienarbeit begegnet werden soll, wodurch sich wechselseitige Synergien durch die Förderung von Selbstbemächtigung durch die inklusive Medienarbeit ergeben. Fokus dieses Beitrags soll es also sein, wie die Selbstbemächtigung von Teilnehmer*innen eines Projekts inklusiver Medienarbeit gefördert werden kann und wie nachhaltig diese Selbstbemächtigung in der Übertragung auf das reguläre oder alltägliche Leben der Teilnehmer*innen wirkt.

Selbstbemächtigung

Die Voraussetzung für eine gelungene Lebensgestaltung ist Selbstbemächtigung (vgl. WEISS 2016: 120-121). Sie wird zum Forschungsinteresse aufgrund der Auseinandersetzung im Projekt mit Menschen mit (Lern-) Behinderung, deren Teilhabe und Inklusion aktiv im Vordergrund des Projektziels stand. Selbstbemächtigung oder die pädagogische Unterstützung der Selbstbemächtigung wird dabei durch einen traumapädagogischen Zugang geprägt, wonach »Erfahrungen von positivem Selbstwert, Kompetenz und Selbstwirksamkeit [...] den Genesungsprozess [...] positiv beeinflussen können« (WEISS 2016: 120). In Bezug auf Menschen mit (Lern-) Behinderung ist nicht nur oder vorrangig von einem Genesungsprozess zu sprechen, sondern vielmehr von einem Prozess der Selbstbemächtigung zur Förderung sozialer Teilhabe und Inklusion (vgl. GAHLEITNER/ ROTHDEUTSCH-GRANZER 2016: 143-146). Konkret wird in der Pädagogik der Selbstbemächtigung nach Weiß in drei Dimensionen die Förderung von Selbstverstehen, Selbstwahrnehmung und Selbstregulation betrachtet, wodurch in Folge Selbstwirksamkeit, Lebensperspektiven, Transparenz und Partizipation, Gemeinschaftsgefühl und Bildungschancen entstehen können (vgl. WEISS 2016: 120-139).

Inklusive Medienarbeit als Mittel zur Selbstbemächtigung

Die inklusive Medienarbeit bietet die Umsetzung von medialen Projekten mit, durch und von Menschen mit Beeinträchtigung. Dadurch kann Inklusion gefördert werden und es entsteht dadurch ein Mehrwert aus positiven Auswirkungen auf Menschen mit (Lern-)Behinderung, sowie in weiterer Folge auf deren Umfeld, Menschen in betreuender Tätigkeit, sowie Strukturen in Vereinen und Gesellschaft (vgl. TRADINIK 2015: 65-71). In der inklusiven Medienarbeit sollen alle Menschen »für sie befriedigend – teilnehmen können, egal ob sie im Rollstuhl sitzen, egal ob sie gut Deutsch sprechen oder lesen können oder vielleicht auch keine Unterstützung benötigen« (KETZER/BÖHMIG 2012: 1).

Defizite wie Unverständlichkeit, Wiederholungen und Ausdruck müssen nicht maskiert werden, sondern dürfen sein, da Menschen mit

(Lern-)Behinderung sich darstellen können, wie sie sind und wie sie möchten. Inklusive Medienarbeit und die daraus entstehenden Projekte bieten zudem das gemeinsame Erleben in einer Gruppe. Hier kann Inklusion vorangetrieben werden durch den Abbau sprachlicher Grenzen, Unterstützung durch Technologien für Nutzer*innen und Öffentlichkeitsarbeit. Dabei beschränkt sich die inklusive Medienarbeit nicht nur auf audiovisuelle Medien wie Film oder Radio, sondern bietet Chancen für Menschen mit (Lern-)Behinderung sich in Soziale Netzwerke, Gaming Communitys oder E-Sport zu inkludieren (vgl. WERNIG 2015). Die Chancen der inklusiven Medienarbeit bestehen also darin, die Öffentlichkeit zu erreichen und dabei durch die selbstgewählte Präsentation Vorannahmen zu korrigieren, Persönlichkeitsentwicklung durch Selbst-, Grenz- und Ausdruckserfahrungen zu ermöglichen, sowie Kompetenzerwerb zu fördern, um an der Medienwelt teilzuhaben, oder sogar im ersten und zweiten Arbeitsmarkt mit Medien arbeiten zu können (vgl. SCHÖN 2018).

Projektbeschreibung ›Special Olympics 2018 Vöcklabruck‹

Das Projekt beschäftigt sich mit der Konzeption, Durchführung und Beforschung inklusiver Medienarbeit im Zusammenhang mit der Veranstaltung der nationalen Sommer Special Olympics 2018 in Vöcklabruck. Konzipiert wurde eine filmische Berichterstattung, deren Spezifikation als Projekt inklusiver Medienarbeit daraus ergeht, dass Menschen mit (Lern-)Behinderung die Filmarbeiten durchführen und in der Vorbereitung und Gestaltung als Entscheidungsträger*innen wirken. Die Sommer Spiele wurden veranstaltet mit dem Ziel, »durch diese Veranstaltung, die Inklusion von Menschen mit intellektuellen Behinderungen in unserer Gesellschaft zu unterstützen, zu fördern und das nachhaltig über die Spiele hinaus« (VEREIN BRÜCKEN BAUEN 2018). Nach einer Ausschreibung des Projektvorhabens in einer Werkstätte haben sich acht Menschen mit (Lern-)Behinderung und zwei Betreuer*innen bereit erklärt, an der Gestaltung des Projekts mitzuwirken. In mehreren Terminen zur Vorbereitung konnten die Teilnehmer*innen die Ausgestaltung des Projekts und dessen Zeitablauf definieren, sowie durch einen Workshop den Umgang mit Equipment erlernen und ausprobieren. Während des Projekts konnten die Teilnehmer*innen selbstbestimmt unter Anleitung und Angebot von Hilfestellung alle Film- und Interviewarbeiten selbst durchführen.

ABBILDUNG 26
Dreharbeiten bei den Special Olympics 2018

Foto: Lukas Adler

Forschungsdesign

In der Auswahl der Instrumente wurde zur Arbeit mit kleinerer Fallzahl und aufgrund des vermuteten Raums zur Entdeckung von weiteren Phänomenen und Kausalitäten auf Methoden der qualitativen Forschung gesetzt (vgl. BRÜSEMEISTER 2008: 19-33). Der Charakter gestaltet sich explorativ – sowohl in der ausgewählten Methodik zur Datenerhebung, im behandelten Gegenstand, sowie der Dauer der Forschung (vgl. FLICK 2009: 24-27).

Im Sinne der Partizipation der Teilnehmer*innen im gesamten Projektverlauf, der vermuteten größeren Repräsentativität der eigenen

Wirklichkeiten gegenüber von Beobachtungen dritter, sowie der Pädagogik der Selbstbemächtigung als Forschungsthematik, wurden teilstandardisierte Interviews mit Teilnehmer*innen des Projekts gewählt (vgl. GOLDENSTEIN et al. 2018: 95, BAUR/BLASIUS 2014: 54-55).

Zur Datenauswertung wurde die Inhaltsanalyse nach Mayring verwendet (vgl. MAYRING 2015: 54-55). Als Richtung der Analyse gilt es interpretierbare Inhalte zu den Leitbegriffen ›Selbstbemächtigung‹ und ›Nachhaltigkeit‹ zu finden, sowie Aussagen zu lokalisieren, die beide Phänomene miteinander in Verbindung stellen (vgl. MAYRING/FENZL 2014: 544-547).

Interpretation der Ergebnisse

Für die Ergebnisbesprechung sollen Kernaussagen aus den Interviews vorgestellt werden, die Aspekte von Selbstbemächtigung in inklusiver Medienarbeit präsentieren. Das mitgeteilte Verständnis von Selbstbemächtigung konnte generalisiert werden auf fünf Aussagen: (1) Interessen sammeln und schaffen, (2) selbstbestimmte Verfolgung eines Zieles, (3) auf eine Arbeitslast einlassen, (4) eine Gemeinschaft betreffen und (5) als Entscheidungen zu treffen, die wirksam sind. Anhand dieser Wahrnehmung der Begrifflichkeit wird die im Projekt erlebte Selbstbemächtigung nach Erläuterung und Heranführen im Interview von allen drei Teilnehmer*innen positiv bewertet, sowie als »große Voraussetzung« für das Gelingen des Projekts beschrieben.

So wurde eine Unterstützung im Erleben positiver Erfahrungen durch inklusive Medienprojekte herausgebildet aus positiv formulierten Bewertungen, Sichtweisen, besonderen Erlebnissen und Erfahrungsberichten der Teilnehmer*innen. Durch positive Neuinterpretation der eigenen Fähigkeiten kann Selbstbemächtigung entstehen, da korrigierende Selbsterfahrung erlebt werden. Dabei findet ein Hinweis auf die damit verbundenen Herausforderungen statt, die durch Gruppenprozesse und Begleitung selbst überwunden werden konnten. Weitere positive Erfahrungen wurden im Erwerb neuer Kompetenzen beschrieben, wie dem Umgang mit Kamera- und Tonequipment oder der Moderation mit dem Mikrofon. Ebenfalls wird die Ausgabe von Pressepaketen, die etwa ein T-Shirt mit der Aufschrift ›Volontär*in‹ und aufgedruckten Logos von Sponsoren sowie personalisierte Presseausweise beinhalten, genannt. Durch die hervorgehobene Rolle als offizielle Pressevertretung am Großevent Special Olympics wurde die positive Wahrnehmung einer Gruppenidentität, sowie das Gefühl, Teil einer ›wichtigen‹ Aufgaben zu sein, beschrieben. Bei den Teilnehmer*innen wurde eine Förderung von Selbstausdruck beobachtbar, da zu Beginn die Schwierigkeit bestand, fremden Menschen Fragen zu stellen, die im Projektverlauf geringer werden konnte, nachdem Teilnehmer*innen zunehmend selbstständiger aktiv auf Interviewpartner*innen zugingen. Weiter wurden das jeweilige individuelle Potenzial und die Kompetenz bestätigt, etwas während der Teilnahme und Durchführung des Projekts umsetzen zu können, »ein Thema, das wir schon lange haben wollten«. Dies ist ebenfalls Ausdruck eines »Wunsch[s], dass wir so etwas [...] einmal machen dürfen«. Somit bietet das Projekt Chancen und Wirkungsmöglichkeiten zur Äußerung eigener Bedürfnisse und deren Umsetzung. Hier leitet sich eine Förderung von selbstbestimmtem Leben als Wirkungsmöglichkeit inklusiver Medienarbeit ab, da die Teilnehmer*innen daran interessiert sind, erneut an einem Projekt inklusiver Medienarbeit teilzunehmen, oder diese in Zukunft selbstständig zu betreiben. Während die Idee, »so ein Projekt auch [...] gemeinsam öfter« zu machen geäußert wird, war eine Erfüllung persönlicher Selbstbestimmung gegeben, da im Projekt die Erfüllung eines Wunsches einmal Medienarbeit betreiben zu können, realisiert wurde. Darüber hinaus richten die Teilnehmer*innen unisono einen Appell zur Fortsetzung gemeinsamer Medienprojekte an die Projektpartner*innen.

Die Vergrößerung der individuellen Selbstbemächtigung durch das Erlernen neuer Fähigkeiten ergeben sich aus den im Projekt erlernten Fähigkeiten, den kommunikativen Kompetenzen, die gewonnen werden konnten, sowie der Bewertung der Teilnehmer*innen über ihren eigenen Kompetenzerwerb. Die gewählte didaktische Methode zur Kompetenzvermittlung in Form eines Workshops und anschließender Begleitung selbstständiger Tätigkeit wird in den Schilderungen des individuellen persönlichen Lernerfolgs der Teilnehmer*innen bestätigt. Eine Selbstbemächtigung durch die Förderung von kommunikativen Fähigkeiten konnte durch die Arbeit, sich in Interviews mit Menschen in Interaktion zu begeben, gefördert werden, wobei hier das positive Feedback der interviewten Personen als Grund für die Bewertung der Erfahrungen im Projekt genannt wird.

Im Medienprojekt wird die Möglichkeit, Selbstwirksamkeit zu erleben, angedeutet in der positiven Bewertung der eigenen Leistung, da der erfolgreiche Übertrag auf eine Rolle in der Arbeitsstätte auf Erfahrungen aus dem Projekt zurückgeführt wird. Die korrigierende Erfahrung folgt daraus, dass die Teilnehmer*in »jetzt weiß, dass ich eigentlich viel mehr kann, als ob ich mir zugetraut hätte«. Hier stellt das Erleben der eigenen Selbstwirksamkeit ein Gegenmodel zu den eigenen hemmenden Glaubenssätzen dar, indem positive Realitäten negativ besetzte Gedanken-Konstrukte infrage stellen. Im Vergleich dazu wird die Förderung von Selbstwirksamkeit in Interview 2 von der Teilnahme und Durchführung des Projekts an sich abgeleitet. Hier wurde durch inklusive Medienarbeit eine Reihe von Wünschen und Bedürfnissen durch die Erfahrung von Teilhabe bedingt. Eine Teilnehmer*in gibt an, dass sie »einmal beim Café Puls eine Sendung moderieren« konnte und dabei positive Vorerfahrungen gewonnen hat, was den Ausschlag für den Wunsch zur Wiederholung gab.

In den Interviews kann eine Förderung des (kognitiven) Selbstverstehens durch neue Erfahrungen eigener Kommunikations- und Interaktionsmuster verortet werden, welche durch das bestärkende Feedback durch unbekannte Personen und Peers genährt und verstärkt werden. Anknüpfend wurde von einer Selbsterfahrung der eigenen Rolle, der eigenen Grenzen und Persönlichkeitsmerkmale und Handlungsweisen berichtet, die in der Reflexion des Projektprozesses durch die Teilnehmer*innen identifiziert werden konnten. Eigene Grenzen konnten kennengelernt werden, da sich Teilnehmer*innen auf die Frage der Übertragbarkeit der Erfahrungen aus der Teilnahme am Projekt dazu äußerten, dies »nur mit [...] Unterstützung« leisten zu können. Vergleichbar dazu äußert eine Teilnehmer*in ähnliche Gedanken zur Wahrnehmung eigener Grenzen darin, dass »auch wenn ich das jetzt gelernt habe durch das Projekt, [...] glaube ich, ich würde die Kamera doch eher [...] zu Schrott machen [...] von daher glaube ich, dass es geschickter wäre, wenn jemand zweiter dabei ist«. Dies legt nahe, dass Selbstbemächtigung im inklusiven Medienprojekt Gruppenprozesse zugrunde liegen, durch die erfahrene Grenzen überwunden werden können.

Durch ein Kennenlernen eigener Fähigkeiten und Bedürfnisse geht hervor, dass inklusive Medienarbeit im Sinne der Selbstbemächtigung das Erleben von korrigierenden Erfahrungen ermöglicht. Dies wird beschrieben durch die den eigenen Fähigkeiten negativ gegenüber gerichteten Vorabannahmen, in denen Teilnehmer*innen dachten, »[...] dass das weit zu komplizierter wird« und »dass ich da genauso so tollpatschig bin wie in anderen Sachen [...] [,] weil ich bin nämliche jemand, der es jedes Mal wieder schafft, dass ich [...] überall ein Chaos hinein bringe bei allen Sachen«. Im Projekt konnten diese Annahmen korrigiert werden, da es in Rückbetrachtung dann »eigentlich gar nicht so gelaufen [ist], wie ich mir das im Vorhinein gedacht hatte«, worüber »ich glücklich gewesen bin, dass ich das geschafft habe«. Dadurch konnten Teilnehmer*innen des Projekts zur Erkenntnis gelangen, dass »ich jetzt weiß, dass ich eigentlich viel mehr kann, als ich mir zugetraut hätte«.

Die Bildung inklusiver Arbeitsgruppen wird mit in der Gruppe geförderten Aspekten von Selbstbemächtigung beschrieben, wobei die Prozesse zwischen den Gruppenmitgliedern Voraussetzungen für den Erfolg des gemeinsamen Projekts darstellen, da in der Interaktion Kompetenzen, persönliche Bande und ein Gefühl von Zugehörigkeit geschaffen wurden. Weiter zeigt sich der erfolgreiche und gleichberechtigte Gruppenprozess in der Vernetzung zwischen den Teilnehmer*innen, der Organisation, sowie der Projektgruppe. Zuletzt wurde eine Förderung von Selbstbemächtigung durch die gemeinsame Arbeit während des Projekts in den Interviews beschrieben, indem die Gewährleistung von Anleitung und Unterstützung der Projektgruppe für die Teilnehmer*innen als Voraussetzung für das Gelingen des hier beforschten Projekts, sowie der Realisation zukünftiger Projekte genannt wird. Diese Voraussetzung wird dadurch erklärt, dass ein Freund, ein Betreuer, Eltern oder ein Filmteam benötigt werden, denn allein hätten sich die Teilnehmer*innen das Projekt nicht zugetraut.

Eine Förderung von Partizipation durch Teilnahme an einem inklusiven Medienprojekt geht daraus hervor, dass ein empfundener Zuwachs von Partizipation im Leben der Teilnehmer*innen nach dem Projekt beschrieben wird. Identifiziert wird Partizipation durch Erfahrungen im Projekt, sowie einer Schaffung von einem Bedürfnis nach Partizipation, dem klare Überlegungen über hemmende Faktoren durch außerhalb des Projekts nicht zur Verfügung stehende Ressourcen gegenübergestellt werden. Eine bereits gelebte Partizipation wird dadurch beschrieben, dass Teilnehmer*innen die Erfahrungen in der Moderation von Interviews in die Funktion einer Haussprecher*in einer Werkstätte übertragen konnten, sodass etwa Begrüßungsworte bei Hoffesten gesprochen werden. Dem gegenüber wird ein Wunsch nach eigener Betätigung in der inklusiven Medienarbeit geäußert, da während der Projektteilnahme das Bedürfnis nach Partizipation in der Medienarbeit erwachsen konnte. Auf die Frage, ob die gewünschte Partizipation als Übertrag der Erfahrungen aus dem Projekt zu realisieren ist, werden jedoch hinderliche Faktoren genannt. Diese bestehen in der Einschränkung durch eine Verwaltung des eigenen Vermögens, geringer Mobilität, sowie dem Fehlen von Equipment zur Ausleihe.

Hinsichtlich Nachhaltigkeit konnten Aussagen markiert werden, die an bleibende Eindrücke im Projekt knüpfen. Über die Projektzeit entstanden darüber hinauswirkende Bedürfnisse, Medienarbeit weiterhin zu betreiben, die eine fortlaufende positive Gefühlswahrnehmung der Erfahrungen während des Projekts ausdrücken und eine positive Bewertung der Selbstbemächtigung im Projekt nahelegen. Dabei werden erfolgreiches Teambuilding, Kompetenzerwerb mit Bedeutung für die eigenen Interessen und Arbeit an selbstgewählten Themen genannt, die Nachhaltigkeit an die gemeinsam geleistete Arbeit und die dabei erlernten Fähigkeiten und Erfahrungen koppelt. Diese Gefühle werden im Gespräch über die Nachhaltigkeit der Selbstbemächtigung im Projekt, auf die Frage nach dem was für einzelne Teilnehmer*innen vom Projekt geblieben ist und eine Rolle im eigenen Leben spielt, beschrieben mit der »Freude daran, dass ich das [...] machen konnte«. Weiter kann Nachhaltigkeit darin verortet werden, dass bleibende Fähigkeiten entwickelt werden konnten, die dabei behilflich sind, ein Bedürfnis zu stillen, auch in Zukunft Medien gestalten zu können.

Es werden Formen der Selbstregulierung von Teilnehmer*innen genannt, worin der Umgang mit eigenen Gefühlsempfindungen und

Handlungsmustern beschrieben wird. Zum Beispiel wird ein innerer Tatendrang oder Antrieb beschrieben, jemand zu sein, der »nichts zusammenkommen [lässt] und [...] einen wandelnden Kreis in mir drinnen« hat. Da eine Förderung der Selbstregulation im Projekt erfahren werden konnte, »gefällt [es] mir einfach, [...] dass ich mit dem umgehen kann [...]«. Dieser Erfolg der Selbstregulation konnte in einer neuen unbekannten Situation während einer Großveranstaltung mit einer Vielzahl von Eindrücken, Anforderungen erfahren werden.

Fazit

Teilnehmer*innen konnten negativ wertende Selbstbilder durch Erfahrungen im Projekt korrigieren, um so mithilfe des neu gewonnenen Selbstvertrauens die Basis einer Übertragung in den Alltag zu schaffen. Auch wurde der Wunsch nach weiterer Beschäftigung in der Arbeit mit Medien festgestellt. Die Selbstbemächtigung wirkte hier nach. Leider stößt der Wunsch derzeit noch auf strukturelle und materielle Grenzen für Menschen mit (Lern-)Behinderung. Hier trifft die Übertragung durch die vermittelten Fähigkeiten und Erfahrungen der Teilnehmer*innen mit hemmenden Faktoren aus deren Alltag oder Lebenswelt aufeinander. Als Grenzen für den Übertrag von Selbstbemächtigung wurden die Restriktionen über die eigene Entscheidungsgewalt sowie die fehlenden materiellen und finanziellen Ressourcen bei der Befragung nach der Umsetzung des inklusiven Medienprojektes ›Special Olympics 2018‹ genannt. Für eine konkrete Umsetzung konnten ebenfalls Beispiele angegeben werden, wie die Übertragung in der Kommunikation mit Interviewpartner*innen auf die eigene Rolle als Haussprecher*in, wobei ein Übertrag in Vorbereitung, Erleichterung des Sprechens vor Publikum und Durchführung von Moderation passieren konnte. Daher kann Selbstbemächtigung, die im Projekt erfahren wurde, durch die Nutzung der erlernten Kompetenzen und korrigierenden Selbsterfahrungen auf den Alltag übertragen werden, solange dafür ein förderliches Setting geschaffen werden kann, da Menschen mit (Lern-)Behinderung strukturellen und finanziellen Einschränkungen unterworfen sind.

Der pädagogischen Unterstützung konnte eine bedeutsame Rolle zugewiesen werden, da die Zusammenarbeit zwischen Projektgruppe und Teilnehmer*innen durchgehend positiv in den Interviews beschrieben, jedoch auch gleichzeitig als notwendiger Faktor beschrieben wird. Für die Teilnehmer*innen sind die Gestaltung des Projekts, die Hilfestellung zur erfolgreichen Bewältigung der neuen Herausforderung, die Fachkenntnis der Projektgruppe, Bereitstellung der Ressourcen zur Medienarbeit, Vernetzung zwischen allen Stakeholdern und die Schaffung einer inklusiven Arbeitsgruppe durch die Bildung von persönlichen Bindungen zur Erreichung des Gruppenziels bedeutend. Darüber hinaus werden die Initiation und Anleitung des Projekts durch die Projektgruppe als Voraussetzung für die Durchführung des Projekts festgestellt. Somit zeigt sich die Rolle der sozialpädagogischen Unterstützung für die Teilnehmer*innen als gestaltende Kraft, die durch Schaffung von produktiven Rahmenbedingungen und Anleitung eine selbstbestimmte Teilhabe am Projekt ermöglicht, aus der eine Selbstbemächtigung der Teilnehmer*innen entstehen kann.

Es zeigt sich, dass Selbstbemächtigung, aus dem Blickwinkel prozessualer Austauschdynamiken innerhalb der Gruppendynamik, unterstützt wird. Dies ist zurückzuführen auf die Wirkung von persönlichen Banden zwischen der Projektgruppe und den Teilnehmer*innen, sowie einer engen Vernetzung aller Stakeholder, was eine positive Zusammenarbeit während der Durchführung des Projekts förderte. Ebenfalls fällt hier auf, dass die Fachkenntnisse der Projektgruppe positiv bewertet wurden, wodurch gewährleistet werden konnte, dass die Voraussetzung einer adäquaten Anleitung, Begleitung und Unterstützung der Teilnehmer*innen ausreichend erfüllt wurde, um ein Gelingen der Projektideen und persönliche Erfolge zu begleiten. Selbstbemächtigung durch inklusive Medienarbeit schafft in einem Gruppenprozess die Umsetzung von Partizipation, da innerhalb der Gruppe Mittel und Expertise bereitgestellt und ausgetauscht werden können, durch die Kompetenzen zur eigenen Betätigung in der Medienarbeit gewonnen werden können. Dadurch kann ein Zugang zur Medienarbeit niederschwellig werden, wenn Erfahrungswerte in die Gruppe durch Professionist*innen oder Peers einfließen. Abschließend wird durch die Begleitung und Unterstützung der Arbeit im sicheren

Ort einer Gruppe, eine Bewältigung von Herausforderungen zur Selbsterfahrung möglich.

Nachhaltigkeit wird anhand positiv beschriebener Erfahrungen und Erinnerungen an das Gelingen des Projekts als ein Erfolgserlebnis, gewonnene Fertigkeiten mit Aufnahmemedien und ein aus dem Projekt erwachsenes Interesse an einer weiteren Betätigung in der Medienarbeit bewertet. Da Selbstbemächtigung auf Erkenntnissen aus der Traumapädagogik beruht, in der die eigene Expert*innenschaft der Menschen für ihre Realität als vorrangig betrachtet wird, sollen diese Ausdrücke gewichtet werden. Bei einer Analyse in der aus dritter Perspektive betrachtet wird, können folgende potenzielle Faktoren über die Nachhaltigkeit von Selbstbemächtigung herangezogen werden. Die Selbstwirksamkeit durch das Projekt entsteht durch selbst anerkannte Leistungen, Befriedigung von Bedürfnissen und Erleben von Selbstwirksamkeit steigernden Erfahrungen. Selbstwirksamkeit begünstigende Fähigkeiten der Kommunikation, die während des Projekts weiterentwickelt und ausprobiert werden und nach dem Projekt weiter genutzt werden, Medienkompetenzen, der Kompetenzerwerb in der Kommunikation und verschiedene Selbsterfahrungen im Projekt sind in allen drei Interviews in den verschiedensten Kategorien beschrieben worden. Soziale Beziehungen wie Zugehörigkeitsgefühl und Freundschaften konnten innerhalb der Gruppenprozesse aus dem Projekt entstehen. Diese wurden in der Auswertung als maßgeblich für den Erfolg des Projektes gedeutet. Ebenfalls konnte Veränderung im Umfeld (Verein, Arbeitsstätte) nach dem Projekt identifiziert werden durch mehr Teilhabe, Selbstverstehen, Selbstbestimmung und Selbstausdruck. Obwohl Indikatoren für Nachhaltigkeit erkennbar sind, liegt eine Beobachtung dieser Faktoren über einen größeren Zeitraum nahe, indem die interviewten Teilnehmer*innen mehrfach über ein Andauern ihrer erlebten Selbstbemächtigung zu befragen sind. Somit ist die Frage der Bewertung von Nachhaltigkeit damit zu beantworten, dass die Selbstbemächtigung durch die Teilnahme an einem Projekt inklusiver Medienarbeit nicht eine punktuelle Erfahrung ist, sondern zum Zeitpunkt der Befragung einen linearen Prozess darstellt.

Was inklusive Medienarbeit leisten kann und wie nachhaltig diese ist, kann abschließend mit einer Förderung von Selbstbemächtigung für Teilnehmer*innen am durchgeführten Projekt beantwortet werden, die fortlaufend über das Ende des Projekts hinauswirkt. Zur Leitfrage, wie inklusive Medienarbeit die Selbstbemächtigung von Teilnehmer*innen fördern kann, lautet die Schlussbetrachtung, dass ein Projekt inklusiver Medienarbeit die Selbstbemächtigung von Teilnehmer*innen durch fachliche Anleitung, Begleitung und Unterstützung fördert, indem Partizipation gelebt wird, positive Erfahrungen gestaltet wird, neue Kompetenzen erworben werden, inklusive Gruppenprozesse stattfinden und Erfahrungen in Selbstausdruck, Selbstwirksamkeit, Selbstverstehen und Selbstregulation gemacht werden können.

Der Autor Lukas Adler arbeitet als Sozialpädagoge in einem Kinderdorf in Österreich, als nebenberuflicher Lektor an der FH St. Pölten und in Workshops inklusiver Medienarbeit, Grundberuf als Tourismuskaufmann in Fachrichtung Medieninformatik sowie Studium der Sozialpädagogik und Sozialen Arbeit, Traumapädagogik und traumazentrierten Fachberatung.

Literatur

BAUR, NINA; BLASIUS, JÖRG: Methoden der empirischen Sozialforschung. In: BAUR, NINA; BLASIUS, JÖRG (Hrsg.): *Handbuch Methoden der empirischen Sozialforschung*. Heidelberg [Springer Verlag] 2014, S. 41-64

BRÜSEMEISTER, THOMAS: *Qualitative Forschung. Ein Überblick*. 2. überarbeitete Auflage. Wiesbaden [vs Verlag für Sozialwissenschaften] 2008

FLICK, UWE: *Sozialforschung. Methoden und Anwendungen. Ein Überblick für die BA-Studiengänge*. Reinbek b. Hamburg [Rowohlt] 2009

GAHLEITNER, SILKE BRIGITTA; ROTHDEUTSCH-GRANZER, CHRISTINA: Traumatherapie, Traumaberatung und Traumapädagogik. Ein Überblick über aktuelle Unterstützungsformen zur Bewältigung traumatischer Erfahrungen. In: *Psychotherapie Forum 21*. Wien [Springer Verlag] 2016, S. 142-148

GOLDENSTEIN, JAN; HUNOLDT, MICHAEL; WALGENBACH, PETER: *Wissenschaftliche(s) Arbeiten in den Wirtschaftswissenschaften. Themenfindung – Recherche – Konzeption – Methodik – Argumentation.* Wiesbaden [Springer Gabler] 2018

KETZER, CHRISTINE; BÖHMIG, SUSANNE: Medienkompetent teilhaben! Das Modellprojekt zur Etablierung einer inklusiven Medienpädagogik in NRW. In: *Ludwigsburger Beiträge zur Medienpädagogik*, 15/2012

KLIMSA, ANJA: *Prävention und Medienpädagogik. Entwicklung eines Modells der medienpädagogischen Präventionsarbeit.* Göttingen [Cuvillier Verlag] 2007

MAKRIGIANNI, ELENI: *Traumatisierte Menschen mit geistiger Behinderung. Wie kann Traumapädagogik in der Praxis gestaltet werden?* Bachelor-Thesis. Hamburg [Hochschule für Angewandte Wissenschaften Hamburg. Fakultät Wirtschaft und Soziales. Department Soziale Arbeit] 2013

MAYRING, PHILIPP: *Qualitative Inhaltsanalyse. Grundlagen und Techniken.* Weinhein [Beltz Verlag] 2015

MAYRING, PHILIPP; FENZL, THOMAS: Qualitative Inhaltsanalyse. In: BAUR, NINNA; BLASIUS, JÖRG (Hrsg.): *Handbuch Methoden der empirischen Sozialforschung.* Springer Verlag, Heidelberg 2014, S. 543-558

MIESENBERGER, KLAUS; BÜHLER, CHRISTIAN; NIESYTO, HORST; SCHLUCHTER, JAN-RENE; BOSSE, INGO: Sieben Fragen zur inklusiven Medienbildung. In: BOSSE, INGO (Hrsg.): *Medienbildung im Zeitalter der Inklusion.* Düsseldorf [Landesanstalt für Medien Nordrhein-Wesfalen (LfM)] 2012, S. 27-57

PERNEGGER, MARIA: *Menschen mit Behinderung in Österreichischen Massenmedien.* Jahresstudie 2015/16. Media Affairs. Losenstein 2017

RÖSTER, KATHARINA: *Mitbestimmung von Menschen mit Lernschwierigkeiten in den Bereichen Wohnen, Alltag und Freizeit in einem Wohnhaus für Menschen mit Lernschwierigkeiten.* Wien [Diplomarbeit, Universität Wien. Fakultät für Philosophie und Bildungswissenschaft] 2011

SCHNELL, MARTIN W.; SCHULZ, CHRISTIAN; KOLBE, HARALD; DUNGER, CHRISTINE: *Der Patient am Lebensende. Eine Qualitative Inhaltsanalyse.* Wiesbaden [vs Verlag für Sozialwissenschaften] 2013

SCHÖN, SABRINA: *Medienarbeit und Inklusion – was Ernst Tradinik mit Menschen und Medien macht.* 2018. URL: https://www.medienpaedagogikpraxis.de/2018/03/27/medienarbeit-und-inklusion-was-macht-eigentlich/ [27.11.2018]

SCHUSTER, NICOLE; SCHUSTER, UTE: *Vielfalt leben – Inklusion von Menschen mit Autismus-Spektrum-Störungen. Mit praktischen Ratschlägen zur Umsetzung in Kita, Schule, Ausbildung, Beruf und Freizeit.* Stuttgart [W. Kohlhammer Verlag] 2013

SENCKEL, BARBARA: Wunden, die die Zeit nicht heilt – Trauma und geistige Behinderung. In: *Geistige Behinderung.* Ausgabe 47/3, 2008, S. 246-256

THEUNISSEN, GEORG: *Empowerment und Inklusion behinderter Menschen. Eine Einführung in Heilpädagogik und Soziale Arbeit.* Freiburg i. Breisgau [Lambertus Verlag] 2013

TRADINIK, ERNST: Menschen & Medien. Ein Erfahrungsbericht. In: *merz. Zeitschrift für Medienpädagogik.* 3/2015. 59. Jahrgang. München [Kopaed Verlag] 2015, S. 65-71

VEREIN »BRÜCKEN BAUEN«: *Projektbeschreibung.* 2018. URL: http://www.brueckenbauen2018.at/ueber-uns/verein/ [12.6.2018]

WEISS, WILMA: *Philipp sucht sein ich. Zum pädagogischen Umgang mit Traumata in den Erziehungshilfen.* 8. Auflage. Weinheim, Basel [Beltz Juventa] 2016

WERNIG, CAROLA: *Endlich da! Methoden für die Inklusive Medienarbeit.* 2015. URL: https://www.inklusive-medienarbeit.de/endlich-da-und-bestellbar-methoden-fuer-die-inklusive-medienarbeit/ [27.11.2018]

ZACH, BARBARA: *Rolle und Bedeutung der Medien für Menschen mit Behinderung.* Diplomarbeit. Wien [Universität Wien. Fakultät für Sozialwissenschaften] 2009

11. INKLUSIVE MEDIENARBEIT IM STUDIUM SOZIALE ARBEIT

Von Andrea Nagy

In der Ausbildung Sozialer Arbeit kann inklusive Medienarbeit als Forschungsfeld zum Einsatz kommen und dadurch kann ein positiver Beitrag zur Veränderung von Ungleichheitsverhältnissen geleistet werden. Inklusive Medienarbeit zielt ja auf ›Inklusion‹, also auf die Herbeiführung eines gesellschaftlichen Wandels, der Menschen mit Lernbehinderung und Menschen mit psychischer Beeinträchtigung/ Erkrankung[31] ›gleiche‹ Teilhabechancen eröffnet, bzw. ein größeres Maß an Selbstbestimmung und Partizipation an Medien als einem öffentlichen ›Gut‹ ermöglicht. Partizipativ angelegte Forschungsprojekte im Studium Sozialer Arbeit können dazu beitragen. Im folgenden Kapitel wird anhand eines Beispiels gezeigt, wie inklusive Medienarbeit im Studium Sozialer Arbeit eingesetzt werden kann.

---

31 Die verwendeten Begriffe orientieren sich an Therese Neuer-Miebachs Handbuch-Artikel zur Behindertenhilfe, in dem dargelegt wird, dass in Deutschland »nach wie vor unterschieden (wird) zwischen körperlich, geistig, sprach-, lern- und verhaltensbehinderten sowie zwischen blinden/sehbehinderten und gehörlosen/schwerhörigen Menschen; gelegentlich werden chronisch Kranke hinzugezählt« (NEUER-MIEBACH 2017: 167). Die inklusive Medienarbeit kann potenziell allen Menschen mit Behinderung zugutekommen, jedoch in diesem Kapitel werden hauptsächlich die bezeichneten Gruppen ›mitgedacht‹.

Einleitung

Die Darstellung von Menschen mit Behinderung ist in vielen österreichischen Medien, darunter auch im Staatssender ORF (Rundfunk und Telekom Regulierungs-GmbH 2017) noch von Vorurteilen und Klischees geprägt. Die Sicht von Menschen ohne Behinderung auf Menschen mit Behinderung wird dabei dominiert von einem defizitorientierten Blick (RUNDFUNK UND TELEKOM REGULIERUNGS-GMBH 2017). Die stereotype, klischeebesetzte und eindimensionale Darstellung von sozialen Gruppen in den Medien trägt dazu bei, die öffentliche Wahrnehmung von den jeweiligen Gruppen zu prägen (WISCHERMANN/THOMAS 2008). Also tragen Mediendarstellungen in entscheidender Weise zu realen Ungleichheitsverhältnissen bei. Eine Veränderung der Mediendarstellungen führt auch zu einer Veränderung von Ungleichheitsverhältnissen. Radtke (2006: 120), der das Bild von Menschen mit Behinderung in den Medien untersucht, resümiert, dass sich »Betroffene und ihre Angehörigen in den Medien sowohl quantitativ als auch qualitativ oftmals nicht angemessen repräsentiert« fühlen. Dazu kommt, worauf Bosse (2016) in Bezug auf Film und Fernsehen hinweist, dass die »Besetzung von Charakteren mit Behinderung durch Schauspieler mit eigener Behinderung immer noch ungewöhnlich« sei, dass sich also nicht nur die Darstellung und Repräsentation von Menschen mit Behinderung problematisch im Sinne gleicher Teilhabechancen auswirkt, sondern dass Menschen mit Behinderung auch mit Barrieren konfrontiert sind, was Arbeitsbereiche und Karrieremöglichkeiten im Bereich Film und Fernsehen betrifft. Die öffentliche Wahrnehmung von Menschen mit (Lern-)Behinderung und/oder psychischer Erkrankung im österreichischen Film und Fernsehen wird derzeit vornehmlich nicht durch diese Personengruppe selbst gestaltet oder gesteuert, sondern von Personen außerhalb des betroffenen Personenkreises. Durch das selbstbestimmte Gestalten von Medienprodukten können Menschen mit (Lern-)Behinderung und Menschen mit psychischer Beeinträchtigung/Erkrankung zu einem größeren Ausmaß selbst bestimmen, wie sie sich darstellen wollen, bzw. wie sie wahrgenommen werden wollen. Medien könnten außerdem einen Arbeitsbereich für Menschen mit (Lern-)Behinderung und/oder psychischer

Erkrankung darstellen, als Tagesstruktur oder etwas Ähnlichem, oder auf dem ersten Arbeitsmarkt. Gäbe es tatsächlich ›gleiche‹ Teilhabechancen – würden auch entsprechend dargestellte Lebenssituationen und -umstände von Menschen mit Behinderung in die Wahrnehmung von vielen gelangen, was derzeit nicht der Fall ist, da im alltäglichen Leben separierende Strukturen, aber auch Berührungsängste und ein Mangel an positiven Erfahrungen eine intensive Begegnung und einen Austausch oftmals verhindern. Wie Radtke (2006: 122) schreibt, bilden »[d]ie Medien die wichtigste und oft einzige Informationsquelle über das Leben und die Möglichkeiten von Menschen mit einer Behinderung«. Mit inklusiver Medienarbeit könnten derzeit bestehende Zugangsbarrieren auf der Seite von Menschen mit (Lern-)Behinderung und/oder psychischer Erkrankung abgebaut werden, sowie Rezeptionsbarrieren, auf der Seite von Medienkonsument*innen, so die Vorannahmen eines Projektes zur inklusiven Medienarbeit, das im Rahmen eines dreijährigen Sozialpädagogik-Lehrgangs durchgeführt wurde. In einem solchen Projekt haben Lehrgangsteilnehmer*innen an einer Hochschule die Gelegenheit, über zwei Semester eigene Forschungsarbeiten zu konzipieren und durchzuführen, um erste selbstständige Forschungserfahrung machen zu können, die sie dann in ihrer Abschlussarbeit darstellen. Das Projektangebot ›Inklusive Medienarbeit‹[32] beschäftigte sich im Rahmen von Aktionsforschungsprojekten mit Menschen mit Behinderung in Film und Fernsehen, und verfolgte neben der genannten Zielsetzung einer ersten Forschungserfahrung für Studierende, das Ziel, eine »sozialgesellschaftliche Praxiswirkung« (VON UNGER 2014: 94) zu erreichen.

Im Projekt ›Inklusive Medienarbeit‹ standen den Studierenden zur wissenschaftlichen Anleitung eine Forscherin Sozialer Arbeit (die Autorin dieses Buchkapitels) und ein Kommunikationswissenschaftler, Filmemacher und langjähriger Praktiker im Feld inklusiver Medienarbeit (der Herausgeber des vorliegenden Bandes) zur Verfügung, die die Studierendenprojekte wissenschaftlich begleiteten und die Studierenden berieten. Es ging darum, anhand einer gemeinsamen Praxis der

---

32 Durchgeführt im Department Soziales der Fachhochschule St. Pölten, Niederösterreich im Jahr 2018-2019.

Videoproduktion von Studierenden mit Menschen mit Behinderung, Forschungsfragen für die konkrete Bearbeitung in studentischen Abschlussarbeiten zu identifizieren und empirisch zu beforschen, wofür ein Aktionsforschungszugang verwendet wurde. Die konkreten Projektideen die innerhalb des Rahmenkonzeptes ›Inklusive Medienarbeit‹ entwickelt wurden, und in der Folge kurz vorgestellt werden, stammen von den Studierenden selbst und wurden gemeinsam mit Menschen mit Behinderung konzipiert und umgesetzt.

Gemeinsame Video-Praxis von Studierenden und Menschen mit Behinderung

Gemeinsame Videoproduktionen können von Studierenden initiiert werden, wenn sie auf Menschen mit Behinderung zugehen. Die Umsetzung im Rahmen freiwilliger Beteiligung braucht das Interesse und das Engagement aller Beteiligten, sowie das Einlassen auf Beziehungen, die die Umsetzung ermöglichen. Während Studierende den Zugang im beruflichen (Videoprojekt 1), öffentlichen (Videoprojekt 2), bzw. privaten Umfeld (Videoprojekt 3) gefunden haben, mussten sie als Allererstes eine Einschätzung der Interessenslage der Menschen mit Behinderung in diesen Kontexten bewerkstelligen und mit ihrer Projektidee daran anknüpfen. Im darauffolgenden gemeinsamen Austausch und Gestaltungsprozess mussten sie noch besser erkunden und verstehen, was die Motivation der Teilnehmer*innen ist, und das Projekt immer wieder (einem zirkulären Forschungsprozess folgend) dementsprechend anpassen, um in der Durchführung der Aktionen erfolgreich sein zu können. In solchen Projekten müssen Studierende Menschen mit Behinderungen in einer Weise einbinden, die motivierend und wertschätzend ist, um Projekte erfolgreich zur Umsetzung zu bringen, da jede Person an jeder Stelle im Prozess aussteigen kann, wenn er/sie das möchte. Die Konzentration liegt auf der Entwicklung des Prozesses der gemeinsamen Videoproduktion. Der Prozess ist ergebnisoffen, insofern das Produkt nicht in einer Weise im Zentrum steht, dass die Realisierung auf Kosten der Prozessqualität erreicht wird. Forschungsfragen und deren Untersuchung können potenziell auch aus ›gescheiterten‹ Projekten entstehen – also dann wenn am Ende kein fertiger Videofilm entsteht.

Der Prozess ist laufend (hinsichtlich demokratischer Teilhabe, Rollen und Machtverteilungen) kritisch zu reflektieren und gegebenenfalls anzupassen oder abzuändern. In der Folge werden drei Videoprojekte vorgestellt, die in Gruppen von drei bis acht Studierenden durchgeführt wurden, und allesamt sowohl einen dokumentierten und evaluierten Prozess als auch ein Videoprodukt hervorgebracht haben, zu dem sich die jeweils schriftlich verfassten Abschlussarbeiten verbinden, die in diesem Kapitel nicht besprochen werden.

Die Projektbeschreibungen wurden von jenen Studierenden erstellt, die die jeweiligen Projekte im Rahmenprojekt ›Inklusive Medienarbeit‹ initiiert hatten, und werden hier lediglich zitiert:

Videoprojekt 1: Kochen ohne Oliver

»Gemeinsam mit fünf Klient*innen des Vereins Wohnen veranstalteten wir im Rahmen des inklusiven Medienprojektes eine Kochshow. Diese fand in der Gemeinschaftsküche des Vereins statt. Im Vorfeld vereinbarten wir einen Termin mit den Darsteller*innen, um ein erstes Kennenlernen zu ermöglichen und den Drehtag gemeinsam mit ihnen zu planen und durchzugehen. Von der Rezeptfindung bis hin zur Kameraführung planten wir die Vorgänge nicht nur gemeinsam, sondern führten diese auch zusammen durch. Das Kochen überließen wir rein den Klient*innen, jedoch unterstützten wir sie zum Teil bei der Kameraführung und Moderation. Anschließend setzten wir uns alle in den Gemeinschaftsgarten und haben das zubereitete Menü noch zusammen gegessen und den Tag somit gemeinsam ausklingen lassen können« (BAUER, MELANIE; DAXBACHER, JULIA; EGGENBURGER-WEINGUST, ANDREA; HUSTER, SABINA; KNAPP, BIRGIT; SCHUH, SABRINA; WEISER-BELOUANAS, SOPHIE. *Videoprojekt 1: Kochen ohne Oliver*, 2018 St. Pölten).

Der Projektgedanke stammt von einer Studierenden, die im beruflichen Umfeld ihrer Tätigkeit im Verein Wohnen festgestellt hatte, dass die Bewohner*innen gerne selbst kochten und gerne auch Kochshows im Fernsehen anschauten. Prominent war vor allem die Kochshow von Jamie Oliver, woraus sich der Projekttitel ableitete. Es entstand ein Video einer Kochshow, in der die Protagonist*innen Menschen mit Behinde-

ABBILDUNG 27
Die inklusive Kochsendung *Kochen ohne Oliver*

Foto: Ernst Tradinik. Beispiel für die Sendung *Kochen ohne Oliver* unter https://youtu.be/Lqu6DyaVExw

rung sind. Wie aus der Beschreibung hervorgeht, waren Menschen mit Behinderung nicht nur als Darsteller*innen aktiv, sondern auch bei der Videoproduktion selbst.

Videoprojekt 2: Dokufilm zu den Special Olympics, 8.-11. Juni 2018 in Vöcklabruck, Oberösterreich - Videogruppe 2

»Menschen mit Beeinträchtigungen, die bei der Lebenshilfe beschäftigt sind, gestalten einen kurzen Film über die Special Olympics. Von zwei Teams wurden Sportler*innen, Trainer*innen, Prominente, Politiker*innen und Besucher*innen bei diversen Veranstaltungen der Special Olympics interviewt, und dabei gefilmt. Sowohl die Kameraführung als auch die Interviews wurden von Menschen mit Beeinträchtigungen durchgeführt. Unterstützt wurden sie dabei von ihren Betreuer*innen bzw. in erster Linie von unserer sechsköpfigen Projektgruppe. Ebenso wurden die gestellten Fragen an die Interviewten von den Menschen mit Beeinträchtigungen nach deren Interessensschwerpunkten ausgearbeitet. Die Veranstaltungen, bei denen gefilmt wurde, wurden in einer Abstimmung nach Interesse der

Menschen mit Beeinträchtigungen festgelegt. Ein unvergessliches Wochenende für uns alle, eine tolle Erfahrung. Ziel wäre es, den Beitrag auch in regionalen TV-Sendungen und Kinos als auch bei Veranstaltungen zu zeigen, allerdings stehen hierfür keine finanziellen Mittel zur Verfügung« (ADLER, LUKAS; GRÖBER, RALF; HINTERREITNER, INGRID; NUSSBAUMER, IRENE; STRUGER, ROSWITH; VÖTSCH, ROMANA. *Videoprojekt 2: Special Olympics Vöcklabruck*, 2018 St. Pölten).

ABBILDUNG 28
Dreharbeiten bei den Special Olympics 2018

Foto: Lukas Adler. Das Video kann unter https://www.youtube.com/watch?v=5oW7laJLQ1a aufgerufen werden.

In diesem zweiten Projekt diente ein öffentliches Event als Zugang zu einem gemeinsamen Projekt, das sich auf dieses Event bezieht. Produziert wurde ein Dokumentarfilm über die Special Olympics, in dem Menschen mit Behinderung zu Moderator*innen werden und die Teilnehmer*innen sowie anwesende Politiker*innen und die Veranstalter*innen vor laufender Kamera interviewen. Die gestellten Fragen wurden vorher mit Menschen mit Behinderung anhand ihrer Interessensschwerpunkte entwickelt (s. auch den Beitrag von Lukas Adler, Kap. 10).

Videoprojekt 3: Diskussions-Doku

»Der ganz normale Alltag in einer teilbetreuten WG – aus Sicht zweier Bewohner*innen im Austausch mit Sozialpädagogik-Studierenden: Das Projekt wurde von einer Gruppe von fünf Student*innen des Lehrganges Sozialpädagogik geplant und durchgeführt. Die erste Besprechung ergab, dass das Endprodukt ein Film sein soll. Dieser wurde mit einer Videokamera sowie mit einer Spiegelreflexkamera – unterstützt durch ein Mikrofon und zwei Stativen – aufgenommen. Zwei Personen aus einem teilbetreuten Wohnhaus für Menschen mit intellektueller Behinderung erklärten sich bereit, den Student*innen bei dem Ausführen des Projekts zu helfen. Der Ort des Drehs fand in dem Wohnhaus und dessen Garten statt. Für das Filmen wurden zirka vier Stunden benötigt. Aus diesem Grund wurde von den Student*innen eine süße Jause und Getränke mitgenommen. Das Ziel des Films ist das Aufzeigen von Normalität bei Menschen mit kognitiven Beeinträchtigungen« (DAMBÖCK, CHRISTINA; FUSSI, MICHAEL; JÄGER, SUSANNE; WEILAND, BIANCA; WIEDERKEHR, GUDRUN. *Videoprojekt 3: anders und doch so gleich*, 2018 St. Pölten).

In diesem dritten Projekt diente die private Bekanntschaft einer Studentin mit einer Bewohnerin des teilbetreuten Wohnhauses als Ausgangspunkt eines Projektes, das sich in seiner Form an einen ›Besuch bei Freunden‹ anlehnt. Zwei Bewohner*innen des teilbetreuten Wohnens laden die Studierenden zu sich ein und führen sie herum. Das Video dokumentiert den Besuch und die Darstellung der Menschen mit kognitiver Beeinträchtigung, die ihr Zuhause und ihr Lebensumfeld präsentieren. Der dadurch entstandene Dokumentarfilm wurde im Anschluss in verschiedenen informellen Zusammenhängen gezeigt, um Diskussionen in Bezug auf einen kritischen Blick auf Normalitätsvorstellungen anzuleiten und zu moderieren.

Anders und doch so gleich
https://www.youtube.com/watch?v=osLpG6rCd9Q

Die Prozesse in den Projekten wurden durch Studierende so gestaltet, dass die agierenden Menschen mit (Lern-)Behinderung im Zentrum stehen, sodass in unterschiedlichem Umfang Selbst(-bewusst-)sein erworben werden kann, zum Beispiel durch die Erweiterung von Sprachkompetenzen und Ausdrucksfähigkeit. Im Zentrum des Prozesses steht in erster Linie nicht das Produkt, sondern gemeinsames Lernen und Kompetenzförderung in Bezug auf das Videofilmen. Auf dem Erlernen einzelner Arbeitsfelder wie Moderation, Redaktion, Kamera mit dem Hinblick auf Interessensentwicklung in Richtung auf ein mögliches Schaffen von Arbeitsplätzen oder zumindest geschützten bzw. geförderten Arbeitsplätzen. Ein weiterer Aspekt liegt in der Herstellung von Öffentlichkeit, der Vergrößerung des Personenkreises der Nutzer*innen von inklusiven audiovisuellen Produkten, um das Kennenlernen von Menschen mit (Lern-)Behinderung und deren Anliegen und Interessen herzustellen. Im Videoprojekt 3 geht es zudem um das Anregen von Diskussionen zur kritischen Reflexion über Normalitätsvorstellungen.

Kollaborativer Lernprozess in Aktionsforschungsprojekten

Die Arbeit in den beschriebenen Projekten etablierte einen Praxiszusammenhang der Videoproduktion, des kollaborativen Tuns von Studierenden und Menschen mit Behinderung. Aus diesem Praxiszusammenhang und praktischen Tun entstehen Forschungsanlässe, in Form von praktischen ›Problemen‹, woraus dann Forschungsfragen für die schriftlichen Abschlussarbeiten formuliert werden können. Wie bei der Praxisforschung wird ausgehend von praktischen ›Problemen‹ eine Forschungsfrage formuliert, die, sofern sie nicht im Austausch geklärt oder mit bereits vorhandener Literatur beantwortet werden kann, empirisch im Rahmen der Abschlussarbeit untersucht wird. Im Prozess der Wissenssuche werden Stakeholder identifiziert, die unterschiedliche Perspektiven auf das Problem einbringen, und/oder zu einer positiven Veränderung des praktischen Problems beitragen können. Sie können dadurch in den Forschungsprozess involviert werden. Überblicksmäßig kann der Forschungsprozess in Aktionsforschungsprojekten folgendermaßen skizziert werden:

Der Forschungsprozess in Aktionsforschungsprojekten

Der Forschungsprozess in Praxisforschungsprojekten
1. **Praxisproblem**
   Ein- aus einem kollaborativen Arbeitszusammenhang entstehendes - praktisches Problem beschreiben und in eine Forschungsfrage umwandeln (Literaturrecherche + Stand der Forschung beachten)
2. **Stakeholder**
   und Interessensgruppen in Bezug auf mehrere Perspektiven und potentielle Veränderungsmacht" identifizieren und einbeziehen
3. **Kontextspezifische Strategien**
   für die Forschung entwickeln (zum Bsp. Fallstudie in spezifischem Kontext)
4. **Werkzeuge für die Datenerhebung, Auswertung und Analyse**
   zum Bsp. kreative Methoden, in denen auch der Erhebungsprozess selbst einen Nutzen für die Forschungsteilnehmer*innen hat
5. **Ethische Fragen**
   (formale und reflexive Kriterien)
6. **Verbreitung der Ergebnisse**
   durch die Einbindung unterschiedlicher Stakeholder verbreitert sich auch die „Rezeption" bzw. Umsetzung der Ergebnisse

Abhängig von den spezifischen Forschungsfragen in den unterschiedlichen Videoprojekten der Studierenden mit Menschen mit Behinderung konnten unterschiedliche Stakeholder identifiziert werden. Jedenfalls gehören zur Gruppe der Stakeholder jene, die aufgrund ihrer Rolle im Forschungsprojekt eine spezifische Perspektive einbringen, also mindestens alle sozialen Gruppen der Teilnehmenden kollaborativen Tuns. Da die Soziale Arbeit multi-perspektivisch ausgerichtet ist, müssen die Abschlussarbeiten mehrere Perspektiven (jeweils vertreten durch einen Stakeholder) einbeziehen. In der inklusiven Medienwerkstatt wurden folgende Stakeholder direkt in den Erkenntnisprozess einbezogen: Die Perspektive der Studierenden, der Menschen mit Beeinträchtigung sowie die Perspektive der Forschung Sozialer Arbeit, vertreten durch die wissenschaftliche Begleitung und die Fachliteratur. Hinzu kamen die Praxisperspektive, vertreten durch den Filmemacher und langjährigen Praktiker im Feld inklusiver Medienarbeit. Im Videoprojekt 3 wurde zusätzlich auch die Perspektive der interessierten Zivilgesellschaft in Form von Konsument*innen inklusiver Medienprodukte einbezogen.

Zur Reflexion des spezifischen Kontextes, in dem die Praxis stattfindet, gehört außerdem:
- die Ebene der direkten Interaktion,
- die Ebene der organisationalen Rahmung,

- die Ebene der (sozialpolitischen und gesellschaftlichen Einflüsse die das Praxisfeld mitstrukturieren).[33]

Im Gegensatz zu standardisierten Forschungsverfahren, die kontextunabhängig angewendet werden können, ist in Aktionsforschungsprojekten gerade die Reflexion des spezifischen Kontextes erforderlich. Forschungskontexte müssen auf mehreren Ebenen reflektiert werden. Einmal auf der gesellschaftlichen Ebene, einmal auf der Organisationsebene, einmal auf der Interaktionsebene. Markante Merkmale des Kontextes der vorgestellten Videoprojekte waren auf diesen drei Ebenen:

1. Ein *gesellschaftliches Ungleichheitsverhältnis*, das Menschen mit Behinderung geringere Chancen auf adäquate Medienpräsentation ermöglicht und zusätzlich unser aller Wahrnehmung dieser Gruppe in einer Weise strukturiert, sodass geringere Kompetenzen zugeschrieben werden. Dieses Ungleichheitsverhältnis muss insofern mitgedacht und reflektiert werden, als dass die eigene Wahrnehmung in Bezug auf Menschen mit Behinderung in den Projekten laufend geprüft werden muss und eine Korrektur dieser >etablierten< Wahrnehmung zugelassen werden muss.

2. Auf der *Organisationsebene* war das entscheidende Merkmal der Zusammenhang der Abschlussarbeit im Rahmen des Studiums und der Projektrahmen der Inklusiven Medienarbeit, die bestimmte Anforderungen stellen, die berücksichtigt werden müssen. Die Nicht-Anknüpfung an einen Auftraggeber außerhalb der Hochschule und die individuelle Setzung der Fragestellung schaffte Freiheitsgrade.

3. Auf der *Interaktionsebene* war das Merkmal der Existenz unterschiedlicher fachlicher und persönlicher Kompetenzen ausschlaggebend und zu berücksichtigen sowie die freiwillige Teilnahme. Insbesondere der gesellschaftliche Zusammenhang dieser Ungleichheit, soll mit den Projekten auch direkt mit einer Vision positiven Wandels verändert, oder bewegt werden, was den einzelnen Projekten auf unterschiedliche Art und Weise auch gelungen ist.

---

33 Ebenen übernommen von Hamburger (2008).

Fazit

Das Kapitel hat inklusive Medienarbeit am Beispiel von Forschungsprojekten, die Studierende im Rahmen ihrer Abschlussarbeit in ihrer Ausbildung zur Sozialen Arbeit entwickelt und durchgeführt haben, als Forschungsfeld Sozialer Arbeit vorgestellt, in dem es im Besonderen um einen Beitrag zu positivem Wandel in Bezug auf gesellschaftliche Ungleichheitsverhältnisse geht. Entsprechende Forschungsprojekte in der Ausbildung Sozialer Arbeit einzusetzen, fördert einerseits den Anspruch Sozialer Arbeit, dialogische Prozesse als Quelle ihrer Wissensentwicklung heranzuziehen, andererseits können mit und für Menschen mit Behinderung Veränderungen in Bezug auf ihre Repräsentation und beruflichen Entwicklungschancen in den Medien bewirkt werden. Der Bezug der ›gemeinsamen Praxis‹ bei den Videoproduktionen könnte auch eine neue Form der Bezugnahme auf eine ›klassische Zielgruppe‹ Sozialer Arbeit einleiten, die in den dargestellten Projekten von zukünftigen Praktiker*innen zugrundegelegt wird. Wenn Studierende schon in Ausblick auf ihre professionelle Karriere im Rahmen ihrer Ausbildung daran mitarbeiten, dass Wissen und die Interpretation und Verbreitung von Forschungsergebnissen im Dialog mit Dienstleistungsnutzer*innen und Praktiker*innen in einer Art und Weise geschieht, dass daraus Lernprozesse entstehen (AUSTIN et al. 2014), dann birgt das auch ein positives Veränderungspotenzial für die Disziplin über diese veränderte Praxis der Wissensproduktion. Zu hoffen ist, dass davon ausgehend Veränderungsprozesse initiiert werden können, die auch gesamtgesellschaftliche Transformationen einleiten, durch die Menschen mit (Lern-)Behinderung und/oder psychischer Erkrankung vergrößerte Teilhabechancen an Medien als einem öffentlichen Gut erlangen.

Die Autorin Andrea Nagy ist Junior-Professorin (Ricercatrice a tempo determinato) in Sozialer Arbeit an der Fakultät für Bildungswissenschaften der Freien Universität Bozen. Neben ihrem Studium der Erziehungswissenschaft mit Schwerpunkt Soziale und Politische Theorie, das sie in Innsbruck, Wien, London und New Orleans absolviert hat, hat sie über 15 Jahre praktische Arbeitserfahrung in unterschiedlichen Feldern der Sozialen Arbeit gesammelt. 2017 hat sie ihr PhD-Studium an der Universität Innsbruck abgeschlossen. Von 2014 bis 2018 hat sie an der Fachhochschule St. Pölten den

Masterlehrgang und den Akademischen Lehrgang in Sozialpädagogik mitaufgebaut und geleitet. Sie publiziert unter anderem in den *Widersprüchen*, im *British Journal of Social Work*, im *European Journal of Social Work* sowie in *Social Policy & Administration* und *Research on Social Work Practice* zu Themen der partizipativen Forschung und Sozialen Arbeit.

Literatur

AUSTIN, M.; FISHER, M.; JULKUNEN, I.; UGGERHOJ, L.: *Practice Research.* Oxford [Oxford University Press] 2014

BOSSE, I.: *Teilhabe in einer digitalen Gesellschaft – Wie Medien Inklusionsprozesse befördern können.* 2016. http://www.bpb.de/gesellschaft/medien/medienpolitik/172759/medien-und-inklusion [1.03.2022]

HAMBURGER, F.: *Einführung in die Sozialpädagogik.* Stuttgart [Verlag W. Kohlhammer] 2008

NEUER-MIEBACH, T.: Behindertenhilfe. In: *Wörterbuch Soziale Arbeit: Aufgaben, Praxisfelder, Begriffe und Methoden der Sozialarbeit und Sozialpädagogik.* 8., vollständig überarbeitete und aktualisierte Auflage. Weinheim: Beltz Juventa, 2017, S. 167-174

RADTKE, P.: Das Bild behinderter Menschen in den Medien. In: *Spektrum Freizeit*, 30 (2), 2006, S. 120-131

RUNDFUNK UND TELEKOM REGULIERUNGS-GMBH (Hrsg.): *Menschen mit Behinderung in österreichischen Massenmedien.* Jahresstudie 2015/16. MediaAffairs 2017. https://www.rtr.at/medien/aktuelles/publikationen/Band1-2017.pdf [22.03.2022]

VON UNGER, H.: *Partizipative Forschung. Einführung in die Forschungspraxis.* Wiesbaden [Springer Fachmedien] 2014

WISCHERMANN, U.; THOMAS, T.: *Medien – Diversität – Ungleichheit: zur medialen Konstruktion sozialer Differenz.* Wiesbaden [vs Verlag für Sozialwissenschaften] 2008

12. PARTIZIPATION IN INKLUSIVER MEDIENARBEIT

Von Ralf Gröber

Einleitung

Als ich vom Herausgeber dieses Bandes eingeladen wurde, für sein neuestes Buch einen Beitrag zu schreiben, erschien es mir sehr weit hergeholt, da ich mich lediglich als engagierten sozialen Menschen sehe, dem es ermöglicht wurde, im Rahmen seiner Ausbildung mit Menschen mit (Lern-)Behinderung und/oder psychischer Erkrankung zusammenzuarbeiten und so erhielt ich die Möglichkeit, mein fachliches Spektrum um dieses Arbeitsfeld zu erweitern. Es gibt so viele wesentlich besser ausgebildete Menschen in der Sozialen Arbeit, was kann ich schon dazu beitragen? In der Erstellung dieser Seiten jedoch wurde mir bewusst, dass ich aufgrund des Filmprojekts und dem sich daraus ergebenden speziellen Wissenstands vielleicht doch ein klein wenig dazu beitragen kann, um Möglichkeiten der Partizipation im Zusammenhang mit Menschen mit (Lern-)Behinderung und/oder psychische Erkrankung ein bisschen sichtbarer zu machen.

Partizipation ist gut, Partizipation ist wichtig, Partizipation sollte selbstverständlich sein. Diese und ähnliche Sätze finden sich häufig in Texten der Sozialen Arbeit. Ebenso häufig werden Maßnahmen gesetzt, die Partizipation ermöglichen sollen, jedoch mit dem Gedanken, der sich hinter dem Begriff verbirgt, nur wenig gemein haben. Im Folgenden soll anhand eines Film- und Forschungsprojekts beleuchtet werden, wie

Partizipation gelebt werden könnte, um der teleologischen Auslegung des Begriffs gerechter zu werden.

2018 wurden in Oberösterreich die Special Olympics veranstaltet. Im Zuge dieses Events wurde von Student*innen der FH St. Pölten ein inklusives Medienprojekt ins Leben gerufen, um auf Basis dessen u. a. Herausforderungen und Möglichkeiten der Partizipation in Zusammenarbeit mit Menschen mit (Lern-)Behinderung und/oder psychischer Erkrankung zu erforschen (ADLER/GRÖBER 2018). Mit einem zweijährigen Abstand wurde diese Forschung erneut beleuchtet um erweiterte Erkenntnisse sowohl auf Mikro-, Meso- und Makroebene zu gewinnen.

Der nun folgende Text stellt einen kleinen Ausschnitt der Erkenntnisse betreffend Partizipation mit dem Fokus auf die Mikroebene dar und soll den Leser*innen aufzeigen, welche Möglichkeiten, aber auch welche Herausforderungen entstehen können, wenn Partizipation gelebt wird.

Definition ›Partizipation‹

Der aus dem Lateinischen entlehnte Begriff ›Partizipation‹ wird mit Begriffen wie ›Beteiligung‹, ›Mitwirkung‹, ›Mitbestimmung‹, ›Mitsprache‹ oder ›Teilhabe‹ übersetzt.

Für Menschen mit Beeinträchtigung wurde dies in Artikel 3 der UN-Konvention *Übereinkommen über die Rechte von Menschen mit Behinderungen* und im Fakultativprotokoll als Allgemeine Grundsätze determiniert und in der Folge ausgeführt (VGL. BUNDESMINISTERIUM SOZIALES, GESUNDHEIT, PFLEGE UND KONSUMENTENSCHUTZ 2016: Art. 3). Obwohl Teilhabe und Partizipation in der Literatur überwiegend synonym verwendet werden, könnten bei fokussierter Betrachtungsweise differenzierte Bedeutungen wahrgenommen werden.

Teilhabe versteht sich als Möglichkeit des Teilnehmens an etwas, als Möglichkeit in eine Lebenssituation einbezogen zu sein. Partizipation ergänzt dies um die Möglichkeit der Mitentscheidung, der Beeinflussung allfälliger Ergebnisse (vgl. GSUB MBH O.A.).

Folgt man dieser Ansicht, würde dies bedeuten, dass die Teilnahme an einem Projekt nicht zwingend partizipative Zusammenarbeit darstellt, sondern lediglich als Voraussetzung zur Entstehung von Partizipation angesehen werden könnte. Erst zu diesem Zeitpunkt kann meiner Wahrnehmung nach Partizipation entstehen.

Darum wurde für die erste Forschungsarbeit der Stufenbau ›Die Stufen der Partizipation in der Gesundheitsförderung‹ als Basis herangezogen (vgl. WRIGHT et al. 2013: 7). Im Zuge des Forschungsprozesse wurde dieser in seinen Abstufungen und Begriffen für inklusive Zusammenarbeit mit Menschen mit (Lern-)Behinderung und/oder psychischen Erkrankungen adaptiert. (vgl. GRÖBER 2018: 9f.)

An dieser Stelle bleibt es der Leserschaft unbenommen darüber zu befinden, wann es sich um Teilhabe handelt und ab welcher Stufe Partizipation beginnt.

ABBILDUNG 29
Partizipations-Pyramide

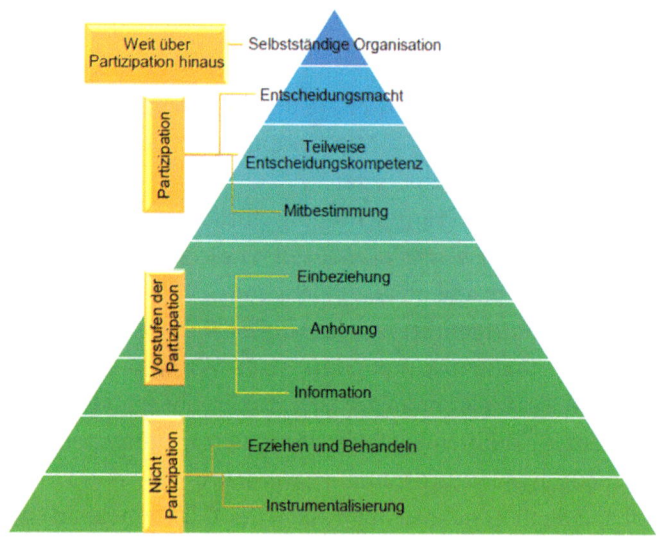

Partizipations-Pyramide von Ralf Gröber, Basis ›Die Stufen der Partizipation in der Gesundheitsförderung‹ (vgl. Wright et al. 2013: 7)

Stufe 1: Instrumentalisierung
Die Ziele der Projektverantwortlichen stehen im Mittelpunkt, Belange von Menschen mit (Lern-)Behinderung und/oder psychischer Erkrankung spielen keine Rolle. Sie sind Mittel zum Zweck.

Stufe 2: Erziehen und Behandeln
Aufgrund allfälliger Defizite von Menschen mit (Lern-)Behinderung und/oder psychischer Erkrankung werden diese als nicht entscheidungsfähig wahrgenommen. Es gilt, vorhandene Defizite durch Erziehung auszugleichen.

Stufe 3: Information
Die Projektverantwortlichen teilen den Menschen mit (Lern-)Behinderung und/oder psychischer Erkrankung mit, welche Herausforderungen aus deren Sicht mit einem Projekt auftreten könnten und welche Hilfe sie benötigen. Die weiteren Vorgehensweisen werden erklärt und begründet.

Stufe 4: Anhörung
Die Projektverantwortlichen interessieren sich für die Ansichten und Sichtweisen von Menschen mit (Lern-)Behinderung und/oder psychischer Erkrankung. Sie werden angehört, es entzieht sich jedoch ihrer Kontrolle, inwieweit ihre Meinungen Beachtung finden.

Stufe 5: Einbeziehung
Menschen mit (Lern-)Behinderung und/oder psychischer Erkrankung werden formal in Entscheidungsprozesse involviert, indem einzelne Personen in die Entscheidungsfindung eingebunden werden. Wobei Meinungen nicht zwingend verbindlichen Einfluss haben.

Stufe 6: Mitbestimmung
Menschen mit (Lern-)Behinderung und/oder psychischer Erkrankung besprechen sich zu einem bestimmten Prozessablauf. Es kann auch zu Diskussionen mit den Projektverantwortlichen kommen.

Menschen mit (Lern-)Behinderung und/oder psychischer Erkrankung haben ein Mitspracherecht, jedoch keine alleinige Entscheidungsbefugnis.

Stufe 7: Teilweise Entscheidungskompetenz
Das Recht der Beteiligung stellt sicher, dass Menschen mit (Lern-)Behinderung und/oder psychischer Erkrankung in Entscheidungen mit einbezogen sind. Diese Entscheidungskompetenz ist jedoch auf gewisse Bereiche des Projekts eingeschränkt. Auch wenn in diesen Bereichen Anstöße und Ideen von den Projektverantwortlichen kommen, werden Entscheidungen ausschließlich von Menschen mit (Lern-)Behinderung und/oder psychischer Erkrankung getroffen.

Stufe 8: Entscheidungsmacht
In dieser Phase der Partizipation würde ein Projekt von Menschen mit (Lern-)Behinderung und/oder psychischer Erkrankung selbst initiiert und durchgeführt werden. Entscheidungen werden eigenständig und eigenverantwortlich getroffen. Begleitung und Betreuung der Gruppe von Menschen mit (Lern-)Behinderung und/oder psychischer Erkrankung bei der Umsetzung wird durch Personen ohne (Lern-)Behinderung und/oder psychischer Erkrankung (durch externe Personen) gewährleistet.

Stufe 9: Selbstständige Organisation
Die Verantwortung für ein Projekt liegt komplett in den Händen der Teilnehmerinnen und Teilnehmer. Jeder einzelne ist Entscheidungsträger. Sämtliche notwendigen Schritte werden zur Gänze von den Teilnehmerinnen und Teilnehmern realisiert.
  Zielgruppe: Alle Entscheidungsträger sind Mitglieder der Zielgruppe. Alle Aspekte der Planung und Durchführung werden von Menschen aus der Zielgruppe realisiert.

Nachfolgend werden nunmehr Ergebnisse der Forschungsarbeiten zusammengeführt und um persönliche Wahrnehmungen des Autors ergänzt (vgl. GRÖBER 2018 sowie ADLER et al. 2021).

Möglichkeiten der Partizipation

Ausgehend von dem Faktum, dass die Special Olympics zu einem fixen Zeitpunkt an definierten Orten mit vorgegebenen Abläufen stattfanden, konnte die Ausgangslage nicht partizipativ gestaltet werden. Jedoch wurden in Vorgesprächen Ideen und Überlegungen seitens der Student*innen vorgetragen, um Menschen mit (Lern-)Behinderung und/oder psychischer Erkrankung die Möglichkeit der Teilnahme zu eröffnen. Um jenen Menschen mit (Lern-)Behinderung und/oder psychischer Erkrankung, welche sich für die Mitarbeit entscheiden, die Möglichkeit zu geben, daran teilzunehmen, wurden zwei Filmteams, bestehend aus jeweils vier Menschen mit (Lern-)Behinderung und/oder psychischer Erkrankung sowie vier Student*innen und jeweils eine Betreuungsperson der Organisation seitens der Student*innen mit Blick auf vorhandene personelle und technische Ressourcen definiert. Wenig partizipativ. Bei der Zusammenstellung ihrer Teams wurde wiederum die alleinige Entscheidungsmacht an die Menschen mit (Lern-)Behinderung und/oder psychischer Erkrankung übertragen. Ebenso wurden essenzielle Abläufe eines Filmprojekts, beispielsweise Kameraführung, Tongestaltung, Interviewführung, aufgelistet. Dabei entstanden weitere partizipative Arbeitsschritte, da den Menschen mit (Lern-)Behinderung und/oder psychischer Erkrankung die Auswahl bestimmter Aufgaben in deren alleinige Entscheidungsmacht überantwortet wurde.

Es ist erkennbar, dass Möglichkeiten partizipativer Zusammenarbeit bereits im Vorfeld inklusiver Medienprojekte absolut möglich sind.

Die Vorgehensweise der Student*innen während der Drehtage kann beschrieben werden mit dem Ausspruch: »So viel wie nötig, aber so wenig wie möglich.« Ausformuliert bedeutet dies, dass es das Bestreben der Student*innen war, bei jedem Einschreiten vorab zu überprüfen, ob dies notwendig erscheint und damit Möglichkeiten der Partizipation eingeschränkt werden könnten oder ob ein Nichteinschreiten es ermöglicht, die oberste Stufe der Pyramide zu erreichen. Diese Vorgehensweise führte zu bemerkenswerten Dynamiken. Schon die Auswahl, welches Team welche Veranstaltungsorte aufsucht, wurde in einem Entscheidungsfindungsprozess durch die teilnehmenden Menschen mit (Lern-)Behinderung und/

oder psychischer Erkrankung getroffen. Vor Ort oblag die Aufteilung der einzelnen Aufgaben ausschließlich dem Team von Menschen mit (Lern-) Behinderung und/oder psychischer Erkrankung. Wo am Veranstaltungsort gedreht wurde, wurde ebenso dem Team überantwortet. Die Entscheidung wer zu Interviews eingeladen wurde, wer das Interview führt und welche Fragen gestellt wurden, entstand ebenfalls aus einem Findungsprozess innerhalb des Teams von Menschen mit (Lern-)Behinderung und/oder psychischer Erkrankung. Mitunter kam es zu Änderungen der Präferenzen, welche in den Vorgesprächen kommuniziert wurden. Es wurden Aufgaben von einzelnen Menschen mit (Lern-)Behinderung und/oder psychischer Erkrankung übernommen, die in Vorgesprächen unmöglich erschienen. Zum Abschluss der Dreharbeiten wurde die Möglichkeit einer Nachbesprechung nebst Bewirtung offeriert. Auch hier wurde die Wahl, ob ja oder nein und wenn ja, wohin und was, vom Team der Menschen mit (Lern-) Behinderung und/oder psychischer Erkrankung getroffen.

Trotz gelegentlicher Vorstellungen des Teams, welche aufgrund organisatorischer Einschränkungen nicht umsetzbar waren und sich dadurch Partizipationsmöglichkeiten auf die Stufe 3 der Pyramide reduzierten, sehe ich die Durchführung dieses Teils des Projekts überwiegend in den Stufen sieben bis neun verwirklicht.

Die Zusammenführung des vorhandenen Filmmaterials sowie musikalische Untermalung wurden seitens der Student*innen mit professioneller Unterstützung, jedoch auf ausdrücklichen Wunsch der Menschen mit (Lern-)Behinderung und/oder psychischer Erkrankung durchgeführt. Eine Wertung dieses Aufgabenbereichs könnte differenziert betrachtet werden. Da die involvierten Menschen mit (Lern-) Behinderung und/oder psychischer Erkrankung bei der Auswahl der Sequenzen nicht eingebunden wurden, spricht dieser Vorgang für fehlende Partizipation. Die Abnahme des fertigen Produkts mit der Möglichkeit für Abänderungen durch das Team von Menschen mit (Lern-) Behinderung und/oder psychischer Erkrankung spricht hingegen für ein hohes Maß an Partizipation. Die Student*innen präferierten diesen Weg der Aufgabenbewältigung, da eine angedachte Zusammenführung von 60 Stunden Filmmaterial in einer Gruppe mit 13 Personen nach Wahrnehmung der Student*innen jegliche Zeitressourcen gesprengt hätte.

Wo Licht ist, ist auch Schatten. Partizipation kann zu Herausforderungen führen. Bei der nachstehenden Auflistung handelt es sich lediglich um eine bewusst eingeschränkte Aufzählung, da eine vollständige den Rahmen dieses Beitrags sprengen würde.

Herausforderungen

Wenn Menschen mit (Lern-)Behinderung und/oder psychischer Erkrankung zusätzlich über lediglich eingeschränkte feinmotorische Fähigkeiten verfügen, können bei der partizipativen Erstellung eines Medienprodukts Schwierigkeiten auftreten. Im Falle unseres Filmprojekts führte dies dazu, dass die Bedienung des Equipments gelegentlich herausfordernde Situationen erzeugte. Kleine Knöpfe, sensible Lautstärkenregler, unklare Beschriftungen der Bedienelemente u.ä. stellten gelegentlich unüberwindbare Hürden dar. Ein Blick in die Bedienungsanleitung wäre nur wenig zuträglich gewesen, da nicht wenige Menschen ohne (Lern-)Behinderung und/oder psychischer Erkrankung mit dem Verstehen von technischen Bedienungsanleitungen ihre Probleme haben, für Menschen mit (Lern-)Behinderung und/oder psychischer Erkrankung diese aber häufig unmöglich zu lesen sind. Denn gerade bei Menschen mit Lernbehinderung zeigt sich diese durch eine Leseschwäche oder fehlendes Textverstehen.

Angst vor Zurückweisung und eventuelle negative Reaktionen seitens der Umwelt wurden von den Protagonist*innen als häufiger Grund angegeben, warum sich die Kontaktaufnahme mit fremden Personen, beispielsweise für die Anwerbung von Interviewpartner*innen, herausfordernd gestaltete. Dies führte mitunter dazu, dass Partizipation für Menschen mit (Lern-)Behinderung und/oder psychischer Erkrankung nicht möglich war, da sie sich nicht im Stande sahen, auf fremde Menschen zuzugehen und diese anzusprechen.

Mitgestaltung und Mitsprache erfordern ein höheres Maß an Energie, als einfach nur dabei zu sein. Für Menschen mit (Lern-)Behinderung und/oder psychischer Erkrankung bedeutet dies, dass die Grenzen ihrer Leistungsfähigkeit früher erreicht werden. Je länger der Drehtag wurde, umso schwieriger wurde es für die Protagonist*innen konzentriert und aktiv mitzugestalten.

In der Folge soll nun beleuchtet werden, welchen Benefit Menschen mit (Lern-)Behinderung und/oder psychischer Erkrankung aus partizipativer Zusammenarbeit gewinnen können.

Was bringt Partizipation Menschen mit (Lern-)Behinderung und/oder psychischer Erkrankung?

»Durch inklusive Medienarbeit sollen Menschen mit (Lern-)Behinderung und/oder psychischer Erkrankung aufgrund ihrer aktiven Mitarbeit Fähigkeiten, Interessen und Talente erkennen, die die Ermöglichung eines selbstbestimmten Lebensweges ermöglichen bzw. unterstützen« (vgl. TRADINIK 2021).

Dieses Zitat formuliert meiner Wahrnehmung nach hervorragend die elementare Aufgabe inklusiver Medienarbeit. Möglichkeiten der Partizipation für Menschen mit (Lern-)Behinderung und/oder psychischer Erkrankung.

Da ein erheblicher Anteil unserer Gesellschaft, so wie ich sie wahrnehme, stets den Benefit als Wert jeglichen Tuns in den Vordergrund stellt, muss sich inklusive Medienarbeit logischerweise auch mit der Frage konfrontieren, ob und wenn ja welcher Mehrwert die Möglichkeit der Partizipation mithilfe inklusiver Medienarbeit generiert werden könnte.

Irene Nußbaumer, welche sich mit *Herausforderungen und Strategien von Sozialpädagog*innen bei einem Projekt Inklusiver Medienarbeit* in ihrer Bachelorarbeit (2018) beschäftigte und 2021 gemeinsam mit Lukas Adler und mir eine Masterarbeit zu *Inklusive Medienarbeit, was bringt's?* schrieb, kreierte folgende Grafik (s. Abb. 30), welche diese Frage sehr gut beantwortet.

Möglichkeiten der Partizipation, hier synonym als Teilhabemöglichkeiten angeführt, ermöglichen die Auseinandersetzung mit Herausforderungen. Die Bewältigung dieser könnte zum Erwerb neuer Kompetenzen führen. Werden diese beispielsweise in inklusiven Medienprojekten zur Anwendung gebracht und die Ergebnisse sichtbar gemacht, könnten durch diese Sichtbarmachung Veränderungstendenzen angestoßen werden.

ABBILDUNG 30
Kategorienkreislauf

Grafik von Irene Nußbaumer

Für Menschen mit Behinderung könnten sich neue Betätigungsfelder erschließen, ein Umdenkprozess innerhalb der Gesellschaft könnte Inklusion von Menschen mit (Lern-)Behinderung und/oder psychischer Erkrankung in allen Bereichen forcieren. Utopisch formuliert könnte dies zu einer Gesellschaft führen, in der der Begriff ›Inklusion‹ überflüssig wird, da jeder Mensch, egal ob mit oder ohne (Lern-)Behinderung und/oder psychischer Erkrankung entsprechend seiner Fähigkeiten und Möglichkeiten seinen Beitrag in der Gesellschaft leistet und als vollwertiges Mitglied angesehen wird.

Zurück in die Realität: Was hat es den Protagonist*innen gebracht?

Die Überwindung ihrer Ängste beispielsweise führte dazu, dass die Kontaktaufnahme zu fremden Personen stetig leichter wurde. Der Erwerb zusätzlicher Fähigkeiten führte zur Verbesserung der Selbstkompetenz. Bei einer Person führte die inklusive Medienarbeit dazu, dass diese ein neues Hobby für sich entdecken konnte, sich eine Filmausrüstung kaufte und selbstständig Filme produzierte. Bei einer anderen führte das Projekt über die Special Olympics dazu, dass sie sich über ein mögliches Drehbuch zu einem Spielfilm Gedanken machte und dies, so es die Ressourcen erlauben, umsetzen möchte. Die Möglichkeiten der Gestaltungsfreiheit verbesserten das Selbstvertrauen.

Es gäbe noch eine Vielzahl von Mehrwerten sowohl für die Menschen mit (Lern-)Behinderung und/oder psychischer Erkrankung als auch für die Gesellschaft aufzulisten, jedoch muss ich auch an dieser Stelle auf den vorgegebenen Umfang verweisen. Es existiert aber eine große Anzahl von Literatur mit deren Hilfe diese Lücke geschlossen werden könnte.

Conclusio

Für mich brachte die Zusammenarbeit mit Menschen mit (Lern-)Behinderung und/oder psychischer Erkrankung und die darauffolgende akademische Auseinandersetzung – neben den wissenschaftlichen Erkenntnissen – überraschende Einsichten. Je länger ich mich mit dieser Thematik beschäftigte, umso verschwommener wurden die Grenzen zwischen Menschen mit (Lern-)Behinderung und/oder psychischer Erkrankung und sogenannten ›gesunden‹ Menschen.

Die Forschung bestätigt die Mehrwerte, welche sich ergeben, wenn Menschen mit (Lern-)Behinderung und/oder psychischer Erkrankung partizipativ in Projekte integriert werden. Meiner Erfahrung nach wird der partizipative Zugang immer häufiger in der Personalführung gelebt. Arbeitsprozesse werden partizipativ erstellt, Entscheidungen gemeinsam getroffen, Mitarbeiter*innen werden aufgefordert, proaktiv mitzuarbeiten.

Jetzt könnte man einwerfen, dass Menschen mit (Lern-)Behinderung und/oder psychischer Erkrankung erhöhten Unterstützungsbedarf erfordern. Alle Arbeitsfelder in der Sozialen Arbeit beschäftigen sich mit Menschen, welche erhöhten Unterstützungsbedarf benötigen. Aber nur wenige unterstützen Menschen mit (Lern-)Behinderung und/oder psychischer Erkrankung.

Der Bereich der Herausforderungen unterscheidet sich meiner Wahrnehmung nach in keiner Weise von den Herausforderungen vieler Menschen ohne (Lern-)Behinderung und/oder psychischer Erkrankung. Ängste sind, so wie ich die Gesellschaft sehe, ein weit verbreitetes Phänomen. Herausforderungen mit der deutschen Sprache, dem Textverständnis oder der Artikulation können in der Welt der ›Gesunden‹ vielerorts wahrgenommen werden. Nicht alle ›gesunden‹ Menschen sind in der Lage, acht Stunden im Job Höchstleistungen zu erbringen. Menschen mit (Lern-)Behinderung und/oder psychischer Erkrankung verfügen über eingeschränkte Kompetenzen. Ja. Aber wer kann von sich behaupten, dass seine Kompetenzen nicht eingeschränkt sind? Wer kann den ersten Stein werfen? Niemand.

Vielleicht sollten sich Menschen ohne (Lern-)Behinderung und/oder psychischer Erkrankung ihrer Gesundheit mehr erfreuen, es vermeiden zu differenzieren und dem Gemeinsamen den Vorrang geben.

Der Autor Ralf Gröber, BSW MA Sozialarbeiter und Sozialpädagoge lebt nach folgendem Grundsatz: »Nehmen Sie die Menschen, wie sie sind, andere gibt's nicht« (Konrad Adenauer).

Quellen

ADLER, LUKAS; NUSSBAUMER, IRENE; GRÖBER, RALF: *Inklusive Medienarbeit – Was bringt's?* Masterarbeit. St. Pölten [FH St.Pölten, Department Soziales] 2021

ADLER, L.; GRÖBER, R.: *Special Olympics.* 2018. https://www.youtube.com/watch?v=50W7IaJLQ1k

BUNDESMINISTERIUM SOZIALES, GESUNDHEIT, PFLEGE UND KONSUMENTENSCHUTZ: *UN-Behindertenrechtskonvention – Deutsche Übersetzung der Konvention und des Fakultativprotokolls.* 2016. https://broschuerenservice.sozialministerium.at/Home/Download?publicationId=19 [03.04.2021]

GRÖBER, RALF: »*Brücken bauen*«. *Herausforderungen und Partizipationsmöglichkeiten für Menschen mit Beeinträchtigung.* Qualifikationsarbeit. St. Pölten [FH St.Pölten, Department Soziales] 2018

GSUB MBH: EUTB. O. J. https://www.teilhabeberatung.de/woerterbuch/partizipation [07.06.2022]

WRIGHT, MICHAEL T.; BLOCK, MARTINA; KILIAN, HOLGER; LEMMEN, KARL: Förderung von Qualitätsentwicklung durch Partizipative Gesundheitsforschung. In: *Prävention und Gesundheitsförderung*, Nr. 3, Jg. 8, 2013, S. 147-154. https://link-springer-com.ezproxy.fhstp.ac.at:2443/content/pdf/10.1007/s11553-013-0396-z.pdf

TRADINIK, ERNST (2021): *Inklusive Medienarbeit*. 2021. http://www.inklusive-medienarbeit.at/ [16.04.2021]

Special Olympics - eine Sportreportage - Österreich

Ein inklusives TV-Medienprojekt von Studierenden des akademischen Lehrgangs Sozialpädagogik der FH St. Pölten in Kooperation mit der Werkstätte Regau/Lebenshilfe OÖ.

ABBILDUNG 31
Dreharbeiten bei den Special Olympics 2018

Foto: Lukas Adler

Redaktion & Kamera: Patricia Doppler, Edeltraud Nussbaumer, Alexander Watzinger, Richard Schiefer, Ulrich Gogl, Jürgen Hummer, Günther Gross und Dieter Styhler. Projektteam: Christina Damboeck, Susanne Jäger, Lukas Adler, Irene Nußbaumer, Ingrid Hinterreitner, Roswitha Struger, Ralf Gröber. Technische Beratung: Simone Zauner.

 Special Olympics Vöcklabruck 2018 - Sportreportage
https://www.youtube.com/watch?v=5oW7IaJLQ1k

13. UK - UNTERSTÜTZTE KOMMUNIKATION AM BEISPIEL INTERVIEWFÜHRUNG ALS REDAKTEURIN MIT EINEM SPRACHCOMPUTER

Von Natascha Toman

Stellen Sie sich einmal vor, Sie könnten von jetzt auf gleich nicht mehr reden, könnten Ihre Bedürfnisse und Wünsche nicht mehr verlautbaren, nicht wie gewohnt am sozialen Leben teilnehmen. Sie könnten nicht einmal um Hilfe bitten und sind mehr oder weniger in Ihrem eigenen Körper gefangen. Das klingt nach einem schlechten Horrorfilm, meinen Sie? Nun ja, für viele Menschen ist dies bittere Realität.

Eine – gänzlich – eingeschränkte Kommunikationsmöglichkeit tritt leider häufiger auf, als man denkt. Das kann verschiedene Gründe haben, wie eine plötzlich auftretende neurologische Erkrankung, schwere Unfälle etc. Bei mir lag die Ursache zum Beispiel an einem Sauerstoffmangel bei der Geburt. Für diese Menschen – die zumeist noch zusätzliche schwere physische und/oder kognitive Behinderungen haben – ist der Kontakt zur Außenwelt allerdings oft die einzige Möglichkeit, zumindest in irgendeiner Form, am Leben aktiv teilnehmen zu können. Und hier kommt die Unterstützte Kommunikation zum Tragen. Durch Unterstützte Kommunikation kann diese Partizipation sowohl am eigenen Leben als auch am Leben der Mitmenschen (wieder) erfolgen.

Doch was bedeutet »Unterstützte Kommunikation« (UK) eigentlich?

Im Grunde genommen steckt die Bedeutung bereits im Namen: UK bedeutet, dass Sprache durch etwaige Hilfsmittel unterstützt wird. Zum Einsatz kommt UK hauptsächlich bei Personen, die sich nicht verständlich artikulieren oder gar keine Lautsprache nutzen können. Ich persönlich bin aber der Meinung, dass jeder Mensch Unterstützte Kommunikation in seinem Alltag nutzt und das, obwohl er/sie es nicht als solches ›Hilfsmittel‹ deklarieren würde. Trotzdem kennen vermutlich alle die Situation, wenn man sich in einem Club unterhält und irgendwann zu seinem Smartphone greift, weil der Lärmpegel so hoch ist, dass man sein eigenes Wort nicht mehr versteht – stattdessen schreibt man es dann auf oder versucht, sich mit Gesten zu verständigen. Oder wenn man in einem fremden Land ist, die Sprache nicht spricht und mithilfe von Übersetzungs-Apps nach dem Weg fragt. Oder wenn man jemandem ein bestimmtes Emoji sendet. Oder, oder, oder ... All das ist für mich bereits gelebte Unterstützte Kommunikation. Wobei letzteres wahrscheinlich primär daran liegt, dass Emojis einfach zeitsparender sind beziehungsweise gewisse Reaktionen in symbolischer Form besser transportieren können, und wohl eher nicht daran, dass sie/er beispielsweise Probleme mit der textbasierten Kommunikation hat.

Es gibt viele Arten von Unterstützter Kommunikation. Diese alle aufzuzählen, würde jedoch den Rahmen sprengen. Ich möchte mich eher auf die Fragen konzentrieren: Können unterstützt kommunizierende Personen am ersten Arbeitsmarkt tätig sein? Können UK-Nutzer*innen eine redaktionelle Arbeit ausführen? Kann man mit einem Sprachcomputer ein Interview führen und leiten? Und meine Antworten lauten allesamt: Ja! All dies ist möglich. Dennoch erfahre ich immer noch sehr viel Skepsis, gerade wenn man sich als unterstützt kommunizierende Person für einen Job im Marketing-Bereich bewirbt, wo man mit Kommunikation quasi sein Geld verdient. Da passt man doch als ›anders sprechender Mensch‹ nicht ins Schema dieser schnelllebigen und vermeintlich makellosen Branche.

Aber ganz ehrlich, wo tut man das schon?! Anstatt sich immerzu auf eventuelle Probleme und Hürden zu konzentrieren, sollte man sich vielleicht zunächst einmal fragen: Was sind UK-Nutzer*innen im Stande zu leisten?

Hierzu möchte ich Sie gerne einladen, sich ein Video über Unterstützte Kommunikation anzusehen. Ohne die Absicht Sie spoilern zu wollen, bin ich der Überzeugung, dass unterstützt kommunizierende Personen dieselbe Leistung erbringen können wie verbal kommunizierende Menschen.

ABBILDUNG 32
Natascha Toman

Natascha Toman ist Kommunikationsbotschafterin für Unterstützte Kommunikation - Copyright Nadja Meister

Der Zeitaufwand ist ein ganz anderer, da man als unterstützt kommunizierende Person mit seinem ›Getippe‹ nun mal langsamer ist, als wenn man einfach darauf los plaudert. Auch wenn die Gefahr besteht, dass der Sprachcomputer von einem Moment auf den anderen nicht mehr funktioniert und man das ganze Interview an dem Tag absagen muss. Die synthetische Stimme ist extrem monoton und man muss nach einiger Zeit aufpassen, nicht einzuschlafen. Man kann während eines Interviews nicht einfach mal eben die Sprache wechseln, weil der Sprachcomputer dies sonst nicht mehr aussprechen kann (im Prinzip kann er eigentlich gar keine Fremdwörter aussprechen). Auch wenn es vorkommen kann, dass man seinen Interviewpartner zwischendurch mal versehentlich beschimpft, weil man die falsche Wortvorhersage-Taste angewählt hat. Auch wenn die Kommunikationsgeräte nicht gerade Ironie tauglich sind, bin ich trotzdem immer noch der Meinung, dass unterstützt kommunizierende Personen dieselben Resultate erzielen können. Vielleicht ist das Endergebnis nur mit einer Extraportion Charme und Kreativität ausgestattet.

Zu persönlich

Es gibt verschiedene Arten der Unterstützten Kommunikation, die alle aufzuzählen und zu beschreiben, würde jedoch den Rahmen sprengen und ist auch nicht Thema dieses Kapitels. Ich möchte Ihnen trotzdem – anhand meiner Geschichte – noch ein bisschen etwas über UK erzählen und erst anschließend auf meine Erfahrungen als unterstützt kommunizierende Redakteurin zu sprechen kommen.

Wie ich bereits dezent angeteasert habe, sitze ich – aufgrund eines Sauerstoffmangels bei der Geburt – im Rollstuhl. Meine Behinderung nennt sich Athetose (Zerebralparese), das bedeutet, ich habe einen sehr hohen Muskeltonus und daher ist mein Körper ständig in Bewegung.

Da auch mein Sprachzentrum betroffen ist, verwende ich im Alltag einen Sprachcomputer, denn gerade für fremde Personen ist es so gut wie unmöglich, meine doch sehr spezielle Artikulation verstehen zu können.

Mir wurde meine ›Andersartigkeit‹ selbst aber erst im Kindergartenalter bewusst: Ich bin in einem normalen Umfeld aufgewachsen und meine Eltern haben nie eine große Sache aus meiner Behinderung gemacht. Ich ging in einen Montessori-Kindergarten und hatte dort als Einzige eine Beeinträchtigung.

Ich weiß noch, dass ich mich oft gefragt habe, warum die anderen Kinder so selten auf meine Fragen reagieren. Ein einschneidendes Erlebnis – was ich heute recht witzig zu erzählen finde – war dann, als ich einen Jungen hinterher gekrabbelt bin (ich hatte damals noch keinen Rollstuhl): Ich war total wütend, weil er mir wieder mal nicht geantwortet hat und als ich ihn fast eingeholt habe, kletterte er die Leiter zu einem Klettergerüst hinauf ... Und ich saß unten und dachte:»Hoppla, irgendwas läuft da falsch!«.

Die ersten Berührungen mit Unterstützter Kommunikation habe ich in der Volksschule gemacht, als mir meine Lehrerin zusammen mit dem Lesen und Schreiben auch eine eigene Gebärdensprache beigebracht hat, damit wir uns besser verständigen konnten. Ich beschreibe dies gerne als Grundstein für meinen schulischen und beruflichen Werdegang – der sicherlich anders verlaufen wäre, wenn ich nicht so eine engagierte Volksschullehrerin gehabt hätte.

Als Jugendliche habe ich dann meinen ersten Sprachcomputer bekommen. Das war damals noch ein Monstrum und glich in der Funktionalität einer alten Schreibmaschine. Zu dieser Zeit habe ich mich aber auch immer mehr für Medien-Informatik interessiert, begann eigene Webseiten zu gestalten und habe – einige Jahre später – die Berufsreifeprüfung unter anderem in Mediendesign abgeschlossen. Ich wusste da zwar schon, dass ich gerne irgendetwas in diese Richtung beruflich machen wollen würde, allerdings stand dabei die Kommunikation noch gänzlich im Hintergrund. Ich war immer der Meinung, dass ich mich auf das konzentrieren sollte, was ich kann, und dazu habe ich meine eingeschränkte bzw. andersablaufende Kommunikation nicht gezählt. Ich meine, Gespräche verlaufen mit mir meist schriftlich (ich tippe, mein Gegenüber liest mit, was ich schreibe), da ist allein der entstehende Zeitaufwand ein ganz anderer. Ich kann nun mal nicht so schnell schreiben, wie andere sprechen. Dadurch bin ich einfach sehr oft von der Geduld und Ausdauer meines Gegenübers abhängig – dachte ich.

Dass dies gar nicht unbedingt sein muss und meine Art der Kommunikation einen wichtigen Teil der Aufklärungsarbeit in unserer Gesellschaft darstellt, musste ich erst lernen. Ich muss gestehen, ich weiß gar nicht mehr genau, wann es angefangen hat, aber ich wurde nach und nach immer mehr für Interviews angefragt, in denen ich über meine Erfahrungen mit Unterstützter Kommunikation erzählen sollte.

Autorin Natascha Toman ist Kommunikationsbotschafterin für Unterstützte Kommunikation und versucht, das Thema in der Gesellschaft ein Stück weit voranzutreiben - so wie Prof. Nitza Katz-Bernstein mal gesagt hat: »Die Sprache ist die Welt im Kopf«. Sie arbeitet zudem als Redakteurin und Webdesignerin. www.kommunikationsbotschafter.de/kommunikations-botschafter-innen/natascha-toman/

NA (JA) GENAU - UK-Spezialsendung mit Natascha Toman - Österreich

Diese Sendung wurde im September 2021 auf OKTO ausgestrahlt (27:30 min.). Sie stellte sich den Fragen: Was ist Unterstützte Kommunikation? Welche (technischen) Möglichkeiten gibt es? Worauf muss besonders geachtet werden? Und wer oder was ist eigentlich LIFEtool Wien? Zu Gast sind Barbara Prazak-Aram (Universität Wien) und Christian Kienesberger (LIFEtool Wien). Während Ernst Tradinik seine Fragen verbal äußert, stellt sie Natascha Toman mit dem Sprachcomputer. Und schon sind wir mittendrin im Thema. Moderation: Marcell Vala, Redaktion: Natascha Toman und Ernst Tradinik, Kamera: Kurt Van der Vloedt, Musik: Buntspecht, Louis Sclavis u. a.

NA (JA) GENAU - UK-Spezialsendung
https://www.youtube.com/watch?v=ntYoXYyel3Y

13.1 Inklusive Medienarbeit Schnittpunkt Logopädie

Von Theresa Bitriol

»Man kann nicht nicht kommunizieren« (WATZLAWICK 1969).
Dieses allgemein bekannte Zitat, entspringt den fünf Axiomen der Kommunikation von Paul Watzlawick. Der in Österreich geborene Kommunikationswissenschaftler, Psychotherapeut, Psychoanalytiker, Soziologe, Philosoph und Autor beschreibt in seiner Arbeit, dass menschliche

Kommunikation nicht ausschließlich in Form von (gesprochenen) Worten stattfindet. Verhaltensweisen und nonverbale Äußerungen sind in Gesprächen ebenfalls von hoher Relevanz (vgl. BENDER 2014).

Die Mehrdeutigkeit und den Umgang mit diesen in sozialen Gefügen finde ich äußerst spannend, und sie sind auch einer der Gründe, weshalb mich mein Werdegang über den Tellerrand der Logopädie blicken hat lassen, um mehr über die gesellschaftlichen Zusammenhänge im sozialpädagogischen Arbeitsfeld zu erlernen. Im Herbst 2019 startete ich daher den Masterlehrgang Sozialpädagogik an der Fachhochschule St. Pölten. In meiner beruflichen Tätigkeit als Logopädin arbeite ich u. a. mit Personen mit neurologischen Sprach- und Sprechstörungen. Aus diesem Grund lag auch mein Fokus bei der Erstellung der Masterthese auf der Teilhabe von Personen, deren verbale Kommunikation beeinträchtigt ist.

In Ulrike Kreuzbichler fand ich eine Projektpartnerin, die ebenfalls über eine gesundheitswissenschaftliche Vorbildung verfügte und mein Forschungsinteresse an Kommunikationseinschränkungen teilte. Eine Idee war geboren und wir stürzten uns gemeinsam in die Recherche für die Masterthese mit dem Titel *Gesellschaftliche Auswirkungen Inklusiver Medien im Kontext von Unterstützter Kommunikation*.

Im Nachfolgenden möchte ich die wichtigsten Aspekte unseres Forschungsprojektes vorstellen und die Hintergründe der Unterstützten Kommunikation veranschaulichen:

Zu den Hintergründen der Masterthese

Ausgehend von der Forschungsfrage: »Wie empfinden Menschen ohne Behinderung die Auseinandersetzung mit Inklusiven Medien am Beispiel eines Kurzfilms, in welchem Nutzer*innen von Unterstützter Kommunikation ihre individuellen Fähigkeiten, Kompetenzen als auch alltäglich genutzte technische Hilfsmittel in selbstbestimmter Weise präsentieren?«, widmete sich das Masterprojekt vorrangig der Inklusions- und Medienforschung. Es zielt auf eine Ergründung des Beziehungskonstrukts zwischen der Gesellschaft und herkömmlichen bzw. inklusiven Medienformaten, auf die Untersuchung von Wahrnehmungen und Ansichten von Medienkonsument*innen sowie auf eine Beforschung der Relevanz von Wissen, Erfahrung und Bildung im Zusammenhang mit der Entwicklung individueller Einstellungen ab. Wie aus unseren persönlichen Erfahrungen gefolgert wird, spiegelt die aktuelle Medienlandschaft das Ausmaß gesellschaftlicher Diversität nur sehr begrenzt wider. Während Menschen mit Behinderung in herkömmlichen Medienproduktionen stark unterrepräsentiert erscheinen, zeigen sich Personen mit kommunikativen Beeinträchtigungen darin praktisch nicht existent. Das Forschungsinteresse begründet seine Berechtigung daher im Inklusionsgedanken, welcher auf die Teilhabe und Partizipation aller Mitglieder der Gesellschaft abzielt.

»Wenn man vor vierzig Jahren gefragt worden wäre, was die Hauptprobleme in der Thematik ›Menschen mit Behinderungen in den Medien‹ seien, hätte die Antwort vermutlich gelautet: ›Was ist das – Menschen mit Behinderungen in den Medien?‹« (RADTKE 2014: 42)

Erst 1981, mit dem UNO-Jahr der Behinderten (wie damals noch die Bezeichnung lautete), trat diese Personengruppe auch ins Bewusstsein einer breiteren Öffentlichkeit. Dies bedeutete jedoch noch keineswegs, dass ihre Bedürfnisse erkannt, geschweige denn erfüllt worden wären.

Wie aus dem Zitat von Peter Radtke hervorgeht, sehen sich Menschen mit Behinderung in der Gegenwart nicht nur mit einer fehlgeleiteten Außenwahrnehmung durch die Gesamtgesellschaft konfrontiert, sondern erfahren im Alltag wiederkehrend Missachtung und Unverständnis hinsichtlich ihrer persönlichen Anliegen und Bedürfnisse. Wesentlich begünstigt scheint dieses Phänomen durch medial vermittelte Klischeekonstruktionen zu werden, welche eine mitleiderregende Darstellung dieser Personengruppe zum Zwecke der Generierung von Spendengeldern fokussieren (vgl. HUAINIGG 2005).

Während Medien von jeher dazu genutzt werden, sowohl Meinungen und Anliegen zu propagieren als auch auf Missstände hinzuweisen, kann die Personengruppe der Menschen mit Behinderung dieses Werkzeug bisher nicht oder kaum entsprechend für sich nutzen. Zu dominant wirkt hier die bevormundende Haltung Außenstehender, welche Betroffenen eine Selbstvertretung gar nicht erst zutraut. Wenn gesellschaftliche und mediale Exklusion durch das Merkmal Behinderung bereits wesentlich begünstigt wird, so scheint sich diese Dynamik noch wesentlich zu verstärken, wenn Behinderung in kommunikativen Beeinträchtigungen besteht bzw. mit solchen einhergeht. Kommunikationsbeeinträchtigten Personen bleibt damit die Möglichkeit, öffentlich für ihre Rechte und Ansichten einzutreten, fast vollständig versagt. In der UN-Behindertenrechtskonvention wird im Artikel 8 auf die Verantwortung verwiesen, den Respekt und die Würde von Personen mit Behinderungen zu wahren.

Zusätzlich wird Menschen mit Behinderung das Recht auf eine sowohl ressourcenorientierte als auch realitätsgetreue Darstellung ihrer Person in den modernen Medien zugesagt (vgl. UN-BEHINDERTENRECHTSKONVENTION, UNITED NATIONS 2006). In diesem Sinne kann nicht davon abgesehen werden, Betroffene am medialen Produktionsprozess zu beteiligen und ihnen eine entsprechende Selbstvertretung zu ermöglichen.

In den Recherchen zum Thema ›Inklusive Medienarbeit‹ fiel uns rasch auf, dass die bestehende Datenlage relativ schwach entwickelt erscheint. Im Sinne des Empowerments muss daher nicht nur kritisiert werden, dass kaum entsprechende Forschung betrieben wird, sondern auch, dass Wissenschaftler*innen Menschen mit Behinderung oft viel eher als ›Untersuchungsobjekte‹ denn als gleichberechtigte Partner*innen betrachten. Dieser Umstand erscheint in mehrerlei Hinsicht bedauerlich. Schließlich nehmen Betroffene eine Expert*innenrolle in Bezug auf lebensweltliche Besonderheiten ein und könnten damit nicht nur wesentlich zur Wissensgenerierung beitragen, sondern auch selbst entscheiden, was aus Sicht Betroffener überhaupt besonders relevant und damit forschungswürdig erscheint.

Auch im Kontext von Menschen mit Kommunikationsbeeinträchtigung darf bzw. muss aus unserer Sicht Kritik geäußert werden. Einerseits fällt es schwer, sich eine nachhaltige Verbesserung der Inklusion von kommunikationsbeeinträchtigten Personen in der Medienwelt vorzustellen, ohne diese auf wissenschaftlicher Fundierung fußen zu lassen, andererseits darf angenommen werden, dass besonders kommunikationsbeeinträchtigte Personen wesentlich von einer verbesserten Partizipation in der medialen Welt profitieren könnten. Gründe dafür könnten die digitalen Möglichkeiten sein, wie das Internet, welches seit Beginn des 21. Jahrhunderts nicht mehr wegzudenken ist. Laut Statistik Austria verfügten im Jahr 2020 90,4 Prozent aller österreichischen Haushalte über Internetzugang (vgl. BUNDESANSTALT STATISTIK ÖSTERREICH 2021). Zusätzlich gibt es mittlerweile auch eine Vielzahl an Gratis-Apps, die zum einen zum Training bei erworbenen Sprachstörungen verwendet werden können, oder Kommunikations-Apps, die mit Symbolen und Bildern hinterlegt sind und mittels Sprachausgabe (vor-)gesprochen werden.

An dieser Stelle ist zu erwähnen, dass das Medienprodukt dieser Forschung ausschließlich durch den technologischen Fortschritt im Hinblick auf Videointerviews mit den Teilnehmer*innen, Zoom-Calls mit den Interviewenden, Verbreitung des Videos an Schüler*innen und natürlich die Nutzung von UK während des Videodrehs hergestellt werden konnte.

Neben der ›externen‹ Sensibilisierungs- und Aufklärungswirkung von Inklusiven Medien erscheint deren ›interner‹ Nutzen im Sinne von positiven Auswirkungen auf darstellende oder produzierende Menschen mit Behinderung nicht weniger wichtig. Die Mitwirkenden finden in der Inklusiven Medienarbeit nicht selten eine Möglichkeit, neue Fähigkeiten zu entdecken oder bestehende Kompetenzen zu verbessern. Die intensive Auseinandersetzung mit der eigenen Person kann sowohl eine Verbesserung der Selbstwahrnehmung als auch eine Steigerung des Selbstbewusstseins bewirken.

Letzteres erhöht sich auch durch die Erfahrung von Wertschätzung gegenüber der eigenen Persönlichkeit, wie sie im Kontakt mit dem Publikum nicht selten entsteht. Medien können ein Werkzeug bilden, um Menschen mit Behinderung, im wahrsten Sinne des Wortes, eine ›Stimme‹ zu geben. Besonders kommunikationsbeeinträchtigte Personen profitieren von Inklusiver Medienarbeit, indem sie dadurch einerseits ihr Ausdrucksvermögen schulen und weiterentwickeln und andererseits auch die eigene und fremde Akzeptanz körperlicher oder geistiger Besonderheiten aktiv verbessern können (vgl. TRADINIK 2019: 55ff.).

Kommunikationsbeeinträchtigung und UK

Der Begriff ›Kommunikationsbeeinträchtigung‹ wird laut ICF als Aktivitätsproblematik definiert, genauer in der Interaktion zwischen Personen und dinglicher oder sozialer Umwelt (vgl. LING 2015: 196). Hier sollte auf die Unterscheidung zwischen verbaler und nonverbaler Kommunikation verwiesen werden. Die folgende Tabelle in Anlehnung an Ling (2011) gibt Auskunft über die unterschiedlichen Elemente der Kommunikation.

TABELLE 1
Kommunikationsbeeinträchtigung nach Ling (2011)

verbal	Sprache (ohne/mit Hilfsmittel), Schrift, Gebärdensprache, Symbolsprache
nonverbal	Laut- oder Gefühlsäußerungen, Stimmqualität, Klangfarbe, Mimik, Blickverhalten, Körperhaltung und Bewegung, Gestik, Gebärden, Bilder, Piktogramme

Folglich werden Kommunikationsbeeinträchtigungen als eine Einschränkung der verbalen Kommunikationsfähigkeit verstanden. Darunter ist die Fähigkeit zu verstehen sowie Sprach- und Symbolsysteme nutzen zu können (vgl. LAGE 2006). Entsprechend der zuvor genannten Aktivitätsproblematik erschließt sich die Kommunikationsbeeinträchtigung nicht bzw. nicht einzig aus den körperlichen Besonderheiten des Individuums selbst, sondern erst aus deren Wechselwirkung mit der jeweils vorgefundenen sozialen und gesellschaftlichen Umwelt. Durch die Tendenz, Behinderung und Kommunikationsbeeinträchtigung nicht mehr nur in der körperlichen, geistigen oder psychischen Konstitution von Einzelpersonen zu verorten, erwächst einerseits ein höheres Maß an Verantwortung für die Überbrückung von Barrieren aufseiten der Gesamtgesellschaft. Andererseits scheint diese Perspektive aber auch eine lösungsorientiertere Betrachtungsweise nach sich zu ziehen, welche nicht vorrangig nach Defiziten und Einschränkungen fragt, sondern die Entwicklung von Unterstützungsmöglichkeiten in den Fokus nimmt.

Eine Möglichkeit der Hürdenüberbrückung stellt im speziellen Hinblick auf kommunikative Beeinträchtigungen die (technisch) Unterstützte Kommunikation (UK) dar. Um den Begriff der UK besser zu verstehen, bedarf es dem Wissen über die Unterscheidung zwischen Kommunikation, Sprache und Sprechen: Unter ›Kommunikation‹ werden sowohl Verhaltens- als auch Ausdrucksformen verstanden, die bewusst und unbewusst verwendet werden, um mit anderen Menschen in Beziehung zu treten. Aus diesem Grund ist es wichtig festzuhalten, dass Kommunikation nicht nur die verbale Sprache betrifft. Andere Kommunikationsformen, die mitwirken, umfassen unter anderem Mimik, Gestik, Körperhaltung und Kopfbewegungen. Das Ziel dabei ist, Emotionen zu vermitteln, Verständnis oder Unverständnis auszudrücken. Sprache wiederum beruht auf festgelegten Symbolen. Dies können Wörter, Gebärden oder Zeichen sein und sind somit nicht an die Lautsprache gebunden (vgl. WILKEN 2014: 11f.).

Der Einsatz entsprechender Werkzeuge ist nicht nur in der Lage, die Mitteilungsfähigkeit von Nutzer*innen wesentlich zu steigern, sondern könnte auch dazu beitragen, die gesellschaftliche Distanz zwischen Menschen mit und ohne (kommunikativer) Behinderung deutlich zu reduzieren. Die Übermittlung von Bedürfnissen ist laut der Autorin Wilken für die Teilhabe am sozialen Leben und die Autonomie einer Person wesentlich. Ist also die Ausdrucksfähigkeit eines Menschen eingeschränkt, bedarf es alternativer Hilfsmittel, welche die fehlende Lautsprache ersetzen oder ergänzen können (vgl. WILKEN 2014: 9).

Der kommunikative Austausch und die Gefühlsübermittlung gelten als Grundbedürfnisse, welche durch UK ermöglicht werden können. Entsprechend der kommunikativen Beeinträchtigung können Symbole, Bilder, Gebärden oder technische Mittel verwendet werden (vgl. WAHL 2019: 102). Geräusche und Sprache zählen als lautliche Ebene der Kommunikation. Schrift, Bild und Ton, welche durch technische Hilfsmittel produziert werden, gehören folglich zur technischen Ebene (vgl. Brockhaus 1996; Frohlich 2001 zit. in WAHL 2019: 102). Eine Zielgruppe zu charakterisieren, für die UK konzipiert wurde, ist nur schwer möglich.

Die Ursachen für die Notwendigkeit der UK sind vielfältig, und die Nutzungsdauer kann sowohl kurzzeitig als auch dauerhaft sein. Falls die Fähigkeit der verbalen Übermittlung im Erwachsenenalter durch Krankheit, Unfälle oder anderweitige Abbauprozesse beeinträchtigt wurde, muss die bereits vorhandene verbale und schriftsprachliche Kompetenz berücksichtigt werden. Beispiele für Krankheiten im Erwachsenenalter sind unter anderem Schlaganfälle oder Amyotrophe Lateralsklerose (ALS) (vgl. OTTO/WIMMER 2017: 9). Nutzer*innen der UK gehören unterschiedlichen Altersklassen an, haben diverse sozioökonomische Voraussetzungen und persönliche Wünsche oder Vorlieben (vgl. WILKEN 2014: 9ff.).

Die Interaktion mit UK-Nutzer*innen wird gefördert, indem das Umfeld strukturiert und dem Interesse der Nutzer*in gefolgt wird. Nutzer*in und Rezipient*in schaffen dabei einen gemeinsamen Gesprächsfokus. Das Fundament für die Nutzung von UK bildet die hergestellte Aufmerksamkeit, gemeinsame Routinen im Gespräch, aufgebaute Erwartungshaltung, antizipierende Handlungen, vermittelte Intentionalität und die Auswahl der diversen Kommunikationsalternativen (vgl. LAGE 2007: 8ff.).

Wichtig ist beim Einsatz von den Methoden der UK die Differenzierung der unterschiedlichen Voraussetzungen sowie Bedürfnisse (vgl. WILKEN 2014: 9ff.). Anders als beim Fremdsprachenerwerb müssen die unterschiedlichen Formen der UK nicht beherrscht werden, sondern die Formen können und sollen miteinander verknüpft werden. Damit kann eine individuelle Kommunikation ermöglicht werden. Kritische Fragen, ob UK nicht dazu führe, dass die lautsprachliche Entwicklung durch die Nutzung behindert werden könnte, weist Wachsmuth zurück und verweist dabei auf Kaufmann und Wilken (vgl. WACHSMUTH 2014: 49). UK wird als Möglichkeit verstanden, Menschen ein individuelles und multimodales Kommunikationssystem zu bieten, wenn die Lautsprache vollständig eingeschränkt oder in der Verständlichkeit reduziert ist.

Zum Forschungsprojekt

Von essenzieller Bedeutung war es, die subjektive Wahrnehmung der Befragten bei der Sichtung des Medienprodukts im Anbetracht ihrer Vorerfahrungen zum Thema Behinderung bzw. Inklusion und deren einschlägigem Bildungsstand im Zuge unserer Masterthese zu beforschen. Ferner wollten wir mehr über das Potenzial der medialen Darstellung von Menschen mit Kommunikationsbeeinträchtigungen erfahren, wobei der Fokus auf der UK-Nutzung der Teilnehmer*innen lag. Ausführliche Informationen bezüglich der Erstellung des Medienproduktes und der wahrgenommenen Emotionen der Protagonist*innen werden in einer weiterführenden Forschung von unserem Studienkollegen Michael Kneidinger, der die Dreharbeiten durchgeführt und den Film erstellt hat, zu erwarten sein. Das Inklusive Medienprodukt wurde von Herrn Kneidinger in Zusammenarbeit mit den Protagonist*innen produziert. Aufgrund von unterschiedlichen Studiengeschwindigkeiten kann derzeit noch keine Aussage zu den Ergebnissen getroffen werden.

Das Videoprodukt wurde anschließend den Protagonist*innen selbst, externen Betrachter*innen und Schüler*innen einer Bildungsanstalt für Elementarpädagogik in Niederösterreich vorgestellt. Bei den Protagonist*innen des inklusiven Filmprojekts handelt es sich, bis auf eine Ausnahme, durchwegs um Menschen mit körperlichen bzw. geistigen Behinderungen, welche jeweils mit kommunikativen Beeinträchtigungen einhergehen. Bis auf eine kurze, erklärende Sequenz, welche sich vornehmlich auf den nicht behinderten Vater eines Darstellers konzentriert, bezieht sich das sonstige Filmgeschehen gänzlich auf die Darstellung von Teilnehmer*innen mit Behinderung.

Eine möglichst geringe Präsenz von Protagonist*innen ohne Behinderung wurde in der Filmproduktion bewusst forciert, um den Fokus der Handlung gänzlich auf die Selbstinszenierung der darstellenden Personen mit Behinderung zu richten. Ein Kriterium für die Teilnahme war die Nutzung von alternativen Kommunikationsmöglichkeiten, wie der UK. Um Informationen über die öffentliche Haltung gegenüber inklusiven Medienprodukten und deren Einbezug von UK zu generieren, wurden leitfadengestützte Interviews und eine Umfrage mittels qualitativer Fragebögen bei Menschen ohne Behinderung durchgeführt. Sowohl die Auswertung der Interviews mit externen Betrachter*innen als auch die 31 Auswertungen der qualitativen Fragebögen der Schüler*innen erfolgte anhand der Dokumentarischen Methode, auch um eine gute Vergleichbarkeit aller Daten sicherzustellen (vgl. NOHL 2017: 17).

Ergebnisse

Ergebnisse der Fragebögen: Die Forschungsgruppe erweist sich als größtenteils homogen in Bezug auf Geschlecht (aufgrund der Klassenzusammensetzung), Alter und Ausbildung, jedoch werden bei der Auswertung der

Antworten deutliche Differenzen bezüglich der vorhandenen Vorerfahrungen ersichtlich. Aus der qualitativen Auswertung der Fragebögen lässt sich schließen, dass die Mehrheit der Schülerinnen davon ausgeht, dass Menschen ohne pädagogische Ausbildung anders über das Medienprodukt denken als sie selbst. Auch das Interesse von Außenstehenden wird tendenziell als geringer eingeschätzt. Erklären ließe sich dies laut den Antworten der Schülerinnen durch die nicht vorhandenen Erfahrungen der Bevölkerung mit dem Thema Behinderung. Diese mangelnde Erfahrung führe dazu, dass sich Außenstehende eher als ablehnend präsentieren.

Gegensätzliche Meinungen der Schülerinnen gehen davon aus, dass ein neugewonnener Eindruck über Fähigkeiten und Möglichkeiten von Menschen mit Behinderung besonders für Menschen ohne Vorerfahrungen und deren Aufklärung signifikant wäre. Somit könnte ein gesellschaftliches Verständnis für Behinderung geschaffen werden. Im Zuge der Fragebogenauswertung war besonders die positive Resonanz der Schülerinnen auffallend. Unsere Vermutung war, dass die Bewertung aufgrund der Anonymität frei(-er) von sozialer Erwünschtheit sein würde und sich möglicherweise Teilnehmerinnen infolgedessen gegen inklusive Medien und UK aussprechen würden. Dies war in den bearbeiteten Fragebögen nicht der Fall. Auffällig war die Relation zwischen dem gegebenen Vorwissen und der Beurteilung des Videos, was womöglich auf die schulische Ausbildung zurückzuführen ist. Andererseits liegt ebenfalls der Gedanke nahe, dass sich für die Ausbildung zur Elementarpädagogin auch aufgrund der Charaktereigenschaften entschieden wurde, welche signifikant für die Beurteilung von inklusiven Medienprodukten ist. Offenkundig wurde, dass eine Vielzahl der Schülerinnen auch Unterschiede in der gesellschaftlichen Auffassung und ihrer eigenen Meinung erkannten. Daraus geht klar hervor, dass für viele der Befragten die pädagogische Ausbildung oder die schulische Vorerfahrung ausschlaggebend für die Beurteilung von Personen mit Behinderung in den Medien ist.

Ergebnisse der Einzelinterviews: Grundlegend konnte durch die Befragungen festgestellt werden, dass das durch moderne (Unterhaltungs-)Medien vermittelte Menschenbild von den interviewten Personen ohne Behinderung durchwegs als unrealistische Präsentation eines vermeintlichen Ideals wahrgenommen wird. Zur medialen Darstellung von Menschen mit Behinderung kann aus allen Einzelinterviews die konsensuelle Erkenntnis entwickelt werden, dass die genannte Personengruppe darin nicht oder kaum präsent ist. Des Weiteren zeigen sich durchgängige Hinweise auf die direkte Assoziation von Behinderung mit Mitleid. Die tradiert anmutende Präsentation von Menschen mit Behinderung in Spendenformaten scheint an der Entwicklung dieser Wahrnehmung nicht einzig, aber doch in wesentlichem Maße (mit-)beteiligt zu sein. Durch die konsequente Reproduktion derartiger Darstellungen in den Medien scheint in der Vergangenheit und Gegenwart ein gesellschaftliches Bild gezeichnet worden zu sein, welches Menschen mit Behinderung niedrig ausgeprägte Kompetenzen, geringe Lebensqualität und Abhängigkeit attestiert. Wie sensibel die gesellschaftliche Wahrnehmung auf gegenteilige Darstellungen zu reagieren scheint, zeigt sich an den wiederkehrend auftretenden Verweisen auf berühmte Persönlichkeiten mit Behinderung wie Stephen Hawking. Während einem Teil der Befragten UK überhaupt erst durch dessen mediale Präsenz bekannt ist, konnte darüber hinaus ein wesentliches Maß an Verständnis und Wissen über technische Möglichkeiten entwickelt werden.

Der beschriebene Blick auf Menschen mit Behinderung tendiert dazu, diesen ihre Fähigkeit zu selbstbestimmten Entscheidungen abzuerkennen und entsprechend verstärkend auf Vorurteile und Ängste vor Instrumentalisierung und Unfreiwilligkeit in inklusiven Medien einzuwirken. Eine Vielzahl der Befragten berichtet, dass die sichtliche Freude der Darsteller*innen im Beispielfilm sehr einprägsam auf sie gewirkt habe. Sie verweisen auf das wahrgenommene Engagement und den möglichen Zuwachs an Lebensqualität, wie er sich für die Teilnehmenden aus der Mitarbeit ergeben könnte. Die vermuteten positiven Einflüsse beziehen sich somit nicht nur auf das persönliche Empfinden der Mitwirkenden, sondern auch auf deren gesamtgesellschaftliche Position.

Es lässt sich demnach annehmen, dass inklusive Medien per se durchaus zur Steigerung der Lebensqualität von Menschen mit Behinderung beitragen können, indem sie diesen die Möglichkeit einer freudvollen Tätigkeit bieten, welche positiven Einfluss auf das Selbstbewusstsein, die Selbstbestimmung und gesellschaftliche Position von Menschen mit Behinderung nimmt. Bezugnehmend auf UK wird in der Auswertung der Einzelinterviews klar, dass es als wesentliches Werkzeug zur Verbesserung gesellschaftlicher Inklusion betrachtet wird. Neben den optimistischen und ressourcenorientierten Perspektiven vieler Befragter finden sich in den Interviews auch kritische Aussagen zur Realisierbarkeit von UK. Des Weiteren dauern Gespräche mittels UK zumeist länger als herkömmliche Unterhaltungen, weshalb in diesem Zusammenhang ein Mindestmaß an zeitlichen Ressourcen und Geduld aufseiten aller Gesprächsteilnehmer*innen vorausgesetzt werden muss.

Conclusio

Um die Frage zu beantworten, inwiefern inklusive Medienarbeit für Nutzer*innen von Unterstützter Kommunikation die Mitteilungs- und Ausdrucksmöglichkeiten erweitern und so einen Weg zur Teilhabe an der Gesellschaft eröffnen kann, muss an dieser Stelle auf Michael Kneidingers Forschungsarbeit verwiesen werden. Wie sich jedoch auch im Rahmen der hier thematisierten Befragungen deutlich zeigt, scheint der gezeigte Kurzfilm als Beispiel eines inklusiven Mediums in der Lage zu sein, verändernd auf gedankliche Bilder und Vorurteile von Betrachter*innen einzuwirken.

Nicht nur, dass diese sich des Öfteren positiv überrascht über die intellektuellen Fähigkeiten der Darsteller*innen äußern, sie zeigen sich oftmals auch berührt von deren Berichten und Leistungen. Insofern kann angenommen werden, dass inklusive Medien Nutzer*innen von UK nicht nur befähigt werden, sich und ihre Ansichten öffentlich mitzuteilen, sondern für sie auch ein effektives Werkzeug sind, um aktiv auf die Veränderung stereotyper Gedankenbilder in der Gesellschaft einzuwirken. Dass Bildung, Wissen, Erfahrung und Aufklärung sowohl als maßgebliche Einflussfaktoren in Bezug auf die Haltung gegenüber Menschen mit Behinderung als auch gegenüber inklusiven Medien gelten, kann wohl als eine der wichtigsten Erkenntnisse des beschriebenen Projekts betrachtet werden.

Inklusion kann nur über den Abbau von Distanz zwischen Menschen mit und ohne Behinderung stattfinden. Mediale Formate wie auch Mittel der Unterstützten Kommunikation könnten in diesem

Zusammenhang jedenfalls als wirkungsvolle Werkzeuge dienen. Wenn die Etablierung inklusiver Medien nachhaltig gelingen soll, so scheint es jedenfalls zielführend, eine ganzheitliche Betrachtungsweise der Thematik einzunehmen.

Kritischer Blick auf die Forschung

Ein potenziell risikobehafteter Einflussfaktor liegt im Phänomen der ›sozialen Erwünschtheit‹. Individuen scheinen in ihrer Interaktion nicht selten dazu zu tendieren, ihr (Antwort-)Verhalten an gesellschaftlichen Normen auszurichten. Eine entsprechende Relevanz für die Gebiete der Medien- und Inklusionsforschung lässt sich in dieser Dynamik durchaus erkennen. Die beschriebenen Auffälligkeiten in Bezug auf eine scheinbare Präsenz bzw. das augenscheinliche Fehlen sozial erwünschten Antwortverhaltens könnten einerseits auf die Einwirkung eines bisher nicht entdeckten Einflussfaktors zurückgeführt werden. Andererseits jedoch könnte die positive Meinungsfärbung der zweiten Gruppe auch mit deren sozialem und pädagogischem Bildungshintergrund in Zusammenhang stehen. Weitere Forschungsbemühungen wären diesbezüglich jedenfalls von Interesse.

Bei der Inklusions-Forschung sollte die Person mit Behinderung im Mittelpunkt stehen, die somit in allen Entwicklungsschritten des Forschungsprozesses Mitspracherecht hat. Die vorliegende Forschung kann per Definition nicht als inklusive Forschung gewertet werden, sondern als partizipative Forschung. Der Grund liegt darin, dass Menschen mit Behinderung zwar aktive Teilnehmer*innen an der Forschung waren, aber Aufgabenbereiche, wie die Entwicklung der Fragestellungen, Datenerhebungen, Auswertung der Interviews sowie Fragebögen und endgültiges Zusammentragen aller Ergebnisse ausschließlich vom Projektteam der Fachhochschule St. Pölten übernommen wurde.

Für den angestrebten Prozess des Empowerments und der Selbstbestimmung der Projektteilnehmer*innen ist die vollständige Übermittlung der eigenen Wünsche bei der Umsetzung des Medienproduktes zentral (vgl. WALMSLEY/JOHNSON 2003). Es wäre für die Erstellung weiterer Forschungsarbeiten wünschenswert, die Protagonist*innen bei allen notwendigen Schritten einzubinden und als Co-Forscher*innen zu integrieren. Beim Einbezug der UK in Medienproduktionen gab es ebenfalls Herausforderungen. Die Überwindung dieser bedarf Geduld aufseiten der Teilnehmer*innen und im konkreten Fall der Videoproduzent*innen. Es bleibt fraglich, ob diese Herausforderungen von Medienproduzent*innen ohne einschlägige soziale Vorerfahrung oder entsprechende Schulung angenommen werden würden. Indes sollte das Bewusstsein vor dem Beginn des Videodrehs und ein gewisses Maß an strategischer Kompetenz für die Nutzung bei allen Beteiligten vorhanden sein (vgl. ANTENER 2014: 8ff.). Der finanzielle Aspekt bei der Anschaffung eines Kommunikationsgerätes darf ebenfalls nicht außer Acht gelassen werden, welcher den potenziellen Kreis der Nutzer*innen einschränkt. Die Zielgruppe umfasst aus diesem Grund nicht alle sozialökonomischen Schichten, was entscheidend für die Heterogenität der Protagonist*innen wäre.

Schlussfolgerung und weiterführende Gedanken zur Thematik

Versteht man die Medien als ein Funktionsorgan der Demokratie, welches nicht nur der Meinungsbildung, sondern auch der Veröffentlichung von Interessen und Anliegen der Gesamtbevölkerung dienlich sein soll (vgl. BRANAHL/DONGES 2011), dann ergibt sich daraus ein klarer Hinweis auf die Wichtigkeit medialer Veränderungsprozesse. Menschen mit Behinderung sollen einen gleichberechtigten Teil der Gesellschaft bilden und können somit unmöglich aus der Medienlandschaft ausgeschlossen werden. Die gängige Vermeidungspraxis, wie sie sich bis in die Gegenwart in den Medien beobachten lässt, verstößt gegen das Recht von Menschen mit Behinderung auf Partizipation und Teilhabe. Inklusiven Medien kommt auch als Werkzeugen der UK ein hoher Wert als Mittel zur Inklusions- und Partizipationsförderung zu.

Wie sich im hier beschriebenen Projekt zeigen ließ, scheint in der Gesellschaft relativ wenig Wissen zu entsprechenden Möglichkeiten zu bestehen. Das geäußerte Staunen vieler Befragter über die tatsächlichen Fähigkeiten und Kompetenzen von kommunikationsbeeinträchtigten Personen spricht in diesem Zusammenhang für sich. Es scheint, als sei es

Außenstehenden erst durch die Einbeziehung technischer Hilfsmittel möglich, einen realistischen Blick auf Menschen mit (kommunikativer) Behinderung zu entwickeln und bestehende Vorurteile abzulegen. Die öffentliche Meinung könnte somit korrigierend beeinflusst werden. Wichtig erscheint im Zusammenhang dieses inklusionsfördernden Bestrebens auch die Vernetzung von Nutzer*innen Unterstützter Kommunikation. Die Möglichkeit einer therapeutischen Wirkung von inklusiver Medienarbeit sowohl auf körperlicher, sprachlicher, geistiger als auch psychischer Ebene kann aus literarischen Wissensbeständen (vgl. TRADINIK 2019) abgeleitet werden. Es erscheint äußerst erstrebenswert, dieses Potenzial im Hinblick auf eine praktische Nutzbarkeit weiterführend zu beforschen.

Die Autorin Theresa Bitriol ist Logopädin und Sozialpädagogin, sie schrieb 2021 gemeinsam mit Ulrike Kreuzbichler die Masterarbeit *Gesellschaftliche Auswirkungen Inklusiver Medien im Kontext von Unterstützter Kommunikation* im Rahmen des akademischen Lehrgangs Sozialpädagogik an der FH St. Pölten.

Literaturverzeichnis

ANTENER, GABRIELA: Unterstützte Kommunikation. Entwicklung und Perspektiven eines Fachgebiets. In: *Schweizerische Zeitschrift für Heilpädagogik*, 2014, S. 6-12

BENDER, S.: *Paul Watzlawick*. 2014. https://www.paulwatzlawick.de/axiome.html [22.07.2022]

BRANAHL, UDO; DONGES, PATRICK: *Warum Medien wichtig sind: Funktionen in der Demokratie*. Bonn [Bundeszentrale für politische Bildung] 2011. https://www.bpb.de/izpb/7492/warum-medien-wichtig-sind-funktionen-in-der-demokratie [02.03.2021]

HAUSER, MANDY: Inklusive Forschung. Gemeinsames Forschen mit Menschen mit Lernschwierigkeiten. In: *Wegweiser Bürgergesellschaft*, 2013, S. 1-10

HUAINIGG, FRANZ JOSEPH: *Der Mitleidsduft des ORF-Weihnachtsbratens.* 2005. http://franzhuainigg.at/der-mitleidsduft-des-orf-weihnachtsbratens/ [28.02.2021]

LAGE, DOROTHEA: *Unterstützte Kommunikation und Lebenswelt. Eine kommunikationstheoretische Grundlegung für eine behindertenpädagogische Konzeption.* Bad Heilbrunn [Julius Klinkhardt] 2006

LAGE, DOROTHEA: Unterstützte Kommunikation und Lebenswelt. Tagung. In: *Unterstützte Kommunikation. Perspektiven in Wissenschaft und Praxis.* Würzburg [Universität Würzburg, Institut für Sonderpädagogik] 2007

LING, KAREN: Nutzerkontrolle bei eingeschränkter verbaler Kommunikation. In: BECK, IRIS; GREVING, HEINRICH (Hrsg.): *Gemeindeorientierte pädagogische Dienstleistungen. Enzyklopädisches Handbuch der Behindertenpädagogik.* Band 6. Stuttgart [Kohlhammer] 2011, S. 187-191

LING, KAREN: Identitätsentwicklung und Kommunikations(-beeinträchtigungen). In: ANTENER GABRIELA; BLECHSCHMIDT, ANJA; LING, KAREN (Hrsg.): *uk wird erwachsen - Initiativen in der Unterstützten Kommunikation.* Karlsruhe [Loeper Literaturverlag] 2015, S. 195-212

NOHL, ARND-MICHAEL: *Interview und Dokumentarische Methode. Anleitungen für die Forschungspraxis.* 5. Auflage. Wiesbaden [Springer VS] 2017

OTTO, KARIN; WIMMER, BARBARA: *Unterstützte Kommunikation. Ein Ratgeber für Eltern, Angehörige sowie Therapeuten und Pädagogen.* Idstein [Schulz-Kirchner Verlag] 2017

RADTKE, PETER: Weder sensationell noch mitleiderheischend. Wie Menschen mit Behinderung eine eigene Sendung im Fernsehen bekamen. In: *Communicatio Socialis*, 1, 47, 2014, S. 42-44

TRADINIK, ERNST: Medienberufe für Menschen mit Beeinträchtigung. In: *merz. Zeitschrift für Medienpädagogik*, 5, 2019, S. 55-59.

UNITED NATIONS: *Convention of the United Nations on the rights of persons with disabilities. Article 8-Awareness-raising.* 2006. https://www.un.org/development/desa/disabilities/convention-on-the-rights-of-persons-with-disabilities/article-8-awareness-raising.html [25.02.2023]

WACHSMUTH, SUSANNE: Stichwort Unterstützte Kommunikation (UK). In: *Frühförderung interdisziplinär*, 2014, S. 47-49

WAHL, MICHAEL: Unterstützte Kommunikation in der inklusiven Sprachbildung. In: RÖDEL, LAURA; SIMON, TONI (Hrsg.): *Inklusive Sprach(en)bildung. Ein interdisziplinärer Blick auf das Verhältnis von Inklusion und Sprachbildung*. Bad Heilbrunn [Julius Klinkhardt] 2019, S. 102-111

WALMSLEY, JAN; JOHNSON, KELLEY: *Inclusive Research with People with Learning Disabilities. Past, Present, Futures*. London, Philadelphia [Jessica Kingsley Publishers] 2003

WATZLAWICK, PAUL; BEAVIN, JANET; JACKSON, DON: *Menschliche Kommunikation*. Bern [Hans Huber] 1969

WILKEN, ETTA: *Unterstützte Kommunikation. Eine Einführung in Theorie und Praxis*. Stuttgart [W. Kohlhammer] 2014

14. DAS BERUFSQUALIFIZIERUNGSPROJEKT INKLUSIVE LEHRREDAKTION (ILR) IM ORF

Von Anna Mark

Was ist die Inklusive Lehrredaktion (ILR)?

Die Inklusive Lehrredaktion (ILR) ist ein Projekt der Jugend am Werk Sozial:Raum GmbH und wird vom Fonds Soziales Wien gefördert. Das Berufsqualifizierungsprojekt ist seit Ende 2019 im ORF angesiedelt. Es wird vom Fonds Soziales Wien finanziert und von Jugend am Werk betrieben. Die Inklusive Lehrredaktion wird von zwei Trainerinnen betreut und von einer Projektkoordinatorin unterstützt.

In der Inklusiven Lehrredaktion sind junge Menschen beschäftigt, die Schwierigkeiten haben, einen regulären Arbeitsplatz zu finden. Sechs junge Erwachsene mit Lernschwierigkeiten, einer Behinderung oder einer chronischen Erkrankung schreiben Nachrichten in Einfacher Sprache. Diese Nachrichten sind einfacher zu verstehen als Nachrichten in Standardsprache.

In der Inklusiven Lehrredaktion lernen die Teilnehmer*innen auch das richtige Verhalten am Arbeitsplatz. Ziel ist es, dass die Teilnehmer*innen nach der Inklusiven Lehrredaktion einen Job am ersten Arbeitsmarkt finden. Die Teilnehmer*innen sind bis zu 3 Jahre in dem Berufsqualifizierungsprojekt beschäftigt. Es gibt auch regelmäßig eine Schnupperwoche in der Inklusiven Lehrredaktion. Dabei wird geschaut, ob das Projekt zu den neuen Interessenten passt.

»Ich habe immer schon an einzelnen Wörtern oder Formulierungen wirklich lange gearbeitet, bis ich zufrieden bin damit. Und das muss ich halt bei der Einfachen Sprache jetzt auch machen – sogar noch viel mehr« (ILR-Teilnehmerin).

Berufsqualifizierungsprojekt Inklusive Lehrredaktion (ILR)

Die Teilnehmer erhalten Schulungen, Coachings und Praktika. In der Inklusiven Lehrredaktion werden berufsrelevante Kompetenzen erlernt. Zum Beispiel das Arbeiten am PC, aber auch soziale Kompetenzen wie Kommunikations- oder Teamfähigkeit. Auch Selbstkompetenzen wie Selbstvertrauen oder Verantwortungsgefühl werden vermittelt.

»Die Lehrredaktion ist das Mittel zum Zweck, weil man lernt, wie man in einem Unternehmen agieren muss. Also die Teilnehmer müssen am Computer arbeiten, wir müssen auch schauen, dass Berichte geliefert werden. Sie haben einen gewissen Zeitdruck. Es geht darum, wie die Leute mit Stress umgehen, aber auch, dass man an den eigenen Stärken arbeitet, sich immer wieder weiterbildet. So dass man dann am 1. Arbeitsmarkt auch einen Job finden kann« (ILR-Trainerin).

ABBILDUNG 33
Arbeit in der Inklusiven Lehrredaktion

Foto von: Inklusive Lehrredaktion - ORF, Projektleitung: Jugend am Werk Sozial:Raum GmbH

Wieso Nachrichten in Einfacher Sprache?

Rund 1 Million Menschen in Österreich verstehen komplizierte Texte nicht so gut. Inklusion bedeutet, dass alle Menschen gleichberechtigt an Angeboten teilnehmen können. Das betrifft auch Medienangebote und den Zugang zu Information.

»Es ist wichtig, dass sich jeder auskennt. Wenn man zum Beispiel Interesse an einem bestimmten Thema hat. Wenn man sich einlesen möchte und die Information nicht versteht, weil ein Text zu kompliziert geschrieben ist, kann man ja nicht in das Thema hineinkommen. Deshalb finde ich es wichtig, dass man es so erklärt, dass man es leicht versteht« (ILR-Teilnehmerin).

Der Zugang zu Information ist in der UN-Behindertenrechtskonvention und dem Nationalen Aktionsplan Behinderung (NAP) festgehalten. Nachrichten sollen so gestaltet sein, dass möglichst alle Menschen die Informationen verstehen. Dabei hilft zum Beispiel die Übersetzung von Nachrichten in Einfache Sprache. Denn nur wer Informationen versteht, kann sich unabhängig eine Meinung bilden. Einfache Sprache ist wichtig, damit so viele Menschen wie möglich an der Demokratie teilnehmen können. Demokratie bedeutet, dass Menschen in einem Land bei der Politik mitbestimmen.

»Politik ist sehr relevant für die Menschen. Wir gehen wählen. Da müssen wir natürlich wissen, wen wir wählen. Und ich finde es einfach wichtig, auch für viele junge Menschen, dass sie Informationen dazu haben. Ich kenne viele Menschen, die sich sehr viel mit Politik auseinandersetzen und für sie ist es auch wichtig, dass sich Freunde und Verwandte damit auseinandersetzen. Dann kann man darüber reden und sich austauschen« (ILR-Teilnehmerin).

Einfache Sprache verzichtet weitestgehend auf Fremdwörter und Füllwörter. Fremdwörter und Füllwörter werden gestrichen bzw. ersetzt.

»Also bei Fremdwörtern lese ich eigentlich weiter. Weil ich denke, man sollte sich von einem Wort nicht aufhalten lassen. Und ich denke nicht, dass das eine Wort entscheidend ist für den ganzen Text« (ILR-Teilnehmer).

In der Einfachen Sprache dürfen Wörter wiederholt werden, denn das hilft Menschen mit schwacher Lesekompetenz.

»Was mir auch gefällt ist, dass ich Nachrichten für Menschen schreiben kann, die nicht so gut Deutsch können, eine Behinderung haben oder nicht so gut lesen können. Die können schwierige Nachrichten nicht so gut verstehen. Ich finde, wenn man kompliziert oder schwierig schreibt, kostet das die Menschen Zeit und Nerven. Sie brauchen dann Hilfe, dass sie den Text verstehen. Das kann man vermeiden« (ILR-Teilnehmer).

Nachrichten in Einfacher Sprache sind ein Service für rund eine Million Menschen mit Lese- und Schreibschwäche. Einfache Sprache ist außerdem hilfreich für Kinder, alte Menschen und Menschen mit schwachen Deutschkenntnissen.

»Wenn in einem Text ein Wort immer wieder vorkommt, ist das einfach ein Orientierungspunkt. Variieren und möglichst viele Synonyme benützen hilft nicht, um den Text zu verstehen. Dann habe ich zwar oft Wortwiederholungen und da wird immer wieder kritisiert, dass die Schönheit der Sprache verloren geht. Aber es geht halt bei Einfacher Sprache nicht um das Schöne, sondern um das Verständliche« (ILR-Trainerin).

Wie ist die Einfache Sprache entstanden?

Die Einfache Sprache hat sich aus der Leichten Sprache entwickelt: Die Leichte Sprache ist aus der US-amerikanischen Organisation People First entstanden. People First wurde im Jahr 1974 gegründet. Die Organisation entwickelte damals die Idee »Easy Read«. »Easy Read« ist Englisch und bedeutet übersetzt »leicht lesen«.

Diese Idee wurde später auch in Deutschland umgesetzt. Im Jahr 1997 wurde dann in Deutschland das 1. Offizielle Netzwerk von Menschen mit Lern-Schwierigkeiten gegründet. Kurz danach wurde in Europa die 1. Richtlinie für leicht lesbare Informationen erstellt. Im Jahr 2009 sind dann Regeln zur Leichten Sprache entwickelt worden.

Diese Regeln wurden von 8 verschiedenen Ländern entwickelt. Auch Österreich hat dabei geholfen. Die Leichte Sprache befolgt ein strenges Regelwerk. Menschen mit Lern-Schwierigkeiten und Menschen ohne Lern-Schwierigkeiten haben die Regeln gemeinsam aufgeschrieben. Es muss zum Beispiel jeder Satz in eine neue Zeile. Man darf keine Nebensätze einbauen. Und der Text in Leichter Sprache muss von einer Kontrollgruppe freigegeben werden.

Die Einfache Sprache

»Es ist eben Sprache, die leichter zu verstehen ist. Man beachtet dabei einige Regeln aus der Leichten Sprache. Man vermeidet zum Beispiel den Genetiv, also den 2. Fall. Und man muss für schwierige Wörter Synonyme suchen. Das sind dann in diesem Fall Wörter, die ähnlich sind, aber einfacher. Und ja, das ist gar nicht so leicht anzuwenden. Aber man kommt dann schon rein, man muss ein Gefühl dafür entwickeln, welche Wörter schwierig sind« (ILR-Teilnehmerin).

Einfache Sprache ist anfangs ungewohnt. Sie ist schwierig zu lernen. Anders als bei der Leichten Sprache gibt es für die Einfache Sprache keine festen Regeln. Die Einfache Sprache orientiert sich deshalb an den Regeln von der Leichten Sprache. Die Einfache Sprache verwendet aber zum Beispiel schwierigere Wörter als die Leichte Sprache. In der Einfachen Sprache dürfen auch die Sätze länger sein als in der Leichten Sprache. Außerdem muss zum Beispiel nicht jeder Satz in eine neue Zeile geschrieben werden. Es sollen nur wenige Informationen in einem Satz sein. Außerdem sollen überflüssige Informationen weggelassen werden.

»Man muss kreativ denken, was ich auch gerne mache. Da gibt es Wörter, die schwierig sind, und da muss man viel das Gehirn einsetzen, um einfachere Wörter zu finden. Dann gibt es auch längere Sätze, die man in mehrere Sätze aufteilen muss« (ILR-Teilnehmer).

Wichtig ist, dass möglichst einfache Wörter verwendet werden. Wenn Fremdwörter im Text vorkommen, werden diese Fremdwörter erklärt. Die Erklärungen können direkt in den Text oder unter den Text geschrieben werden.

»Wir haben oft Wörter, die wir lesen und die uns gar nicht kompliziert oder fremd erscheinen. Aber wenn wir dann anfangen nachzudenken, wie wir das erklären würden, dann kommen wir oft drauf, dass das doch gar nicht so einfach ist. Manche Wörter haben sich einfach eingebürgert und sind im Sprachgebrauch drinnen, brauchen aber einen größeren Umfang, um sie zu erklären. Ich glaube trotzdem, dass es oft sinnvoll ist, mit diesen Wörtern zu arbeiten, weil man die ja aus dem Sprachgebrauch auch nicht einfach ›entfernen‹ kann« (ILR-Trainerin).

ABBILDUNG 34
Arbeit am Text in Einfacher Sprache

Foto von: Inklusive Lehrredaktion - ORF, Projektleitung: Jugend am Werk Sozial: Raum GmbH

»Es ist halt manchmal schwierig, wenn man große Themen hat, wie zum Beispiel Nationalsozialismus. Also da müssen wir in der Einfachen Sprache viel überlegen: Machen wir etwas zu einfach? Ist es sinnvoll, dass wir das Wort vielleicht ganz weglassen, wenn es geht? Oder müssen wir es ganz anders angehen, damit wir nichts falsch darstellen?« (ILR Trainerin) Auch Zahlen werden vereinfacht dargestellt. Zum Beispiel schreibt man 30 und nicht dreißig. Beim Schreiben in Einfacher Sprache benutzt man dasselbe Wort öfter. Das bedeutet, dass man Wort-Wiederholungen macht. So ist der Text einfacher zu lesen.

Für wen ist Einfache Sprache nützlich?

Es gibt verschiedene Zielgruppen für Einfache Sprache. Einfache Sprache ist zum Beispiel für Menschen mit Lern-Behinderungen oder Lern-Schwierigkeiten hilfreich. Einfache Sprache ist aber zum Beispiel auch für Menschen wichtig, die nicht gut Deutsch können. Kinder und ältere Menschen können genauso zu den Zielgruppen von Einfacher Sprache gehören.

Die Einfache Sprache kann an die jeweilige Ziel-Gruppe angepasst werden. Zum Beispiel werden für ältere Menschen zusätzliche oder andere Fach-Wörter erklärt, als für Kinder und Jugendliche mit Lern-Schwierigkeiten.

»Zielgruppe können zum Beispiel Menschen mit Lernschwierigkeiten sein. Aber auch Menschen die wenig Deutschkenntnisse haben und Kinder. Teilweise auch alte Menschen, zum Beispiel, wenn es um technische Themen geht. Wenn zum Beispiel von einem Tablet die Rede ist, erklärt man, was das ist« (ILR-Teilnehmerin).

Was ist beim Schreiben in Einfacher Sprache zu beachten?

Es werden Fremdwörter und komplizierte Zahlen vermieden. Außerdem sind die Sätze kurz. Es ist wichtig, dass die Texte leicht zu lesen sind. Deshalb verzichtet die ILR zum Beispiel darauf, gleichzeitig in der männlichen und weiblichen Form zu schreiben. Die ILR verwendet deshalb auch oft allgemeine Begriffe. Wenn das nicht möglich ist, wird die männliche Schreibform genutzt. Die ILR orientiert sich dabei an der Forschungsstelle Leichte Sprache.

»Die Sätze sollen prinzipiell mal nicht zu lang sein. Es ist auch gut, wenn man schaut, dass es nicht so viele Nebensätze gibt. Das ist dafür wichtig und gut, dass nicht zu viele Informationen in einem Satz vorkommen. Also wenn man viele Informationen in einem Satz hat, schaut man, dass man das – wenn möglich – auf mehrere Sätze aufteilt« (ILR Trainerin).

»Mehr als ein Beistrich in einem Satz ist nicht gut« (ILR Trainerin).
Hier die Zusammenfassung der wichtigsten Dinge, die man beim Schreiben in Einfacher Sprache beachten soll:
- einfache Wörter benützen
- kurze Sätze schreiben
- schwierige Wörter erklären

»Einfache Sprache, das Weglassen von Überflüssigem, muss man lernen und üben« (ILR-Trainerin).

»Durch das viele Arbeiten in der Einfachen Sprache erscheinen mir jetzt tatsächlich sehr viele Texte sehr lang. Und es erstaunt mich, wie sehr man sie oft auf das ganz Wesentliche zusammenkürzen kann« (ILR-Trainerin).

Schritt für Schritt zum Beitrag in Einfacher Sprache

Die ILR geht bei der Erstellung der Artikel in Einfacher Sprache meistens wie folgt vor:
- Ursprungstext ausdrucken
- Ursprungstext durchlesen und Überblick verschaffen ⇨ Text verstehen
- Bei Bedarf recherchieren / nachfragen
- Wesentliches / W-Fragen herausarbeiten ⇨ Wichtige und schwierige Stellen markieren und Notizen machen
- Text in Abschnitte unterteilen, Überschriften überlegen
- Aufbau überlegen ⇨ Reihung der Abschnitte festlegen
- Schreiben ⇨ wichtigsten Inhalt in eigenen Worten zusammenfassen und W-Fragen beantworten
- Durchlesen und korrigieren ⇨ Text aufmerksam durchlesen und etwaige Fehler ausbessern.

»Hier in der Inklusiven Lehrredaktion ist uns natürlich klar, dass die Einfache Sprache nicht so einfach ist. Also, wenn man sie selbst schreiben muss. Zum Lesen muss sie ja einfach sein« (ILR-Teilnehmerin).

»Die Wörter werden einfacher, die Sätze werden kürzer, schwierige Wörter werden erklärt. Meistens ist der Text länger als der Originaltext, aber dafür ist er einfacher zu lesen« (ILR-Teilnehmer).

Wo erscheinen die Artikel von der Inklusiven Lehrredaktion (ILR)?

Nachrichten in Einfacher Sprache werden von Montag bis Freitag auf *orf.at* und Facebook publiziert. Auf der blauen Seite, *orf.at*, gibt es die Rubrik Einfache Sprache. In dieser Rubrik erscheinen pro Tag 4-5 Nachrichten in Einfacher Sprache. Die kurzen Tagesmeldungen werden von der Austria Presse Agentur (APA) geschrieben. Die ILR schreibt wochentags jeden Tag einen ausführlichen Beitrag für die Rubrik Einfache Sprache.

Eine Teilnehmerin der Inklusiven Lehrredaktion zum Output an Artikeln in Einfacher Spreche:

> »Wie schnell ein Artikel geschrieben ist, ist immer auch davon abhängig, wie der Originaltext geschrieben ist. Also wenn sehr viele schwierige Wörter drinnen sind, dann dauert es natürlich länger. Und es hängt auch von meiner Tagesverfassung ab« (ILR-Teilnehmerin).

Einfache Sprache im ORF mit Beteiligung der Inklusiven Lehrredaktion (ILR)

Weil der Zugang zu Information für alle Menschen wichtig ist, gibt es vom ORF mehrere Angebote in Einfacher Sprache. In *news.orf.at* werden jeden Tag Artikel in Einfacher Sprache veröffentlicht. Im ORF-Fernsehen gibt es in ORF III Nachrichten in Einfacher Sprache. Diese Nachrichten kann man immer von Montag bis Freitag um 19.25 Uhr anschauen. Sie sind mit Bild, Ton und Text.

Bei RADIO WIEN kann man sich jeden Sonntag einen Wochenrückblick in Einfacher Sprache anhören. Diesen Wochenrückblick gibt es zusätzlich auf der Internetseite von Radio Wien als Text in einfacher Sprache zu lesen. Außerdem kann man im Teletext jeden Tag aktuelle Nachrichten in Einfacher Sprache lesen. Die ORF-Angebote in Einfacher Sprache werden kontinuierlich ausgebaut. In Deutschland gibt es das Angebot der *Tagesschau* in Einfacher Sprache (https://tagesschau.de/multimedia/sendung/tagesschau_in_einfacher_Sprache).

Die Autorin Anna Mark leitet die Inklusive Lehrredaktion beim ORF. Sie schrieb ihre Masterarbeit »Inklusion von Menschen mit Behinderung im öffentlich-rechtlichen Rundfunk« 2019 bei Fritz Hausjell an der Universität Wien, Publizistik- und Kommunikationswissenschaft.

15. INKLUSIVE MEDIENARBEIT, DIGITALISIERUNG UND MENSCHENRECHTE

Von Lukas Adler

Einleitung

Der folgende Beitrag soll Bezüge der Menschenrechte zur Praxis von Sozialpädagog*innen als Akteur*innen inklusiver Medienarbeit herstellen. Inklusive Medienarbeit stammt aus der Praxis von Professionist*innen, deren Aktualisierung im Rahmen von Networking zwischen Initiativen und Einzelpersonen stattfindet, sowie durch qualitative Sozialforschung an der FH St. Pölten weiterentwickelt wird. Weiter soll dargestellt werden, wie inklusive Medienarbeit als Medium zur Umsetzung von Menschenrechten (formuliert in der Behindertenrechtskonvention der Vereinten Nationen) umgesetzt werden kann und wie sich dies auf gesellschaftliche und gesellschaftspolitische Prozesse auswirken kann. Dies soll dazu dienen, den Bogen zur Auseinandersetzung mit Digitalisierung zu spannen, damit inklusive Medienarbeit als digitales Werkzeug zur Verarbeitung von Information für Menschen mit (Lern-)Behinderung in Arbeitsmarkt, Politik und Gesellschaft Einzug finden kann.

UN-Behindertenrechtskonvention

Zur Kontextualisierung soll der Rahmen der UN-Behindertenrechtskonvention als spezifische Agenda der Menschenrechte kurz dargestellt werden sowie dadurch der Anspruch von Inklusion als Teil der Menschenrechte legitimiert werden.

Im Jahr 2008 wurden von den Vereinten Nationen in einer Konvention rechtliche Normen in der UN-Behindertenrechtskonvention festgelegt, um Menschen mit (Lern-)Behinderung einen besonderen Schutz ihrer Menschenrechte gewähren zu können (AICHELE 2013: 17-18).

Die UN-Behindertenrechtskonvention basiert auf der UN-Menschenrechtskonvention und kann zusammengefasst werden in ihrer Forderung der »Vollgeltung der Menschenrechte für behinderte Menschen – und zwar in der ganzen Breite von den klassischen Freiheitsrechten über die politischen Partizipationsrechte bis zu Wirtschafts- Sozial- und Kulturrechten[...]« (LOB-HÜDEPOHL 2013: 60).

»Die UN-Konvention wird dadurch zum normativen Bezugspunkt [für die Inklusion von Menschen mit (Lern-)Behinderung(en)] mit dem Zweck, die Anerkennung von Menschen mit Behinderung innerhalb der Gesellschaft durchzusetzen. Inklusion im Sinne der UN-Konvention wird also als ein Menschenrecht postuliert« (ACKERMANN 2015: 35).

Daraus ergibt sich, dass Menschen mit (Lern-)Behinderung, solange diese nicht zur Gänze in der Gesellschaft anerkannt sind, durch ihre Umwelt behindert werden, wodurch gleichzeitig der aktuelle Stand von Inklusion innerhalb einer Gesellschaft aufgezeigt werden kann. Daher ergeht eine Verantwortung an alle sich ineinander bewegenden Teile der Gesellschaft, diese aus der Gemeinschaft heraus entstehenden Barrieren abzubauen. Diese Verantwortung wahrnehmend wird Inklusion »ein Menschenrecht für alle und eine Aufgabe für alle« (DÖNGES et al. 2015: 297). Dabei kommt Medien eine gesonderte Rolle zu, da sie (im Bestfall) ein Abbild aller darstellen und vermitteln können. Dadurch leitet sich ein Auftrag zur Umsetzung der Inklusion als Ausdruck der Menschenrechte für alle ab.

Inklusive Medienarbeit als Chance zur Umsetzung von Menschenrechten

Da es sich beim Anspruch auf Inklusion also auch um ein Menschenrechtsthema handelt, werden die spezifischen Rechte von Menschen mit (Lern-)Behinderung Teil der eigenen Praxis von inklusiver Medienarbeit.

So haben etwa alle Menschen das Recht auf individuelle Entwicklung und Partizipation, das durch fehlende Möglichkeit zur Teilhabe an, Repräsentation durch und oder Konsumation von Medien eingeschränkt werden kann (vgl. ZACH 2009: 80). Um diese Teilhabe ermöglichen zu können, bedarf es daher der Umsetzung einer inklusiven Form von Medien, die in ihren Methoden die Geltendmachung der UN-Konvention mitdenkt und darauf abzielt, deren Inhalte in ihren Produkten zu transportieren, sodass dies weiterführende Prozesse anstößt.

So beschreibt inklusive Medienarbeit »die elektronische (Radio, Video und ähnl.) Medienarbeit von und mit Menschen mit (Lern-)Behinderung und/oder psychischer Erkrankung. Mit oder ohne Begleitung/Unterstützung von Expert*innen aus dem (sozial)pädagogischen, kommunikationswissenschaftlichen oder ähnl. (Medien-) Bereichen« (TRADINIK 2015: 55). Die UN-Behindertenrechtskonvention bildet somit nicht nur die Grundlage der inklusiven Medienarbeit (vgl. TRADINIK 2021), sondern findet als »inklusive Praxis in der menschenrechtlichen Grundlage auch ihre Zielbestimmung« (LOB-HÜDEPOHL 2013: 60), da sie der Verwirklichung dieser als ein zielgerichteter Prozess dient.

Weitere relevante Schnittstellen zwischen Medien und Menschenrechten werden auch in der UN-Behindertenrechtskonvention festgehalten. Im Artikel 8 wird der nötige Prozess der Bewusstseinsbildung in der Gesellschaft beschrieben, der Artikel 9 beinhaltet den barrierefreien Zugang zu Mediennutzung und -schaffung und der Artikel 21 weist auf den Anspruch auf freien Informationszugang hin (vgl. DUSEL 2018: 12-19).

Ein weiterer Schnittpunkt aus dem Artikel 9 über Barrierefreiheit kann darin verortet werden, dass ein selbstbestimmtes Leben durch den Zugang zu »Information und Kommunikation, einschließlich Informations- und Kommunikationstechnologien und -systemen« (BMSGPK 2016: 11) gekennzeichnet ist. Darüber hinaus ist auch mitzudenken, dass die wahrheitsgerechte Darstellung von Menschen mit (Lern-)Behinderung durch sich selbst im Rahmen inklusiver Medienarbeit nicht nur das Menschenrecht auf Teilhabe an Informationssystemen sichern kann, sondern auch zum Mittel zur Sicherung der wahrheitsgerechten Darstellung von Realitäten durch selbst betroffene Menschen wird. Desinformation könnte Teilhabe einschränken, wenn Medien falsche, thematisch verengte oder marginalisierende Darstellungen von Menschen beinhaltet. Ein rein barrierefreier Zugang zu Information reicht also nicht dazu aus, Artikel 9 ausreichend zu erschöpfen, da darin noch keine Garantie besteht, dass die verwendeten Technologien und dadurch empfangbaren Informationen nicht wiederum neue, andere oder alte Barrieren wieder aufbauen. Das Arbeitsfeld Inklusive Medienarbeit ist von der Umsetzung der Menschenrechte und dem echten Leben von Inklusion abhängig. Dies benötigt es, wenn inklusive Medienarbeit und inklusive Medien eine Rolle in der Gesellschaft spielen können (vgl. BOSSE 2014: 6).

Die europäische Kommission stellt fest, dass Menschen mit (Lern-)Behinderung und/oder psychischer Erkrankung Schwierigkeiten beim Zugang zu Information erleben. Digitale Spannung durch Hindernisse beim Zugang zu Informationstechnologien werden dabei als Herausforderung untersucht, um ein Europa ohne Erschwernisse für Menschen mit (Lern-)Behinderung und/oder psychischer Erkrankung zu schaffen (vgl. EU-KOMMISSION 2002: C94/04). Diesen festgestellten Exklusionsmechanismen im Zugang zu Information soll also mit der Schaffung eines inklusiveren digitalen Umfelds und Zugang zu diesem begegnet werden. Dies sind Inhalte des Paragraphen 5 zu Gleichberechtigung und Nichtdiskriminierung. Ebenfalls wird dabei der Artikel 19 über Selbstbestimmtes Leben und Inklusion in der Gemeinschaft angesprochen: Isolation und Segregation müssen verhindert werden, was eine Verpflichtung zur Reproduktion dieser Maxime im digitalen Raum bedeuten sollte.

Theunissen (2014: 118) legt das Verständnis von Inklusion in der Behindertenrechtskonvention aus als »Anerkennung der Würde sowie der gleichen und unveräußerlichen Rechte aller Menschen [in der] das Verständnis von einer Gesellschaft bekräftigt wird, die eine Exklusion behinderter Personen nicht akzeptiert«.

Deutlich wird dieser Bezug im Artikel 8, da in inklusiver Medienarbeit Bewusstseinsbildung erfolgt oder die Möglichkeit zu dieser geboten werden. Das ist der direkte Auftrag an freie kommerzielle und öffentlich-rechtliche Medien. Im Artikel 8 wird klar formuliert, »die Aufforderung an alle Medienorgane, Menschen mit Behinderungen in einer dem Zweck dieses Übereinkommens entsprechenden Weise darzustellen« (BMSGPK 2016: 11).

Daher spielt inklusive Medienarbeit eine erzieherische und normalisierende Rolle, denn:
»Medien sind Träger und Vermittler der öffentlichen Meinungsbildung. Sie haben in diesem Prozess eine besondere Rolle, da sie Meinung besonders stark beeinflussen können. Mit dieser Macht geht auch eine besondere Verantwortung einher« (STROBL/STENITZER 2019: 18).

Wird nun Menschen mit (Lern-)Behinderung der Zugang zur Gestaltung von Medien und Mitbestimmung über deren Inhalte ermöglicht, kann
»inklusive Medienarbeit Menschen mit (Lern-)Behinderung und/oder psychischer Erkrankung Macht im Diskurs darüber geben, wie sie innerhalb der Gesellschaft bezeichnet und in weiterer Folge potenziell auch wahrgenommen werden. Die dargestellte selbstbestimmte Sichtweise von Menschen mit (Lern-)Behinderung und/oder psychischer Erkrankung als Menschen, die im Grunde nicht behindert sind, sondern durch die Gesellschaft behindert werden, wäre als zu transportierender Inhalt und Beitrag zur Meinungsbildung durch inklusive Medienarbeit denkbar« (ADLER et al. 2021: 107).

Digitalisierung als Mittel zur Umsetzung dieser Menschenrechte

»Digitalisierung beschreibt einen Wandlungsprozess, indem durch die Bereitstellung von digitaler Technologie neue Perspektiven und Möglichkeiten entstehen, die bestehende analoge Prozesse erweitern oder ersetzen. Daher wird Digitalisierung nicht einer bestimmten Art der digitalen Mediennutzung zugeordnet, sondern als Phänomen einer gesamtgesellschaftlichen Veränderung betrachtet. Dieser Prozess durchdringt zunehmend alle Teilbereiche der Gesellschaft und des menschlichen Lebens, wodurch die inklusive Medienarbeit zur Teilnahme an Digitalisierung beauftragt wird, da ihre Zielgruppe der Menschen mit (Lern-)Behinderung und/oder psychischer Erkrankung in digitalen Medien und der daraus entstehenden digitalen Arbeitsfelder neue Teilhabemöglichkeiten erfahren können« (ADLER et al. 2021: 126).

Dadurch wird die inklusive Medienarbeit zum Mittel zur Reduktion von bestehenden Hürden im Arbeitsmarkt für Menschen mit Behinderung, deren Benachteiligung potenziell durch die immer schneller entstehende digitale Spaltung verstärkt wird. Bereits zur Jahrtausendwende spricht die internationale Organisation für wirtschaftliche Zusammenarbeit und Entwicklung vom *digital divide*,

> »that refers to the gaps in access to information and communication technology (ICT) – [which] threatens the ICT ›Have-nots‹, whether individuals, groups or entire countries« (OECD 2000).

Dieser Gefahr gegenüber sieht Bäck (2018) eine Vielzahl von Chancen für Menschen mit Behinderung, deren Verwertbarkeit sich jedoch daran ausrichtet, ob Digitalisierung als Motor oder Hemmnis von Inklusion genutzt wird.

Im Forschungsbericht *Herausforderungen bei der Nutzung digitaler Medien für Menschen mit Behinderung* des Forschungsbüros Menschenrecht der Lebenshilfe Österreich in Graz wurden Nutzungsverhalten, Zugang, Barrieren und Möglichkeiten von Digitalisierung erhoben. Dabei konnten Erkenntnisse gewonnen werden, dass Menschen mit (Lern-)Behinderung im Vergleich zu neuro- und physiotypischen Menschen weniger Medien nutzen. Diese bereits geringere Nutzung von Medien sinkt zudem mit der Höhe des Lebensalters der befragten Menschen, bis zu einer vollständigen Nicht-Nutzung technischer Mediengeräte wie Computer, Smartphones, Laptops oder Tablets. Während 2 Prozent neuro- und physiotypischer Menschen das Internet nicht nutzen und niemand keine digitalen Endgeräte verwendet, wird das Internet von Menschen mit (Lern-)Behinderung zu 45 Prozent nicht genutzt und 17 Prozent dieser Gruppe besitzen keine digitalen Endgeräte, um Medien zu konsumieren. Weiter variiert die Art der verwendeten Geräte, da Menschen mit (Lern-)Behinderung etwa mehr als doppelt so oft Tastenhandys anstatt Smartphones verwenden. Dies ist auch in der Zahl der verwendeten Geräte abgebildet. 10-mal weniger Menschen mit (Lern-)Behinderung besitzen 4 oder mehr Geräte. Auch die Nutzungseigenschaften der Geräteklassen unterscheiden sich, da Menschen ohne (Lern-)Behinderung primär Smartphones und erst dann Laptops und Computer verwenden, während Menschen mit (Lern-)Behinderung Smartphones oder Tastenhandys nutzen. In der Betrachtung der expliziten Nutzung von Smartphones werden ebenfalls Abweichungen deutlich, die auf sozio-ökonomisch differenzierende Lebenswelten deuten lassen, da Menschen ohne (Lern-)Behinderung ihre

Geräte um ein Vielfaches öfters zur Verwendung von Programmen wie Word, Online-Banking, Einkaufen, Navigation, Planung, E-Mail und Information nutzen. Außerdem nutzen sie etwa doppelt so oft Kommunikationsmittel in Apps wie WhatsApp und Social Media wie Facebook oder Instagram (vgl. FORSCHUNGSBÜRO MENSCHENRECHTE 2021: 38-64).

Aus diesen Zahlen kann abgeleitet werden, dass die Chancen von Digitalisierung zur Verbesserung von Inklusion am Arbeitsmarkt, einer Möglichkeit zur Nutzung der Vorteile von Digitalisierung entgegenstehen. Hier bedarf es also verschiedener Schritte zur Förderung von Nutzung digitaler Medien und Endgeräte, um somit Chancen von Digitalisierung überhaupt erst zu ermöglichen. Dabei ist es wieder notwendig, verschiedenste Nutzungsarten, Barrieren und Nutzungsmöglichkeiten zu lokalisieren. Dies ergibt sich aus den unterschiedlichen Bedürfnissen und Anforderungen, die sich wiederum aus den inhärenten Unterschiedlichkeiten ergeben, die Menschen mit Behinderung aufweisen. Ein Mensch mit Mobilitätseinschränkung bedarf bespielhaft grundlegend anderer Hilfsmittel zur Leistungserbringung als die notwendigen Strukturen für einen Menschen mit Lernbehinderung.

Weiter wird eine Herausforderung durch den Wandel am Arbeitsmarkt hin zu hochspezialisierten Beschäftigten beschrieben, der ein Risiko der Arbeitslosigkeit durch Digitalisierung birgt. Ein Bedarf an Spezialisierung am Arbeitsmarkt stellt in Anbetracht der bereits grundlegenden geringeren Medienkompetenz von Menschen mit (Lern-)Behinderung eine zusätzliche Hürde dar. Daher gilt es eine präventive Strategie zur Förderung von Inklusion im digitalen Raum zu entwickeln. Nur so kann ein Zugang zu Information und eine damit einhergehende Teilhabe an der modernen Informationsgesellschaft sichergestellt werden (vgl. BMASGK 2019: 69-74).

Die Chancen von Digitalisierung am Arbeitsmarkt sind bereits Inhalt des österreichischen politischen Diskurses, der Chancen erkennt, jedoch ein Vakuum an konkreten Maßnahmen zeigt. Im Rahmen der Zero-Project-Konferenz 2021 stellte Nationalratspräsident Sobotka fest, dass durch Digitalisierung keine Exklusion entstehen darf, sondern durch digitale Barrierefreiheit eine neue Form von Inklusion entstehen soll. Ergänzend konstatiert Arbeitsminister Kochen jedoch, dass sich die Potenziale von Digitalisierung von Menschen mit (Lern-)Behinderung am Arbeitsmarkt nicht ohne Eingriff und Steuerung umsetzen lassen. Nötig wird die Schaffung von Hilfsmitteln und Wegen für den Kompetenzerwerb von Beteiligten Menschen und Organisationen (vgl. PRESSEDIENST DER PARLAMENTSDIREKTION 2021). Hier kann inklusive Medienarbeit also Möglichkeiten aufzeigen, die voranschreitende Digitalisierung für mehr Chancen von Menschen mit (Lern-)Behinderungen am Arbeitsmarkt zu nutzen. Beide angesprochenen Punkten kann durch inklusive Medienarbeit begegnet werden, da diese durch Kompetenzerwerb und gesellschaftliche Erziehungsprozesse Barrieren abbauen kann, um mehr Chancengleichheit zu bewirken.

»Eine durch inklusive Medienarbeit bewirkte Veränderung kann den Zugang zum Arbeitsmarkt für Menschen mit (Lern-)Behinderung und/oder psychischer Erkrankung betreffen, wenn diese zu einer höheren Qualifizierung von Teilnehmer*innen beitragen, da verbesserte Bildung zu mehr Chancengleichheit führt. Menschen mit (Lern-)Behinderung und/oder psychischer Erkrankung absolvieren teilweise keine Ausbildung, finden sich in Umschulungen zu nicht im wirtschaftlichen Interesse stehenden Berufen wieder, oder werden in fähigkeitsorientierter Beschäftigung untergebracht« (ADLER et al. 2021: 118).

Für die inklusive Medienarbeit könnte demnach als Beitrag zur Umsetzung von Chancengleichheit die Rolle als Instrument der Peer-Beratung zukommen.

Laut dem oberösterreichischen Chancengleichheitsgesetz ist es Ziel, gemäß §1

»Menschen mit Beeinträchtigungen insbesondere durch die Vermeidung des Entstehens von Beeinträchtigungen und von Behinderungen und durch die Verringerung von Beeinträchtigungen nachhaltig zu fördern sowie ihnen ein normales Leben und eine umfassende Eingliederung in die Gesellschaft zu ermöglichen. Dazu werden zur Selbst- und Mitbestimmung in §7/17 Peer-Berater*innen definiert als
›Menschen mit Beeinträchtigungen, die andere Menschen mit nach Möglichkeit gleichen oder ähnlichen Beeinträchtigungen beraten und informieren, wenn diese nach ihrer Persönlichkeit dazu geeignet und entsprechend geschult sind‹«.

Wodurch bereits eine rechtliche Grundlage zur Ausübung einer Rolle der inklusiven Medien zur Anleitung von Peer-Aktivitäten besteht. Die Peer-Arbeit von Menschen mit (Lern-)Behinderung für weitere Menschen mit (Lern-)Behinderung, als auch im weiteren Sinne wieder dabei noch nicht bedachte weitere Gesellschaftsgruppen, könnte im Rahmen der inklusiven Medienarbeit etwa in der Erstellung von Medieninhalten die zur Aufklärung, Beratung oder Bildung dienen. Ebenfalls möglich wäre eine digitale Peer-Arbeit online durch den Einsatz von Elementen der inklusiven Medienarbeit wie Radio oder Streaming. Inklusive Peer-Arbeit zur Herstellung von Chancengleichheit wäre in Medienformen wie Social Media, Videochat oder weiterführend in digitalen alternativen Realitäten möglich. Innerhalb digitaler Abbildung von Realität könnte eine andere Qualität von Peer-Arbeit verborgen sein, in der gleichzeitig weniger Barrieren herrschen, sowie potenziell abweichende Werte und Normen vorgefunden werden.

»Dieser Schritt zu mehr inklusiver Medienarbeit im Internet könnte zu mehr selbstbestimmter Darstellung führen, da hinter Avataren im virtuellen Raum Zuschreibungen wie Behinderung, Ethnie oder Geschlecht eine geringere Rolle spielen könnten« (ADLER et al. 2021: 109).

Innerhalb dieser beschriebenen Dualität von Digitalisierung sind vielfältige Chancen vorhanden. Aber auch eine Bedrohung von Menschenrechten wird deutlich, denn erst »in Wechselwirkung mit sozialen Situationen entsteht aus einer Einschränkung eine Behinderung, welche die Teilhabe der betroffenen Person einschränkt oder unmöglich macht« (BÄCK 2018).

Eine Strategie, um diesen Wirkungen zu begegnen, wird bereits von der UN-Behindertenrechtskonvention selbst vorgestellt, in deren zweitem Artikel der Begriff ›universelles Design‹ definiert wird. Dieser Begriff beschreibt »ein Design von Produkten, Umfeldern, Programmen und Dienstleistungen in der Weise, dass sie von allen Menschen möglichst weitgehend ohne eine Anpassung oder ein spezielles Design genutzt werden können. »Universelles Design« schließt Hilfsmittel für bestimmte Gruppen von Menschen mit Behinderungen, soweit sie benötigt werden, nicht aus« (UN-BRK 2008: §2).

Um diese Selbstständigkeit nun zu unterstützen, nennt Bäck einige zu erreichende Parameter in der Form der Prinzipien des universellen Designs von: breiter Nutzbarkeit, Flexibilität in der Nutzung, Einfachheit, sensorischer Wahrnehmbarkeit, Fehlertoleranz, niedrigen körperlichen Aufwand, räumlichen Erfordernissen und Lerngemeinschaft und -klima. Um diese Ergebnisse universellen Designs in reale Teilhabe am Arbeitsmarkt durch Digitalisierung umzusetzen, wird das Konzept Digitale Bildung vorgestellt. Darin wird ein Abbau von Zugangsbeschränkungen durch Versorgung mit Hilfsmitteln zur Ein- und Ausgabe beschrieben, sowie Bildungsmaßnahmen zur Kompetenzvermittlung (vgl. BÄCK 2018). Diese Maßnahmen bilden eine Synergie zur inklusiven Medienarbeit, denn

> »[i]nklusive Medienarbeit hat zum Ziel, Menschen mit (Lern-)Behinderung und/oder psychischer Erkrankung ein höheres Maß an Selbstbestimmung im Umgang mit und der Interaktion über technische Medien zu ermöglichen« (TRADINIK 2019: 55).

Somit kann die inklusive Medienarbeit zum Mittel der sozialpädagogischen Praxis werden, den »Problemfelder[n] von Digitalisierung entgegen [zu stehen], da Menschen mit (Lern-)Behinderung und/oder psychischer Erkrankung oft weniger Ressourcen zur Herstellung digitaler Kompetenzen und Infrastruktur haben oder erfahren« (ADLER et al. 2021: 127).

Praxisbeispiele

Exemplarisch für die beschriebenen Erkenntnisse über den Einfluss von Digitalisierung auf die Teilhabe von Menschen mit (Lern-)Behinderung am Arbeitsmarkt, soll auf zwei Projekte aus Österreich und Deutschland hingewiesen werden.

Ein Projekt des Forschungsinstituts Technologie und Behinderung der Evangelischen Stiftung mit Titel ›inArbeit 4.0‹ wird in Volmarstein in Deutschland realisiert. Darin werden Führungskräfte in Klein- und Mittelunternehmen darauf geschult, Inklusionschance durch Adaptierung von Strukturen und Bereitstellung von behinderungskompensierender Technologie zu verwirklichen, da durch die dabei aufgezeigten

Ansätze zur Problemlösung eine Verbesserung von Prozessabläufen zur Begegnung von schleichenden Einschränkungen durch Computerarbeit für den gesamten Betrieb möglich werden. So wurde aus Interviews und Workshops ein Konzept erarbeitetet, das durch die Schulung von Führungskräften, Schwerbehindertenvertretung, beratenden Akteuren und IT-Verantwortlichen, eine Sensibilisierung zum präventiven Abbau von Barrieren für den Zugang zu IT-Arbeitsplätzen von Menschen mit Behinderung bewirkt. Dafür werden E-Learning, Material für Selbstchecks, Feedbackmöglichkeiten durch eine App und Informationsplattformen eingerichtet, deren Ausfluss in Fachtagungen analysiert wird (vgl. REINS/SCHEER/WALLBRUCH 2019: 5-23).

Die Tätigkeiten von inArbeit 4.0 weisen Überschneidungen zur Arbeit des österreichischen Kompetenznetzwerks Informationstechnologie zur Förderung der Integration von Menschen mit (Lern-)Behinderung auf, da die Verbesserung von Lebenssituationen die Grundlage der geleisteten Arbeit darstellt (vgl. KI-I 2019: 63-68).

»Ziel des KI-I ist es, sich mit diesen Know-How-Trägern zu vernetzen, ›Suchende‹ mit den Know-How-Trägern zusammen zu bringen und durch Veranstaltungen und Know-How-Transfers dieses Spezialwissen auf eine breitere Basis zu stellen, indem Multiplikatoren, Anwendern oder Interessierten dieses Wissen vermittelt wird. Menschen mit Beeinträchtigungen mehr Autonomie und Selbstständigkeit zu geben und ihnen den Zugang zu Informationen zu sichern, konnte durch zahlreiche Projekte und Initiativen des KI-I maßgeblich verbessert werden« (KI-I 2021: 13).

Somit ergibt sich als abschließende Beobachtung, dass inhaltsähnliche Strategien, Konzepte und Netzwerke länderübergreifend vorhanden sind, Bedarfe in Ministerien erhoben und festgestellt sind und es rege Projekt- und Forschungstätigkeit gibt, es jedoch noch an einer flächendeckenden und öffentlichkeitswirksamen Umsetzung mangelt, die potenziell aus einer Unterversorgung mit finanziellen Mitteln und Anreizen rührt, wodurch ein Auftrag an die Politik zur Ermöglichung der Teilhabe von Menschen mit Behinderung an der Digitalisierung erklärt werden kann.

Erste politische Schritte können in der Förderrichtlinie *Inklusion durch digitale Medien in der beruflichen Bildung* durch das deutsche Bundesministerium für Bildung und Forschung wahrgenommen werden. Darin werden Rahmenbedingungen von Aus- und Weiterbildung in bestehenden Ausbildungsstätten durch die Förderung von Inklusionsprojekten modernisiert, indem »in Einrichtungen der beruflichen Bildung sowie auf dem Arbeitsmarkt bestehende Barrieren, die für Menschen mit gesundheitlichen, körperlichen oder geistigen Einschränkungen Hindernisse darstellen, überwunden und abgebaut werden« (BMBF o.A). Dies stellt einen kleinen Teil der Vielzahl an Projekten im deutschsprachigen Raum dar. Auffallend ist, dass diese primär auf berufliche Rehabilitation, Inklusion und Wiedereingliederung abzielen, indem Kompetenzen erweitert werden. Hiermit werden einzelne Menschenrechte unterstützt, wobei eine Förderung inklusiver Medienprojekte potenziell eine noch größere Zahl erlauben würde, da diese, wenn sie veröffentlicht werden, auch die Möglichkeit zur gesellschaftlichen Bildung darstellen.

Fazit

Wird ein barrierefreier Zugang zu Information, was die Fähigkeit zur Nutzung von Medien und Hilfsmittel, um diese zu nutzen, beinhaltet, als Grundvoraussetzung erachtet, um Menschen mit Behinderung die demokratische Partizipation am politischen System als informierte Bürger*innen zu ermöglichen, wird inklusive Medienarbeit ein effektives Werkzeug dafür, dass Menschen mit Behinderung ihnen zugesicherte Menschenrechte überhaupt erst zur Gänze ausüben können. Darüber hinaus kann die inklusive Medienarbeit dazu beitragen, Egalität am Arbeitsmarkt zu fördern, da das Menschenrecht auf Arbeit Umsetzung findet. Dies kann durch die von ihr geschaffenen Möglichkeiten zur Beschäftigung in Medienarbeit oder anderen Stellen mit Bezug zu Digitalisierung geschehen, oder durch den Kompetenzerwerb von durch Sozialpädagog*innen unterstütze Teilnehmer*innen oder in Folge als autarke selbstständige Anwender*innen potenziert werden, da diesen im Rahmen der Ausübung von inklusiver Medienarbeit Technik- wie Medienfähigkeit vermittelt wird, oder sie sich diese selbst erarbeiten.

Nicht zuletzt ist anzumerken, dass inklusive Medienarbeit zur Nutzung von Chancen von Digitalisierung bereits in der Präambel der allgemeinen Menschenrechte erkennbar sein kann. Die Anerkennung der eines jeden Menschen inhärenten Würde kann dadurch gefördert werden, dass der Zugang des digitalen Raumes für alle barrierefrei ermöglicht wird. Sie ermöglichen die Produktion und Verbreitung inklusiver Medienarbeit und die dadurch eröffneten Kommunikationswege, ermöglichen die Teilnahme an einen weltweiten Diskurs, Teilhabe und Partizipation. Dies ist nicht nur für die jeweilige eigene Würde und Persönlichkeitsentwicklung wichtig. Ohne diese Auseinandersetzung fehlt für Menschen mit Behinderung die Entstehung neuer Normen und Paradigmen. Somit wird es einerseits gelten festzustellen, welchen Bedarf und welche Wünsche Menschen mit (Lern-)Behinderung an ihre eigene digitale Teilhabe stellen. Andererseits gilt es, parallel dazu strukturelle, gesetzliche und gesellschaftliche Rahmenbedingungen sowie bereits angestoßene Prozesse zu betrachten, um ein kohärenteres Bild dieser Entwicklungen zeichnen zu können.

»Mit der Sichtbarmachung von Menschen mit (Lern-)Behinderung und/ oder psychischer Erkrankung durch inklusive Medien können sich Fremdwahrnehmungen der Adressat*innen positiv verändern und aufgrund dieser Normalisierungstendenz innerhalb der Gesellschaft Menschen mit (Lern-)Behinderung und/oder psychischer Erkrankung zusätzliche Möglichkeiten eröffnen« (ADLER et al. 2021: 98).

Inklusive Medienarbeit von/mit/durch Menschen mit (Lern-)Behinderung und/oder psychischer Erkrankung trägt dazu bei, dass durch Streuung der Medienprodukte, der Wahrnehmung der Gesellschaft dieser Medienarbeit und durch Anstellungen oder Entgelt dieser Personengruppe durch Medienbetriebe eine Normalisierung, Bewusstseinsbildung und Erziehung bzw. ein Umdenken in den gesellschaftlichen Normensystemen erzielt werden kann. Dies wird zu einer Umsetzung einer Vielzahl von Menschenrechten beitragen. Und dies wird getragen und gefördert durch die Nutzung der Chancen von Digitalisierung.

Der Autor Lukas Adler arbeitet als Sozialpädagoge in einem Kinderdorf in Österreich, als nebenberuflicher Lektor an der FH St. Pölten und in Workshops inklusiver Medienarbeit, Grundberuf als Tourismuskaufmann in Fachrichtung Medieninformatik sowie Studium der Sozialpädagogik und Sozialen Arbeit, Traumapädagogik und traumazentrierten Fachberatung.

Literatur

ACKERMANN, KARL-ERNST: Politische Bildung im inklusiven Bildungssystem – grundsätzliche Fragen. In: DÖNGES, CHRISTOPH; HILPERT, WOLFRAM; ZUSTRASSEN, BETTINA: *Didaktik der inklusiven politischen Bildung*. Bonn [Bundeszentrale für politische Bildung] 2015, S. 30-44

ADLER, LUKAS; GRÖBER, RALF; NUSSBAUMER, IRENE: *Inklusive Medienarbeit. Was bringts?* Masterthese. Masterarbeit. St. Pölten [Fachhochschule St. Pölten] 2021

AICHELE, VALENTIN: Die UN-Konvention über die Rechte von Menschen mit Behinderung – Eine Einführung. In: BUNDESVERBAND AUTISMUS DEUTSCHLAND E.V. (Hrsg.): *Inklusion von Menschen mit Autismus*. Karlsruhe [Loeper Literaturverlag] 2013

BÄCK, KARL: *Barrierefreiheit durch Digitalisierung*. 2018. URL: https://erwachsenenbildung.at/themen/barrierefreie-eb/barrierefreiheit-in-der-praxis/digitalisierung.php [29.10.2020]

BOSSE, INGO: Ethische Aspekte inklusiver Medienbildung. Gleichberechtigter Zugang zu Information und Kommunikation als Voraussetzung. In: *Communicatio Socialis*, Nr. 1, Jg. 47, 2014, S. 6-16

BMASGK: *Abschlussbericht. Auswirkungen der Digitalisierung auf die Inklusion von Menschen mit Behinderung in den Arbeitsmarkt. Zwei Fallstudien zu Österreich und zu plattformbasierter Arbeit*. Wien [Bundesministerium für Arbeit, Soziales, Gesundheit und Konsumentenschutz] 2019

BMBF BUNDESMINISTERIUM FÜR BILDUNG UND FORSCHUNG: *Inklusion durch Digitalisierung*. o. J. URL: https://www.qualifizierungdigital.de/qualifizierungdigital/de/projekte/inklusion-durch-digitalisierung [28.04.2022]

BMSGPK BUNDESMINISTERIUM SOZIALES, GESUNDHEIT, PFLEGE UND KONSUMENTENSCHUTZ: *UN-Behindertenrechtskonvention. Deutsche Übersetzung der Konvention und des Fakultativprotokolls*. Wien 2016

DÖNGES, CHRISTOPH; HILPERT, WOLFRAM; ZUSTRASSEN, BETTINA: *Didaktik der inklusiven politischen Bildung*. Bonn [Bundeszentrale für politische Bildung] 2015

DUSEL, JÜRGEN: *Die UN-Behindertenrechtskonvention – Übereinkommen über die Rechte von Menschen mit Behinderungen. Die amtliche, gemeinsame Übersetzung von Deutschland, Österreich, Schweiz und Lichtenstein.* Berlin [Beauftragter der Bundesregierung für die Belange von Menschen mit Behinderungen] 2018

EU-KOMMISSION: *Stellungnahme des Wirtschafts- und Sozialausschusses zu der »Mitteilung der Kommission an den Rat, das Europäische Parlament, den Wirtschafts- und Sozialausschuss und den Ausschuss der Regionen: Europe 2002: Zugang zu öffentlichen Webseiten und deren Inhalten«.* Amtsblatt der Europäischen Gemeinschaften, 2002/C 94/04

FORSCHUNGSBÜRO MENSCHENRECHTE: *Forschungsbericht. Herausforderungen bei der Nutzung digitaler Medien für Menschen mit Behinderungen. Partizipatives Forschungsprojekt.* Graz [Lebenshilfen Soziale Dienste] 2021

KI-I: *Wirkungsorientierter-Jahresbericht des Kompetenznetzwerk KI-I November 2018 – Oktober 2019 nach dem Social Reporting Standard.* Kompetenznetzwerk Informationstechnologie zur Förderung der Integration von Menschen mit Behinderungen, Linz 2019

KI-I: *Wirkungsorientierter-Jahresbericht des Kompetenznetzwerk KI-I November 2020 – Oktober 2021 nach dem Social Reporting Standard.* Kompetenznetzwerk Informationstechnologie zur Förderung der Integration von Menschen mit Behinderungen, Linz 2021

LOB-HÜDEPOHL, ANDREAS: Teilhabe durch Inklusion – Menschenrecht und Christenpflicht. In: BUNDESVERBAND AUTISMUS DEUTSCHLAND E.V. (Hrsg.): *Inklusion von Menschen mit Autismus.* Karlsruhe [Loeper Literaturverlag] 2013

OECD: *Bridging the Digital Divide.* 2000. URL: https://www.oecd.org/site/schoolingfortomorrowknowledgebase/themes/ict/bridgingthedigitaldivide.htm [29.10.2020]

PRESSEDIENST DER PARLAMENTSDIREKTION: *Digitalisierung für mehr Chancen von Menschen mit Behinderungen am Arbeitsmarkt.* 2021. URL: https://www.ots.at/presseaussendung/OTS_20210208_OTS0084/digitalisierung-fuer-mehr-chancen-von-menschen-mit-behinderungen-am-arbeitsmarkt [20.04.2022]

REINS, FRANK; SCHEER, BIRGIT; WALLBRUCH, RAINER: *Abschlussbericht des Modellprojekts »InArbeit 4.0 – inklusiv Arbeiten 4.0«. Inklusive Arbeitswelt für ältere von Behinderung bedrohte und behinderte Arbeitnehmerinnen und Arbeitnehmer.* Ort [Forschungsinstitut Technologie und Behinderung (FTB) der Evangelischen Stiftung Volmarstein] 2019

STROBL, WALTER; STENITZER, CARLA: *Medien. Recht. Ethik. Grundlagen des Medien- und Urheberrechts und ethische Aspekte in der nichtkommerziellen Mediengestaltung.* Wien [Community Medien Institut für Forschung, Weiterbildung und Beratung] 2019

THEUNISSEN, GEORG: *Menschen im Autismus-Spektrum. Verstehen, annehmen, unterstützen. Ein Lehrbuch für die Praxis.* Stuttgart [W. Kohlhammer Verlag] 2014

TRADINIK, ERNST: Menschen & Medien. Ein Erfahrungsbericht. In: *merz. Zeitschrift für Medienpädagogik,* 3/2015. 59. Jahrgang. München [Kopaed Verlag] 2015, S. 65-71

TRADINIK, ERNST: Medienberufe für Menschen mit Beeinträchtigung. In: *merz. Zeitschrift für Medienpädagogik*, 5, 2019, S. 55-59

TRADINIK, ERNST: *Inklusive Medienarbeit.* 2021. URL: https://www.inklusive-medienarbeit.at [15.07.2021]

UN-BRK: UN-Konvention. Übereinkommen über die Rechte von Menschen mit Behinderungen und Fakultativprotokoll. Hrsg. vom Bundesministerium für Arbeit, Soziales und Konsumentenschutz. Wien [Bundesministerium für Arbeit, Soziales und Konsumentenschutz] 2008

ZACH, BARBARA: *Rolle und Bedeutung der Medien für Menschen mit Behinderung.* Diplomarbeit. Wien [Universität Wien. Fakultät für Sozialwissenschaften] 2009

TEIL 4: RADIO & PODCAST

Einleitung

Von Ernst Tradinik

Ich rücke sofort damit heraus! Radio ist ein Lieblingsmedium von mir. Was gibt es Schöneres und Unmittelbareres, als Radio zu machen? Es ist in der Sekunde draußen und on air. Man kommt ins Sprechen, man hört sich selbst (währenddessen im Kopfhörer und anschließend, wenn man die Aufnahme anhört) und wenn man Glück hat, rufen Hörer*innen in der Livesendung an und es läuft wie von selbst. Es ist die Arbeit mit Menschen, mit Gästen, mit Themen, mit Musik und der Stimme! Dies alles kann man hervorragend in der inklusiven Medienarbeit nutzen.

Welche Herausforderungen und Möglichkeiten das birgt, wenn eine neue inklusive Medienarbeit gestartet wird und dann auch noch eine Pandemie hinzukommt, darüber schreibt Anja Thümmler von RADIO BLAU in Leipzig. Das *Radio Inklusive* bietet seit 2020 Menschen mit (Lern-)Behinderung die Möglichkeit, eigene Radiosendungen zu gestalten (s. Kap. 16).

Das HAPPY RADIO in der Schweiz hat hier schon einige Jahre Erfahrung. HAPPY RADIO wird über die Radioschule klipp+klang in Bern angeboten. Einerseits um Radio zu machen bzw. zu lernen, wie man Radio macht, andererseits auch als Freizeitangebot. 2017 hat in Wien das *Radio Wissensteam*, eine Redaktion aus Menschen mit Lernbehinderungen, gestartet. Aus einer Initiative von Georg Gegenhuber, der zuvor mit dem Medium Radio noch keinen Kontakt hatte, entstand hier eine regelmäßige Radiosendung.

Radio Wissensteam – Nico und Gert, die Fünfte (über die Liebe)
https://cba.fro.at/489437

Was Radiomachen bedeutet, wenn man einerseits mit der Diagnose Schizophrenie lebt (und ob das überhaupt alles eine Rolle spielt) und andererseits eine sehr künstlerische Person ist, beschreibt Christian Winkler in Kapitel 17.2. Er gestaltet die Radiosendung »Das Leben in der Kapsel« beim CAMPUS & CITY RADIO ST. PÖLTEN. Begleitet und unterstützt wird er von Anna Michalski. Wie die Begleitung für sie als gelernte und routinierte Radiomacherin und Sprecherin ist, das verrät sie uns in Kapitel 17.1. Radio ist vom Format her natürlich schon dafür prädestiniert zu sprechen, ins Sprechen zu kommen, Fragen zu stellen und ein Gespräch zu führen. Im Rahmen einer Psychiatrie bzw. eines Radio von Menschen, die Psychiatrieerfahrung haben und woher diese Idee und Praxis kommt, davon erzählt Gianni Python aus der Schweiz. Er gründete das *Radio loco-motivo*. Daraus haben sich dann auch Radioformate wie das *Radio Durchgeknallt* oder *Radio Schrägformat* entwickelt.

Wie es ist als Mensch mit Behinderung im Rollstuhl, der in einer betreuten Tageswerkstätte arbeitet und auch so sozialisiert ist, dass man kaum anderes kennt und dennoch weiterhin den Berufswunsch Radiomoderator hegt, damit setzen sich Brigitte Himann und Andrea Tabery auseinander. Im Rahmen ihrer wissenschaftlichen Projektarbeit haben sie gemeinsam mit Rene Jirdak eine Radiosendung umgesetzt. Seitdem ist Rene Jirdak zumindest regelmäßig beim freien CAMPUS & CITY RADIO ST. PÖLTEN on air (siehe den Beitrag *Hinschauen statt Wegschauen. Radio Rene – ein inklusives Medienprojekt* in Kap. 19). Danach schauen wir uns noch mal ein Medienprojekt von Raúl Krauthausen und den Sozialhelden an, bzw. verweisen sehr gerne auf den Podcast *Die neue Norm*, weil in Deutschland Raúl Krauthausen, die *Leidmedien* und die Sozialhelden nicht nur sehr gute Arbeit leisten, sondern am bekanntesten in diesem Bereich sind (s. Kap. 20). Das österreichische Pendant dazu, wenn man so möchte, ist BIZEPS mit ihrer Sendung *Barrierefrei aufgerollt* und das *Freakradio*, sowie die *FreakCasters*. Die *Redaktion andererseits* gestaltet alternierend mit *Freakradio* die Ö1-Podcastreihe *Inklusion gehört gelebt*. Die Redakteur*innen der *Redaktion andererseits* sind Menschen mit Lernbehinderungen, dort wird man sie als ›Menschen mit Lernschwierigkeiten‹ beschreiben. Das *Radio Lebenshilfe Salzburg* gibt es seit 20 Jahren, es sendet beim freien RADIO SALZBURG, der Radiofabrik (s. Kap. 24). Aus der Schweiz möchte ich unbedingt noch auf die sehr gelungenen Podcasts *S.O.S. – Sick Of Silence* von Robin Rehmann und *Echt Behindert* vom blinden Moderator und Redakteur Matthias Klaus hinweisen. In diesen Podcasts findet man Beiträge sehr wissenswerten Inhalten zu psychischen Erkrankungen und dem Umgang oder auch zum Gebrauch von elektrischen Küchen- und Haushaltsgeräten, die sich durch die Digitalisierung und den damit veränderten Bedienungselementen (keine Schalter und Knöpfe mehr) immer weniger für blinde Menschen eignen.

Podcast echt behindert
https://www.dw.com/de/echt-behindert-der-podcast-zu-barrierefreiheit-und-inklusion/a-55509792

Die Vorreiter*in in Sachen barrierefreies Radiostudio war und ist immer schon das freie Radio in Linz, das Radio FRO/FREIES RADIO OBERÖSTERREICH gewesen. Schon früh hörte man von ersten Mischpulten, die für Menschen mit starker Mobilitätseinschränkung konzipiert wurden, und über Bauanleitungen davon, die als Open Source im Internet zur Verfügung gestellt wurden. Wie das heute aussieht, davon erzählt Matthias Steiner, der Techniker von Radio FRO. Er hat das aktuelle Radiostudio konzipiert. Davon profitieren inklusive Radiosendungen wie das *Radio mit besonderen Bedürfnissen* oder *Radiabled*.

Sendungen Radio mit besonderen Bedürfnissen
https://www.fro.at/sendungen/die-sendung-mit-besonderen-beduerfnissen/

Sendungen Radiabled
https://www.fro.at/sendungen/radiabled/

Sehr gerne möchte ich noch auf die Masterarbeit von Sabine Hubner hinweisen, die sich mit der barrierefreien Radiomoderation bei freien Radios in Österreich befasst hat: https://www.commit.at/fileadmin/Materialien/DA_SabineHubner.pdf

Barrierefreie Radiomoderation bei freien Radios in Österreich
https://www.commit.at/fileadmin/Materialien/DA_SabineHubner.pdf

Zum Abschluss des vierten Teils, Radio und Podcast, schreiben Christina Damböck, Natalia Lehner und Gregor Wallner über ihre inklusive Radiosendung und Masterarbeit »Ideen der Schöpfung – wir alle haben sie«. Dies umfasst Bereiche wie die »Macht der Sprache« (Natalia Lehner) über die »Wahrnehmung von Menschen mit (Lern-)Behinderung und/oder psychischer Erkrankung« (Christina Damböck) bis hin zum Nutzen von inklusiver Medienarbeit, speziell für den Arbeitsmarkt (Gregor Wallner). Und auch, was die Ergebnisse der Arbeit für die Soziale Arbeit bedeutet (alle drei Autor*innen). Selbstverständlich wird auch auf die dadurch entstandene Radioreihe »Ideen sind Gedanken der Schöpfung – wir alle haben sie« hingewiesen, in der Künstler*innen mit (Lern-)Behinderung und/oder psychischer Erkrankung zu Gast waren (s. Kap. 26).

16. ›AUF AUGENHÖHE‹ IST MEHR ALS EINE FLOSKEL

Von Anja Thümmler

Die Idee freier Radios ist es, gesellschaftlich marginalisierten Personen eine eigene Stimme zu geben. Leute, über die in anderen Medien gesprochen wird, sollen bei uns selbst das Wort ergreifen können. Soweit die Theorie. Irgendwann um 2015 herum wurde das Thema ›Behinderung‹ in meinem Leben relevant und ich bemerkte: So schön die Theorie zu freien Radios auch klingt, Menschen mit Behinderungen gab es in meinem Verein Radio Blau nicht. Das musste sich ändern. Zuerst habe ich eine Sendereihe mit zwei Autist*innen ins Leben gerufen, *richtig autistisch*, die ein Jahr lang lief. Ende 2016 war mir dann klar: Wir brauchen eine offene Redaktion. Mit Unterstützung meiner Kollegin Katja Röckel, die erfahrene Medienpädagogin ist, und der blinden Medienpädagogin Rose Jokic luden wir im Frühjahr 2017 zu einem ersten Treffen ein, das dank eines bunten und in leichter Sprache gestalteten Flyers, guter Öffentlichkeitsarbeit und persönlicher Kontakte von Beginn an viele unterschiedliche Leute anzog.

Da das Thema ›Inklusion und Radio‹ zumindest in Leipzig damals noch recht neu war, konnte ich für die Redaktion Fördermittel beantragen. Mit denen sicherten wir die Unterstützung durch Medienpädagog*innen, die die Redaktion anleiten. Denn einerseits war es sicherlich gut für unsere Offenheit, dass wir sehr naiv und ohne Vorwissen die Redaktion gegründet haben. Gleichzeitig haben wir über

ABBILDUNG 35
Radio Inklusive, Redaktionsbesprechung

Foto: Anja Thümmler - Radio-Verein Leipzig e. V.

die Zeit immer mehr gemerkt: Ohne Leute, die die Redaktion strukturieren, die wissen, wie man mediale Arbeit leicht vermittelt – ohne die würde es nicht funktionieren.

Während wir in der Anfangsphase noch dachten, dass vier Treppenstufen das größte Hindernis wären, haben wir doch sehr schnell gemerkt, dass es noch so viele andere Barrieren gibt, die Menschen mit Behinderungen immer wieder vor Probleme stellen.

Denn alle Behinderungen und die individuellen Lebenssituationen sind anders. All unsere Redakteur*innen mit Behinderungen haben andere Fähigkeiten, brauchen in anderen Dingen Support, aber haben auch logischerweise andere Interessen. Auch Medienpädagoge Kai Gloyer sagt dazu: »Ich habe gelernt, dass ich einige Vorurteile gegenüber Menschen mit Behinderungen hatte und bestimmt auch noch habe. Ein Vorurteil bestand in dem Glauben, die Kategorie ›Menschen mit Behinderungen‹ würde eine mehr oder weniger homogene Gruppe von Menschen bezeichnen. Das Gegenteil ist der Fall.« Das Einzige, was alle mehr oder weniger gemeinsam haben, ist die Ausschlusserfahrung.

Manche kämpfen mit viel eigener Power um ihre Rechte und kleine Alltagsfreiheiten, und sei es das Paar Punker-Schuhe, mit denen man sich im Rückwärtsgang gut selbst im Rolli anschieben kann. Andere werden mit viel Engagement von ihren Familien unterstützt, zum Beispiel mit spannenden Reisen oder einfach beim zermürbenden Kämpfen mit der Bürokratie. Wieder andere hingegen haben ihr Leben in Sonderschulen, Werkstätten und Heimen verbracht und bisher kaum gleichberechtigten Kontakt zu Altersgenoss*innen ohne Behinderung erlebt.

ABBILDUNG 36
Logo von Radio Inklusive

Quelle: Radio-Verein Leipzig e. V.

Wie aber haben wir nun gearbeitet? Von Anfang an bestand die Redaktion ja sowohl aus Menschen mit als auch als welchen ohne Erfahrungen mit dem Thema Behinderung. Wichtig war uns zu schauen: Was bringt uns zusammen? Bei welchen Themen gibt es Schnittpunkte, wo gibt es unterschiedliche Erfahrungen? Das waren anfangs die einzigen Leitideen, der Rest war einfach loslegen und aus dem Erfahrungsreservoir der Medienpädagog*innen schöpfen. So ging es in der ersten Sendung zum Beispiel um Geld und die Leipziger Musikszene. Diesen beiden Themen haben sich die, die sich dafür interessierten, mit Umfragen, Tischgesprächen, Veranstaltungstipps, Interviews und passender Musik gewidmet. Eine andere Idee war, einzelne Redakteur*innen über aktuelle Erlebnisse aus ihrem Leben erzählen zu lassen, so entstand zum Beispiel ein erster Reisebericht mit passenden Atmo-Geräuschen.

Dabei durfte jede*r sprechen, wie er oder sie eben spricht. Wenn dies schwer verständlich war, haben wir es einfach im Gespräch übersetzt, zum Beispiel durch Wiederholung.

Vor allem die redaktionsinternen Gesprächsrunden zu Alltagsthemen wie Wohnen, Liebe oder Medien zeigen uns (und den Hörer*innen) sehr deutlich, welche Gemeinsamkeiten und Unterschiede es zwischen uns gibt.

Radio Inklusive – Sendung über Sexualität
https://soundcloud.com/jung-blau/radio-inkluisve-6-sexualitat?in=jung-blau/sets/radio-inklusive

Bei vielen Themen machen wir ähnliche Erfahrungen, egal ob wir eine Behinderung haben oder nicht. An anderen Aspekten zeigt sich dann aber auch immer wieder, wie getrennt unsere Lebenswelten sind, weil für viele Menschen mit Behinderungen einfach die Zugänge fehlen. Verliebt war jede*r schon einmal, aber wie viel privaten Raum ein Liebespaar bekommt, ist unterschiedlich. Wir alle konsumieren gerne Medien, aber während die einen das gesamte Internet durchstreifen können, wird bei den anderen selbst der Fernseher schon um 21 Uhr abgedreht, von Computern ganz zu schweigen.

Neben einem Umzug in die größeren und vor allem barrierefreien neuen Räume der Hörfunk- und Projektwerkstatt e.V. gab es über die Jahre auch immer wieder personelle Wechsel. Manche sind für eine Ausbildung weggezogen, andere (auch zwei unserer behinderten Redakteure) haben begonnen zu studieren oder hatten aus anderen Gründen keine Zeit mehr. Was sich aber auch herauskristallisiert hat: Wer seine eigenen Themen schnell und selbstbestimmt verfolgen und umsetzen kann, braucht den festen Rahmen die wöchentlichen Redaktionssitzungen nicht unbedingt. So ist *Radio Inklusive* inzwischen eher ein Treff für Menschen, die vor allem das inklusive Zusammen erleben wollen, größeren Unterstützungsbedarf haben und Zeit beim Arbeiten brauchen. Wer nur bauliche Barrierefreiheit braucht, kann auch selbstständig bei RADIO BLAU mitmachen. Wobei das ›nur‹ hier leider eher ein Euphemismus ist, denn bei der Umsetzung der räumlichen Barrierefreiheit im Radiosender hapert es bei uns bis heute, aufgrund mangelnder Handwerker*innen, nur weniger Finanzierungsprogramme, die 100% der Kosten fördern oder weil bei Baumaßnahmen schlicht schlecht gearbeitet wurde. Hinzu kommt, dass nicht alle Menschen mit Körperbehinderungen eigene Assistenzen haben oder wünschen und es unserem Verein bisher an Finanzierungsmöglichkeiten für Stellen fehlt, die diese Zielgruppe regelmäßig bei Bedarf unterstützen könnte.

Für das aktuelle Team des wöchentlichen Redaktionsmeetings von *Radio Inklusive* haben wir die oben genannten Arbeitsweise und journalistischen Formate aber eigentlich beibehalten.»Wenn wir unterwegs sind und die Leute befragen, das macht mir richtig Spaß. Das ist so mein Ding, was ich gern bei Radio Blau mache«, schwärmt Redakteurin Simone Fischer. Hinzugekommen ist, dass die Treffen inzwischen klarer strukturiert sind und wir immer wieder gemerkt haben, welchen auch privaten Gesprächsbedarf die Teilnehmer*innen haben und dass es dafür Raum, aber auch Regeln und feste Abläufe wie eine Kaffeepause braucht. Für Redakteurin Charis Mündlein war es diese Stimmung im Team, die sie begeistert hat:»Wenn mir andere ihre Lebensprobleme erzählen, dann ist das auch berührend. Dadurch habe ich mich schnell willkommen gefühlt. Aber ich find es auch immer super lustig und lache viel, weil so eine lockere Stimmung ist.« Gleichzeitig braucht es immer wieder Feingefühl, wie Medienpädagoge Kai Gloyer betont:»An der Redaktionsarbeit gefällt mir die Offenheit, mit der wir uns oft begegnen. Die hohe Sensibilität für ›Mikro-Stimmungen‹« in der Redaktion tut der Arbeit gut. Ich finde es auch gut, wenn wir uns Zeit nehmen können, um nicht in der Schnelligkeit den Kontakt untereinander zu verlieren.

Auch die Themensuche zeigt immer wieder Unterschiede auf, denn es ist gar nicht immer einfach, Menschen mit Lernbehinderungen zu ermutigen, eigene Ideen einzubringen.»Mich überrascht immer wieder, dass es so viele Inhalte und Themen gibt, zu denen wir gemeinsam redaktionell arbeiten können«, stellt Medienpädagogin Franziska Wolff fest. Aber zu eigenen Themenvorschlägen zu motivieren, ist ein Dauerbrenner. Manche Themen sind ›nur‹ Spezialthemen einzelner Teilnehmer*innen – wie gut lassen sich die anderen darauf ein? Wollen sie sich darauf überhaupt einlassen oder können sie in der Zeit auch andere Themen bearbeiten? Wie können wir Vorschläge sammeln und auch diejenigen Teilnehmer*innen gleichberechtigt darüber abstimmen lassen, die dazu neigen, ihre eigenen Meinungen eher zurückzunehmen? Dieses Miteinander immer wieder auszutarieren und erlernten Verhaltensweisen entgegenzuwirken, braucht immer wieder Selbstreflexion und Fingerspitzengefühl der Medienpädagog*innen. Aber scheinbar bekommen wir das meist doch ganz gut hin. Redakteur Uwe Richter jedenfalls sagt:

»Mir gefällt an Radio Inklusive, dass man auch einen eigenen Beitrag erarbeiten kann, zum Beispiel zum Leipziger Theaterhaus Musikalische Komödie, wo ich Mitglied im Förderverein bin.«

Was alle aber eint, ist die Begeisterung für gemeinsame Ausflüge, auch wenn die immer auch eine logistische Herausforderung sind. Aber gemeinsam inklusive Angebote darauf zu testen, wie zugänglich sie denn wirklich für alle sind, oder zusammen größere Events zu besuchen – das macht allen immer wieder Freude und bringt spannende O-Töne, Assoziationen und unterschiedliche Blickwinkel zutage. Auch Gesprächsrunden mit Multiplikator*innen der inklusiven Arbeit, zum Beispiel von Beratungsstellen oder der Stadtverwaltung, haben wir durchgeführt. Einmal sogar live von einem Parkfest – Aufregung pur, vor allem in der Vorbereitung, aber alles hat geklappt!

Zwei Punkte sind uns bei Interviews und Kooperationen mit professionellen Stellen immer wieder negativ aufgefallen. Zum einen, dass viele Interviewgäste, selbst wenn sie im Bereich ›Inklusion‹ arbeiten, keine leichte Sprache sprechen können. Sie sitzen lernbehinderten Radioredakteur*innen gegenüber, bekommen deren Fragen gestellt, aber beantworten diese auf eine Art und Weise, die vom Gegenüber nicht verstanden werden kann. Dabei sind Fachbegriffe, verschachtelte Sätze und abstrakte Umschreibungen in keinem Radiointerview gut, egal ob es sich um ein ›inklusives‹ Format handelt oder nicht. Ein anderes Problem ist oft das fehlende Verständnis dafür, dass eine ehrenamtliche inklusive Radioredaktion einfach länger braucht. Dass Vorbereitungen von Themen, Fragen, Umsetzungsabläufen Wochen vorher erarbeitet und geübt werden müssen und man da eben nicht mal von einen Tag auf den anderen den Plan der Redaktion umwerfen kann. Zumal als Außenstehende. Eigentlich ist das auch in ›exklusiven‹ und bezahlten Redaktionen nicht üblich, sich von Interview- oder Kooperationspartner*innen etwas vorschreiben zu lassen, aber manchmal hatten wir das Gefühl, dass unsere Redakteur*innen hier eher bevormundet werden sollten, als es sonst im Umgang mit Journalist*innen üblich ist.

Neben den Radiosendungen haben wir auch einen Blog entwickelt. Dort können Redaktionsmitglieder Spezialthemen ausleben, zum Beispiel Musik- oder Basteltipps. Und zusätzliche Eindrücke von gemeinsamen Recherchen, die nicht in die jeweils 60-minütigen Radiosendungen passen, finden dort mehr Raum und multimediale Möglichkeiten. Ein paar Mal haben wir auch schon mit Stegreifhörspielen experimentiert – die Ergebnisse sind sehr kreativ und vor allem lustig. Auch Workshops zu Themen, die in der Redaktion immer mal wieder aufkamen, haben wir mithilfe von speziellen Anbietern durchgeführt, zum Beispiel zu einfacher Sprache, zu Geschlechterrollen und zu Fake Nachrichten. Aber auch die Redaktion selbst war immer mal wieder als Interviewpartner gefragt. Ein Journalist vom DEUTSCHLANDFUNK, ein Fernsehteam der *Aktion Mensch* oder Studierende haben schon über *Radio Inklusive* berichtet und geforscht. Und natürlich haben wir immer gern die Gelegenheit genutzt, unseren Besucher*innen auch Fragen zu ihrer Arbeit zu stellen.

Ist erst einmal das Material für eine Sendung beisammen, geht es ans Auswählen und Sendung-Planen. Während mehrere Redakteur*innen oft gemeinsam entscheiden, welche O-Töne übernommen werden und welche nicht, wird der technische Audioschnitt immer noch meist von den Redakteur*innen ohne Behinderung bedient. Ähnlich ist es mit dem Sendeablauf. Die meisten Sendungen entstehen inzwischen als ›Live on Tape‹-Version. Anhand von Sendungsuhr und vielen kurzen Zwischenmoderationen wird der Ablauf vorbereitet und dann wie geplant umgesetzt, aber falls doch mal was schiefgeht, ist die Aufregung nicht so groß. »Wenn wir gute Vorarbeit gemacht und uns gut abgestimmt hatten, waren die Momente, in denen wir zusammen im Studio eine Sendung moderieren, sehr schön: Alle wissen worum es geht und fühlen sich sicher genug, um spontan zu sein, sich etwas zu trauen und die Arbeit zu genießen«, schwärmt Medienpädagoge Kai Gloyer. Aber auch hier wird die Studiotechnik von den Redakteur*innen ohne Behinderung bedient. Da mehr zu empowern oder vielleicht auch Lösungen für unsichere Hände zu finden – daran wollen wir weiter arbeiten.

Die vielleicht größten Barrieren liegen aber immer wieder außerhalb der eigentlichen Redaktionsarbeit: Wann haben die Redakteur*innen neben ihren Werkstatt-Jobs und Therapien überhaupt Zeit? Wie kommen sie zu uns und wieder nach Hause? Welche eigenen Möglichkeiten haben sie, zum Teil auch ohne Schriftverständnis oder Internetanschluss an Ideen für die Sendungen weiterzuarbeiten? Hier müssen unsere Medienpädagog*innen extrem viel zusätzliche organisatorische Arbeit leisten, wie Franziska Wolff schwermütig zugibt:

> »Mir war früher nicht klar, wie sehr Menschen mit Behinderungserfahrung von außen kategorisiert und eingeschränkt werden. Leben mit Behinderung ist meistens ein großer organisatorischer Aufwand und auch die Frage der Selbstbestimmung, also wer darf was, wer wird von wem wie bevormundet, das ist immer wieder Thema. Unsere Redakteur*innen sind alle so individuell und haben alle ihre krasse eigene Geschichte, ihre krassen eigenen Päckchen. Da lernen wir Schritt für Schritt darüber, damit geht für uns als Redaktion viel mehr Verantwortung einher als am Anfang gedacht.«

Während der Corona-Beschränkungen konnten wir leider nicht mehr wirklich inklusiv arbeiten, denn an Videokonferenzen teilnehmen kann nur, wer Internet und passende Endgeräte hat und (ggf. mit Support im Wohnumfeld) bedienen kann.

Solche Probleme überhaupt erst einmal kennen und verstehen zu lernen, ist für Redakteur*innen ohne Behinderung oft augenöffnend. So erzählt Charis Mündlein:

> »Ich habe besser gelernt, was für Schwierigkeiten es überhaupt gibt, zum Beispiel mit Rollstuhl Bus und Bahn fahren, oder dass bei Veranstaltungen Inhalt in leichter Sprache fehlt. Ich habe oft Ideen für neue Formate und Sendungen für die Redaktion aber dann muss man immer schauen, was überhaupt umzusetzen ist. Das Thema Inklusion war sonst nicht so stark in meinem Alltag, und da bin ich voll dankbar, da mehr aus meiner sonst eher homogenen Blase raus zu kommen.«

Das zu unterstützen, braucht aber auch Umdenken von politischer Seite und Verwaltungen. So sind wir aktuell an einem Punkt, wo wir die Arbeit der Redaktion eigentlich nicht mehr als ›temporär abgeschlossenes und neues Projekt‹ fördern lassen können. Einzelne Aspekte, klar, aber die Grundlagen der Arbeit brauchen eine dauerhafte, institutionelle Förderung. Aber auch bei diesem Thema erleben wir, dass es in den Kommunen oder beim Land kaum Verständnis oder Möglichkeiten für mehr Inklusion gibt. Es wird kaum evaluiert, ob Träger, die bereits seit vielen Jahren institutionell gefördert werden, wirklich inklusiv und empowernd arbeiten.

Gleichzeitig ist es für neue, innovative Angebote schwierig, in diese schon ausgefüllten Haushaltsposten mit hinein zu kommen. Auch in unseren Gesprächen mit der Stadt Leipzig (beim Land Sachsen wurde sowieso nur mit dem Kopf geschüttelt) war es schwer, grundsätzliches Verständnis für unsere Arbeit zu wecken. Ob wir uns nicht an einen größeren Träger binden könnten? (Nein, denn wir müssen unabhängig bleiben, um bei Bedarf auch kritisch berichten zu können.) Ob eine halbe Stelle nicht reichen würde, um die Arbeit von bisher vier Medienpädagog*innen und einer Organisationskraft zu ersetzen? Oder bezeichnend auch die Antwort an ein anderes Radioprojekt in unserer Stadt, das inklusive Radioarbeit machen wollte und mit dem Hinweis abgelehnt wurde, dass es so etwas in Leipzig ja schon gäbe. Für geschätzt 60.000 von Behinderung betroffene Leipziger*innen soll ein Radioangebot reichen? Wir finden: nein!

Denn gerade die Ausschlusserfahrungen bezüglich Internet zeigen uns immer wieder, dass Radio weiterhin das zugänglichste Medium ist. Und Menschen mit Behinderung brauchen Zugänge, um dazuzugehören. Ihre Erfahrungen, Meinungen und Interessen sind wichtig und müssen gehört und ernst genommen werden. Darum bedeutet inklusive Medienarbeit bei uns, das Radioprogramm wirklich gemeinsam zu gestalten und uns jede Woche wieder daran zu erinnern, dass ›auf Augenhöhe‹ nicht nur eine Floskel ist. Es geht darum, dass alle zu Wort kommen und gehört werden und sich auszutauschen. Über die inklusive Medienarbeit lernen nicht nur die Menschen mit Behinderung von denen ohne, sondern auch umgekehrt. Wir merken leider oft, wie getrennt unsere Lebenswelten doch sind durch die gesellschaftlichen Barrieren für Menschen mit Behinderung und wie wichtig es ist, auf diese Barrieren aufmerksam zu machen, aber auch zu zeigen, wie viel wir eigentlich auch gemeinsam haben.

Anja Thümmlers Herz schlägt für Community-Radio, Musik und Feminismus. Zum Thema ›Inklusion‹ kam sie als betroffene Mutter eines neurodiversen Kindes, mit dem sie sich inzwischen erfolgreich durch das überhaupt nicht inklusive Schulsystem in Sachsen gekämpft hat. Als Projektleiterin hat sie das Thema Inklusion auch bei Radio Blau, dem freien Radio in Leipzig, stark gemacht.

Radio Inklusive Blog der inklusiven Radioredaktion Leipzig
https://soundcloud.com/jung-blau/sets/radio-inklusive#_blank

Blog der Redaktion
Radio inklusive
https://inklusive.hup-le.de/#_blank

»Radio Inklusive« ist eine Redaktion der Hörfunk- und Projektwerkstatt Leipzig. Mindestens alle 8 Wochen wird eine neue Sendung produziert, die bei Radio Blau, dem freien Radio in Leipzig, auf UKW, DAB+ und im Internet-Livestream ausgestrahlt wird. Die Sendungen sind danach 7 Tage in der Mediathek von Radio Blau und danach dauerhaft auf https://soundcloud.com/jung-blau/sets/radio-inklusive/ nachzuhören. Die kommenden Sendetermine sind unter www.radioblau.de/redaktion/radio-inklusive/ vermerkt. Der Blog der Redaktion ist auf https://inklusive.hup-le.de/ zu finden.

17. DAS LEBEN IN DER KAPSEL

17.1 Christian Winkler und das Radio

Von Anna Michalski

Ich mache Radio mit einem Mann, der eine Erkrankung aus dem schizophrenen Krankheitsspektrum hat. Schon für diesen ersten Satz musste ich ihn selbst danach fragen. Ich wusste nie, was für eine Erkrankung er genau hat: weil es für die Radioarbeit nicht relevant ist. Schizophrenie war mir klar, aber da gibt es große Unterschiede. Ich weiß nur, dass er keine Stimmen hört und nicht mehrere Persönlichkeiten in sich trägt, so wie es Laien beim Begriff ›Schizophrenie‹ in den Sinn kommt. Auch ich bin Laie, und kann im Folgenden nur beschreiben, wie ich Christian wahrnehme und wie unsere Zusammenarbeit funktioniert. Therapeutische Erkenntnisse lassen sich aus diesem Beitrag für das Fachpublikum vermutlich keine ableiten, sehr wohl jedoch praktische Tipps, denn es handelt sich hier um ein Fallbeispiel mit Erfolg.

Doch wie misst man Erfolg in diesem Kontext? Beim Radio geht es, wie in anderen Medien auch, um Sender und Empfänger. Bei kommerziellen Medien stehen die Empfänger im Mittelpunkt: Die Musik, die Inhalte und Botschaften werden auf die Zielgruppe zugeschnitten, um im Radiotest möglichst hohe Hörerzahlen zu erreichen und damit gut Werbung verkaufen zu können. Auf der Senderseite stehen angestellte Personen hinter dem Mikrofon, die möglichst gut in das Format passen, ergo nicht besonders auffallen mögen im Einheitsbrei. Beim freien nichtkommerziellen Radio ist das zum Glück völlig anders. Wenn auf Senderseite ein Mensch seinen Traum leben kann, und auf Empfängerseite eine Person inspiriert, bei einer polarisiert und eine dritte zumindest gut unterhält, hat das Format seinen Zweck sehr gut erfüllt. Der fehlende Quotendruck macht es leichter, ergebnisoffen zu bleiben, spontan zu reagieren und Pläne über den Haufen zu werfen. Denn Planbarkeit und Regelmäßigkeit gehören nicht zu den herausstechenden Merkmalen von Medienarbeit mit Menschen mit psychischen Erkrankungen. »Eben noch in der psychiatrischen Klinik, jetzt schon hinter dem Radiomikrofon« ist bei Christian keine reißerische Schlagzeile, sondern Realität. In manchen Monaten moderieren wir mehrere Sendungen live aus dem Studio, dann gibt es wieder Monate ohne Radiokontakt, weil es seine psychische Verfassung nicht zulässt. Der von ihm gewählte Sendungsname *Leben in der Kapsel* beschreibt sehr gut, wie Christian – meinem Eindruck und seinen Schilderungen nach – die Welt wahrnimmt. Die Kapsel schützt vor den äußeren Eindrücken, die ihm oft zu viel sind und ihn verängstigen. Sie bedeutet aber auch ein Hindernis, das ihn buchstäblich hindert, an der Welt in der für sich gewünschten Weise teilzunehmen.

Vom ersten Kontakt zur Livesendung

Christian Winkler kam durch die Vermittlung des beim Radio sehr engagierten Sozialarbeiters und FH-Dozenten Alois Huber zum CAMPUS & CITY RADIO ST. PÖLTEN. Das Radioteam veranstaltet regelmäßig kostenlose Radioschulungen, die Menschen auf ihre eigene Radioshow vorbereiten. Es geht dabei sowohl um die Bedienung des Mischpults, um Moderation und journalistische Basics als auch um Medien- und Urheberrecht. Christian fiel unter den Teilnehmenden als Ruhepol und interessierter Zuhörer und Mitdenker auf. Nach anfänglicher Schüchternheit – er muss eine neue Umgebung immer erst verarbeiten – fügte er sich sehr gut in die Gruppe ein. Diese Atmosphäre der Gemeinsamkeit bei den Radioworkshops, trotz oder gerade wegen der Diversität der Persönlichkeiten, begeistert mich immer wieder. Auch Christian genießt das, er hat in den vergangenen Jahren den Workshop mehrmals besucht, um seine Kenntnisse aufzufrischen, aber auch um die Atmosphäre zu genießen. In vertrauter Umgebung kann er sehr gut mit anderen Menschen interagieren, diskutieren, von sich erzählen und pointiert seinen Wortwitz einsetzen. Ich mag seinen Humor sehr.

Als wir uns kennenlernten, hatte Christian bereits zwei kleine Bücher mit eigenen Texten und Bildern veröffentlicht. Geht man davon aus, dass Moderator*innen mit der Zeit eine ›On Air-Personality‹ entwickeln, so ist das bei ihm die Figur eines Künstlers und Philosophen. Er schreibt nicht nur Texte, sondern ist auch blitzgescheit, sowohl intelligent als auch gebildet, und selbstreflektiert. Das Vorlesen seiner eigenen Texte bildete zu Beginn der gemeinsamen Radioauftritte den Hauptteil der einstündigen Sendungen, neben den von ihm ausgewählten Musiktiteln. Wer vorlesen kann, erlebt Sicherheit durch den Zettel oder das Buch in der Hand. Dennoch ist es keine Lösung, bei der inklusiven Medienarbeit alles aufschreiben und lesen zu lassen, im Gegenteil. Authentizität ist das, was wirkt, was berührt. Christian liest seine Texte sehr authentisch, weil er sie selbst verfasst hat. Mit den Jahren, es sind bereits knapp zehn, haben wir gemeinsam auch Sicherheit im freien Gespräch gefunden, manchmal kommt noch ein Text vor, manchmal gar keiner. Seine Texte sind weder Gedichte noch Geschichten, sondern lyrische Gedanken. Wortgewandt, sehr oft auch sprunghaft zu Papier gebracht. Den roten Faden nicht zu verlieren, mag für die Hörer*innen nicht ganz einfach sein. Das dürfte nicht nur für die vorgetragenen Texte gelten, sondern für den Inhalt der Sendung an sich. War Christian in der allerersten Radiosendung noch mein Studiogast und erzählte offen von seiner Erkrankung, so beschloss er bald danach, die Hörer*innen darüber im Ungewissen zu lassen. So erlebt das Publikum ein eloquentes sympathisches Moderationsduo, das aus unbekannten Gründen jedoch oft sehr sprunghaft die Themen wechselt, manchmal den Faden verliert und zwischen melancholischer Philosophie und kabarettistischen Einlagen pendelt. Ja, auch das kann er: Seine alte Leidenschaft des Fußballspielens, die er bis zum Ausbruch seiner Erkrankung im 18. Lebensjahr als Schüler ausübte, macht ihn zu einem hervorragenden Fußballkommentator à la Edi Finger Junior. Meine Aufgabe als seine Co-Moderatorin ist es, lenkend einzugreifen, wenn die Emotionen mit ihm durchgehen, und er zum Beispiel »abhebt«, wie er selbst dazu sagt. Er meint damit eine euphorische, überdrehte Stimmung, die sich während der Radiosendung bei ihm einstellt, und zu Blödeleien und Lachanfällen führt. Soll Schlimmeres passieren, Lachen schadet nicht. Dennoch verlangt es mir ein deutlich höheres Maß an Konzentration und Energie ab, als ich bei anderen Radiosendungen erlebe, die Gedankensprünge mitzumachen, an das Publikum zu denken und gleichzeitig auch Christians Gemütszustand in der Balance zu halten.

Thematisch geht es in den Sendungen um philosophische Konstrukte wie Erwartungen, Hoffnung, die Freude an den kleinen Erfolgen und das Unbewusste. In der Corona-Pandemie kamen auch Stimmungstiefs und die Isolation zur Sprache. Christian erzählt dann von seinen Erfahrungen damit, ohne jedoch seine Erkrankung explizit zu erwähnen. Manchmal wähle ich Umschreibungen wie: »Dir fällt es oft schwer, dich an neue Gegebenheiten anzupassen, wie war denn der erste Lockdown für dich?«. In der Sendungsvorbereitung machen wir ein Brainstorming, und ich schreibe die Stichpunkte mit. Christian erzählt, was ihn in den letzten Tagen, oder auch ein paar Stunden zuvor beschäftigt hat. Wir beginnen die Sendung dann mit der Anmoderation: »Heute sprechen wir über das Glück, und was es für uns bedeutet glücklich zu sein.« Und landen am Ende dann bei der satirischen Frage, wie wir Christian international groß rausbringen. Die Musik wählt er selbst aus, je nach Thema hat er den passenden Song parat. Beide sind wir große Fans des österreichischen Künstlers Martin Klein, aber auch Wanda, Placebo, Coldplay oder Skunk Anansie sind regelmäßige Gäste on air.

Ein begabter Moderator

Ich denke, dass sich die Sendung *Leben in der Kapsel* wirklich gut anhört. Als ehemalige Nachrichtensprecherin im kommerziellen Privatradio weiß ich eine schöne Sprache und schöne Stimme zu schätzen. Nicht missverstehen, das ist kein Muss im freien Radio, aber darf trotzdem lobend erwähnt werden. Christian spricht nahezu dialektfrei und mit einer tiefen angenehmen Stimme, und seine Fortschritte in der Moderation machen mich stolz. Seine Stimmpräsenz hat sich seit Beginn enorm gesteigert. Er hat binnen kurzer Zeit die Moderationstechniken der Anmoderation, Abmoderation oder eines Teasers verinnerlicht. Wenn ich unsere Mikros on air schalte, ist er da und moderiert drauf los, in der Sekunde. Wahrscheinlich sollte ich ihm das auch öfters sagen. Ich denke, es ist wichtig, Menschen mit psychischen Erkrankungen nicht wie ein rohes Ei zu behandeln, und unreflektiert alles zu loben, weil der Termin gehalten hat. Wenn inhaltlich mal etwas daneben geht, und der Gesprächsfluss stockt, sind wir meist einer Meinung, dass ich da von der Aufzeichnung – sofern wir uns online zur Aufnahme getroffen haben – etwas rausschneide. Handelt es sich um Livesendungen, bemühen wir uns die Kurve zu kriegen. Christian ist selbst sein schärfster Kritiker. Er hört sich die Sendungen danach auch noch einmal an, um darüber zu reflektieren.

Und jetzt? Freundschaft.

Zu Beginn unserer Zusammenarbeit machte ich mir noch Gedanken darüber, ob ich für Christians Betreuung geeignet bin. Wir haben sonst niemanden dabei, sind also zu zweit allein im Radio. Manchmal sind noch Kolleg*innen aus dem Radio da, sie plaudern gerne mit Christian, und lassen uns zum Arbeiten dann wieder allein. Ich komme aus der Radiopraxis und habe keinerlei Ausbildung psychologischer oder betreuender Natur. Doch das ist für die inklusive Medienarbeit auch gar nicht nötig, im Gegenteil: Es geht um ein Stückchen reales Abenteuer abseits von Therapien. Die Krankheit steht in seinem Leben oft genug im Fokus. Ich habe gleich gemerkt, dass ich mich nicht fürchten muss, dass Christian gänzlich abdriftet, sodass ich ihn nicht mehr ›erreichen‹ kann. Er beschreibt seine Gefühle sehr ruhig und ehrlich, und wenn es ihm einmal nicht so gut geht zu Beginn seines Radiobesuchs, ist es mir immer gelungen, ihm durch ruhige Gespräche die nötige Sicherheit zu geben. Ablenkungen sind schlecht: Ich versuche mir, wenn er da ist, wirklich jegliche andere Arbeit vom Leib zu halten, um die nötige Ruhe zu schaffen. Das Radiostudio des CAMPUS & CITY RADIO befindet sich an der Fachhochschule St. Pölten, da kommt öfters spontan eine Kollegin mit einer Frage vorbei, während wir die Sendung vorbesprechen. Ich habe den Eindruck, dass Christian dann unruhig wird, schließe die Tür und lasse mein Handy lautlos auf meinem Schreibtisch liegen. Dafür werde ich auch belohnt: Wenn Christian die Räumlichkeiten wieder verlässt, nach einer Stunde Vorbereitungszeit, einer Stunde Livesendung und einer kurzen Nachbesprechung, fühle ich eine Ruhe in mir, die sich sonst im hektischen Alltag nicht einstellt. Und bin zufrieden. Seine Art, langsam und konzentriert zu sprechen, überträgt sich auf mich. Wir sind Freunde, nicht nur Radiochefin und Radiomacher. Es passiert immer schneller, dass wir uns aufeinander einstellen. Ich spüre diese Verbindung sogar, wenn wir online eine Radiosendung aufnehmen, was seit der Corona-Pandemie öfters vorkommt. Und als wir uns eines Abends für diesen Beitrag per SMS abgesprochen haben, ist ebenfalls sofort diese angenehme Ruhe in mir eingekehrt: Dann haben wir parallel jeder zu Hause drauflos geschrieben. Ich hoffe, was herausgekommen ist gefällt, und macht den Leser*innen Lust auf inklusive Medienarbeit. Und darauf, die Radiosendung *Leben in der Kapsel* im CAMPUS & CITY RADIO ST. PÖLTEN zu hören.

Anna Michalski ist seit 2011 Programmchefin des nichtkommerziellen Campus & City Radio St. Pölten. Davor war sie zehn Jahre lang als Nachrichtensprecherin beim Privatradiosender Kronehit tätig. Mit dem Thema Inklusion beschäftigt sie sich sowohl im Radio als auch als freie Moderatorin von Inklusionsveranstaltungen, etwa für die Gewerkschaft, die ÖBB oder die Fachhochschule St. Pölten. Im Januar 2023 gewann Anna Michalski als Teil eines Redaktionsteams der freien Radios einen Radiopreis der Erwachsenenbildung.

Das Leben in der Kapsel - Sendung: Bilder im Radio
https://cba.fro.at/377043

17.2 An ein unbekanntes Publikum. Leben in der Kapsel. Ein Erlebnisbericht

Von Christian Winkler

Was bedeutet Radiomachen für mich?

Wenn ich Radio mache, so verspüre ich Freude und Leben in mir. Es ist sinnvolles Arbeiten, kreativer Ausdruck, Organisation, Zusammenarbeit, Trainieren von sozialer Kompetenz, im Austausch sein mit anderen Menschen, viele kleinere Sachen, die in Summe ein größeres Ganzes ergeben, die meiner Persönlichkeitsentwicklung und für mich als Mensch dienlich sind, und wobei ich hoffe, dass ich auch anderen etwas mitgeben kann; und sei es auch einmal ein ›kleiner Versprecher‹ oder ein ›angefangener Satz‹, den ich nicht zu Ende sprechen kann, weil es in mir, genauer gesagt in meinem Kopf mit den vielen Synapsen zu stressig geworden ist.

Viel mehr also, als das bloße Stehen im Studio und eine Stunde zu moderieren, Musik aussuchen, ein oder zwei Texte vorlesen und das war es. Ich bin voller Ehrgeiz und Funkenfeuer bei der Sache dabei und genieße es jedes Mal, wenn ich vor dem Mikrofon stehen darf. Und das obwohl ich gar nicht mal so ein richtiger Fan von Mikrofon und Kopfhörern bin. Irgendwie komisch, denke ich mir gerade, aber das sei eine andere Geschichte ...

Im Mittelpunkt steht also immer die Lebensfreude, und der vor allem sehr gute Kontakt zum Radio-Team. Ich fühle mich sehr gut bei diesem Radio-Team aufgehoben. Doch wer ist dieses Team? Wie werde ich von diesem Team gesehen?

Ich habe das Gefühl, dass ich verstanden werde. Das ist schon mal so wichtig für meine Persönlichkeit. Einfach verstanden werden, und nicht gleich als krank abgestempelt zu werden. Ein zweiter Punkt ist die Klarheit. Die Klarheit in der Kommunikation. Dies zeigt sich vor allem in einer klaren Struktur, das konkrete Ausmachen von fortlaufenden Terminen. Auch wenn ich dann vielleicht ›an einem schlechten Tag‹ wieder absagen muss, aber dieses klare Strukturieren und Vorbereiten tut mir sehr gut.

Was ist eine meiner Ressourcen, die ich noch entwickeln kann, zum Beispiel, was fällt mir selbst als ›kritischer Philosoph‹ bei mir auf?

In mir läuft jedoch immer ein extrem ›kritischer Denker‹ ab, der alles perfekt machen will, ich spüre, wie mir das Team, Anna. M. diesen Stress nehmen möchte, aber von Grund auf bin ich ein Perfektionist. Durch meine Erkrankung will ich erst recht mich beim Radio beweisen, alles perfekt machen, merke dabei aber, wie sehr ich mich selbst dabei behindere. Mir selbst Fallen stelle, und mich wieder ausbremse. Vielleicht habe ich aber auch schon gelernt, dass man nicht immer 100 Prozent geben kann, auch wenn ich gerne immer 250 Prozent geben möchte. Oft bin ich unzufrieden. Weil ich weiß, wer ich im Innersten sein kann, und dass ich manchmal ›mehr drauf‹ haben könnte.

Insofern habe ich gerade in diesem Punkt das Gefühl, missverstanden zu werden. Ich würde gerne eine ›Top-Leistung‹ abrufen, bin aber selbst noch nicht so weit. Ich habe eben diesen hohen Anspruch, und denke mir quasi, das war doch nicht perfekt, werde aber super motiviert und gelobt, dass ich die Sache ›eh gut‹ mache. Das spüre ich. Und genau das schätze ich auch, weil ich so lernen kann. Manchmal lerne ich auch etwas nur für den Moment oder für die nächste Sendung und dann habe ich wieder zu viel Stress in mir, aber prinzipiell würde ich das Radiomachen als eine ›Lebensschule‹ bezeichnen. Und das ist es auch, definitiv. Weil ich mit sehr vielen verschiedenen Menschen auch zusammenkomme. Es ist ein sehr lebendiger Ort, im und auch vor dem Studio.

Aber zurück noch einmal. Trotzdem, das bin ich, ich will immer alles perfekt machen. Aber da bin ich schon beim nächsten Punkt. Das mir die Personen, die das Radio-Team bilden, sehr wohlgesonnen sind. Darüber freue ich mich sehr. Es imponiert mir förmlich, dass ich als Mensch mit meiner Erkrankung, einen nicht stigmatisierten Umgang erfahren darf. Das freut mich sehr. Denn in meinem ›anderen Leben‹ laufe ich oft, oder sehr oft unter ›krank‹ für viele Personen, und werde deswegen nicht ganz ernst genommen. Ich habe dort in diesem anderen Leben einen Status erlangt, und den bekomme ich fast nicht mehr weg, bzw. lässt sich dieser nicht mehr so leicht verändern, da ich mit meinem Leben schon sehr ›Eingebrannt‹ in manchen Köpfen bin. Das heißt nicht, dass ich primär etwas getan habe, was zu verurteilen ist, sondern das, was die Erkrankung per se (mit sich) bringt. Im Gegenzug habe ich den Eindruck, dass ich beim Radio täglich auf das neue, oder wenn ich eben in Erscheinung trete, live vor Ort oder z. B. während einer Online-Konferenz (was ich für eine großartige Idee finde, sich zu zeigen und zu partizipieren), wenn man vor allem unter Ängsten leidet, weil man sich da besser ›verstecken‹ kann, oder vorzeitig aussteigen kann, wenn das wirklich einmal notwendig sein sollte. Und ich auch frisch und freudig willkommen bin und geschätzt werde. Sogar noch mehr, ich spüre, wie man meine Unsicherheiten wahrnimmt, und wie respektvoll das Team mir dann gegenübertritt.

Zu dem anderen Leben gehören auch viele Personen dazu, aus den unterschiedlichsten Professionen, die zu meinem wichtigen Helfernetzwerk gehören, für die ich unendlich dankbar bin, weil sie mit sehr viel Engagement, Wissen und Einfühlungsvermögen mich unterstützen. Ich will es irgendwie nicht vergleichen, aber ich tue es trotzdem. Beim Radio bin ich halt der ›Herr Leben in der Kapsel‹, und das ist meine Identität. Und so werde ich auch wahrgenommen. Im professionellen Setting fern vom Radio oder wenn ich mit Betroffenen ähnlicher (!) Erkrankung in Kontakt bin, so ist das eben ein Unterschied. Es dreht sich halt alles mehr um Krankheit. Das ist auch wichtig, denn diese chronische Erkrankung begleitet mich ja, und die kann ich nicht weg reden, aber es ist ein guter Ausgleich, einfach auf eine Fachhochschule zu gehen und dort Radio zu machen, wenn man auch früher schon immer von einem Studium geträumt hat. Und sei es nur wenn es eine Mensa gibt, mit einer ordentlichen ›Brettl' Jausn‹ …

Ich versuche aber ehrlich gesagt, meine Radio-Identität als solche auch im ›Anderen Leben‹ zu schützen. Denn diese ist mir sehr wichtig. Es ist auch ein wenig Angst dabei, wenn ich diesen ›Erlebnisbericht‹ schreibe, dass ich mich zu sehr öffne, und meine Grenzen zu sehr vergesse, rechtzeitig zu beschützen. Ich bin eine schwer verletzte Seele, sonst wäre ich nicht mit dieser Krankheit hier auf Erdenleben, und das sagt mir wiederum, dass ich sehr aufpassen muss. Was mir besonders hilft im Umgang mit dem gesamten Tun rund um ›Radio‹ als auch ›Anderes Leben Krankheit‹ ist meine gute Gabe der Reflexion. Dies ist natürlich eine Selbsteinschätzung, jedoch ist mir das auch schon oft von außen bestätigt worden.

Und wer begleitet mich die vielen Jahre?

Anna, ich bin dir sehr dankbar, dass du nicht (so sehr) auf meine wunden Seiten meines Lebens geschaut hast, sondern dass du in mir mehr die Radiostimme und mehr das Talent zum Radio machen gesehen hast. Dass du mir die Angst genommen hast. Vielen Dank für dein Einfühlungsvermögen, für deine Geduld, zumindest auch dann, wenn ich wieder glaube, ich wäre zu langsam im Studio mit dem Bereitstellen von Informationen für die Sendung. Es freut mich unheimlich, dass wir ein gutes Team sind, dass wir uns gut verstehen, und dass wir uns bei Sendungen so gut unterstützen und supporten.

Und, dass wir unseren Humor verstehen. Dass du mich zurückholst nach 20 Minuten Sendezeit, wenn ich wieder Flügel bekommen habe, weil es mich einfach ein wenig (!!!) euphorisiert, das Radio machen.

Danke auch für deine Anstupser, für deine mutigen Inputs meiner Persönlichkeit gegenüber. Ich sage auf jeden Fall vielen herzlichen Dank!

Abschließen möchte ich das Ganze mit Folgendem, weil ich erkenne, dass ich schon mehr als erschöpft bin die letzten Tage:

»Genie zu sein ist mir lieber.«

Ich möchte mich an dieser Stelle noch mal vor allem bei Anna Michalski, meiner ›Kooperationspartnerin‹ (?) und bei Ihrem Team recht herzlich bedanken. Da ich jetzt beim Schluss angelangt bin, würde ich mir noch gerne ein Lied wünschen, und zwar von Martin Klein, den Song *Dream World* bzw. den Song *Träum*, wenn es den ersten nicht in der Mediathek gibt.

P.S.: Es würde noch viel mehr zu erzählen geben. Ich hoffe, dass Sie einmal meine Sendung hören oder mich persönlich kontaktieren. Das ist mir nämlich besonders wichtig. Feedback und Rückmeldung zu erhalten. Wie meine Sendung ankommt. Es geht mir auch sehr um soziale Resonanz, da ich sonst eher sehr zurückgezogen lebe.

Autor Christian Winkler ist Künstler und schreibt regelmäßig Texte. Und er ist Radiomacher der Sendereihe »Das Leben in der Kapsel«. Gemeinsam mit Anna Michalski beim Campus & Cityradio St. Pölten in Österreich. Mailadresse von Christian Winkler: postfach@winkler.at - Webseite: www.christianwinkler.at

Sendereihe »Das Leben in der Kapsel«
https://cba.fro.at/podcast/cr944-leben-in-der-kapsel

18. RADIO LOCO-MOTIVO

18.1 Menschen mit und ohne Psychiatrieerfahrung machen gemeinsam Radio - Schweiz

Von Ernst Tradinik

Gianni Python, Initiator der Idee von *Radio loco-motivo* in der Schweiz, arbeitete zwei Jahre in Chile in einer psychiatrischen Klinik. Dort kam er in Kontakt mit *Radio loco*, dessen Wirkung ihn überzeugte: Die Patient*innen beginnen durch die Radioarbeit, ihr soziales Netz auszuweiten. Radio ist eine Brücke zur Außenwelt und eine Möglichkeit, soziale Stigmata abzubauen. Diese Nutzung des Mediums Radio ist in Lateinamerika verbreitet: Bereits 1991 ging in der argentinischen Hauptstadt Buenos Aires *Radio loco* on air – nach eigener Aussage der erste Radiosender der Welt aus einer psychiatrischen Klinik.

Die Radioschule klipp+klang hat in der Schweiz in Zusammenarbeit mit der Interessengemeinschaft Sozialpsychiatrie igs und RaBe ab dem Sommer 2011 die erste Redaktion von *Radio loco-motivo* aufgebaut und ausgebildet. Seit 2012 ist diese live on air. 2014 und 2015 kamen die Redaktionen in Winterthur und Solothurn dazu, im Frühjahr 2017 startet das Projekt *Radio loco-motivo* beider Basel.

 **Sendungen: Radio loco-motivo**
https://rabe.ch/radio-loco-motivo/

Dem *Radio loco-motivo* Winterthur, die als Sendung bis 2017 auf RADIO STADTFILTER ausgestrahlt wurde, folgte das *Radio Schrägformat*. Die Redaktion steht weiterhin auch Interessierten außerhalb der beiden Institutionen offen.

 VESO Radio Schrägformat
https://www.veso.ch/veso/radio-schraegformat.html

 Sendungen Radio Schrägformat
https://soundcloud.com/stadtfilter-sendungen/veso-radio-schragformat-mutmacher-zum-jahreswechsel-011222

Durchgeknallt - Deutschland

Das Sendungskonzept von *Radio loco-motivo* wird seit 2014 auch beim freien Radio in Nürnberg, dem RADIO Z, aufgenommen und umgesetzt. Das *Radio Durchgeknallt* ist jeden 1. und 3. Donnerstag von 18 bis 19 Uhr on air. »*Radio Durchgeknallt*, die Sendung der Psychiatrieerfahrenen auf Z. Verrückt ist, was verrückt macht.«

18.2 Aktive Rolle für Psychiatrieerfahrene - ein Gespräch mit Gianni Python - Schweiz

Sabine Hahn im Gespräch mit Gianni Python, im Rahmen des »Kaminfeuers« in der Zeitschrift *Psychiatrische Pflege* (2018)

Sabine Hahn: Lieber Gianni, wofür brennt dein Herz beruflich?
Gianni Python: Umgang mit Menschen und *Radio loco-motivo*.
Was soll im Kaminfeuer verbrennen, da sich die Psychiatrie davon befreien muss?
Ich wünsche mir eine offene Psychiatrie. Geschlossene Station bedeutet nicht mehr Sicherheit!

ABBILDUNG 37
Gianni Python

Foto von Gianni Python

Radio loco-motivo ist deine Leidenschaft. Kannst du unseren Leserinnen und Lesern bitte kurz erklären, was *Radio loco-motivo* ist?
 Radio loco-motivo – Menschen mit und ohne Psychiatrieerfahrung machen gemeinsam Radio. Es ist ein Angebot der Interessengemeinschaft Sozialpsychiatrie igs, in Zusammenarbeit mit der Radioschule klipp+klang und RADIO BERN, RaBe.
Ich weiß, du hast schon häufig erklärt, wie du auf »Radio loco« gestoßen bist. Kannst du bitte die Geschichte nochmals erzählen?
 Zwischen 2007 bis 2009 lebte und arbeitete ich in der chilenischen Stadt Valparaiso. Dort begegnete ich während eines Praktikums in der psychiatrischen Klinik einer besonderen Radioidee. Wöchentlich wurde einmal die eigens produzierte Sendung *Radio loco.* ausgestrahlt, ganz nach dem argentinischen Vorbild *La Colifata*. (*La Colifata* ist eine Radiosendung aus der Psychiatrischen Klinik José T. Borda in Buenos Aires, Argentinien.) Sie wird von den Patienten moderiert und geht seit August 1991 wöchentlich fünf Stunden auf Sendung. Zahlreiche weitere Rundfunksender in Argentinien strahlen Teile des Programms aus. ›La Colifata‹ heißt so viel wie ›liebenswerte Verrückte‹. Das Wort stammt aus dem Lunfardo-Slang von Buenos Aires. Ich war sehr begeistert, wie sehr die

Radioarbeit den Patient*innen eine aktive Rolle verlieh und ihnen half, die krankheitsbedingte Isolation und Stigmatisierung zu überwinden. Für mich stand fest: Wenn ich wieder in der Schweiz bin, möchte ich auch eine solche Radioidee in der eigenen Heimat initiieren.

Gelebte Inklusion

Zurück in der Schweiz ging ich an die Umsetzung von *Radio loco-motivo*. Für ein gutes Projektgelingen war das Gewinnen tatkräftiger Partner entscheidend. So gelangte ich zunächst an meinen Arbeitgeber, die Interessengemeinschaft Sozialpsychiatrie Bern igs, welcher mir psychiatriespezifisch zur Seite stand. Zusammen mit der Züricher Radioschule klipp + klang konnte unser Projekt nun beginnen. Klipp+klang hatte die Erfahrung im Bereich ›Empowerment‹, um die Patient*innen ins Radiohandwerk einzuführen. RADIO BERN RaBe sagte schließlich die Nutzung seiner Sendeinfrastruktur samt Redaktionsräumen zu und bot so ein Dach für gelebte Inklusion. Wir starteten in Bern im Jahr 2011 mit einem rund achtköpfigen Redaktionsteam, begleitet von mir und später zusätzlich mit Heidi Kronenberg, einer ehemaligen Psychiatriepflegefachfrau und Radiojournalistin. Nach dem ermutigenden Erfolg der Pilotsendung sind wir jetzt seit gut sechs Jahren regelmäßig jeweils mittwochs alle vier Wochen live bei RADIO BERN RaBe auf 95.6 Mhz auf Sendung.

 Radio loco-motivo - Video
https://vimeo.com/216975765?embedded=true&source=vimeo_logo&owner=38255896

Du hast in Chile auch in den Klinikalltag Einblick gehabt. Gibt es neben dem *Radio loco* noch andere Ideen, Einstellungen etc., die für uns hilfreich sein könnten?

Zwei Jahre arbeitete ich als Psychiatriepfleger in der privaten Corporacion Bresky Centro diurno (Tagesklinik) in Valparaiso. Drei Monate hospitierte ich in der psychiatrischen Klinik (Hospital del Salvador de Valparaiso). Not macht erfinderisch. Der Alltag und die Infrastruktur der Tagesklinik waren einfach. Wir hatten einen Wochenplan. Der beinhaltete mehrere Aktivitäten wie Musik, Theater, Basteln, Malen, Gesprächsgruppe, Psychoedukation. Der Unterschied war: Sie machten Musik mit einem Musiker, malten ohne Therapeuten. Die Fachpersonen waren ein Teil der Gruppe. Wir hatten vier Computer. Zwei waren für die Verwaltung, zwei teilten sich die Betreuer und Patienten. Tische und Stühle waren aus Plastik wie auf einem Campingplatz. Was habe ich daraus gelernt? Mit einfachen Hilfsmitteln, guten Ideen und Mut kann auch eine sinnvolle Behandlung gemacht werden.

Ein Schock hingegen war mein Praktikum in der staatlichen Klinik Salvador. Die Häuser sind in einem desolaten Zustand. Pflegefachpersonen genießen eine sehr gute Ausbildung. Alle arbeiten mit einem Hochschulabschluss dort und machen deshalb auch die ganzheitliche Pflegeplanung, eigene Visiten und sind für die Aktivitäten verantwortlich. Ein Teil der Pflege-Hilfspersonen sind ehemalige Patient*innen. Es gibt Männer- und Frauenabteilungen. Bei den Frauen waren alle Raume und Gegenstande meistens noch intakt. Bei den Männern war alles defekt. Die Akut-Aufnahmestationen hingegen sind gemischt. Frauen und Männern werden die Kleider ausgezogen und sie werden in Pyjamas gesteckt. Therapien auf den Stationen gibt es kaum. Gespräche mit Psychiater*innen finden einmal wöchentlich statt. Ein Tagesablauf der Patienten besteht aus Herumsitzen und Warten.

Arbeiten auf Augenhöhe

Wer in Chile kein Geld hat, kann sich keine Krankenkasse leisten. Vor allem die Menschen mit Psychiatrie-Erfahrung sind benachteiligt, haben meistens keine Arbeit und leben am Existenzminimum. In Chile geht man mit dem Wort ›loco‹ (›verrückt‹) einfacher um. Deshalb ist es vielleicht für jemanden, der psychische Probleme hat, einfacher zu überleben. Das Praktikum in der Klinik Salvador war für mich nichts Erfreuliches. Das heißt nicht, dass es in Chile nicht auch andere – bessere – Privatkliniken gibt, die dem europäischen Standard gleichen.

Warum ist Radio ein gutes Instrument, um mitzugestalten?

In den Sendungen im monatlichen Rhythmus stecken viel Basisarbeit und Lernprozesse. Wir treffen uns jeweils am Mittwoch in den

Räumlichkeiten von RADIO BERN RaBe zu einer Planungssitzung. Nebst Reportagen, etwa zu Freizeitangeboten für psychisch kranke Menschen oder Künstlerporträts, kommt auch Kritisches zur Sprache: die Stigmatisierung psychisch Kranker in der Psychiatrie. Auch die Vertonung von Gedichten und Kolumnen haben Platz. Die Redaktionsteilnehmer*innen können dank des Radiomachens eine gesunde Distanz zu ihrer Erkrankung bekommen. Sie sind eigenständig und arbeiten auf Augenhöhe. Dies ermöglicht ihnen, eine sinnvolle Tätigkeit zu erlangen.

Wir sind 100. Die 100ste Radiosendung von *loco-motivo*
https://www.klippklang.ch/audio.php?id=831

Das Redaktionsteam wird von einem Koordinator/einer Koordinatorin der IGS begleitet. Zurzeit teilen eine Journalistin und ich uns die Koordinationsstelle. Wir stellen sicher, dass die Menschen mit Psychiatrie-Erfahrung in einem ruhigen Umfeld arbeiten können. Wir beide strukturieren die redaktionellen Abläufe, leiten die Sitzungen, helfen bei der Sendeplanung, sind präsent während der Live-Übertragungen. Es wird geschaut, dass die von Psychiatrie betroffenen Menschen Mut haben, Neues auszuprobieren. Sie geben sich gegenseitiges Feedback und stärken ihre Radioarbeit. Nicht alle müssen alles können. Ist jemand an der Technik begabt, so eignet sich ein anderer zum Moderieren einer Sendung. Wieder andere schreiben Gedichte oder Kolumnen.

Wir fördern gezielt ihre Fähigkeiten und Interessen. Damit Radioarbeit gesundheitsfördernd ist, müssen wir versuchen, sie nicht zu unter- oder überfordern. Wir Koordinatoren schauen auf die Befindlichkeit, sprechen den- oder diejenige an, wenn es jemandem nicht gut geht, schauen gemeinsam, welche Schritte gemacht werden können, um eine vernünftige Lösung zu finden. Die Redaktionsteilnehmer*innen sind meistens in psychiatrischer Betreuung. Sie schauen im Sinne des Recovery-Gedankens über ihre eigene psychische Gesundheit und suchen eine Balance zwischen Über- und Unterforderung.

Wie viele Leute arbeiten denn bei *Radio loco-motivo* mit?

Im Moment sind es acht Personen mit Psychiatrie-Erfahrung und zwei Koordinator*innen.

Recovery ist in aller Munde. So wie ich es von außen beobachte, fördert die Radioarbeit auch einen Recovery-Prozess. Wie siehst du dies?

Die Betroffenen sollen die Erfahrung machen, dass sie sich aktiv einbringen können und mit ihren Anliegen und Interessen ernst genommen werden. Die Teamarbeit verbessert das Selbstvertrauen und fördert die gegenseitige Toleranz. Nur gemeinsam gelingt eine Sendung. In der Radioarbeit nehmen die Redaktionsteilnehmer*innen sich als aktiven Bestandteil der Gesellschaft wahr und wenden sich an die Öffentlichkeit. Sie erhalten eine Stimme, senden und werden gehört.

Auf Stärke gerichtet, nicht auf Schwächen

Die Mitarbeit bei *Radio loco-motivo* ist ein Übungsfeld par excellence. Man versucht, einen möglichst normalen Umgang zu pflegen. Das Augenmerk ist dabei auf die Stärke gerichtet, nicht auf Schwächen. So wagen sich die Redakteur*innen immer wieder an Neues heran. Sie entdecken Fähigkeiten und neue Ressourcen. Dies trägt dazu bei, ihre Gesundheit besser kennenzulernen im Sinne des Recovery-Konzepts. So sagte vor einiger Zeit ein Redaktionsmitglied: ›Radio loco-motivo‹ gibt mir Struktur während der Woche. Die Arbeit macht mir Freude. Aber es ist auch jeden Mittwoch eine Herausforderung. ›Uff, jetzt muss ich dorthin‹, denke ich jeweils.«

Was denkst du, für wen ist Radioarbeit besonders geeignet?

Menschen, die Spaß haben, Neues auszuprobieren, und Lust haben, einmal pro Woche drei bis vier Stunden mit anderen Psychiatrie-erfahrene Menschen gemeinsam an einer monatlichen Sendung zu arbeiten. *Radio loco* hat sich in den letzten Jahren im deutsch-sprachigen Raum verbreitet.

Wo gibt es überall solche Teams und was haben sie gemeinsam? Wo gibt es Unterschiede?

Psychiatrie-erfahrene Menschen haben mit *Radio loco-motivo* in der Schweiz erstmals regelmäßig eine Stimme am Medium Radio. Die Sendungen werden auch in Kliniken oder Wohnheimen gehört. Sie können Menschen in unterschiedlichen Lebenssituationen Mut machen, sich an Neues heranzuwagen, das ›sichere Feld‹ mal zu verlassen.

Außerdem gibt es in Deutschland und in Österreich ebenfalls Radios, die mit Psychiatrie-erfahrenen Menschen auf Sendung gehen. In Deutschland ist es das *Radio Durchgeknallt*. Das Radioprojekt *Durchgeknallt* begann im April 1988 in Nürnberg beim Lokalradio Z mit ihrer ersten Sendung. Die Redaktion von *Durchgeknallt* verfügt über eine langjährige Erfahrung, die Redaktionsarbeit kontinuierlich und eigenständig aufrechtzuerhalten. Die Redaktion trifft sich bei RADIO Z und besteht aus Menschen mit und ohne Psychiatrieerfahrung. Sie organisiert und produziert alle Sendungen ohne Begleitung. Somit ist die Redaktion nicht nur vollständig bei einem Radiosender integriert, sondern entspricht einer inklusiven Arbeitsgruppe.

In Österreich findet seit 2010 im Rahmen des Bündnisses gegen Depression eine Radiowerkstatt statt. Gemeinsam mit dem CAMPUSRADIO ST. PÖLTEN werden Menschen mit Krankheitserfahrungen im psychischen Bereich mit den Grundlagen des Radiomachens im freien Radio vertraut gemacht und produzieren in der Folge thematische Radiosendungen.

Was rätst du Personen, die ein *Radio loco* gründen wollen?

Eine Radioschule, um das nötige radiojournalistische Handwerk zu erhalten. Wenn möglich, so sollte Kontakt zu einem lokalen Radiosender aufgenommen werden, der bereit ist, Menschen mit Psychiatrie-Erfahrung einen Sendeplatz zu geben, sowie einer psychiatrischen Einrichtung mit ihren Ressourcen. Zudem sind Geldgeber zu finden und ich empfehle, mit einem Vorprojekt zu beginnen. Ziel ist es, Psychiatrie-erfahrenen Menschen eine Stimme zu geben und längerfristig im Äther verankert zu bleiben.

Welches Thema wäre dein langersehnter Wunsch für eine *Radio loco*-Sendung und warum?

Ich habe die Vision, in der gesamten Schweiz in allen psychiatrischen Kliniken eine Radiostation zu betreiben – mit einer eigenen Sendeantenne oder Internetradio. Es wäre möglich, den Klinikalltag den Menschen draußen näherzubringen sowie einen Beitrag zu leisten für die Entstigmatisierung von Menschen mit Störungen der psychischen Gesundheit. Die Infrastruktur eines Studios könnte man zum Beispiel für ein klinikinternes Angebot nutzen.

Radio-Arbeit als Teilhabe

Im normalen Klinikalltag befragen die Psychiater*innen und andere Fachleute die Patient*innen zu ihrem Zustand. Beim Radio tauschen die Akteure die Rollen. Die Patient*innen übernehmen als Journalist*innen die Rolle der Fragenden. Menschen mit psychischen Krisen begegnen anderen Menschen im Alltag. Die Redakteur*innen arbeiten im Radiostudio unter ganz normalen Bedingungen. Das Radiostudio soll im Klinikbereich kein geschützter Arbeitsplatz sein – im Gegenteil. Ein Ort für Menschen aus verschiedenen Kulturen und sozialen Schichten. Menschen, die in dieser Radiowerkstatt teilnehmen, sollen nicht integriert sein, sondern im Sinne des Inklusionskonzeptes selbstverständlich dazugehören.

Nicht nur die körperliche, auch die psychische Gesundheit eines Menschen schwankt von Zeit zu Zeit. Es ist nicht leicht, die Balance zu halten. Menschen mit psychischen Belastungen erleben unterschiedliche Beschwerden (Symptome), die unterschiedlich stark ausfallen. Die Symptome können einen mehr oder weniger großen Einfluss auf den Alltag und die Funktionsfähigkeit der Betroffenen haben. Häufige Reaktionen auf Belastungssituationen sind Gefühle der Traurigkeit, Angst oder starke innere Anspannung, die für eine begrenzte Zeit auch sehr stark sein können. Diese Beschwerden verschwinden in der Regel nach einer gewissen Zeit. Genau dort konnte Radioarbeit einsetzen. Dank der Mitarbeit durchbrechen diese Menschen ihre Gedanken, die sich oft im Kreise drehen. Sie können dadurch auf andere Gedanken kommen, sich intensiv mit einem Thema der Außenwelt beschäftigen. Radioarbeit kann für Menschen mit Psychiatrie-Erfahrung Teilhabe am gesellschaftlich sozialen Leben bedeuten.

Vielen Dank, lieber Gianni, für das Gespräch. Ich freue mich schon auf die nächste Sendung von *Radio loco-motivo* und hoffe, dass dein Traum und deine Idee sich bei uns weiterverbreiten.

Das Gespräch führte Prof. Dr. Sabine Hahn, Mitherausgeberin der Zeitschrift »Psychiatrische Pflege«, diplomierte Pflegefachfrau Psychiatrie, Pflege- bzw. Gesundheitswissenschaftlerin; leitet im Departement Gesundheit der Berner Fachhochschule die Abteilung Pflege und die angewandte Forschung & Entwicklung Pflege.

Literatur

»Aktive Rolle für Psychiatrieerfahrene« – Radio loco-motivo. In: *Psychiatrische Pflege* (2018), 3 (3), S. 27-30 https://doi.org/10.1024/2297-6965/a000169

19. HINSCHAUEN STATT WEGSCHAUEN. RADIO RENE – EIN INKLUSIVES MEDIENPROJEKT

Von Brigitte Himann und Andrea Tabery

»Menschen mit Behinderung sind in den Massenmedien eine Randerscheinung« (PERNEGGER 2017: 4).
Nach einiger Recherche zu dem Thema, können wir diese Aussage unterstreichen. Dieser Unterrepräsentation von Menschen mit Behinderung in den Massenmedien wollten wir entgegenwirken und zu mehr Inklusion, Aufmerksamkeit und Verständnis beitragen. Im Rahmen des Lehrgangs der akademischen Sozialpädagogik an der FH St. Pölten wurde für das Projektseminar eine Forschungsarbeit zu inklusiver Medienarbeit gewählt. Zunächst eine Definition des Terminus vom Publizisten und Kommunikationswissenschaftler Ernst Tradinik, welcher dieses Feld wie folgt beschreibt:

>»Inklusive Medienarbeit hat zum Ziel, Menschen mit Beeinträchtigungen ein höheres Maß an Selbstbestimmung im Umgang mit und der Interaktion über technische Medien zu ermöglichen. Denn die technologischen Gegebenheiten ermöglichen die elektronische Mediengestaltung in nahezu allen Arbeitsbereichen – von der Redaktion über die Kameraführung bis zur Moderation« (vgl. TRADINIK 2019: 55).

Dazu zählen Podcasts, Radiosendungen, TV-Sendungen, YouTube-Beiträge, Hörbücher u.v.m. Anhand von narrativen Interviews, teilnehmender Beobachtung und Expert*innen-Interviews wurde mit der

Grounded Theory offen codiert und in mehreren Kategorien analysiert. Für die drei Interviews befragten wir einen Journalisten und Chefredakteur eines freien Radios, die fachverantwortliche Programm-Intendantin des CAMPUS & CITY RADIOS 94.4 und Rene in seiner Rolle als Moderator.

Um sich ein Bild vom Moderator zu machen, ist es wichtig seine Biografie zu kennen. Er sitzt aufgrund einer angeborenen Behinderung im Rollstuhl und ist auf die Unterstützung seiner Umwelt angewiesen, da er motorisch beeinträchtigt ist. Das heißt, sein Stütz- und Bewegungsapparat ist stark eingeschränkt.

Für das Projekt wurde eine Radiosendung mit dem Thema ›Chancen von Menschen mit (Lern-)Behinderung am Arbeitsmarkt‹ gestaltet. Wir beschäftigten uns mit der Forschungsfrage: *Welche Unterstützung braucht ein Mensch mit (Lern)-Behinderung und/oder psychischer Erkrankung bei einem inklusiven Medienprojekt in der Rolle des/der Moderator/in?* Dies beleuchteten wir aus den Perspektiven der Betroffenen, der Professionist*innen und der Öffentlichkeit. Ziel der Arbeit ist es, einen Beitrag zur Forschung im Bereich inklusiver Medienarbeit zu leisten. Ein erfreulicher Nebeneffekt war, dass Rene seitdem jeden letzten Freitag im Monat seine eigene Sendung am CAMPUS & CITY RADIO 94.4 moderiert.

Die Radiosendung *Hinschauen statt Wegschauen*

Rene war einer Autorin aus dem persönlichen Umfeld bekannt. Sie fragte ihn, ob er es sich vorstellen könnte, beim Projekt als Moderator mitzumachen und er sagte spontan zu. Nach einigen Treffen mit Rene kristallisierte sich heraus, dass es ihm ein Anliegen ist, eine Sendung zum Thema ›Jobchancen für Menschen mit (Lern-)Behinderung und/oder psychischer Beeinträchtigung‹ zu gestalten. Es ist für den Protagonisten von großer Bedeutung, sich für Menschen mit Behinderung einzusetzen. Die Durchführung des inklusiven Medienprojektes »Radio Rene – Hinschauen statt Wegschauen« beim CAMPUS & CITY RADIO 94.4 fand am 25.06.2021 von 15 bis 16 Uhr im Rahmen einer Livesendung statt. Der Titel der Sendung *Hinschauen statt Wegschauen* stammt von Rene.

Die Radiosendung wurde auf der Homepage des CAMPUS & CITY RADIOS 94.4 wie folgt beworben: »Ein junger Erwachsener will ins Berufs-

ABBILDUNG 38
Rene Jirsak im Campus & City Radio Studio in St. Pölten

Foto: Brigitte Himann & Andrea Tabery

leben einsteigen. Leichter gesagt als getan. Denn dieser junge Mensch hat eine (Lern-)Behinderung. Welche Chancen haben junge Erwachsene mit (Lern-)Behinderung am ersten Arbeitsmarkt? Oder bleibt ›nur‹ der zweite oder dritte Arbeitsmarkt? Was muss gesellschaftspolitisch passieren, um diesen Menschen eine Chance zu geben? Rene Jirsak wird als Moderator durch die Sendung führen und dabei die Direktorin des ZIS (Zentrum für Inklusion und Sonderpädagogik) der ASO St. Pölten Nord zum Gespräch bitten.« Rene führte in seiner Position als Moderator eigenständig durch die gesamte Sendung. Er legte den Ablauf fest, traf die Musikauswahl und lud den Interviewgast ein. Als Beobachterinnen nahmen wir wahr, dass er sich in seiner Rolle sicher und wohl fühlte.

Der Abschluss der Radiosendung war die Frage an Rene, wie er sich seine Zukunft vorstellt. Seine Antwort spiegelte die Sendung wider. Er wünscht sich Gerechtigkeit für Menschen mit Behinderung und ein Umdenken in Richtung Pension, Abfertigung und Lohn statt Taschengeld, um ein selbstbestimmtes Leben führen zu können.

Die folgenden fünf Abschnitte sind die Kategorien, die sich aufgrund der Interviews und Beobachtungen ergeben haben. Im ersten Abschnitt »Barrieren in der Ausbildung und am ersten Arbeitsmarkt« sprechen wir über den integrativen Journalismuslehrgang und über die Möglichkeiten des Berufslebens für Menschen mit (Lern-)Behinderung. Ein weiteres Kapitel behandelt die »Rolle der Eltern« und ihre Unterstützung und ihr Engagement bei der Umsetzung der Radiosendung. Im Abschnitt »Anerkennung« wird auf das wachsende Selbstvertrauen von Rene eingegangen, was ihn zu einem Beitrag bei Ö1 gebracht hat. Wir gehen bei den »Unterstützungsarten« auf die Persönliche Assistenz, Leichte Sprache, Gebärdensprache und die Wichtigkeit von räumlicher Barrierefreiheit im vierten Abschnitt ein. Zu guter Letzt stellt die »Finanzierung« eine Schlüsselkategorie dar.

Barrieren in der Ausbildung und am ersten Arbeitsmarkt

Es gibt verschiedene Wege als Journalist*in tätig zu sein. Eine Möglichkeit zur Ausbildung war der integrative Journalismus-Lehrgang. Dieser wurde 2003 von Dr. Franz-Joseph Huainigg initiiert, welcher zum Ziel hatte, »neben dem Journalismus neue mediale Bilder zu schaffen« (LADSTÄTTER 2003). Der integrative Journalismus-Lehrgang wurde mittlerweile eingestellt. Die Gründe sind nicht bekannt. Dass es keine Ausbildungsangebote in diesem Bereich gibt, stellt eine Lücke dar (vgl. PERNEGGER 2017: 90). Andererseits würde richtige Inklusion erst stattfinden, wenn Menschen mit und ohne Behinderung in einem Lehrgang gemeinsam unterrichtet werden würden. Ausbildungsunterlagen und Unterrichtsgestaltung müssten an die Bedürfnisse von Menschen mit Behinderung erweitert und angepasst werden (vgl. KUNZENDORF 2019: 151f.). Ein von uns interviewter Journalist meinte, dass es immerwährend Lehrgänge geben müsste, um mehr integrative Journalist*innen auszubilden, dann könnten Medienhäuser auch auf eine Vielzahl von ihnen zurückgreifen (vgl. TI1: 163-166). Die Intention von Aus- und Weiterbildung wäre, einen Job zu finden, um sich den Lebensunterhalt finanzieren zu können. Je besser die Ausbildung ist, desto mehr Möglichkeiten würden sich anbieten.

»Weil das Ziel der Initiatoren domois woa, die Menschen wirklich berufsmäßig in den Journalismus zu bringen« (TI1 160-161).

Man kann davon ausgehen, dass viele Menschen mit Behinderung ehrenamtlich und somit unbezahlt in inklusiven Medienprojekten mitwirken.

Rene hat eine genaue Vorstellung seines Berufslebens. Er will Moderator werden. Den Beruf des Moderators hat er im Volksschulalter kennengelernt. »Entdeckt hab i des glaub i mit 8, 9 Jahren so circa« (TI2 7). Die Freude an der Möglichkeit und die Chance selbstständig und selbstgestalterisch eine Sendung zu machen, bestätigte ihn in seinem Willen, auf dem richtigen Weg zu sein. Die Sicht des Moderators auf Selbstermächtigung zeigt, dass Menschen mit (Lern-)Behinderung und/oder psychischer Beeinträchtigung nicht das Vertrauen der Gesellschaft bekommen, etwas selbstständig zu tun. Laut Ladstätter »führen Vorurteile potentieller Arbeitgeber und Arbeitgeberinnen oft dazu, dass sie nicht einmal die Chance auf ein persönliches Vorstellungsgespräch bekommen« (LADSTÄTTER 2018: 7). Rene wünscht sich:

»Das ma mehr Interaktivität [...] zulässt, dass Menschen a beweisen können, dass sie [...] aus sich raus gehen können, dass sie was leisten können, dass sie was zeigen können« (TI2 326-328). Hier erkennt man stark das Bedürfnis nach Teilhabe an der Gesellschaft und nach Anerkennung. »I glaub, dass man im behinderten Menschen oftmals den Journalismus goa ned zutraut oder sie sich selbst gar nicht zutrauen als Journalisten, Journalistinnen tätig zu sein« (TI1 169, 170).

Eine weitere Barriere in Bezug auf den ersten Arbeitsmarkt stellt die Inklusion dar. Es gibt zwar die Pflichtzahl oder Pflichtstelle in Österreich, wo bei 25 Mitarbeiter*innen mindestens eine Person mit Behinderung eingestellt werden muss. Jedoch wird vorzugsweise die Ausgleichstaxe bezahlt, um diversen vermeintlichen Unannehmlichkeiten, wie Barrierefreiheit und Kündigungsschutz, aus dem Weg zu gehen (vgl. ARBEITERKAMMER [AK]: Beschäftigungspflicht und Ausgleichstaxe).

Rolle der Eltern

Wenn es um die Unterstützung bei der Umsetzung eines inklusiven Radioprojektes geht, sind Radiomacher*innen, der Sender und in unsrem Fall Pädagog*innen beteiligt. Doch eine besondere Position kommt, nicht zuletzt, der Familie zu. Renes Eltern leisteten einen großen Beitrag für das Gelingen der Radiosendung. Dies betont der Protagonist, wenn er sagt:

»Der Unterstützungsbedarf is do drin eigentlich scho glegen dass meine Eltern mich begleitet hobn ähh wofür i extrem dankbar bin« (TI2 60-61).

An dieser Stelle wird der Support hervorgehoben, welcher sich aus unzähligen Bausteinen zusammensetzt. Renes Eltern waren von Anbeginn wichtige und wertvolle Stützen und Befürworter*innen des Projektes. Ohne ihre Fürsprache und ihr Engagement wäre die Durchführung nicht gelungen. Sie brachten Rene mit dem Auto zum Radiosender, fieberten im Warteraum vor dem Studio mit und kümmerten sich um seine alltäglichen Bedürfnisse.

Der Einsatz und das Engagement der Eltern wurden von einer Radiomacherin wahrgenommen, die mit Rene im Sender arbeitet. Sie bewunderte Renes sprachliche Fähigkeiten und stellt die Verbindung zu den Eltern her. Sie erörterte »Ich kenne die Eltern von Rene mittlerweile jetzt schon sehr gut. Die sind wahnsinnig engagiert, machen mit ihm Ausflüge seitdem er ein Kind ist und sind wirklich sehr dahinter und diese Eloquenz, diese Formulierfähigkeit ist wirklich, wirklich großartig bei ihm« (TI3 161-164). In diesem Fall wurden der ausgeprägte Sprachgebrauch und die Formulierfähigkeit hervorgehoben. Diese Fertigkeiten sind wichtige Faktoren für die Rolle eines*r Moderators*in.

Anerkennung

Die Bedeutung des Terminus der Anerkennung wird im Duden synonym mit »Würdigung, Lob, Achtung und Respektierung« (Duden: Anerkennung) verwendet. Diesen Begriffen wohnt allen inne, dass etwas gegeben wird und man etwas zurückbekommt. Das soll heißen, dass Prestige sich erst aus einer Handlung heraus entwickelt, die dann etwa in Form von Zuspruch und Achtung zurückgegeben wird. Diesen Prozess benennt Horster mit dem Begriff der Reziprozität und beschreibt, dass es »Anerkennung auf gesellschaftlicher Ebene wie im Privatleben nur in wechselseitigem Verhältnis« gibt (HORSTER 2009: 153). Über diese Anerkennung freut sich der Protagonist, wenn er sagt:

»Für mi woa des des schenste wos in mein Leben passiert ist« (TI2 164).

Hier wird spürbar, dass er die Sendung als große Chance ansieht, um seinen Themen und Beiträgen einen Raum zu geben. Nach einigen

Sendungen, die Rene eigenständig gestaltete, hat er sie auf den sozialen Medien beworben. Unter anderem bekam er durchwegs positives Feedback zu seiner Sendung. Rene hat es durch seinen Einsatz geschafft, dass der Ö1-Moderator Bernhard Fellinger auf ihn aufmerksam wurde. Und so kam dieser ins CAMPUS & CITY RADIO ST. PÖLTEN-Studio, um ein Interview mit ihm zu machen. Ausschnitte daraus wurden auf Ö1 gesendet. Dies war eine große Bestätigung für Renes Beiträge und eine gute Plattform, um Themen rund um Behinderung anzusprechen und publik zu machen.

Diese Chance auf Vielfalt und das Einbringen von Themen, die sonst selten Gehör finden, brauchen Plattformen. Es ist signifikant, dass Themen, die nicht etabliert sind, wie zum Beispiel Rollstuhltennis, in die Öffentlichkeit kommen. Denn wie Ahrbeck sagt, ist diese »Verschiedenheit von Menschen wertvoll und begrüßenswert« und »[d]er Gewinn, den sie für die Gesellschaft erbringen, verdient eine ›Angemessene Würdigung‹« (AHRBECK 2014: 33). Der Weg sollte geebnet sein für Menschen mit Behinderung, die am öffentlichen Leben mitwirken wollen, was per se Anerkennung und Würdigung verdient. Diese Perspektive außerhalb einer angepassten Welt ist eine Bereicherung für die Gesellschaft.

Unterstützungsarten

Für die Durchführung einer Radiosendung sind nicht nur sprachliche Fähigkeiten, Recherche und ein guter Umgang mit Menschen, sondern auch technische Fertigkeiten notwendig. Hier wollen Kopfhörer aufgesetzt werden, Knöpfe bedient, ins Mikrofon gesprochen und ein Mischpult bedient werden. Das sind alles Aufgaben, die ein*e Persönliche Assistent*in übernehmen könnte. Für Menschen mit Behinderung allgemein bieten sich Assistenzgenossenschaften, die Persönliche Assistenz oder Arbeitsassistenz an. Dadurch werden Menschen in ihren alltäglichen Bedürfnissen unterstützt, um eine unabhängige Lebensführung zu ermöglichen.

Barrierefreiheit ist ein wichtiges Thema für Rollstuhlfahrer*innen. Haage und Bühler weisen auf die räumlichen Voraussetzungen anhand eines Beispiels hin. Sie übersetzen es frei anhand eines heiteren, metaphorischen Beispiels, dass für sie Barrierefreiheit damit anfängt, »[d]ass man Gebäude zum Beispiel nicht erst über die Hintertür und nach vorheriger Anmeldung beim Hausmeister betreten können sollte, sondern durch den Haupteingang« (HAAGE/BÜHLER 2019: 207).

Es existieren nicht nur räumliche Barrieren, sondern auch Medien wie das Internet stellen Menschen mit (Lern-)Behinderung vor Aufgaben. Denn «wenn digitale Inhalte für manche Gruppen von Menschen nicht oder nur schwer nutzbar sind, werden diese Menschen von der Teilhabe am gesellschaftlichen Leben ausgeschlossen« (BUCHNER-SABATHY 2019: 211). Die Arbeit mit dem Computer und die Nutzung des Internets sind nicht mehr aus dem Leben weg zu denken. Gerade Menschen mit Behinderung ersparen sich Wege und bekommen Dinge schnell, ohne aus dem Haus zu müssen. Das heißt, die Grundvoraussetzung für barrierefreies Internet liegt in der Zurverfügungstellung der Dienste in Leichter Sprache. Doch zunächst sagen Schuppener, Goldbach und Bock was Leichte Sprache eigentlich will. »Die sog. Leichte Sprache ist intendiert als eine Form barrierefreier Kommunikation und soll einen Beitrag zur Verringerung der sprachlichen Barrieren und damit zu mehr Teilhabemöglichkeiten leisten« (SCHUPPENER et al. 2019: 216). In der heutigen Zeit gibt es diverse Angebote in Leichter Sprache. Zum Beispiel ist es möglich, die Nachrichten des ORF in Leichter Sprache zu lesen oder Formulare auszufüllen. Außerdem werden einige Sendungen mit Gebärdensprache oder Audiodeskription gesendet. Dies kommt nicht nur Menschen mit (Lern-)Behinderung zugute, sondern ist genauso für alle Nutzer*innen zugänglich, wie etwa Menschen mit geringer Bildung oder wenn Deutsch nicht die Muttersprache ist.

Finanzierung

Ein wesentlicher Aspekt bei der Umsetzung ›Inklusiver Medienprojekte‹ stellt die Finanzierung dar. Die Finanzierung und Ressourcenbereitstellung ist ein wesentlicher Bestandteil bei der Unterstützung eines inklusiven Medienprojektes. Freie Radios, welche die größte Plattform für die Umsetzung eines inklusiven Medienprojektes sind, finanzieren sich über Spenden und Förderungen (vgl. JAGOSCH/WINTER

2012: 4). Die Moderator*innen sind zum größten Teil ehrenamtliche Mitarbeiter*innen. Eine interessante Information ergab sich im Gespräch mit einer Radiomacherin, die uns über die Finanzierung Auskunft gab. »Es gibt keine Grundförderung, da kämpfen wir noch drum, aber eine Inhalteförderung, das heißt […] gefördert werden Sendeminuten, die den Kriterien […] wie Regionalität, Information, Partizipation usw. entsprechen« (TI3 103-108). Für nicht-kommerzielle Radios, also für Freie Radios ist die RTR (die österreichische Rundfunk und Telekomregulierungsbehörde), der/die Fördergeber*in. Das wirkt sich auch auf die Unterstützung aus, denn Freie Radios stellen inklusiven Medienprojekten Angestellte als Unterstützer*innen für z. B. die Technik zur Verfügung, machen Einschulungen die auf den zu unterstützenden Menschen abgestimmt sind, Weiterbildungen uvm. Wenn hier keine Finanzierung stattfindet, gibt es auch für einen Teil von Menschen mit (Lern-)Behinderung und/oder psychischer Beeinträchtigung keine Möglichkeit, ein inklusives Medienprojekt umzusetzen.

Fazit

Eine Radiomacherin berichtete, dass Menschen mit (Lern-)Behinderung in den Medien entweder als die zu bemitleidenden Armen oder als die Held*innen dargestellt werden (vgl. TI3 249f.). Was hier fehlt, ist die Berichterstattung von und durch Menschen mit Behinderung, denn es ist wichtig und wertvoll, dass nicht nur über sie und ihre Themen, sondern über die ganze Bandbreite an Berichterstattungen gesprochen wird. Darüber hinaus kann gesagt werden, dass die Sendung *Hinschauen statt Wegschauen* dazu beiträgt, das Verständnis für Behinderung zu fördern, meint der Moderator Rene (vgl. TI3 177-179). Damit könnte ein wichtiger Beitrag zur Förderung der Wahrnehmung geleistet worden sein.

Da die Öffentlichkeit wenig bis kaum in Berührung mit inklusiven Medien kommt, bestehen Berührungsängste und Stigmatisierungen. Dies könnte sich aber mit der Verbreitung von inklusiven Medienprodukten ändern. »[I]nklusive Medienarbeit (weist) Potential auf […], um die Sichtweisen von Rezipient*innen zu verändern« (DAMBÖCK et al. 2021: 155). Die Radiosendungen von *Hinschauen statt Wegschauen* sind im

Archiv des CAMPUS & CITY RADIOS 94.4 jederzeit abrufbar und ein wertvoller Beitrag für die Öffentlichkeit.

Ein inklusives Medienprodukt muss nicht vollkommen sein. Es wäre also eine gesellschaftspolitische Aufgabe, offen für Menschen mit Beeinträchtigung zu sein. Es zuzulassen, nicht perfekt zu sein und sich auf neue Formate einzulassen (vgl. TRADINIK 2019: 56). Denn Menschen mit Behinderung haben viele Potenziale.

Die Autorinnen Brigitte Himann & Andrea Tabery absolvierten die Projekt- und Bachelorarbeit »Inklusive Medienarbeit« im Rahmen des akad. Lehrgangs Sozialpädagogik an der FH St. Pölten bei Lukas Adler und Ernst Tradinik. Sie entwickelten und initierten gemeinsam mit René Jirsak die Sendereihe *Hinschauen statt Wegschauen*. Diese wird beim Campus & City Radio Studio in St. Pölten ausgestrahlt und von Anna Michalski u.a. unterstützt und begleitet.

Literatur

AHRBECK, BERND: *Inklusion: Eine Kritik*. 2. Auflage. Stuttgart [Verlag W. Kohlhammer GmbH] 2014

BUCHNER-SABATHY, SUSANNE: Barrierefreiheit im Internet. In: HOFER, HANSJÖRG (Hrsg.): *Alltag mit Behinderung. Ein Wegweiser für alle Lebensbereiche*. Ausgabe 2019/20, Wien [NWV Verlag GmbH] 2019, S. 211-241

DAMBÖCK, CHRISTINA; LEHNER, NATALIE; WALLNER GREGOR: *Inklusive Radiosendungen mit dem Titel »Ideen der Schöpfung – wir alle haben sie« Inklusive Medienarbeit*. 2021

DUDEN: *Anerkennung*. https://www.duden.de/rechtschreibung/Anerkennung [Stand 5.12.2021]

HAAGE, ANNA; BÜHLER, CHRISTIAN: Barrierefreiheit. In: BOSSE, INGO; SCHLUCHTER, RENE; ZORN, ISABEL (Hrsg.): *Handbuch Inklusion und Medienbildung*. Weinheim, Basel [Beltz Juventa] 2019, S. 207-215

HORSTER, DETLEF: Anerkennung. In: DEDERICH, MARKUS; JANTZEN, WOLFGANG (Hrsg.): *Behinderung und Anerkennung. Behinderung, Bildung, Partizipation. Enzyklopädisches Handbuch der Behindertenpädagogik*. Band 2. Stuttgart [Verlag W. Kohlhammer] 2009, S. 153-159

JAGOSCH, OLIVER; WINTER, MIRJAM: *Das freie Radio 1x1, Basiswissen für Radiomacher*innen im Nichtkommerziellen Rundfunk*. Bad Eisenkappel [COMMIT] 2012

KUNZENDORF, MARTINA: Berufsfeld Arbeit/Beruf. In: BOSSE, INGO; SCHLUCHTER, RENE; ZORN, ISABEL (Hrsg.): *Handbuch Inklusion und Medienbildung*. Weinheim, Basel [Beltz Juventa] 2019, S. 146-156

LADSTÄTTER, MARTIN: Zugang zum Journalismus – Medienarbeit und Behinderung. In: *bizeps*, 2003. https://www.bizeps.or.at/zugang-zum-journalismus-medienarbeit-und-behinderung/ [04.01.2022]

LADSTÄTTER, MARTIN: Vorwort. In: MÜLLER, URSULA (Hrsg.): *Unbehindert Arbeiten. Wie Menschen mit Behinderung ihre Berufsziele erreichen*. Wien, Berlin [Mandelbaum] 2018, S. 7-8

PERNEGGER, MARIA: *Menschen mit Behinderung in Österreichischen Massenmedien. Jahresstudie 2015/16*. Media Affairs. Losenstein 2017

SCHUPPENER, SASKIA; GOLDBACH, ANNE; BOCK, M. BETTINA: Leichte Sprache – ein Mittel zur Barrierefreiheit? In: BOSSE, INGO; SCHLUCHTER, RENE; ZORN, ISABEL (Hrsg.): *Handbuch Inklusion und Medienbildung*. Weinheim, Basel [Beltz Juventa] 2019, S. 216-222

TRADINIK, ERNST: Medienberufe für Menschen mit Beeinträchtigung. In: *merz. Zeitschrift für Medienpädagogik,* 5/19, 63. Jahrgang, München [Kopaed Verlag] 2019, S. 55-59

Daten

TI1, Transkript 1 der Aufnahme, erstellt von Andrea Tabery, Oktober 2021, Zeilen durchgehend nummeriert.

TI2, Transkript 2 der Aufnahme, erstellt von Brigitte Himann, Oktober 2021, Zeilen durchgehend nummeriert.

 Radiosendungen: Hinschauen statt Wegschauen
https://www.freie-radios.online/sendereihe/hinschauen-statt-wegschauen

20. PODCAST NEUE NORM - DEUTSCHLAND

Von Ernst Tradinik

Die Neue Norm ist ein Online-Magazin, das verschiedene Fragen und gesellschaftspolitische Mechanismen behandeln und infrage stellen möchte. Besonders möchten das Online-Magazin und der Podcast das Thema Behinderung in einen neuen Kontext setzen; raus aus der Charity- und Wohlfahrtsecke, rein in den Mainstream, in die Mitte der Gesellschaft. Einer der Macher*innen ist auch hier Raúl Krauthausen.

ABBILDUNG 39
Raúl Krauthausen

Foto von Raúl Krauthausen

Er ist u. a. auch Gründer und Vorstandsmitglied von »Sozialhelden«, welche seit über 15 Jahren an Lösungen für mehr Teilhabe und Barrierefreiheit arbeiten. Die Sozialhelden verstehen sich als konstruktive Aktivist*innen, die sich mittels moderner Kommunikation und Technologien für eine bessere Welt für alle einsetzen. Unter diesem Label sind z. B. auch die »Leidmedien« zu finden. Hier findet man Journalist*innen und Leitfäden und Beratung, wie klischeefreie Berichterstattung möglich ist.

Podcast *Die neue Norm* – »Dank des Deutschen Instituts für Normung (DIN) wissen wir, wie groß ein Blatt Papier ist, welche Steigung eine Rampe vor einem Gebäude haben darf und wie wir ein Haus bauen müssen, damit es gewisse Standards erfüllt. Doch Normen haben auch etwas Einengendes, auch passen nicht alle Menschen in die Norm, die von der Mehrheitsgesellschaft als solche definiert wird. Wir wollen Normen hinterfragen und aufbrechen. Mit Texten, Beiträgen und einem monatlich erscheinenden Podcast.«

Podcast: Die neue Norm
https://dieneuenorm.de/podcast/

Die Sozialhelden
https://sozialhelden.de

Die Leidmedien
https://leidmedien.de/

21. RADIO WISSENSTEAM - ÖSTERREICH

Von Ernst Tradinik

In einer Tagesstruktur des ÖHTB (Österreichisches Hilfswerk für Taubblinde) in Wien begann eine Gruppe von Menschen mit (Lern-)Behinderungen, mit dem Betreuer Georg Gegenhuber Radio zu machen. Das Radiomachen war und ist nur ein Teil der Arbeiten, welche dort umgesetzt werden. Dennoch wurde das Radio, die Radiosendung *Radio Wissensteam* zu einem wichtigen Teil der Arbeit und Identität dieser Gruppe. Insbesondere in der Pandemie wuchs die Hörer*innenschaft der Sendung. Es wurden durch Zufall alte Möglichkeiten des Medium Radio ausgeschöpft. Es förderte das Miteinander, insbesondere, wenn Menschen in Quarantäne daheim bleiben mussten und/oder ganze Einrichtungen (Tagesstrukturen oder Wohngemeinschaften) schließen mussten.

Durch die Radiosendung blieb man in Kontakt. Es konnten alle an ähnlichen, an schönen und weniger schönen Erlebnissen und Befindlichkeiten, an aktuellen Themen und den schnell wechselnden Regelwerken teilhaben. Die Radiosendung wurde von vielen Mitarbeiter*innen, von betreuten Menschen, Betreuer*innen, Angehörigen bis hin zum Geschäftsführer gehört. Alle hörten dieselbe Radiosendung, dieselben O-Töne (Moderationen, Interviews und Tonaufnahmen) und dieselbe Musik, die man sich auch wünschen konnte. Es wurden Beiträge und Musikwünsche der ganzen ÖHTB Arbeit GmbH, den Werkstätten oder der Zentrale u. a. in die Sendung *Radio Wissensteam* eingebaut. So lernten sich zudem die vielen Mitarbeiter*innen und Kolleg*innen durch das Hören der Radiosendung, zumindest erst mal akustisch, kennen.

Gestartet ist das Radioprojekt aber schon im September 2017. Bis zum Februar 2019 sendete das Radio via einem Schweizer Online-Radiosender, dem Radio ORBIS. Ab 2019 ging es über das freie CAMPUS & CITY RADIO ST. PÖLTEN on air.

Die Idee zum Radiomachen kam von einem Angehörigen der Gruppe, der hörte, dass sich das »Wissensteam« (so die Bezeichnung der Gruppe in Tageswerkstätten des ÖHTB) mit Medien, mit Wissen und Wissensvermittlung beschäftigte. Dieser brachte dann die Idee zum Radiomachen, ein entsprechendes Mikrofon und Software zum Schneiden der O-Töne. So begann die Gruppe Wissensteam, welche im Grunde klassische redaktionelle Tätigkeiten machte, sich mit dem Radiomachen auseinanderzusetzen. Bis dahin hatte niemand etwas mit Radio zu tun. Und das Radiomachen hat viel mit Sprechen zu tun.

Georg Gegenhuber erzählte mir von einem ähnlichen Phänomen, welches wir in der Sendereihe NA (JA) GENAU u. a. beobachtet haben. Und auch beim Radiomachen mit Tom, welches ich eine Zeit lang für das *Radio Wissensteam* machte. Der Anteil des Sprechens wurde durch die Radioarbeit mit der Zeit größer. Während der Arbeit an den Sendungen, der Moderation, was zunächst nicht so verwunderlich erscheint, weil da schließlich von Sendung zu Sendung mehr Übung da ist. Aber es hatte auch positive Auswirkungen auf das Sprechen abseits der Radioarbeit. Wir beobachteten, so auch beim *Radio Wissensteam*, vermehrtes Sprechen abseits des Radiomachens und auch gestärktes Selbstbewusstsein.

Die Beiträge der einzelnen Personen sind sehr unterschiedlich. So können zwei Klient*innen (so werden betreute Menschen dort benannt) Aufgaben in der technischen Vorbereitung (Musikdateien vorbereiten, Studio aufbauen oder ähnl.) übernehmen. Andere übernehmen Recherchearbeiten im Vorfeld und lesen dann in der Sendung die vorbereiteten Texte. Bei wieder einem anderen Klienten besteht die Mitarbeit meist darin, dass er sich ein Lied aussucht und dieses in der Sendung anmoderiert. Georg Gegenhuber betonte:

> »Es ist nicht nur eine Tätigkeit, an der alle mitgestalten möchten, sondern auch können, da man im Grund nur in ein Mikrofon sprechen können muss.«

Das Aufbereiten von Informationen für andere ist die Grundaufgabe des Wissensteams. Es ist mit redaktioneller journalistischer Tätigkeit vergleichbar. Informationen werden beschafft und in ›Einfache Sprache‹ aufbereitet. Um diese Inhalte dann zu publizieren bzw. weiterzugeben, hat man diese zum Beispiel auf ein Plakat geschrieben, damit dies alle lesen können. Und nun gab es also eine Radiosendung.

»Radio ist für Macher*innen und Konsument*innen weit einfacher zu gestalten und nutzen. Die Radiosendungen für die Macher*innen ein viel greifbareres Produkt auf welches sie stolz sein können« (Georg Gegenhuber, 2020).

Hier gibt es alle Vorteile des Massenmediums Radio – im Vergleich zum Plakat –, die Radiosendung kann potenziell von allen Menschen gehört werden. Und gerade zu Zeiten der Pandemie, der Lockdowns wurde das *Radio Wissensteam* so ein verbindendes viel gehörtes Element bei Mitarbeiter*innen und betreuten Menschen des ÖHTB in Wien.

»Die Rückmeldung ›Ich habe dich im Radio gehört!‹, ›Lustige Sendung‹ oder ›Danke fürs Spielen meines Musikwunsches‹, sind von unschätzbarem Wert und machen alle Radiomacher*innen sehr stolz« (Georg Gegenhuber, 2020).

Im Laufe der vergangenen 3-4 Jahre konnte man bei einigen der Radiomacher*innen im Wissensteam eine große Entwicklung beobachten. So haben Klient*innen, die anfangs regelrecht mikrofonscheu waren, immer mehr die Moderation übernommen und reißen sich mittlerweile regelrecht darum. Auch haben viele schon ein recht gutes Gespür dafür entwickelt, wie man Dinge anmoderiert oder welche Fragen man Gästen in einem Interview stellen kann. Besonders interessant ist auch die gegenseitige Toleranz den jeweils anderen Klient*innen gegenüber bei der Gestaltung der Sendungen.

Die Musikgeschmäcker innerhalb des Wissensteams sind sehr unterschiedlich und reichen von Schlager über Rock, bis hin zu türkischem Gangster-Rap und Klassik. Für alle ist allerdings selbstverständlich, dass jede Art von Musik in der Sendung Platz findet und man sich auch auf die Wünsche anderer einlässt. Das ist eine Sache, die außerhalb der Radiosendung oft nicht selbstverständlich ist.

»Besonders positiv sehe ich auch, dass diese Chancen und Möglichkeiten des Radiomachens mit Menschen mit (Lern-)Behinderung auch von meinen Vorgesetzten und der Organisation gesehen und unterstützt werden« (Georg Gegenhuber, 2020).

Gert Baumgartner, einer der Radiomacher, meint:

»Früher war ich schüchterner, jetzt traue ich mir mehr zu. Ich bin mit Begeisterung dabei und habe Spaß. Ich kann jetzt auch schon besser moderieren, Leuten Fragen stellen und Ansagen machen. Man kann die Themen und Geschichten präsentieren, die einem wichtig sind. Der Humor und Spaß ist mir auch wichtig«.

Katharina Petrowitsch, eine Radiomacherin des *Radio Wissensteam* sagt:

»Der Kontakt mit den anderen Arbeitskollegen und mit Georg, das Erstellen der Musikliste, das Überlegen, welches Thema wir nehmen. Mit der Radiosendung bekomme ich einen Einblick in andere Musikrichtungen.«

Nico Hörmann meint:

»Durch das Radiomachen habe ich die anderen auch besser kennengelernt und gelernt, dass jeder anders ist. Früher hatte ich geglaubt, dass alle so sind wie ich.«

Radio Wissensteam - Gert & Nico, die Fünfte
https://cba.fro.at/489437

Das *Radio Wissensteam* arbeitet mit großer Begeisterung an ihren Radiosendungen. Ernst Tradinik hat 2021 beim ÖHTB Arbeiten GmbH gearbeitet und so kam es zu Kontakt und Zusammenarbeit mit dem *Radio Wissensteam* und Georg Gegenhuber (im Grunde schon ca. 2 Jahre zuvor). Die Gesprächspassagen wurden in dieser Zeit via Fragebogen und Georg Gegenhuber an die Radiomacher*innen das *Radio Wissensteam* weitergegeben, die diese beantworteten, sodass hier einige Zitate eingearbeitet werden konnten.

Selbstverständlich gilt das Phänomen des gemeinsamen Radiohörens nur für jene Personen, die hören können. Auch wenn die Einrichtung ›ÖHTB – Österreichisches Hilfswerk für Taubblinde‹ heißt, so ist der Großteil der Klient*innen und Mitarbeiter*innen hörend. Es gab einzelne Radiosendungen, die auch via Gebärdensprache gedolmetscht und via Video verbreitet wurden. Sehr interessant ist hier die Frage, ob und wie visuelles Radio von gehörlosen Menschen umgesetzt werden würde. Vielleicht ist der 1. Austrian Podcast *Deafies in Wonderland* (in diesem Buch) so ein Beispiel?

 Radio Wissensteam
https://wissensteam.wordpress.com

 Sendungen: *Radio Wissensteam*
https://cba.fro.at/podcast/radio-wissensteam

22. BARRIEREFREIES RADIOSTUDIO BEIM RADIO FRO - ÖSTERREICH

Von Ernst Tradinik

Radio FRO ist Vorreiter*in bezüglich barrierefreies Radiostudio in Österreich. Es gab jahrelange Bemühungen, das Radiostudio zu 100% barrierefrei zu machen. Die Schalter, das Mischpult u. a. so zu gestalten, dass man diese kurzfristig und individuell so konfigurieren kann, dass man mit jeglicher körperlicher Beeinträchtigung selbstständig eine Radiosendung gestalten und abwickeln kann. Dies betrifft zum Beispiel auch eine individuelle Höhenverstellbarkeit der Arbeitsfläche, damit man auch mit diversen Rollstühlen gut und einfach alle relevanten Bedienungselemente erreicht.

Das Radio FRO (Freies Radio Oberösterreich) setzt sich schon viele Jahre damit auseinander. Eine der ersten Bemühungen gab es zum Beispiel von Sabina Köfler, einer autodidaktischen Expertin in Sachen Barrierefreiheit bei Radio FRO. Technisch umgesetzt wurde dies in Zusammenarbeit mit Veronika Pauser und dem Ars Electronica Futurelab. Die ersten Ergebnisse des Forschungsprojekts ›openAIR‹ wurden auch anderen Radios zur Verfügung gestellt. Eine der ersten Redaktionen, die von dieser Arbeit profitierte, ist die inklusive Redaktion *Radiabled*.

»Dem Redaktionskollektiv ›Radiabled‹, einer Gruppe junger Erwachsener mit Beeinträchtigung, die bei uns seit vielen Jahren selbstbestimmt sendet, ist es geschuldet, dass Radio FRO 105.0 MHz sich zurecht als Freies Radio mit einem offenen Zugang bezeichnen kann, dass meine Kolleginnen und Kollegen und ich Barrieren erkennen können und wir gemeinsam daran arbeiten, diese nach und nach abzubauen, und dass ich im letzten Jahr ein Forschungsprojekt leiten durfte, das mir gezeigt hat, wie einfach es sein kann, große Veränderungen zu erreichen. openAIR ist ein Projekt, mit dem wir uns zum Ziel gesetzt haben, die umfangreiche Technik, die wir hier zum Senden unserer Inhalte benötigen, so zu vereinfachen, dass sie auch von Menschen genutzt werden kann, deren Gliedmaßen nicht immer das tun, was sie gerne hätten, oder jenen, denen Technik einfach zu kompliziert scheint. Was es dazu braucht, ist eine Vision und eine Handvoll kluger und mutiger Köpfe, oder anders gesagt: zwei Arduino-Boards, ein paar Druckknöpfe, einen Midi-Controller, einen Joystick und wenige weitere handelsübliche Bauteile. Mit dieser Steuerungseinheit wird es nun hoffentlich noch mehr Menschen gelingen, ihre Forderungen nach einem selbstbestimmten Leben in die Öffentlichkeit zu bringen« (Sabina Köfler. Auf: https://www.fro.at/ueber-menschen-als-belastung-fuer-den-staat/ [24.08.2023]).

22.1 Das Studio des Radio FRO

Von Matthias Steiner

Radio FRO entschied sich 2018, die überholte Technik im Sendestudio komplett zu erneuern. Hauptaugenmerk war hierbei nicht nur die Modernisierung und Digitalisierung des Sendemischpultes, sondern auch die Barrierefreiheit des selbigen und des gesamten Studios. Da bei Radio FRO die Inklusion von Menschen mit Beeinträchtigung einen hohen Stellenwert hat, war es naheliegend, mit der Modernisierung eine Möglichkeit zu schaffen, dass auch Menschen mit Beeinträchtigung die Technik im Studio weitestgehend selbstständig bzw. möglichst ohne fremde Hilfe bedienen können. Dieses Ziel wurde mit dem neuen Sendemischpult AXUM von D&R Wirklichkeit. Das voll digitale Mischpult ermöglicht mit seiner frei programmierbaren Oberfläche, sich an jede Anforderung individuell anzupassen.

ABBILDUNG 40
Studio 1 des Radio FRO

Foto: Matthias Steiner

Ein Beispiel: Ein Mensch in einem Rollstuhl kann nur mit seiner rechten Hand arbeiten, da er auf der linken Seite motorisch eingeschränkt ist. Mit dem neuen Mischpult können alle für die Sendungsmacher*innen relevanten Kanäle auf die rechte Seite programmiert werden. Diese Einstellungen werden auf einer Chipkarte gespeichert, sodass die Sendungsmacher*innen diese vor Beginn seiner Sendung nur einstecken muss und das Mischpult stellt sich automatisch auf seine Bedürfnisse ein.

Für Menschen mit schweren körperlichen Beeinträchtigungen, die das Mischpult aufgrund ihrer stark eingeschränkten Motorik nicht steuern können, steht das 2006 vom Ars Electronica Futurelab gemeinsam mit Radio FRO entwickelte openAIR-Mischpult zur Verfügung. Hierbei handelt es sich um eine Soft- und Hardwarelösung, bei der man mit nur zehn Druckknöpfen eine Vielzahl an Befehlen ausführen kann. So werden z. B. auf Knopfdruck alle Mikrofone gleichzeitig ein- oder ausgeschaltet und mit einem anderen Knopf automatisch die Mikrofone aus und dafür die Musik eingeschaltet. Der Aufbau des openAIR-Mischpultes dauert ca. fünf bis sechs Minuten und kann vom persönlichen Assistenten oder einer anderen Begleitperson (nach einer kurzen Einschulung) durchgeführt werden. Mit den Möglichkeiten des neuen Sendemischpultes, der Barrierefreiheit des Studios und der Implementierung des openAIR-Mischpultes nimmt Radio FRO eine Vorreiterstellung unter den freien Radios ein und leistet so einen wichtigen Beitrag zur Inklusion von Menschen mit Beeinträchtigung. Das Studio bietet Platz für drei Gäste und den Moderator/Techniker.

Studio 2

»Im Frühjahr 2020 wurde auch das Studio 2 rundum erneuert. Dieses Studio steht für Vorproduktionen und gegebenenfalls als Live-Studio zur Verfügung. Auch hier wurde beim Umbau auf die Barrierefreiheit geachtet und trotz des wenigen Platzes zufriedenstellend umgesetzt. Ebenso wurde das Studio so konzipiert, dass es eine kleinere Version des Sendestudios darstellt und somit ebenfalls Raum für bis zu vier Personen bietet. Die Glaswände wurden mit Akustikschaumstoff beklebt um eine möglichst reflexionsfreie Akustik zu gewährleisten.«

ABBILDUNG 41
Studio 2 des Radio FRO

Foto: Matthias Steiner

Radio FRO ist das freie Radio Oberösterreich in Linz: https://www.fro.at.

Der Autor Matthias Steiner ist der Techniker von Radio FRO. Er hat das Studio in seiner jetzigen Form so gebaut. Er hat uns sein Wissen, Teile aus dem Frequenzantrag und die Bilder zur Verfügung gestellt.

Radiabled - Österreich

Ein Projekt von Radio FRO zum Thema Barrierefreiheit. Im Zentrum stehen Empowerment und eigenständiges Leben. Eine Radiosendung von Menschen mit und ohne Behinderungen für alle. Redaktion: Andreas Anderle und das *Radiabled*-Redaktionsteam. Kontakt: radiabled@fro.at

Open Air bei Radio FRO
https://www.fro.at/openair-%c2%96-ein-projekt-fuer-mehr-barrierefreiheit-im-radio/

Radiabled bei FRO Sendungen
Radiabled
https://www.fro.at/sendungen/radiabled/

Sendung mit besonderen Bedürfnissen
https://cba.media/podcast/radiabled
Bedürfnissen - Österreich

Sendung mit besonderen Bedürfnissen bei FRO
https://www.fro.at/sendungen/die-sendung-mit-besonderen-beduerfnissen/

Die »Sendung mit besonderen Bedürfnissen« ist ebenso beim freien Radio FRO beheimatet. Und ist eine Produktion der Paradigmen wechselnden Informationsgesellschaft. Unter dem Motto »Radio von Menschen mit Behinderung, für Menschen mit Behinderung« wird eine informative, satirische, vierrädrige Sendung produziert.

Verantwortliche/r: Alexander Pagl. Kontakt: dsbb@gmx.at

23. PODCAST S.O.S. - SICK OF SILENCE - SCHWEIZ

Von Ernst Tradinik

Moderator Robin Rehmann widmet sich seit seiner Erkrankung (chronische Darmkrankheit) in seinen Radio- und anderen Sendungen Menschen, die mit (psychischen) Erkrankungen konfrontiert sind. Welche (psychischen) Erkrankungen gibt es und welche direkten persönlichen Auswirkungen kann dies haben? Dies setzt er in seinem YouTube-Channel *radikalabnormal*, in dem er seine eigene Erkrankung thematisiert und öffentlich macht oder auch mit seinen Podcast *S.O.S. – Sick of Silence*, um. Hier kommen Menschen zu Wort, die selbst betroffen sind. 2018 wurde er im Rahmen der Swiss Diversity Awards für seine beim SFR (Schweizer Radio und Fernsehen) gestaltete Webvideo- und Radioreihe *Rehmann S.O.S. – Sick Of Silence* ausgezeichnet (in der Kategorie Diversität und Inklusion). Hier kommen Menschen zu Wort, die mit chronischen oder psychischen Krankheiten konfrontiert sind. Die Interviews mit den Betroffenen sollen dabei helfen, gesellschaftliche Tabuthemen offen anzusprechen und anderen Menschen Mut zu machen.

Podcast S.O.S
https://www.podcast.de/podcast/621895/rehmann-sos-sick-of-silence

TV S.O.S.
https://www.srf.ch/play/tv/sendung/rehmann-s-o-s----sick-of-silence?id=193b46cb-d61c-48c2-82e6-d6c4676d176e

Radikal Abnormal
https://www.youtube.com/user/radikalabnormal

24. RADIO LEBENSHILFE SALZBURG

Von Ernst Tradinik

Die Lebenshilfe Salzburg macht seit 20 Jahren eine inklusive Radiosendung beim freien Sender RADIOFABRIK (mit ›Klienten‹ oder ›Klient*innen‹ sind die betreuten Menschen gemeint) in Salzburg. Michael Russ, der Initiator schrieb mir per E-Mail: »Die Radiosendung habe ich vor 20 Jahren als Livesendung gestartet.«

Weiter schrieb er, dass die Sendung zunächst live gemacht wurde, aber dann jemand live etwas gesagt hätte, das zu persönlich war, um öffentlich ausgesprochen zu werden. Darum wurde die Aufnahme der Sendung auf Vorproduktion und Schnitt der Radiosendung umgestellt. Dies machte es einfacher, ohne einen gewissen Stress zu agieren.

»Es gibt eine halbstündige Sendung im Monat, jeweils am 4. Donnerstag von 18 bis 18:30. Meistens interviewe ich Lebenshilfeklient*innen zu unterschiedlichen Themen. Ich interviewe manchmal auch Menschen ohne Behinderung, wie z. B. in der Märzsendung 2022 mit Markus Neuherz, der über die Probleme von Menschen mit Behinderungen in der Ukraine bzw. auf der Flucht berichtete. Es gibt auch einige Sendungen in denen Klienten die Interviews führen. Markus Schaidreiter, Klient aus Bischofshofen, hat die Lehrredaktion der RADIOFABRIK absolviert, mit dem Ziel eine eigene Sendung zu starten. Leider hat er nach einigen Sendungen aufgegeben. 2017 wurde die Sendung mit dem ›Radioschorsch‹, dem Preis der RADIOFABRIK ausgezeichnet.«

ABBILDUNG 42
Michael Russ und Maco Buchinger (Selbstvertreter) mit SCHORSCH

ABBILDUNG 43
Stefan Esterer und Lukas Griessner, Lebenshilfe Salzburg

Foto: Lebenshilfe Salzburg

Foto: Lebenshilfe Salzburg

Und seit 5 Jahren produziert ein Team der Lebenshilfe Salzburg auch Videos für ihren YouTube-Channel, von jenen manche auch beim TV-Community Sender FS1 in Salzburg gesendet werden. Folgende Beschreibung des Channels liegt vor:

»Die Lebenshilfe Salzburg setzt sich für Menschen mit Behinderung ein. Wir möchten erreichen, dass alle Menschen die gleichen Möglichkeiten haben, dass Menschen mit Behinderung genau das bekommen, was sie brauchen, dass alle ihr Leben möglichst selbständig führen können. Deshalb arbeitet die Lebenshilfe mit Politiker*innen, Beamt*innen und Leuten von den Zeitungen und vom Fernsehen zusammen, damit sie den Menschen mit Behinderung helfen.«

Radio Lebenshilfe
https://radiofabrik.at/programm/sendungen/sendungen-von-a-z/radio-lebenshilfe-salzburg/

Salzburg TV Lebenshilfe
https://www.youtube.com/playlist?list=PL-IRRuAzBSDSHGv3HqREoFhWHq6aSBRFY

Salzburg Radiosendungen
https://cba.fro.at/podcast/radio-lebenshilfe-salzburg

25. FREAKRADIO, FREAKCASTERS & Ö1 PODCAST »INKLUSION GEHÖRT GELEBT« - ÖSTERREICH

Von Ernst Tradinik

Hier sind 3 Radiosendungen bzw. Podcasts gemeint, wovon *Freakradio* seit 1998 on air ist. Vor 2 Jahren folgte der Podcast *FreakCasters – Menschen, Geschichten & Leidenschaften*, in dem es um Menschen und ihre außergewöhnlichen Leidenschaften geht. Warum wird das Wort ›Freak‹ in so einen Sendungstitel eingebaut? Das ist eine Frage, die den Sendungsmacher*innen von *FreakCasters* (Menschen mit und ohne Behinderung) schon seit Beginn an regelmäßig gefragt werden. Christoph Dirnbacher, ein Redakteur der ersten Stunde der Sendungen und Podcasts, beantwortet dies folgendermaßen.

»Für uns sind das Menschen, die sich leidenschaftlich für eine Sache einsetzen und darin Expert*innen sind. Von der ›Lego-Oma‹, die mit ihren bunten Rampen anderen stufenlose Zugänge ermöglicht, über einen E-Gamer, der sich für Barrierefreiheit bei Videospielen einsetzt, bis zu einem Profi-Posaunisten, der mit seiner Zerebralparese ein körperlich sehr forderndes Blechblasinstrument spielt. Diese Menschen zu suchen und mit ihnen über ihre Passion zu sprechen, ist unser Ziel – daher der Name ›FreakCasters‹«.

Im Mai 2021 startete der Ö1-Podcast *Inklusion gehört gelebt* und wird seitdem wöchentlich von den Redaktionen *Freakradio* und der *Redaktion andererseits* gestaltet. Die *Redaktion andererseits* wurde 2020 gegründet. Es machen Menschen mit und ohne Behinderung Journalismus und sind laut ihrer Webseite das »[e]rste österreichische Medium, bei dem Menschen mit und ohne Behinderung gleichberechtigt zusammenarbeiten« und dabei alle Bereiche – von Textarbeit, hin zu Grafik, Podcast etc. – inklusiv gestalten.

 Freakradio
http://www.freak-online.at/radio/

 Freakcasters
https://freakcasters.simplecast.com

 Inklusion gehört gelebt
https://oe1.orf.at/artikel/683862/Inklusion-gehoert-gelebt

26. IDEEN SIND GEDANKEN DER SCHÖPFUNG – WIR ALLE HABEN SIE

Von Christina Damböck, Natalia Lehner und Gregor Wallner

»Die Vertragsstaaten treffen geeignete Maßnahmen, um Menschen mit Behinderungen die Möglichkeit zu geben, ihr kreatives, künstlerisches und intellektuelles Potenzial zu entfalten und zu nutzen, nicht nur für sich selbst, sondern auch zur Bereicherung der Gesellschaft« (UN GENERALVERSAMMLUNG 2006, Art. 30).

26.1 Einleitung

Wir, Christina Damböck, Natalia Lehner und Gregor Wallner, ehemalige Studierende der Fachhochschule St. Pölten des Masterlehrgangs Sozialpädagogik, haben im Rahmen der Masterarbeit ein inklusives Medienprojekt am CAMPUS & CITY RADIO ST. PÖLTEN durchgeführt, welches die Grundlage für die Masterthesis darstellte. Die Lektor*innen begleiteten uns seit dem Beginn des Studiums bis zu unserer Absolvierung des Masterlehrgangs und waren für unsere Masterprojekte sowie für die wissenschaftliche Arbeit zuständig. An der ersten Lehrveranstaltung erfuhren wir, dass wir ein Medienprojekt organisieren und durchführen werden. Anschließend werden wir aufgrund der gewonnenen praktischen Erkenntnisse und dem theoretischen Wissen eine Masterarbeit zu dritt schreiben.

Das Thema für die Masterthesis wurde uns vorgegeben. Hier waren wir das erste Mal mit dem für uns unbekannten Feld ›Inklusive

Medienarbeit‹ konfrontiert, welche Menschen mit Behinderung adressiert. Einige von uns hatten bisher nur wenig Erfahrung mit ebenjener Personengruppe (Natalia Lehner beispielsweise arbeitete bisher im Kinder-Jugend-Bereich und mit älteren Menschen). Da sich die korrekte Bezeichnung diverser Zielgruppen mit der Zeit verändert, verwendeten wir in unserer Masterarbeit die lange, aber derzeit korrekte Definition: ›Menschen mit (Lern-)Behinderung und/oder psychischer Erkrankung‹, welche auf Empfehlungen der Fachhochschule beruht. Die inklusive Medienarbeit ist ein junges Arbeits- und neues wissenschaftliches Feld, das bis dato wenig bis gar nicht erforscht ist. Aus diesem Grund wird die inklusive Medienarbeit mit Student*innen der Fachhochschule St. Pölten erforscht.

Unser erster Schritt bei der Planung/Organisation/Durchführung des Medienprojektes und der späteren Masterarbeit begann mit dem Artikel *Medienberufe für Menschen mit Beeinträchtigung* von Ernst Tradinik (2019: 55-59). Ab diesem Zeitpunkt wussten wir, dass es sich um die elektronische Medienarbeit von und mit Menschen mit (Lern-)Behinderung und/oder psychischer Erkrankung handelt. Das spannende war, dass die inklusive Medienarbeit für uns zukünftigen Sozialpädagog*innen von Bedeutung war. Denn diese Medienarbeit wird in der Regel »mit Begleitung/Unterstützung von Expert*innen aus dem (sozial-)pädagogischen, kommunikationswissenschaftlichen oder ähnl. (Medien-)Bereichen« durchgeführt (TRADINIK 2015). So können wir unsere Erfahrungen hier sammeln, um sie später im Berufsleben zu verwenden.

Nach der vertiefenden Auseinandersetzung mit inklusiver Medienarbeit konnten wir unsere Forschungsfrage konkretisieren. Wir untersuchten in unserer studentischen Qualifizierungsarbeit den Nutzen und die Funktionen von inklusiver Medienarbeit und legten, jeweils für sich, den Fokus auf unterschiedliche Zielgruppen. Während Natalia Lehner den direkten Zugang zu den Künstler*innen gesucht hat, hat sich Christina Damböck mit den Wahrnehmungen der Rezipient*innen beschäftigt. Gregor Wallner befasste sich, im Zusammenhang zu Nutzen und Funktion der inklusiven Medienarbeit, mit den Beschäftigungsmöglichkeiten und dem inhärenten Potenzial der kreativen (Medien-)Arbeit. Es ist uns gelungen, sowohl Handlungsempfehlungen als auch die Wirksamkeit der inklusiven Medienarbeit aus jeweils unterschiedlichen Blickrichtungen zu erheben (Künstler*innen, Rezipient*innen, Expert*innen). Wir konnten die Forschungsfragen beantworten und die Funktionen der inklusiven Medienarbeit zusammenfassen.

Da die Autor*innen derzeit an keiner Fachhochschule oder Universität angebunden sind, ist auch der Zugang zu Open-Access-Literatur ein Thema gewesen, weshalb sich hauptsächlich auf bereits vorhandene Literatur und in den jeweiligen Teilen direkt auf die Masterarbeit bezogen wird. Bis auf Ausnahme des Teils von Natalia Lehner wurden die Ergebnisteile von Christina Damböck und Gregor Wallner eher entlang des Originals (Masterarbeit) gehalten. Der gesamte vorliegende Beitrag weist trotzdem einen essayistischen Stil auf, weil er sich auch retrospektiv ergänzend auf persönliche Eindrücke, Erfahrungen und Meinungen stützt und im ersten Teil den Prozess des Medienprojekts beschreibt.

Für interessierte Leser*innen ist es möglich die Masterarbeit auf Anfrage bei der Fachhochschule St. Pölten zu erhalten, da sie zum heutigen Tag noch nicht in der öffentlichen Phaidra-Datenbank zu finden ist. Da sich im hier findenden Ergebnisteil hauptsächlich auf die Ergebnisse der Masterarbeit bezogen wird, findet sich der Verweis zur Masterarbeit (vgl. DAMBÖCK/LEHNER/WALLNER 2021) im Literaturverzeichnis wieder. Das Original, wie auch der vorliegende Text ist wegen der geringen Fallzahl und des ursprünglichen Forschungsdesigns nicht verallgemeinerbar.

Außerdem war es für uns wichtig, die Inhalte der Masterarbeit in einer offen gebliebenen Frage in einer anschließenden Diskussion zusammenzufassen: Was kann die Soziale Arbeit (Sozialarbeit und Sozialpädagogik) mit unseren gewonnenen Ergebnissen machen? Die Antwort auf diese Frage wird im letzten Kapitel anhand Theunissen (vgl. 2013) und anderen Autor*innen grob erläutert.

26.2 Der Verlauf des Projekts

Wir vereinbarten mit den Radioschaffenden des CAMPUS & CITY RADIOS 94.4 der Fachhochschule St. Pölten sechs Termine im Zeitrahmen von Januar bis März 2020. Die Moderation wurde vom Gregor Wallner übernommen. Christina Damböck und Natalia Lehner gestalteten das Programm mit und waren bei jeder Radioaufnahme präsent. Christina übernahm auch die technische Unterstützung (Aufnahme, Materialbearbeitung).

Die Gäste kamen ohne oder in Begleitung von Angehörigen beziehungsweise Betreuer*innen zum Radiostudio. Der Transport von einem blinden Künstler wurde von Natalia Lehner übernommen. Die Gäste wurden vor dem Gebäudeeingang von uns empfangen und ins Studio begleitet. Hier stellten wir fest, wie notwendig es ist, genügend Information im Vorfeld über die eingeladenen Personen zu sammeln, um eine reibungslose Zusammenarbeit zu gewährleisten. Das Gebäude der Fachhochschule St. Pölten und das Studio hat eine gute räumliche Voraussetzung für Menschen mit (Lern-)Behinderung und/oder psychischer Erkrankung und ihre Begleiter*innen: barrierefreie Zugänge in jeden Raum, barrierefrei sind auch Fahrstuhl, WC und Warteräume, die Möglichkeit, Getränke und Snacks zu kaufen und zu konsumieren, ausreichender Platz für Rollstühle, Parkplätze für Menschen mit Behinderung und die Möglichkeit des Rauchens außerhalb. In den Radiointerviews war das Thema ›Barrierefreiheit in Österreich‹ als Problematik einige Male von den Radiogästen selbst angesprochen worden.

Es wurde eine Fragensammlung als Leitfaden von jeden*jeder Künstler*in erarbeitet. Der Gesprächsleitfaden hatte unterschiedliche Fragen, jedoch zu einem bestimmten Themenkomplex (Behinderung, künstlerische Biografie und Tätigkeiten). Hier achteten wir auf die Beteiligung und Mitwirkung der jeweiligen Person. Obwohl das Thema der Radiosendung festgelegt war, hatten die Künstler*innen die Möglichkeit, selbst das Radiogespräch zu lenken. Sie konnten sich beispielsweise entscheiden, ob sie die Fragen des Moderators beantworten wollen, sich im Interview aktiv/weniger aktiv beteiligen, die eigene künstlerische Tätigkeit präsentieren, sich selbst Vorstellen oder vom Moderator vorgestellt werden, die eigene (Lern-)Behinderung oder psychische Erkrankung erwähnen. Eine spätere Analyse der Interviews zeigte uns, dass renommierte Künstler*innen die Initiative im Radiogespräch übernahmen und selbst die Themen im Radiointerview kreierten. Sie sprachen ausführlich über ihre Kinderzeit, Beeinträchtigung, Schwierigkeiten im Zusammenhang mit der Behinderung, Politik, Familie usw. Sie nutzten die Gelegenheit, um eigene bevorstehende Konzerte, Auftritte oder ihre Bücher anzukündigen und zu bewerben. Die weniger erfahrenen oder weniger in der Öffentlichkeit bekannten Radiogäste antworteten meistens direkter auf Fragen und ließen sich eher vom Moderator durch das Gespräch begleiten.

Bei den Radiointerviews konnten wir beobachten, dass es den Gästen wichtig war, von den Zuhörer*innen über die Behinderungen oder psychische Erkrankung hinaus wahrgenommen zu werden. Sie wollten sich als (begabte) Persönlichkeiten darstellen und ihre eigene Sicht zu verschiedenen Themenfeldern (nicht nur zum Thema Behinderung) erörtern, oder die eigenen künstlerischen oder andere Fähigkeiten und Interessen präsentieren. Diese Möglichkeit ergriffen fast alle eingeladenen Gäste und gestalteten die Radiosendung mit ihrer künstlerischen Wiedergabe: das Vorlesen der Stücke aus den eigenen Büchern, Gedichtvorlesungen, als DJs, die Musikstücke auswählen, oder Harmonika spielen.

Während der Forschung kam ein interessantes Ergebnis heraus: Die Künstler*innen konnten selbst über die eigene Darstellung entscheiden, ihre (Lern-)Behinderung und/oder psychische Erkrankung in der Öffentlichkeit ansprechen oder, wenn erwünscht, auch diese gar nicht thematisieren. Fast alle Interviewten sprachen über ihre (Lern-)Behinderung und/oder psychische Erkrankung aus eigener Initiative. Manche Personen erwähnten sie mit zwei bis drei Sätzen, die anderen gaben ausführliche, detaillierte Information darüber. Daraus könnten wir schließen, dass unsere Radiogäste eine (Lern-)Behinderung und/oder psychische Erkrankung als einen »Teil der Person« sehen. Sie betonten auch, dass eine (Lern-)Behinderung und/oder psychische Erkrankung akzeptiert wird/werden und in medialer Darstellung nicht verschönert, verschlechtert oder verschwiegen werden soll. Die Künstler*innen wollten als »Menschen wie alle anderen«, die »[a]uch etwas schaffen können«, die auch Fähigkeiten und Stärken haben, gesehen werden. Es kann aber auch sein, dass sie ihre Beeinträchtigung in allen Interviews erwähnten, weil sie im Vorfeld von uns die Themenrichtung ›Kunst und Behinderung‹ bekamen und sich verpflichtet fühlten, beide Themen zu besprechen.

26.3 Wir und unsere Rollen im Projekt. Kontaktaufnahme mit den Teilnehmer*innen – Erfahrungsbericht

Von Natalia Lehner

Für die Teilnahme am inklusiven Radioprojekt haben wir Menschen mit (Lern-)Behinderung und/oder psychischer Erkrankung, welche sich als Künstler*innen in den verschiedenen Bereichen sehen, ausgewählt. Die Auswahl der anzusprechenden Personen erfolgte aus unserem Bekanntenkreis. Wir freuten uns, dass alle Angesprochenen das Interesse an der Teilnahme an unseren Radiosendungen zeigten.

Für einige Eingeladene war es im Vorfeld wichtig zu wissen, welche Themen in den Interviewfragen vorkommen. Wird die künstlerische Produktion das Hauptthema sein oder die Behinderung/psychische Erkrankung? Für uns war gerade diese Verbindung der beiden Aspekte das Bestimmende der Radiosendung und später auch für unsere Forschung von Bedeutung.

In dieser Phase unserer Arbeit, in der Interviewvorbereitungszeit, kam es auch zu unerwarteten Situationen. Ein Künstler reagierte auf die Einladung zur Teilnahme mit widersprüchlichen Gefühlen. Wir bekamen zahlreichen E-Mails von ihm, wo er zuerst seine Freude über unsere Zusammenarbeit ausdrückte. Etwas später gab er an, dass er Angst vor dem Versagen sowie vor den vielen neuen Menschen, die er kennenlernen wird, hätte. Der Künstler könne nicht »[d]ie Verantwortung übernehmen und eine sichere Teilnahme zusichern.« Als Begründung gab er seine psychische Erkrankung und seine psychischen Krisen an: »Meine Krankheit dominiert sehr mein Leben, aber ich kämpfe mich durch.« Nach eineinhalb Monaten des E-Mail-Verkehrs entschied er sich, doch an unserem Projekt teilzunehmen. An dem Beispiel sahen wir, dass es wichtig ist, bei der Arbeit mit Menschen mit psychischen Erkrankungen sich ausreichend Zeit zu nehmen und sensibel auf möglichen Unsicherheiten zu reagieren. Zu diesem Zeitpunkt hatte ich wenig Erfahrung in der Zusammenarbeit mit Menschen mit psychischer Erkrankung. Es fehlte mir ein besserer Wissensstand über diese Personengruppe, was zu meiner Verwirrung beitrug.

Die Teilnehmer*innen der inklusiven Radiosendungen »Ideen sind Gedanken der Schöpfung – wir alle haben sie« stellten sich als Musiker*innen, Buchautor*innen, Literat*innen, Kabarettist*innen, DJs, Radiomoderator*innen dar. Unter den 12 Radiogästen waren blinde Personen, Menschen mit Sehbehinderung, mit Lernbehinderung, mit Gehbehinderung sowie Personen mit psychischen Erkrankungen.

26.4 Moderationsperspektive - Erfahrungsbericht

Von Gregor Wallner

Nachdem wir festgelegt hatten, welches Medium wir benutzen und mit welcher Zielgruppe wir zusammenarbeiten wollten, haben wir unsere internen Rollen vereinbart. Welche in meinem Fall die Rolle der Radiomoderation bedeutete. Wenn ich mich zurück entsinne, dann wurde in einer der ersten Lehrveranstaltungen, die wir für die Vorbereitung der inklusiven Medienprojekte hatten, gesagt, dass Beteiligte am Set meistens ziemlich schnell ihre Nervosität und Scheu überwinden können. So kam es mir sowohl für die Radiogäste, als auch für die Kolleginnen und mir selbst vor. Ich erinnere mich noch gut, was die Vorstellung für mich bedeutete: zum ersten Mal in einem Radio reden, dann auch noch mit renommierten Künstler*innen – diese Vorstellung bescherte mir einiges an Kopfzerbrechen. Als wir dann in den kurzen Briefings vor der Aufnahme der Sendung noch mit den Künstler*innen zusammenkamen, sagte ich fast jedes Mal zu den Gästen, dass ich nervös war und es beruhigte mich wirklich sehr, zu erfahren, dass die Gäste auch nicht von dieser Begleiterscheinung verschont blieben. Aber diese Nervosität war während der Aufnahme wie weggeblasen und es gelang den Gästen und mir, sich aufeinander einzustellen und in einen gemeinsamen ›Flow‹ zu kommen.

Die Vorbereitungszeit für die Interviews verbrachte ich mit Recherche über die künstlerische Tätigkeit der Gäste, aber auch damit, persönliche oder Fragen zur politischen Situation von Menschen mit (Lern-)Behinderung und/oder psychischer Erkrankung herauszuarbeiten. Bei der Ausarbeitung der Fragen zum Thema Behinderung und psychische

Erkrankung hatte ich schon immer wieder Gedanken, wie »Kann man das überhaupt so fragen?«, »Ist das zu direkt?« oder »Könnte das Thema unangenehm sein?« Während der Gespräche zeigte sich aber, dass die Gäste einerseits komfortabel mit den Fragen waren und andererseits auch unmissverständlich klarmachten, welche Standpunkte von ihnen vertreten werden, und das machte es wiederum für mich leichter, diese wahrzunehmen und für weitere Fragen aufzugreifen.

Was mir also nach den Radiosendungen geblieben ist, sind zum einen die erworbene redaktionelle Medienkompetenz (wenn auch als Laie), die Erinnerungen an die durchaus spannende Zusammenarbeit mit Künstler*innen, als auch an deren Erzählungen rund um Kunst, Politik, Gesellschaft, Behinderung und psychischer Erkrankung und wirklich sehr ›normalen‹ Alltäglichkeiten. Von mir gibt es eine klare Empfehlung an alle derzeitigen und zukünftigen Medienmacher*innen und ich hoffe, dass die Medienlandschaft, kulturtragende Institutionen und auch die sozialen Trägervereine in Kooperation treten und sich als Verbündete pro-aktiv an der Beseitigung diverser Barrieren beteiligen werden.

26.5 Erstellung der Radiosendungen - Erfahrungsbericht

Von Christina Damböck

Meine Aufgabe beim Radioprojekt war es, die aufgenommenen Radiosendungen für die Ausstrahlung vorzubereiten. Ich war bei allen Aufnahmen persönlich dabei und wusste daher schon ungefähr, welche Themen bei dem Gespräch besprochen wurden. Daher konnte ich mir im Vorfeld schon ein Bild von der zukünftigen Sendung machen. Der Sinn des Projekts war es, den Inhalt nicht zu verändern, das heißt, Stellen, an denen nicht gesprochen wurde, oder Laute wie »Hm« wurden in den Sendungen nicht herausgeschnitten, sondern beibehalten. Die Sendungen wurden geschnitten, da Musik eingefügt werden musste, die sich die Teilnehmer*innen selbst aussuchten, und informelle Gespräche entfernt wurden. Beim Schneiden der ersten Radiosendung fiel mir dies schwer, da ich mir Gedanken machte, welche Personen sich diese

Radiosendungen ganz anhören werden, wenn lange Pausen oder Laute in den Gesprächen vorkommen. Nach jeder Sendung wurden die Zweifel weniger, denn ich habe erfahren, dass sich Leute die Radiosendungen ganz anhörten – auch wenn Pausen oder Laute wie »Hm« vorkommen. Es kam sogar Lob und Anerkennung für die Radiosendungen. Mit jeder Radiosendung wurde ich mir bewusster und klarer, dass ich so wenige Stellen wie möglich bzw. so gut wie gar nichts von der Radiosendung wegschneiden oder verändern möchte.

Eine weitere Erfahrung, die ich sammeln durfte, war, dass die Gäste das Datum der Ausstrahlung der Radiosendung haben möchten, damit sie sich die Sendung im Radio anhören können. Dafür musste mit der verantwortlichen Person beim CAMPUS & CITY RADIOS an der Fachhochschule St. Pölten ein Datum für die Ausstrahlung vereinbart werden und die Radiosendung bis zu dem Datum geschnitten bzw. die Musik eingefügt werden sowie informelle Gespräche entfernt werden. Da einige berühmte Gäste bei uns zu Gast waren, versetzte mich dies unter Stress und Druck, da es eine Deadline gab und ich für die rechtzeitige Fertigstellung der Radiosendung verantwortlich war. Diese Deadline wurde dem Gast oder den Gästen mitgeteilt und diese möchten sich dann auch zu diesem Datum zu der genannten Uhrzeit im Radio hören. Auch kommunizierten wir, dass die Radiosendungen im Nachhinein über das Archiv des Radios angehört werden können. Weiter durften wir über die Facebook-Seite des Departments Öffentlichkeitsarbeit der Fachhochschule St. Pölten die Ausstrahlung der Radiosendungen ankündigen. Eine weitere Möglichkeit das Projekt zu verbreiten war der ›Social Work Science Day 2021‹ an der Fachhochschule St. Pölten, an dem wir unser Projekt sowie Forschung präsentierten.

Der erste ›Online-Social Work Science Day‹ war für mich merkwürdig sowie interessant zugleich. Wir konnten das Projekt über ein Online-Tool der FH St. Pölten mit unserem Poster präsentieren. Dabei konnten etwaige Fragen über einen Chat gestellt werden, da die damalige Corona-Situation einen ›Social Work Science Day‹ in der FH St. Pölten mit einer physischen Anwesenheit nicht zuließ. Die gesamte Corona-Situation begleitete uns über die gesamte Zeit des Projekts sowie die gesamte Zeit der Forschung. Der Beginn von Corona fiel in unsere Organisation und

Durchführung des Projekts. Demnach begleitete uns Corona während des Projekts und der Forschung.

26.6 Inklusive Radiosendungen mit dem Titel »Ideen sind Gedanken der Schöpfung - wir alle haben sie« - Inklusive Medienarbeit / Ergebnisse des Forschungsprojekts

In den folgenden drei Kapiteln bekommen Sie Einblick in die Ergebnisse der Forschung der drei Autor*innen. Die Autor*innen setzten gemeinsam die inklusive Radiosendereihe »Ideen sind Gedanken der Schöpfung – wir alle haben sie« um und beforschten diese mit jeweils eigenen Fragestellungen.

26.7 Die Macht der Sprache

Von Natalia Lehner

Da der Fokus meines Teils der Masterarbeit auf Menschen mit (Lern-)Behinderung und/oder psychischer Erkrankung lag, wurden die Künstler*innen von mir aufgefordert, sich nicht nur über die Wahrnehmung der eigenen Beeinträchtigung, sondern auch über die Thematisierung ihrer Behinderung in den Medien zu äußern. Ich konzentrierte mich außerdem auf die Begrifflichkeit und Wortwahl, die meine Interviewpartner*innen in den Radio- und Forschungsinterviews verwendeten. Hier hatte ich ein persönliches Interesse, da ich mit einer anderen Muttersprache aufgewachsen bin.

Ich setzte mich mit der medialen Berichterstattung im Fokus auf unsere Zielgruppe auseinander und es war für mich interessant zu entdecken, wie die Meinung der Bevölkerung eines Landes, also auch meine Meinung, stark von Medien beeinflusst wird. Ich studierte einige Forschungsarbeiten, Projekte und Berichte zu diesem Thema. In der Forschungsliteratur sah ich als roten Faden folgende These: »Die Medienfachleute erzeugen durch ihre Berichterstattungen die Vorstellungen über Menschen mit Behinderung bei Rezipient*innen und spielen damit eine wesentliche Rolle bei der Meinungsbildung über diese Personengruppe« (Arbeitsgruppe BKA 2017: 6). Die Behauptung stimmt mit der Meinung von befragten Künstler*innen mit (Lern-)Behinderung und/oder psychischer Erkrankung, sowie mit meiner persönliche Erfahrungen in Österreich, überein.

Aus dem Beispiel des Krieges in der Ukraine, sehe ich, wie das Wording unser Bewusstsein beeinflusst. Ich habe die Möglichkeit, Medienberichte zu diesem Thema aus drei Seiten, Europa TV, Ukraine TV und Russland TV, zu analysieren. Es fällt mir auf, dass die täglichen Nachrichten von allen Seiten politisch emotional gefärbt sind. Es wird nicht nur faktenbasiert berichtet, sondern diese sind auch emotional aufgeladen. Die Sicht von demokratischen Ländern unterscheidet sich auffällig von der Sichtweise autokratischer Staaten. Die Berichterstattung wird aus einer politischen Richtung der jeweiligen Regierung präsentiert.

Das Schreiben der Masterarbeit hat mich in Bezug auf verwendete Begriffe von Medienschaffenden sensibilisiert. Es fällt mir beispielsweise auf, dass die ukrainischen Medien die russischen Truppen in der Ukraine als ›Okkupanten‹, ›Aggressor‹ usw. benennen. Die russischen Medien verwenden die Wörter ›Nationalisten‹, ›Neonazi‹, ›Bestrafer*in‹, wenn sie über ukrainische Soldaten berichten. Die Begrifflichkeiten, die verwendet werden, laden sich emotional auf und polarisieren. Das Wording verursacht Hass und Ablehnung/Abstoßung zwischen zwei Ländern.

Weiteres Beispiel: Wörter wie ›Krieg‹ oder ›Invasion‹ dürfen angeblich, nach einem neuen russischen Gesetz, für den Angriff des russischen Militärs in den russischen Medien nicht mehr verwendet werden. Das Gesetz sieht einige Jahre Gefängnis für jede Berichterstattung vor, die der Staat als ›falsche Informationen‹ über einen Militäreinsatz betrachtet. Der ›korrekte‹ Begriff dazu wäre ›Spezialoperation‹, so die russischen Medien.

Des Weiteren fand ich es spannend, meine ›Reise in die Vergangenheit‹ der österreichischen/deutschen Medien in Bezug auf das Wording betreffend Menschen mit Behinderung zu sehen.

Wie berichten Medien über die Personengruppe in der Zeitspanne 1945 bis heute? Ich erfuhr unter anderem, dass es vorher viele diskriminierende Bezeichnungen, wie ›Krüppel‹, ›Idioten‹, ›Irre‹ gab, auch deswegen, weil im Krieg so viele Menschen verstümmelt wurden. Der Begriff ›Behinderung‹ ist jung und hat erst nach dem Ersten Weltkrieg den Eingang in den Sprachgebrauch gefunden (vgl. WEINERT 2011).

Ich stellte fest, dass seit 40 Jahren einige Forschungen durchgeführt wurden, welche die problematische Darstellung dieser Personengruppe erforschten (vgl. HUAINIGG 1993; PERNEGGER 2016). Verwirrend fand ich beispielsweise die Redewendung in den Medien »an den Rollstuhl gefesselte Behinderte« und eine Anekdote dazu:

> »Sollten Sie tatsächlich jemanden treffen, der an den Rollstuhl gefesselt ist, binden Sie ihn los! Und rufen die Polizei!« (vgl. HUAINIGG 2019).

Aufgrund der damaligen Forschungsergebnisse wurden einige der Richtlinien, Leitfaden, Verbesserungsvorschläge und Handlungsempfehlungen zur Darstellung von Menschen mit (Lern-)Behinderung und/oder psychischer Erkrankung zusammengefasst, die ich für mich persönlich als hilfreich empfand. Ich studierte mit großem Interesse die Entwicklung der Begriffe vom ›Krüppel‹ zum ›Menschen mit Behinderung‹. Ich fragte mich zum Beispiel, was sind beleidigende Begriffe und was darf ich (auch als Sozialpädagogin, die Vorbildfunktion hat) aussprechen: Menschen mit besonderen Bedürfnissen, die Behinderte, die psychisch Kranken? Die unterschiedlichen Nuancen der deutschen Sprache waren interessant und nicht immer gleich erkennbar.

Mein Fazit: Ich gehe heute wesentlich achtsamer und überlegter mit der Sprache um. Unkorrekte Verwendung der Sprache kann sehr leicht als diskriminierend wahrgenommen werden. Es gibt eine Vielzahl an Bezeichnungen, Sprachbildern und Fachausdrücken zum Thema Behinderung oder zum Thema Krieg oder zum Thema Migration usw. Dank meiner Forschungsarbeit versuche ich seither, einen korrekten und nicht-diskriminierenden Sprachgebrauch zu verwenden. Zum Beispiel: Die korrekte Bezeichnung dieser Personengruppe wäre: ›eine Person mit Behinderung, ein*e Künstler*in mit Seh-Einschränkung, ein*e Buchautor*in mit (Lern-)Behinderung oder ein*e Musiker*in mit psychischer Erkrankung‹.

Aus mehreren Erkenntnissen meines Abschnitts der Masterarbeit lässt sich Folgendes zusammenfassend als Fazit ableiten: Menschen mit (Lern-)Behinderung und/oder psychischer Erkrankung wollen beziehungsweise hoffen, mit ihrer Vielseitigkeit sowie Eigenart selbstbestimmt, selbstbewusst und selbstverständlich durch die Medien in der Gesellschaft wahrgenommen zu werden. Die Medien und inklusive Medienarbeit hätten die Macht, es zu ermöglichen.

26.8 Wahrnehmung von Menschen mit (Lern-)Behinderung und/oder psychischer Erkrankung

von Christina Damböck

Mein Forschungsteil beschäftigte sich mit den Einstellungen, Vorurteilen und Stigmatisierungen gegenüber Menschen mit (Lern-)Behinderung und/oder psychischer Erkrankung und wie sie wahrgenommen werden. Für die Forschung wurde eine Fokusgruppe sowie vier fokussierte Interviews von mir geführt. Meine Forschungsfrage lautete wie folgt: Wie ändern sich Wahrnehmungen und Einstellungen von Rezipient*innen gegenüber Menschen mit (Lern-)Behinderung und/oder psychischer Erkrankung durch inklusive Medienarbeit am Beispiel Radiosendung mit Künstler*innen mit Behinderung? Mit der Frage wollte ich erforschen, wie der Blickwinkel auf Menschen mit (Lern-)Behinderung und/oder psychischer Erkrankung durch inklusive Medienarbeit in der Gesellschaft verändert werden kann.

Tradinik (vgl. 2019: 55) nahm an, dass es Barrieren in den Köpfen von Menschen gibt. Dadurch sei es auch Menschen mit (Lern-)Behinderung und/oder psychischer Erkrankung nicht möglich in der Hauptabendzeit als Nachrichtensprecher*in aufzutreten bzw. den Beruf Nachrichtensprecher*in auszuführen. Die Ansichten von früher seien der Grund dafür (vgl. ebd.: 55-59). Der Abbau von Barrieren wurde schon vor unserer Masterthese erforscht. Zum Beispiel die Studie von Krahé und Altwasser (vgl. 2006). 44 Mädchen und 26 Jungen stellten sich für die Forschung zur Verfügung. Die Teilnehmer*innen wurden in drei Gruppen aufgeteilt: ›kognitive Intervention (Wissensvermittlung)‹, ›kognitive Intervention und Kontakt‹ sowie ›Kontrollbedingung‹. In der Studie konnte herausgefunden werden, dass in der Gruppe ›kognitive

Intervention und Kontakt‹ Vorurteile von Teilnehmer*innen abgebaut werden konnten. Der Unterschied zu meiner Forschung ist, dass Krahé und Altwasser (vgl. ebd.) Personen mit körperlicher Behinderung als Zielgruppe festlegten und wir Menschen mit (Lern-)Behinderung und/oder psychischer Erkrankung als Zielgruppe wählten.

Ergebnisse meiner Forschung

Erfahrungen, Gedanken und Ziele von wahrnehmenden Personen beeinflussen deren Wahrnehmung. Menschen mit (Lern-)Behinderung und/oder psychischer Erkrankung werden durch die Behinderung, Kommunikation, Äußerlichkeiten und Erfahrungen wahrgenommen. Dabei kommt es darauf an, wie oft der Zugang zu Menschen mit (Lern-)Behinderung und/oder psychischer Erkrankung möglich ist. Denn werde mehrmals hintereinander auf abgespeichertes Wissen von Menschen mit Behinderung zurückgegriffen, erhöhe sich die Wahrscheinlichkeit, dass die erst gemachte Beobachtung von Menschen mit Behinderung abgespeichert werde (vgl. KLAUER 2020: 26-27). Dabei können verschiedenste Variationen beim Abspeichern entstehen, da jede Person Eindrücke mit individuellen Erfahrungen in Verbindung bringt und diese daher auch individuell abgespeichert werden.

Ein weiterer Faktor ist, ob die wahrnehmenden Personen Menschen waren, die sich zu der Gruppe Menschen mit (Lern-)Behinderung und/oder psychischer Erkrankung zählen. Denn das positive Selbstkonzept meint, dass die Eigengruppe positiver beschrieben werde als die Fremdgruppe. Der Grund ist, dass die Menschen mit (Lern-)Behinderung und/oder psychischer Erkrankung die gesellschaftlichen Erwartungen nicht erfüllen können, da die Gruppe divers ist und nicht alle Erwartungen der Gesellschaft von den Menschen mit (Lern-)Behinderung und/oder psychischer Erkrankung erfüllt werden können (vgl. STAHLBERG et al. 2020).

Bei meiner Forschung konnte beobachtet werden, dass die Menschen mit (Lern-)Behinderung und/oder psychischer Erkrankung positive sowie negative Eigenschaften zugeschrieben bekamen. Daher kann angenommen werden, dass einige befragte Personen der Gruppe Menschen mit (Lern-)Behinderung und/oder psychischer Erkrankung angehörten und einige nicht. Trotzdem sind die Befragten der Meinung, dass Menschen mit (Lern-)Behinderung und/oder psychischer Erkrankung vielfältige Bedürfnisse haben, die bei einer Inklusion beachtet und berücksichtigt werden müssen. Diese vielfältigen Bedürfnisse dürften bei den befragten Personen Angst, Unsicherheit sowie Neugier auslösen, da möglicherweise eine Behinderung oder psychische Erkrankung beim Gegenüber nicht gleich erkannt werden kann.

Aufgrund der durchgeführten Interviews konnte keine Veränderung der Wahrnehmung von den Rezipient*innen der Radiosendungen nachgewiesen werden. Die befragten Personen hatten vor den Interviews schon Kontakt mit Menschen mit (Lern-)Behinderung und/oder psychischer Erkrankung, dies könnte ein Grund für die unveränderte Wahrnehmung sein. Allerdings kann durch die Literatur und die Interpretation der Ergebnisse eine Änderung der Wahrnehmung von Rezipient*innen möglich sein. Ob eine Veränderung stattfindet, ist von der jeweiligen Person sowie von dem Typ der Einstellung abhängig. Eine ambivalente Einstellung ist einfacher zu beeinflussen und zu verändern als andere Typen von Einstellungen (vgl. GARMS-HOMOLOVÁ 2020: 9). Weiter kann die Einstellung einer gewissen Funktion nachgehen. Wenn die Funktion gekannt wird, ist es möglich Interventionen zu setzen, um die Einstellung verändern zu können (vgl. ebd.: 10).

Folgende Funktionen können Einstellungen annehmen (vgl. ebd.):
- Orientierungs- und Interpretationsfunktion
- Anpassungsfunktion
- Abwehrfunktion
- expressive Funktion

Die Darstellung der Ergebnisse zeigt, dass eine Veränderung der Wahrnehmung von Menschen mit (Lern-)Behinderung durch inklusive Medienarbeit möglich ist. Für die Erreichung des Ziels ist es notwendig, dass Menschen mit (Lern-)Behinderung und/oder psychischer Erkrankung in die Öffentlichkeit gehen, gesehen werden und sich diese nicht aufgrund des Stigmas verstecken.

26.9 Arbeitsmarkt

von Gregor Wallner

Einleitung

Wenn in den folgenden Abschnitten die Rede von ›kreativer (Medien-)Arbeit‹ die Rede ist, meint es in diesem Beitrag einerseits die inklusive Medienarbeit selbst und andererseits auch einen Sammelbegriff für künstlerische (bildende- und darstellende Künste, Musik und Sprache) und auch journalistische Arbeit, mit den Medien Video, Radio und Print.

Zielsetzung meines Teils war, die Potenziale, Chancen und Risiken der kreativen (Medien-)Arbeit für den Arbeitsmarkt zu explorieren. Zwar gab das kodierte Forschungsmaterial weit mehr her, aber zur Beantwortung des wesentlichen Forschungsinteresses wurde sich primär auf eine deduktive Vorgehensweise beschränkt, deren Ergebnisse in den folgenden Abschnitten kurz vorgestellt werden. Zur Vergegenwärtigung werden im ersten Abschnitt die arbeitsmarktpolitischen Zahlen und Daten der letzten Jahre angeführt. Die in der Masterarbeit verwendete Literatur für den Forschungsstand, dem theoretischen Diskurs und die recherchierte Fachliteratur ist jedoch ausschließlich in der Masterarbeit zu finden. Einige der folgenden Abschnitte wurden des Anlasses wegen stark zusammengefasst dargestellt und auch einige Inhalte werden weggelassen. Dies bezieht sich jedoch ausschließlich auf den Ergebnisteil der Masterarbeit (vgl. DAMBÖCK/LEHNER/WALLNER 2021).

Zahlen und Daten

Im Bericht der Bundesregierung über die Lage der Menschen mit Behinderung wird im Anhang (des Berichts der Regierung) die Mikrozensus-Zusatzerhebung der Statistik Austria aus dem Jahre 2015 ausgeführt, dass anhand subjektiver Selbsteinschätzung 1,3 Mio. Personen in Privathaushalten angeben eine lang andauernde Beeinträchtigung (min. sechs Monate) zu haben. Das sind hochgerechnet 18,4 Prozent der österreichischen Wohnbevölkerung (vgl. BUNDESMINISTERIUM FÜR ARBEIT UND SOZIALES UND KONSUMENTENSCHUTZ 2016).

Laut dem AMS-Bericht (vgl. 2019) und dem Arbeitspapier des österreichischen Behindertenrats (vgl. 2019: 4) sind 12.738 Menschen mit Behinderung und 62.784 Menschen mit sonstigen gesundheitlichen Einschränkungen arbeitslos gemeldet (vgl. ARBEITSMARKTSERVICE 2019) und 23.500 Menschen, die als arbeitsunfähig gelten und von den Angeboten der NEBA und anderen Maßnahmen zur beruflichen Inklusion ausgeschlossen werden.

In den Sektoren der Information und Kommunikation wurden 20.684 Unternehmen mit 120.653 (vgl. STATISTIK AUSTRIA 2018a) und für die Kulturwirtschaft wurden 33.322 Unternehmen mit 104.725 (vgl. STATISTIK AUSTRIA 2018b) Beschäftigten bei der Statistik Austria erfasst. Anzunehmen ist, dass sich ein Teil der jeweiligen Branchen überschneidet. Aufgrund der Darstellung der Statistik Austria ist jedoch nicht deutlich, wo der Informations- und Kommunikationsbereich, mit dem der Kulturwirtschaft Überlappungen aufweist. Die Sektoren der Kulturwirtschaft umfasst nach ÖNACE sowohl die Domänen der Presse, die bildenden und darstellenden Künste als auch Audiovision und Multimedia.

Hauptergebnisse zum Thema Arbeitsmarkt

Potenzial kreativer Arbeit

Die befragten Experten*innen gaben an, dass kreative (Medien-)Arbeit sich positiv auf die Bewusstseinsbildung und Sensibilisierung der Gesellschaft auswirken könnte. Da zum Beispiel: fehlende flächendeckende inklusive Schulbildung noch immer zu wenigen Berührungspunkten mit Menschen mit Behinderung führt, bleiben Vorurteile und Barrieren in den Köpfen der Menschen weiterhin bestehen. So bietet sich die Chance für Künstler*innen und Medienmacher*innen mit Behinderung und/oder psychischer Erkrankung, aktiv dem Normativ der Almosenempfänger*innen oder Held*innen (siehe auch den Beitrag zum Wording und Berichterstattung der Kollegin Lehner) entgegenzuwirken. Als Good-Practice-Beispiele werden von den Befragten Formate wie

Barrierefrei aufgerollt, Freakradio, OKTO TV, ORF SPORT+ genannt. Inklusive Medienarbeit könnte, wenn man die heutige Reichweite sozialer Medien bedenkt, einen wesentlichen Beitrag zur Bewusstseinsbildung – im Sinne der UN-Behindertenrechtskonvention – leisten.

Zudem bietet die Digitalisierung eine Chance zur Weiterentwicklung des inklusiven Arbeitsmarktes, wie sich aus einer Unternehmensbefragung, dem IW-Report (vgl. 2020) von Metzler et al. entnehmen lässt. Die kreative (Medien-)Arbeit profitiere in diesem Zusammenhang, da einerseits die Nutzung moderner Technologien noch fehlendes Erfahrungswissen für andere Betriebe schaffe und andererseits stark technologisierte Betriebe auch eher die Betriebe seien, die Menschen mit (Lern-)Behinderung anstellen.

Beschäftigungsmöglichkeiten

Zu Prä-Corona-Zeiten gab es eine Zunahme von Beschäftigungsverhältnissen, trotzdem profitierten Menschen mit Behinderung und/oder psychischer Erkrankung weitestgehend nicht von dem positiven Trend. Aus der Evaluierung des Nationalen Aktionsplans Behinderung (NAP), der zur nationalen Umsetzung des Übereinkommens über die Rechte von Menschen mit Behinderungen (kurz: UN-BRK) dient, geht hervor, dass noch viele ausstehende Maßnahmen getroffen werden müssen, um gesellschaftliche Inklusion voranzutreiben. Exemplarisch kann für den Arbeitsmarkt genannt werden, dass eine Neuregelung der Arbeitsunfähigkeit, Lohn statt Taschengeld (Anerkennungsbeiträge monatlich 5 bis 200€), Ausbau integrativer Betriebe, (Aus-)Bildung, Überarbeitung der Ausgleichstaxe und Durchlässigkeit aus Schule und Bildung eine der wichtigsten Maßnahmen zur Umsetzung der UN-BRK stellen (vgl. BMSGPK et al. 2020: 469-475). Die befragten Expert*innen der Qualifizierungs-Masterarbeit gaben an, dass die kreative (Medien-)Arbeit die Kapazitäten hätte, mehr Menschen mit Behinderung und/oder psychischer Erkrankung anzustellen, aber dass durch Beschäftigung (konkret das Auszahlen von Löhnen ab einer gewissen Höhe) von Menschen mit Behinderung und/oder psychischer Erkrankung der mögliche Verlust von Ansprüchen auf Invaliditäts- und Berufsunfähigkeitspension bei

Personen mit einer »verminderten Leistungsfähigkeit« von weniger als 50 Prozent extreme Unsicherheiten berge (vgl. auch bei DIMMEL/PIMPEL 2020: 346f.). Nichtsdestotrotz kann anhand der Studie der integrativen Betriebe 2020+ (vgl. BUNDESMINISTERIUM FÜR SOZIALES, GESUNDHEIT, PFLEGE UND KONSUMENTENSCHUTZ et al. 2020) gesagt werden, dass durch die Beschäftigung von Menschen mit (Lern-)Behinderung und/oder psychischer Erkrankung nicht nur ein sozialer Mehrwert entstehe, sondern auch ein starker volkswirtschaftlicher Nutzen durch den Ausbau integrativer Betriebe. Den Förderausgaben von € 64 Mio. stünde ein Einkommenseffekt gegenüber von € 140. Mio., ein positiver Fiskaleffekt von ca. € 75. Mio. und Kaufkraft von ca. € 76. Mio. und einigen weiteren Millionen an Opportunitätskosten und Ersparnissen im Gesundheitsbereich und im Sozialsystem (vgl. ebd: 16).

Anforderungen, Erfordernisse, Hindernisse und Risiken

Addierte man die Zahlen der arbeitslos und arbeitsunfähig Gemeldeten (siehe oben/vorne: 12.738 + 62.784 + 23.500 = 99.022), wären 3 Prozent (die Prozentangabe nennt einer der befragten Experten) der 99.022 ca. 2.970 zusätzliche Beschäftigte, bei 7 Prozent wären es 6.931. Anzumerken ist, dass die Kulturwirtschaft – wie im allgemeinen der Arbeitsmarkt auch, noch nicht die nötige Infrastruktur besitzt (siehe auch die Evaluierung des Nationalen Aktionsplans Behinderung), um die Beschäftigungssituation von Menschen mit (Lern-)Behinderung und/oder psychischer Erkrankung nachhaltig zu verändern. Derzeit gibt es weder ein inklusives Schulsystem, passende Angebote der Erwachsenenbildung, noch leistungsfähige Modelle der Durchlässigkeit.

In der verwendeten Literatur zum Thema Kunst, Kultur und Arbeitsmarkt ging bei mehreren Autor*innen hervor, dass es einem Projekt aus den 1990er-Jahren gelang, Künstler*innen mit einer Tagesstruktur zu bezahlten, freischaffenden Künstler*innen ›zu machen‹: und zwar das Künstlerkollektiv ›Die Schlumper‹. Dass die Schlumper zu Festangestellten werden konnten, lag daran, dass die Künstler*innen selbst den Initiativschritt wagten. Das genuine Interesse der Schlumper und ihre Vernetzung mit der Kunst- und Kulturszene scheint dabei ein essenzieller Schritt gewesen zu sein, da Neu-Gründungen (mit künstlerischem Hintergrund) der sozialen Träger sich außerhalb des Sozialbereichs kaum etablieren konnten (vgl. GERLAND et al. 2016: 53-69). Weiter werfen die Autor*innen die wichtige Frage in den Raum, wie sich Kreuz-Verantwortlichkeiten zwischen den verschiedenen Behörden und Institutionen, Sozialhilfegesetzen (da zweckgebundene Finanzierungen) auflösen lassen und wie sich die jeweiligen Kulturträger, Ämter und Institutionen an der Schaffung inklusiver Arbeitsplätze beteiligen können oder, wie die ›unüblichen‹ Arbeitsbedingungen, Anforderungen, Kompetenzen und Qualifikationen des Kunst- und Kulturbereichs für Menschen mit (Lern-)Behinderung und/oder psychischer Erkrankung vermittelt und erlernt werden können (vgl. ebd.: 55).

Im folgenden Teil findet sich der verdichtete Ergebnisteil der gemeinsamen drei Teile der Masterarbeit, die unter der gemeinsamen Frage nach Nutzen und Funktion der inklusiven Medienarbeit zusammengefasst ist.

Nutzen und Funktion von inklusiver Medienarbeit

ABBILDUNG 44
Nutzen und Funktion von inklusiver Medienarbeit

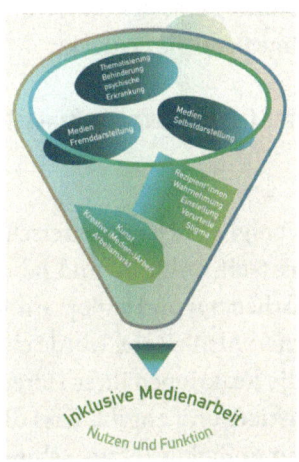

Eigene Darstellung von Gregor Wallner

Empowerment

Durch die Forschung konnte festgehalten werden, dass die eingeladenen Künstler*innen die Möglichkeit nutzten, sich selbst darzustellen. Wir haben sie in der Radiosendung in keiner Held*innen- oder Opferrolle präsentiert, wie sonst noch recht häufig in Mainstream-Produktionen (siehe Teil der Darstellung) üblich. Da es sich bei den Gästen um einerseits sehr renommierte Künstler*innen, als auch andererseits um Kleinkünstler*innen handelte, konnte bemerkt werden, dass die Künstler*innen mit Vorerfahrung sehr sicher »on stage« wirkten. Woraus sich schließen lässt, dass sich auch in der inklusiven Medienarbeit erstmalige Unsicherheiten durch Routine beilegen lassen.

Weiter konnte die Möglichkeit im Radio genutzt werden, neben dem Schwerpunkt auf Kunst und Kultur auch durchaus politisch und kritisch über Entwicklungen in Österreich zu sprechen, aber auch über Barrierefreiheit und Alltägliches. Folgende Kapitel sind Vergleiche/Zusammenfassungen aus Damböck, Lehner und Wallner (vgl. 2021: 145-153).

Bewusstseinsbildung

Über den Nutzen der inklusiven Medienarbeit konnte erfahren werden, dass die Bewusstseinsbildung eine der Hauptfunktionen darstellt und sich über vier kleinteilige Bereiche erstreckt:

Inklusive Medienarbeit (als Maßnahme zur Bewusstseinsbildung und Beschäftigung)

Inklusive Medienarbeit eignet sich auf unterschiedlichen Ebenen als Maßnahme zur Bewusstseinsbildung und Beschäftigung. Der Erstkontakt zwischen Menschen mit und ohne (Lern-)Behinderung erweist sich oft als ein Eisbrecher: Als Beispiel wurde ein Musiker*innen-Kollektiv angeführt, das die Reaktionen ihrer Hörer*innen vor und nach einem Auftritt kontrastiert und angibt, dass die Kontaktaufnahme zwischen Menschen mit und ohne (Lern-)Behinderung sich meistens positiv auf weitere Begegnungen auswirkt. Bezüglich der Darstellung von Menschen mit (Lern-)Behinderung ließ sich in unseren Interviews festhalten, dass einige Parallelen mit der Studie von Maria Pernegger (vgl. 2016) aufzufinden waren. Die mediale Darstellung von Menschen mit (Lern-)Behinderung und/oder psychischer Erkrankung offenbart oftmals einseitige Berichterstattung, die die Behinderung und/oder psychische Erkrankung in den Vordergrund stellt, anstatt die Person selbst. Für die Medien gilt es daher, sich in Selbstreflexion zu üben und Menschen mit (Lern-)Behinderung und/oder psychischer Erkrankung als mögliche Kooperationspartner*innen sehen zu lernen. Um den Arbeitsmarkt inklusiver zu gestalten, gibt es viele Erfordernisse zu adressieren, wie die im oben genannten Teil schon erwähnte Neuregelung der Arbeitsunfähigkeit, Sicherung eines Lohns statt Taschengeld oder den Ausbau der inklusiven Schulbildung. Der Einstieg in die Arbeitswelt ist mit Risiken verbunden, wie in etwa dem möglichen Abrutschen in die Armut (vgl. DIMMEL/PIMPEL 2020: 21-23 und auch BMSGPK et al. 2020: 473). Dass Menschen mit Behinderung trotz »Arbeitsunfähigkeit« im Rahmen wirtschaftlichen Outsourcings unbezahlte Arbeit verrichten (vgl. ÖSTERREICHISCHER BEHINDERTENRAT [ÖAR] 2019: 4), ist ein klares Indiz dafür, dass Menschen mit (Lern-)Behinderung und/oder psychischer Erkrankung Formen der Marginalisierung (vgl. YOUNG 1996) und Ausbeutung erfahren.

Die benötigten Veränderungen zu bewerkstelligen, erfordert vor allem – neben allen Bottom-up-Bemühungen – den politischen Willen der Regierenden und sozialen Träger, die Dinge anzupacken und zwar unter Bezugnahme der Expertise betroffener Menschen. Es geht um Kooperationen, Förderungen und eine drastische Änderung des öffentlichen Diskurses.

Bewusstseinsbildung im Kontext Einstellung, Vorurteile und Stigmatisierung

Menschen (ohne Behinderung) können durch inklusive Medienarbeit mit Menschen mit (Lern-)Behinderung und/oder psychischer Erkrankung in Kontakt treten. Auch mit den Radiosendungen ist ein indirekter Kontakt mit der Zielgruppe möglich, dadurch kann ein Bewusstsein von Zuhörer*innen der Radiosendungen gegenüber Menschen mit (Lern-)

Behinderung und/oder psychischer Erkrankung gebildet werden. Demnach leistet inklusive Medienarbeit einen Beitrag zur Bewusstseinsbildung. Einer der von uns befragten Experten beschrieb dies im Interview. Durch die Wahrnehmung können Menschen (ohne Behinderung) die Einstellung gegenüber Menschen mit (Lern-)Behinderung und/oder psychischer Erkrankung verändern.

Bewusstseinsbildung im schulischen Kontext

Die Befragten mit der Forschungsfrage »Wie ändern sich Wahrnehmung und Einstellungen von Rezipient*innen gegenüber Menschen mit (Lern-)Behinderung und/oder psychischer Erkrankung durch inklusive Medienarbeit am Beispiel Radiosendung mit Künstler*innen mit Behinderung?« sind der Meinung, dass das Schubladendenken schon in der Schulzeit beginnt. Das Schubladendenken gehöre laut ihnen aufgebrochen sowie sollte den Kindern in der Kindheit gezeigt werden, dass Menschen mit (Lern-)Behinderung und/oder psychischer Erkrankung ›normale‹ Menschen seien. Dabei solle eine Selbstverständlichkeit entstehen und die Vielfalt der Bevölkerung angenommen werden.

Bewusstseinsbildung in den Medien

Projekte inklusiver Medienarbeit können Einfluss auf die privaten Erfahrungen von Zuhörer*innen haben. Auslöser sind die privaten Erfahrungen, die mit einem Projekt inklusiver Medienarbeit gesammelt werden. Dadurch werden die Wahrnehmung und die Einstellungen einer Person beeinflusst. Die interviewten Personen sind sich bewusst, dass ein realistisches Bild von Menschen mit (Lern-)Behinderung und/oder psychischer Erkrankung dargestellt wird und dadurch die Wahrnehmung von Personen in eine positive Richtung beeinflusst werden kann. Solche Projekte werden benötigt, da Begriffe und Bilder sowie durch die Art der Darstellung von Menschen in Medien Klischees und Vorurteile bei den wahrnehmenden Personen entstehen können. Die Auswertung der Forschung zeigt auf, dass die Menschen mit (Lern-)Behinderung und/oder psychischer Erkrankung mit deren Vielfältigkeit,

Eigenartigkeit, Selbstbestimmtheit, Selbstbewusstsein, Selbstverständlichkeit sowie »wie alle anderen Menschen« durch die Medien von der Gesellschaft wahrgenommen werden möchten. Die Medien bzw. die inklusive Medienarbeit kann hierzu eine Methode sein.

Empfehlungen

Für zukünftige Medienmacher*innen mit und ohne Behinderung/psychischer Erkrankung ließen sich folgende Handlungsempfehlungen aufgrund unserer Qualifizierungsarbeit erarbeiten:
- Eine mögliche (Lern-)Behinderung und/oder psychische Erkrankung solle als ein Teil der Menschen gesehen werden und sie sollen nicht auf ebenjene Eigenschaften reduziert, verschönert oder verschlechtert werden.
- Die Zusammenarbeit zwischen Menschen mit und ohne Behinderung und/oder psychischer Erkrankung ist erwünscht und sollte gefördert werden.
- Verwendete Begrifflichkeiten oder Bezeichnungen sollten bei Medienauftritten und im Alltag geklärt werden (keine Begriffe die als beleidigend/diskriminierend empfunden werden).
- People First Language
- Befragung deckt sich mit Literatur.
- Instrumentalisierungen und einseitige, defizitäre Darstellung/ Berichterstattung vermeiden.
- Darstellungsform sollte selbst gewählt werden können. Vermeidung unbewusst Klischeebilder zu erzeugen.
- Menschen mit Behinderung haben auch Meinungen über andere Themen als Behinderung.

Was macht die Soziale Arbeit mit diesen Ergebnissen? (Ausblick)

Die inklusive Medienarbeit hat einige Möglichkeiten, die Barrieren in den Köpfen und in der Gesellschaft bewusst zu adressieren und sich an dem Abbau ebenjener zu beteiligen. Einige Empfehlungen (erster Impuls, ein Kapitel oberhalb) zur Umsetzung der oben angeführten

Forschungsergebnisse können (angehenden) Medienmacher*innen dabei behilflich sein.

Da einerseits einer der Teilaspekte der Forschungsfragen offengeblieben (Empfehlungen für Akteur*innen der Sozialen Arbeit) ist und andererseits zudem diese Frage auch von einer Lehrenden noch formuliert wurde, so wird in dem folgenden Kapitel sich in aller Kürze mit möglichen Schnittstellen für die Soziale Arbeit unter dem Blickwinkel des Empowerment-Prinzips in Anlehnung an Theunissen (vgl. 2013) beschäftigt.

In dem folgenden kurzen Ausblick sollen die weiteren Impulse für die Soziale Arbeit (Sozialarbeit & Sozialpädagogik) exemplarisch genannt werden. Diese Impulse sind keinesfalls vollständig, sondern höchstens begonnene Gedanken und sollen auch weitergedacht, erweitert und/oder verändert werden.

ABBILDUNG 45
Impulse für Sozialpädagogik

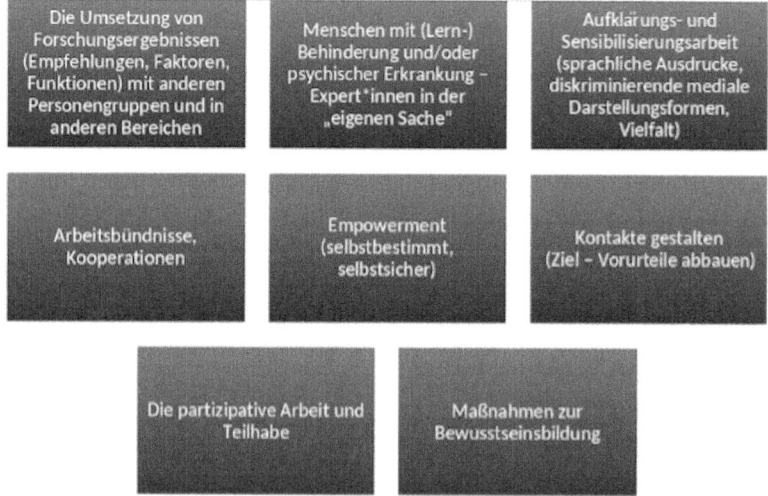

Eigene Darstellung von Gregor Wallner

Empowerment (Selbstbestimmung, Selbstsicherheit)

Nach der Beschreibung von Herriger (vgl. 2014: 20) steht Empowerment für Dinge wie Selbstbefähigung und Selbstbemächtigung, der Stärkung von Eigenmacht, Autonomie und Selbstverfügung. Das Empowerment-Prinzip zielt sowohl auf die (Wieder-)Herstellung der eigenen Selbstbestimmung als auch darauf ab, Fähigkeiten zu entwickeln; sich sowohl den eigenen als auch den externen Ressourcen zur Bewältigung bewusst zu werden und diese zur selbstbestimmten Lebensführung nutzen zu können. Entscheidend dabei ist, dass die Betroffenen ihre eigenen Angelegenheiten – durch Bewusstwerden und Entwicklung ihrer Stärken und Fähigkeiten – selbst angehen können (vgl. ebd.) Für die Heilpädagogik, beschreibt Theunissen (vgl. 2013: 71) ergänzend und in kritischer Anlehnung an Speck (vgl. 2005: 195f.), dass die Heilpädagogik »[d]er alten Schule« aus »Menschen mit Behinderung etwas [...] machen« wollte. Die ›moderne‹ Heilpädagogik im Sinne des Empowerment-Prinzips, will jedoch Menschen mit Behinderung unterstützen, »selbst etwas aus sich zu machen«.

Die inklusive Medienarbeit kann hier als Werkzeug behilflich sein, Menschen mit (Lern-)Behinderung und/oder psychischer Erkrankung selbst zu befähigen. In Zusammenarbeit können in der Medienproduktion gemeinsam Rahmenbedingungen erarbeitet werden, woran die Zielgruppe selbst beteiligt ist und ihre eigenen Fähigkeiten einbringen kann. Ob im Format einer Radio- oder Fernsehsendung oder YouTube, Instagram, TikTok ist völlig dem zukünftigen Medienteam überlassen. Wichtig ist, dass die anfallenden Aufgaben in reziproker Koproduktion erledigt werden und nur dort Hilfestellungen geboten wird, wo sie erwünscht und benötigt werden und nicht top-down über den Köpfen der Zielgruppe hinweg. Man beachte hierfür den folgenden Abschnitt zur Formung der Arbeitsbündnisse.

Arbeitsbündnisse, Kooperationen

Burkhard Müller und Ursula Hochuli-Freund schreiben (vgl. 2017: 163ff.), dass das Herstellen von etwaiger Rahmenangebote meist eine einseitige

Angelegenheit sei. Die Soziale Arbeit ist die handelnde Instanz und deren Adressat*innen unterliegen meist dem Zwang, sich danach richten zu müssen. Angebote und Maßnahmen sollen daher eine gemeinsame, reziproke Definition durch alle Beteiligten finden. Um ein Arbeitsbündnis zu schmieden, gilt es für die Professionellen gegebenenfalls »paternalistische Denkweisen« (THEUNISSEN 2013: 58-60) zu überwinden, wie in etwa, dass Menschen mit (Lern-)Behinderung und/oder psychischer Erkrankung Opfer ihrer Umstände seien oder dass Akteur*innen der Sozialen Arbeit eine (be-)lehrende und überlegene Haltung ihren Adressat*innen gegenüber einnehmen, oder zum Beispiel: sich in Top-down-Manier gegenüber ihrer Zielgruppe als emanzipatorische Befreier*innen präsentieren. Außerdem sollte ein Umschwenken auf solidarische ressourcenzentrierte Modelle für Professionist*innen der Sozialen Arbeit vorgenommen werden (vgl. ebd.: 61ff.). Für das Gelingen eines solchen Arbeitsbündnisses sei es nach Oevermann (vgl. 2009: 41) daher für Professionelle wichtig, sich den rollenförmigen Phänomenen der Übertragung und Gegenübertragung bewusst zu werden.

Wenn Akteur*innen der Sozialen Arbeit ihren Teil leisten wollen, dann ist es auch wichtig, die eigenen Zuständigkeiten zu kennen. Soziale Arbeit und die Gewährung materieller oder personeller Hilfen fußen auf rechtlichen sozialstaatlichen Grundlagen (vgl. VON SPIEGEL 2018: 110). Wie aus dem vorherigen Absatz und dem Beispiel der Schlumper hervorgeht, ist für das Gelingen unerlässlich, dass Betroffene einerseits selbst den Initiativschritt signalisieren, außerhalb sozialer Träger*innenvereine Fuß fassen zu wollen, und andererseits, dass die Soziale Arbeit in einem sozialräumlich-orientierten Sinne aus ihren eigenen Zuständigkeiten hinausdenkt, vermittelnd agiert, Kooperationen mit kulturtragenden Vereinen und Initiativen zeitlich begrenzt begleitet und nach Möglichkeit sich bald der Einmischung entsagt. Wenn es erwünscht und möglich ist, können Sozialpädagog*innen in Betrieben als Arbeitsassistenz in Anspruch genommen werden.

Ein wunderbares Beispiel aus Österreich für solch genuine Initiativen stellt die Redaktion »Andererseits« dar, welche laut eigenen Angaben die erste Redaktion von Menschen mit und ohne Behinderung sei (vgl. Verein andererseits – für Inklusion im Journalismus o.A.) und seit ihrer

Gründung innerhalb von zwei Jahren zu einer 25-köpfigen Redaktion heranwuchs. Sie ging auch namhafte Kooperationen ein, mit unter anderem dem »Momentum-Institut« und der Tageszeitung *Der Standard* (vgl. DER STANDARD 2021), in einem im April erschienenen »Morgenmoment« (vgl. MOMENTUM INSTITUT 2022). Ein weiteres Beispiel sind die Musiker*innen vom Firefly-Club, die sich in Kooperation und in Verflechtung mit kulturtragenden Vereinen auch schon einen Namen außerhalb des Sozialbereichs machen konnten.

Als Expert*innen in eigener Sache

Theunissen (vgl. 2013) stellt in seinem Kapitel »Self-Advocacy Movement und People First« dar, dass es unterschiedliche Organisationsformen für Selbstvertreter*innen gibt. Da wir der inklusiven Arbeit mit Medien stark befähigende Elemente (im Sinne der Selbstvertretung) zurechnen, sehen wir sie selbst als eine neue Form der Selbstvertretung an. Menschen mit (Lern-)Behinderung und oder/psychischer Erkrankung werden in einem medialen Raum zu Expert*innen in eigener Sache.

Das Eintreten für Bürger*innenrechte und Pflichten, Selbstbestimmung und die Forderung nach sozialer Gerechtigkeit sind grundlegende Elemente des Empowerment-Prinzips. Für Menschen mit (Lern-)Schwierigkeiten und/oder psychischer Erkrankung nehmen diese Aspekte einen anderen Stellenwert ein als für Menschen mit einer Sinnesbeeinträchtigung. Professionellen muss sich daher bewusst sein, dass eine latente Gefahr der Manipulation vorhanden ist (vgl. Goodley 2005: 339ff. zit. in THEUNISSEN 2013: 99). Um – aufgrund der Mandate (in Anlehnung an Silvia Staub-Bernasconi) – nicht in Befangenheit zu geraten, empfiehlt Theunissen (vgl. ebd.: anhand Curtis 1984; Miller/Keys 1996: 316; Cone 1999) Advisors zu engagieren, die zur Unterstützung (zur Initation von Selbstvertreter*Innen-Bewegungen) herangezogen werden, und dass diese nicht aus denselben Institutionen kommen sollten, wie die Menschen mit (Lern-)Behinderung und/oder psychischer Erkrankung selbst. Nebenbei sollten diese auch wieder ohne Weiteres abgewählt werden können. Als Hauptfunktion eines Advisors nennt Theunissen, dass sie Menschen mit (Lern-)Behinderung und/oder psychischer Erkrankung dabei behilflich sein sollen, sich zu Kollektiven zusammenzuschließen, und sie in ihrem Selbstorganisations- und Emanzipationsprozess unterstützen (im Sinne eines ›supporting leadership‹; vgl. ebd.).

Für die inklusive Medienarbeit lässt sich daraus ableiten, dass im Idealfall – wie auch den oben genannten Beispielen zu entnehmen – Kooperationen außerhalb der eigenen Institutionen gefördert werden sollten. Als Menschenrechtsprofession kann sich die Soziale Arbeit hier klar positionieren und den Self-Advocacy-Prozess, wenn erwünscht, begleiten. Innerhalb der eigenen Institutionen müssen sich die Medienschaffenden oder Sozialpädagog*innen und Sozialarbeiter*innen (in der Rolle von Advisors) der Manipulationsgefahr klar werden und ihre ›paternalistischen Denkmodi‹ überwinden, um aktiv an kooperativen und reziproken Formen der Zusammenarbeit mitzuwirken. In Zusammenarbeit mit Menschen mit (Lern-)Behinderung und/oder psychischer Erkrankung lässt sich daher empfehlen zu klären, wie und welche Begrifflichkeiten bei sensiblen Themen verwendet und behandelt werden sollen.

Kontakte gestalten (Ziel - Vorurteile abbauen)

Wie in der Forschung herausgefunden werden konnte, fördert der Kontakt mit Menschen mit (Lern-)Behinderung und/oder psychischer Erkrankung eine Veränderung von Vorurteilen. Die Veränderung ist von den Befragten aus allen drei Forschungsteilen befürwortet worden. Demnach ist es auch möglich, dass durch den Kontakt Menschen mit (Lern-)Behinderung und/oder psychischer Erkrankung in die Gesellschaft inkludiert werden können, da sich die Wahrnehmung von Menschen ohne Behinderung gegenüber Menschen mit (Lern-)Behinderung und/oder psychischer Erkrankung verändern kann. Dabei ist zu beachten, dass eine ambivalente Einstellung mit einer höheren Wahrscheinlichkeit verändert werden kann (vgl. GARMS-HOMOLOVÁ 2020: 9). Interventionen können gesetzt werden, wenn die Funktion der Einstellung herausgefunden werden kann, denn dadurch können Maßnahmen gesetzt werden (vgl. ebd.: 10).

Bei dem Kontakt soll es zu einer Bewusstseinsbildung kommen, aber auch zu einer Sensibilisierung. Wie später im folgenden theoretischen Diskurs zur unterstützten Beschäftigung sichtbar wird, ist es sinnvoll, die Bezugswelt der Menschen mit (Lern-)Behinderung und/oder psychischer Erkrankung miteinzubeziehen, um die Kontaktaufnahme zu erleichtern.

Aufklärungs- und Sensibilisierungsarbeit

Wie in vorherigen Kapiteln erwähnt, ist die Aufklärungs- sowie die Sensibilisierungsarbeit ein wichtiger Faktor für den Abbau von Vorurteilen. Doch was ist mit ›Sensibilisierung‹ gemeint? Sensibilisierung heißt, dass Menschen immer wieder in Kontakt mit Menschen mit (Lern-)Behinderung und/oder psychischer Erkrankung treten und Erfahrungen mit der genannten Zielgruppe sammeln. Die Aufklärungsarbeit beinhaltet Informationen über bestimmte Arten von (Lern-)Behinderung und/oder psychischer Erkrankung und den Umgang mit den Menschen mit (Lern-)Behinderung und/oder psychischer Erkrankung. Auch Krahé und Altwasser (vgl. 2006) haben bei der Studie Aufklärungsarbeit gemacht und dann Menschen mit Menschen mit physischer Behinderung in Kontakt treten lassen. Durch Aufklärungs- und Sensibilisierungsarbeit kann das Lenken und die Aufmerksamkeit durch die Sozialpädagogik bzw. die Sozialpädagog*innen Fachkräfte aus Bereichen von Medien und der Sozialen Arbeit auf mögliche mediale Darstellungsformen und/oder Fehler in der Arbeit mit der Personengruppe hinweisen bzw. diese Arbeit gestalten.

Maßnahmen zur Bewusstseinsbildung

Die Behindertenrechtskonvention fordert eine Teilhabe von Menschen mit Behinderung in allen Lebensbereichen, das Entgegenwirken von Klischees und Vorurteilen gegenüber von Menschen mit Behinderung sowie Menschen mit Behinderung angemessen darzustellen (UN-GENERALVERSAMMLUNG 2006, Art. 30). Laut Studien werden die Anforderungen der Behindertenrechtskonvention nicht komplett erfüllt (vgl.

PERNEGGER 2016: 86). Die Sozialpädagogik und Sozialarbeit (Soziale Arbeit) kann hier zum Beispiel an inklusiven Projekten mitwirken oder in unterstützender Haltung teilnehmen. In diesen Projekten kommen Menschen mit Behinderung zu Wort, damit leisten Fachkräfte einen wertvollen Beitrag zur Bewusstseinsbildung. Die Aufmerksamkeit kann durch inklusive Projekte bzw. Sozialer Arbeit auf Diversität gelenkt werden sowie Menschen mit (Lern-)Behinderung als entscheidungsfähige Menschen zeigen.

Die partizipative Arbeit und Teilhabe

Wie auch von den befragten Expert*innen der Evaluierung des Nationalen Aktionsplans Behinderung 2012-2020 und auch im obigen Teil der Forschungsergebnisse zum Thema Arbeitsmarkt angemerkt ist eine Umstrukturierung vieler Maßnahmen nötig, um die Durchlässigkeit und Sicherstellung inklusiver Arbeitsplätze zu gewährleisten. Das geht von Überarbeitung des Übergangs von Schule zu Beruf, Anpassung des Behinderteneinstellungsgesetzes, Abschaffung von parallelen Schullaufbahnen bis hin zu Überarbeitung der Arbeits(un)fähigkeit und vieles mehr. Bezüglich inklusiver Beschäftigung und Durchlässigkeit sagen Expert*innen-Befragungen zur Evaluierung, dass es nach wie vor keine oder kaum Durchlässigkeit und inklusive Betriebe für Menschen mit Behinderung gibt. Wenn Menschen einmal in einer Tagesstruktur tätig sind, blieben sie auch dort (vgl. L17, L19 und Z49 zit. in BMSGPK et al. 2020).

Für Menschen mit (Lern-)Behinderung und/oder psychischer Erkrankung ist ein Einstieg in den ersten Arbeitsmarkt wegen der neoliberalen Struktur der Arbeitswelt mit einigen Schwierigkeiten verbunden: Konkurrenz, Erwerbsdruck, Wettbewerb, Produktivität, Effizienz, Leistung und so weiter, erschweren und verhindern vielfach die Teilhabe am Arbeitsmarkt (vgl. THEUNISSEN 2013: 271). In seinem Kapitel »Teilhabe am Arbeitsleben stellt Theunissen unterschiedliche Modelle der Arbeitsteilhabe vor, welche auch für die Entwicklung passender Angebote für die inklusive Medienarbeit von Nutzen sind.

An dieser Stelle sei noch auf den Ausbau der integrativen Betriebe und dem Umstand hingewiesen, dass Arbeitgeber*innen eher dazu tendieren Menschen mit (Lern-)Behinderung einzustellen, wenn sie bereits Erfahrungen und Informationen diesbezüglich sammeln konnten. Im Folgenden wird erst in einem theoretischen Exkurs das Konzept der unterstützten Beschäftigung vorgestellt und anschließend mit unseren Erfahrungen unseres Medienprojekts ergänzt.

Theoretischer Exkurs: Supported Employment

Dank der Bemühungen von Menschen mit (Lern-)Behinderung, deren Angehörigen und Verbündeten wurde in den USA ein Programm auf den Weg gebracht, Menschen mit (Lern-)Behinderung in den ersten Arbeitsmarkt zu vermitteln. Hervorzuheben sind folgende vier Merkmale:
- Bezahlte Arbeit für Menschen mit (Lern-)Behinderung, die vorher als ›unvermittelbar‹ galten.
- Arbeit für Menschen mit (Lern-)Behinderung, die vormals nur für ›nichtbehinderte‹ Menschen zur Verfügung stand.
- Möglichkeit sich selbst einen passenden Beruf auszusuchen.
- Förderung der Zusammenarbeit zwischen privaten und öffentlichen Institutionen

(vgl. Cirrigan 2004; Smith/Belcher/Juhrs 2000; Migliore 2006; The West Virginia Research and Training Center 1988 zit. in THEUNISSEN 2013: 272). Selbstverständlich sind zu diesem Programm, die weniger optimalen Förder-, Krankenversicherungs-, Tagesgelder oder Pensionsmöglichkeiten für Menschen mit (Lern-)Behinderung in den USA mit zu denken.

Unterstützte Beschäftigung

Auch in Deutschland wurde das Konzept der unterstützten Beschäftigung (Supported Employment) aufgegriffen. Seit 2008 wurde mit dem §38a SGB IX die unterstützte Beschäftigung gesetzlich verankert. Hierbei geht es nicht nur um einen Platz am Arbeitsmarkt, sondern auch darum, Menschen mit (Lern-)Behinderung die Möglichkeit auf Selbstverwirklichung, Selbstbestimmung und Persönlichkeitsentfaltung einzuräumen (vgl. Schartmann 1995, 1995a, 2001; Doose 1997, 2006 zit. in THEUNISSEN 2013: 277).

Als bezeichnend für die unterstützte Beschäftigung listet Theunissen folgende vier Phasen auf:
- Beratung und Berufsplanung (Phase 1)
  In der ersten Phase ›Beratung und Berufsplanung‹ geht es um die Erkundung der Interessen von Menschen mit (Lern-)Behinderung und die Erstellung eines Fähigkeits- und Interessensprofils. Damit sollte schon am Ende der Schulzeit begonnen werden. Es eigne sich dafür die Bezugnahme der Methode »Individuelle Zukunftsplanung« (vgl. Magin 2011, zit. in THEUNISSEN ebd.).
- Arbeitsplatz(er)findung (Phase 2)
  In der zweiten Phase geht es um die Suche nach einem geeigneten Arbeitsplatz. Diese Phase ist mit einem größeren Zeitaufwand verbunden. Nach Doose (vgl. 1997 zit. in THEUNISSEN 2013: 278) sollten auch informelle Kontakte genutzt werden. Für Menschen mit erhöhtem Unterstützungsbedarf könnten neue Nischenarbeitsplätze – abseits traditioneller Berufe – angedacht und erschlossen werden. Analyse und Erarbeitung der gegebenen betrieblichen Arbeitsstrukturen und -abläufe sowie:
- Anpassung der Arbeitsplätze (Phase 3)
  In der dritten Phase geht es darum, eine ausführliche Arbeitsplatzanalyse zur Erschließung neuer Tätigkeitsfelder mit kooperationswilligen Betrieben vorzunehmen. Tätigkeitsfelder werden dann gegebenenfalls an die möglichen Bewerber*innen im Betrieb angepasst (vgl. Doose 1997 zit. in ebd.).
- Qualifizierung am Arbeitsplatz (Phase 4)
  Die vierte Phase beschreibt die Einarbeitung und Ausbildung direkt am Arbeitsplatz. Hierbei geht es darum, dass sich nicht nur an den Bedürfnissen der Menschen mit (Lern-)Behinderung orientiert wird, sondern ebenfalls auch die Interessen der Betriebe im Auge behalten werden.

Wegen oft fehlender Erfahrungen im Betrieb ist es zu Beginn wichtig, dass die vermittelnde Instanz ebenfalls mit dem Kollegium des Betriebs zusammenarbeitet, um aktiv an Sensibilisierung und Einbettung im Betrieb wirken zu können (vgl. Scholdei-Klie 2006: 29 zit. in ebd.). Menschen mit (Lern-)Behinderung, die besser in den sozialen Strukturen eines Betriebs integriert sind, sind auch eher in der Lage, zwischenmenschliche Beziehungen zu ihren Kolleg*innen aufzubauen, welche sich wesentlich auf die Stabilität der Arbeitsverhältnisse auswirkt, im Vergleich zu denjenigen, die keinen sozialen Anschluss im Betrieb finden (vgl. Schartmann 2001; Lagomarcino 1990, zit. in ebd.)

Die Inklusion in den Betrieb gelingt ebenfalls besser, wenn auch die soziale Bezugswelt (Angehörige, Erwachsenenvertreter*innen, Mitarbeiter*innen aus der Wohneinrichtung) mit in den Prozess der betrieblichen Integration eingebunden werden (vgl. THEUNISSEN 2013: 279). Von Gesetzgeber*innen in Deutschland wurde auf fehlende (Weiter-)Bildungsmöglichkeiten mit einer betrieblichen Qualifizierung reagiert, in der alles erlernt werden soll, was es für die Ausübung eines Berufs im jeweiligen Betrieb benötigt: Das wären betriebskundliche, methodische, fachliche, technische, soziale und persönliche Kompetenzen. Die Ausbildung sollte daher nicht auswärts, sondern vor Ort stattfinden. Dadurch entsteht eine Aufwertung des Arbeitsplatzes. Dadurch können Nischenarbeitsplätze entstehen und benötigte Kompetenzen könnten als neue Helfer*innen-Berufe definiert und zertifiziert werden. Nach einer initialen Phase der Berufsbegleitung und nach Zustandekommen eines Arbeitsvertrags könnten diese Helfer*innen-Berufe in Form von Kolloquien bzw. Prüfungen von externen Bildungsstätten abgenommen und zertifiziert werden (vgl. Doose 2006; Trost/Böhringer 2004; Hinz/Boban 2001; Dewe 2000 zit. in THEUNISSEN 2013: 279).

Partizipative Arbeit und Teilhabe: Conclusio

Bezogen auf die erste Phase der unterstützten Beschäftigung gibt es in Österreich einige berufsbildende Maßnahmen für Jugendliche. Trotz etwaiger Angebote wird in der Evaluierung des NAP12-20 (BUNDESMINISTERIUM FÜR SOZIALES, GESUNDHEIT, PFLEGE UND KONSUMENTENSCHUTZ et al. 2020) noch die Wirksamkeit etwaiger Maßnahmen für den Übergang aus Schule zu Beruf kritisiert. Falls nicht bereits in Anwendung könnte die Methode der ›Individuellen Zukunftsplanung‹ (IZP) ein unterstützendes Hilfsmittel sein, die Angebote diverser Dienstleister-Netzwerke und Programme, wie das Netzwerk berufliche Assistenz (NEBA) oder Jobwärts (Jugend am Werk), AusbildungsFit, Jugendcoaching, Integrative Berufsausbildung (IBA) und andere zu erweitern. Nebenbei ist ein Ausbau der Weiterbildungsangebote und Jobcoachings für Erwachsene ein ebenso unerlässlicher Schritt, um Menschen mit (Lern-)Behinderung und/oder psychischer Erkrankung Teilhabe am Arbeitsmarkt zu ermöglichen.

Ganz im Sinne der zweiten Phase der unterstützten Beschäftigungen könnten das NEBA oder Programme wie Jobwärts geeignete Betriebe ausfindig machen, die dem Profil der inklusiven Medienarbeit entsprechen. Weiter können geeignete Maßnahmen zwischen den Integrationsfachdiensten und den Kooperationsbetrieben erarbeitet werden, um die benötigten Anpassungen im Betrieb vorzunehmen. Da die inklusive Medienarbeit noch – sozusagen – in den Kinderschuhen steckt, könnte diese als ein möglicher Nischenarbeitsplatz in angepassten Tagesstrukturen oder medienschaffenden Betrieben ihr Potenzial entfalten. Durch die rasante Entwicklung in den Bereichen der digitalen ›Content Creation‹ gibt es viel Luft nach oben, von denen auch Menschen mit (Lern-)Behinderung und/oder psychischer Erkrankung profitieren könnten. Tagesstrukturen mit Fokus auf Medienproduktion könnten zu beruflichen Kompetenzzentren »umfunktioniert« werden und als Sprungbrett in den ersten Arbeitsmarkt fungieren, in dem die nötigen fachlichen und sozialen Kompetenzen für die jeweiligen Tätigkeitsbereiche erlernt werden.

In einer dritten Phase wird in Kooperation mit interessierten Betrieben eine detaillierte Analyse des jeweiligen Betriebs vorgenommen und Stellschrauben zur inklusiven Anpassung eines Betriebs identifiziert. Auf der anderen Seite lernen Kandidaten mit Unterstützungsbedarf die Anforderungen des Betriebs kennen (siehe für Kulturschaffende auch GERLAND et al. 2016: 53-69).

Aus den Erfahrungen unseres Forschungsartefakts, der Radiosendung, waren vor allem der Umgang mit den Elementen Mischpult, Mikrofonen, Musik, Schrift und Sprache von Bedeutung. Aus anderen Tätigkeitsbereichen der inklusiven Medienarbeit konnte von Studienkolleg*innen erfahren werden, dass Kameraführung, Lichttechnik, Recherche- und Moderations-Tätigkeiten, Bearbeitung von Video- und Tonmaterial und auch gemachte Erfahrungen zur Verbesserung von User Interface/User Experience (UI/UX) ebenso Teilbereiche waren, die von Menschen mit (Lern-)Behinderung und/oder psychischer Erkrankung durchgeführt wurden. Auch für Menschen mit erhöhtem Unterstützungsbedarf gab und gibt es ›am Set‹ eine ganze Reihe Tätigkeiten, die für jede Präferenz und Fähigkeit Optionen bieten kann.

Die vierte Phase: Qualifizierung am Arbeitsplatz ist für Menschen mit (Lern-)Behinderung, besonders im Erwachsenenalter, ein essenzieller Punkt zur Schaffung eines inklusiven Arbeitsmarkts. Die Durchlässigkeit bestehender Maßnahmen erweist sich nach wie vor als unzureichend. Wegen der vielfach fehlenden Erfahrung von Betrieben ist die Zusammenarbeit mit der Bezugswelt der interessierten Bewerber*innen ein wichtiger Ressourcen-Lieferant, um neben den beruflichen Aspekten, auch die soziale Anbindung in einem Betrieb zu erleichtern. Für Professionelle aus der Sozialen Arbeit eröffnet sich die Möglichkeit einer initiierenden Vermittlung zwischen den verschiedenen ›Stakeholdern‹ eines Betriebs, aber auch für die Bewerber*innen mit Unterstützungsbedarf Advisor zu sein, als auch die Möglichkeit sich in Form einer begleitenden Jobassistenz in dem jeweiligen Beruf zu etablieren. Weiter gäbe es für die Soziale Arbeit auch das Mandat; sich als Verbündete in einem Empowerment-Sinn zu erweisen und sich daran zu beteiligen, Rahmenbedingungen zu erschaffen, in denen sich Menschen mit (Lern-)Behinderung und/oder psychischer Erkrankung selbst ohne negative Einflussnahme Dritter darstellen können und diejenigen Themen bearbeiten, die nebst ›Behinderung und/oder psychischer Erkrankung‹ von wirklichem Interesse für die Betroffenen sind.

Wie auch in bereits anderen Berufen vorhanden, kann eine Aufwertung für die inklusive Medienarbeit (als Nischentätigkeitsfeld) erreicht werden, wenn Interessierte die Möglichkeit zur Teilqualifizierung erhielten. Eine Ausbildung vor Ort, mit abschließender Abnahme einer Berufsreifeprüfung, könnte den inklusiven Medienstandort in Österreich auch insofern aufwerten, da z. B.: Die ›Inklusive Lehrredaktion‹, welche beim ORF angesiedelt ist, oder der Verein-Andererseits dann ihre journalistische Expertise für andere Betriebe weitergeben könnten oder sogar zu einer der Stellen werden könnten, die externen Praktiker*innen Prüfungen abnehmen und zertifizieren. Für andere Bereiche der inklusiven Medienarbeit könnte zum Beispiel die höhere Graphische Bundes-Lehr- und Versuchsanstalt eine mögliche Kooperationspartnerin werden, die Menschen mit (Lern-)Behinderung ausbildet oder zertifiziert.

Neben den hier genannten Beispielen könnte auch vielfach nach anderen geeigneten Kooperationsbetrieben gesucht werden. Wichtig ist hier noch im Verweis auf oben genannte Teile zu bedenken, dass die jeweiligen Kreuz-Verantwortlichkeiten, Zuständigkeiten, Anforderungen für die jeweiligen Berufe und die Mandate der Sozialen Arbeit möglicherweise schwierig zu verbindende Komponenten sind, welche es aber durch erste Feldversuche und weiteres Forschungsinteresse zu untersuchen gilt.

Kurzes Resümee

In diesem Artikel wurde an mehreren Stellen auf die Bedeutung genuiner Initiativen hingewiesen, welche für das Bestehenbleiben am Markt von großer Wichtigkeit sind. Als genuine Beispiele wurden das Künstlerkollektiv ›Die Schlumper‹ oder auch die Redaktion von »Andererseits« genannt. Aus Empowerment-Perspektive wurden für die Soziale Arbeit einige Anknüpfungspunkte erörtert, die für die Initiation medienbasierter Projekte von Nützlichkeit sein sollten.

Die Vorbehalte, die Menschen mit (Lern-)Behinderung und/oder psychischer Erkrankung von den Medien erfahren, lassen sich dadurch bearbeiten, in dem die Soziale Arbeit in angehenden Projekten ›Self-Adcovacy-Prozesse‹ unterstützt, sich an der Integration (Inklusion) in Betrieben als Verbündete beweist und dem Arbeitsumfeld die Möglichkeit bietet, sich aktiv an der Überwindung paternalistischer (Arbeits-)Modi zu beteiligen.

Wir hoffen, mit diesem Beitrag einerseits unsere Forschungsergebnisse grob vorgestellt – und andererseits ein paar offene Fragen bearbeitet – und weitere Anschlussmöglichkeiten skizziert zu haben. Wir nehmen an, dass sich das Potenzial der inklusiven Medienarbeit im Laufe der Zeit sowohl durch weiteres wissenschaftliches Interesse als auch durch die praktische Arbeit als sehr fruchtbar herausstellen wird. Außerdem sind wir anhand unserer Forschungsergebnisse auch der Überzeugung, dass kreative (Medien-)Arbeit eine geeignete Herangehensweise zur Bearbeitung gesellschaftlicher, normativer Barrieren darstellt.

Die Autor*innen Christina Damböck, Natalia Lehner und Gregor Wallner schrieben im Rahmen des akad. Lehrgangs Sozialpädagogik an der FH St. Pölten ihre Masterarbeit: Inklusive Radiosendungen: »*Ideen der Schöpfung - wir alle haben sie*«. *Inklusive Medienarbeit*. Masterthese. Fachhochschule St. Pölten, 2021.

Radiosendungen »Ideen sind Gedanken der Schöpfung - Wir alle haben sie«
https://cba.fro.at/podcast/ideen-sind-gedanken-der-schoepfung-wir-alle-haben-sie

Mit Otto Lechner
https://cba.fro.at/446612

Mit Gaby Bartl und Nina Grünberger
https://cba.fro.at/450901

Literatur

ARBEITSGRUPPE BKA: »*Empfehlung zur Darstellung von Menschen mit Behinderungen in den Medien*«. *Medieninhaber, Verleger und Herausgeber: Bund vertreten durch Bundeskanzleramt (BKA). Österreich Sektion V.* Wien 2017. Empfehlung_zur_Darstellung_von_Menschen_mit_Behinderungen_in_den_Medien.pdf [02.12.2023]

ARBEITSMARKTSERVICE: Auswertungen & Berichte »Arbeitsmarktdaten im Detail«. AMS 2019. https://www.ams.at/arbeitsmarktdaten-und-medien/arbeitsmarkt-daten-und-arbeitsmarkt-forschung/berichte-und-auswertungen [11.05.2022]

BUNDESMINISTERIUM FÜR SOZIALES, GESUNDHEIT, PFLEGE UND KONSUMENTENSCHUTZ (BMSGPK); *Bericht der Bundesregierung über die Lage der Menschen mit Behinderung*. Wien, 2016. https://www.sozialministerium.at/Themen/Soziales/Menschen-mit-Behinderungen/

Bericht-der-Bundesregierung-ueber-die-Lage-der-Menschen-mit-Behinderung.html

BUNDESMINISTERIUM FÜR SOZIALES, GESUNDHEIT, PFLEGE UND KONSUMENTENSCHUTZ (BMSGPK); KOENIG, OLIVER; KREMSNER, GERTRAUD; MÖHLEN, LISA; PROYER, MICHELLE; PRUMMER, SUSANNE; RESCH, KATHARINA; STEIGMANN, FELIX; SUBASI SINGH, SEYDA; BIEWER, GOTTFRIED: Evaluierung des Nationalen Aktionsplans Behinderung 2012–2020. In: BUNDESMINISTERIUM FÜR SOZIALES, GESUNDHEIT, PFLEGE UND KONSUMENTENSCHUTZ; KRADISCHNIG, GÜNTER; NAUSNER, PETER; QUINZ, NORBERT; WOLFMAYR, FRANZ: *Studie »Integrative Betriebe 2020+«*. Wien 2020

DAMBÖCK, CHRISTINA; LEHNER, NATALIA; WALLNER, GREGOR: *Inklusive Radiosendungen: »Ideen der Schöpfung – wir alle haben sie«. Inklusive Medienarbeit*. Masterthese. St. Pölten [Fachhochschule St. Pölten] 2021

DER STANDARD: *Inklusiver Journalismus bei »Andererseits«: »Medien müssen umdenken«*. 2021. https://www.derstandard.at/story/2000125856403/inklusiver-journalismus-bei-andererseits-medien-muessen-umdenken [11.05.2022]

DIMMEL, NIKOLAUS; PIMPEL, CARINA: *2-Säulen-Modell Einkommen und Existenzsicherung von Menschen mit Behinderungen*. 2020

GARMS-HOMOLOVÁ, VIENKA: *Sozialpsychologie der Einstellungen und Urteilsbildung*. Springer Verlag 2020

GERLAND, JULIANE; KEUCHEL, SUSANNE; MERKT, IRMGARD: *Kunst, Kultur und Inklusion. Teilhabe am künstlerischen Arbeitsmarkt*. 2016

HUAINIGG, FRANZ-JOSEPH: *Behinderte Menschen und Medien. Die Behindertenthematik im österreichischen Fernsehen*. Dissertation. Klagenfurt [Universität Klagenfurt] 1993

HUAINIGG, FRANZ-JOSEPH: *Wenn Sie einen an den Rollstuhl gefesselten Menschen sehen, binden Sie ihn los!* 2019. http://franzhuainigg.at/wenn-sie-einen-an-den-rollstuhl-gefesselten-menschen-sehen-binden-sie-ihn-los/ [14.05.2022]

KLAUER, KARL CHRISTOPH: Soziale Kategorisierung und Stereotypisierung. In: PETERSEN, LARS-ERIC; SIX, BERND (Hrsg.): *Stereotype, Vorurteile und soziale Diskriminierung. Theorien, Befunde und Interventionen*. Weinheim, Basel [Beltz] 2020, S. 23–32

KRAHÉ, B.; ALTWASSER, C.: Changing negative attitudes towards persons with physical disabilities: An experimental intervention. In: *Journal of Community and Applied Social Psychology*, Jg. 16, 2006, S. 59–69

METZLER, CHRISTOPH; JANSEN, ANIKA; KURTENACKER, ANDREA: Betriebliche Inklusion von Menschen mit Behinderung in Zeiten der Digitalisierung. In: *IW-Report*, 7/2020. Köln [Institut der deutschen Wirtschaft] 2020

MOMENTUM INSTITUT: *Andererseits sind wir auf derselben Seite.* 2022. https://www.moment.at/story/andererseits-sind-wir-auf-derselben-seite [10.05.2022]

MÜLLER, BURKHARD; HOCHULI-FREUND, URSULA: *Sozialpädagogisches Können: ein Lehrbuch zur multiperspektivischen Fallarbeit.* 8., überarbeitete und erweiterte Auflage. Freiburg i. Breisgau [Lambertus] 2017

ÖSTERREICHISCHER BEHINDERTENRAT (ÖAR): *Strategische Vorschläge für einen inklusiven Arbeitsmarkt.* 2019. https://www.behindertenrat.at/wp-content/uploads/2019/07/strategische-Vorschl%C3%A4ge_2019.pdf [11.05.2022]

OEVERMANN, ULRICH: Die Problematik der Strukturlogik des Arbeitsbündnisses und der Dynamik von Übertragung und Gegenübertragung in einer professionalisierten Praxis von Sozialarbeit. In: BECKER-LENZ, ROLAND; BUSSE, STEFAN; EHLERT, GUDRUN; MÜLLER, SILKE (Hrsg.): *Professionalität in der Sozialen Arbeit.* Wiesbaden [vs Verlag für Sozialwissenschaften] 2009, S. 113–142. http://link.springer.com/10.1007/978-3-531-91512-8_6

PERNEGGER, MARIA: *Menschen mit Behinderungen in österreichischen Massenmedien.* 2016. https://www.rtr.at/de/inf/Studie_Menschen_mit_Behinderung/Menschen_mit_Behinderungen_in_Massenmedien_Studie_2015_16.pdf [14.05.2022]

SPECK, OTTO: *Menschen mit geistiger Behinderung. Ein Lehrbuch zur Erziehung und Bildung.* München [Ernst Reinhardt Verlag] 2005

SPIEGEL, HILTRUD VON: *Methodisches Handeln in der Sozialen Arbeit: Grundlagen und Arbeitshilfen für die Praxis.* 6., durchgesehene Auflage, München [Ernst Reinhardt Verlag] 2018

STAHLBERG, DAGMAR; SCHÖL, CHRISTIANE; MAASS, ANNE: Sprachverzerrungen im Intergruppenkontext. In: PETERSEN, LARS-ERIC;

six, bernd (Hrsg.): *Stereotype, Vorurteile und soziale Diskriminierung. Theorien, Befunde und Interventionen.* Weinheim, Basel [Beltz] 2020, S. 63–72

statistik austria: *Leistungs- und Strukturdaten.* 2018a. https://www.statistik.at/web_de/statistiken/wirtschaft/handel_und_dienstleistungen/leistungs_und_strukturdaten/049977.html [11.05.2022]

statistik austria: *Kulturwirtschaft.* 2018b. https://www.statistik.at/web_de/statistiken/menschen_und_gesellschaft/kultur/kulturwirtschaft/index.html [11.05.2022]

baldaszti, erika: *Menschen mit Beeinträchtigungen – Ergebnisse der Mikrozensus-Zusatzfragen 4. Quartal 2015.* Statistik Austria, 2016. https://www.statistik.at/fileadmin/user_upload/menschen_mit_beeintraechtigungen_2015.pdf

theunissen, georg: *Empowerment und Inklusion behinderter Menschen: eine Einführung in Heilpädagogik und Soziale Arbeit.* 3., aktualisierte Aufl. Freiburg i. Breisgau [Lambertus-Verlag] 2013

theunissen, georg: *Empowerment: Wegweiser für Inklusion und Teilhabe behinderter Menschen.* Freiburg 2022

tradinik, ernst: Menschen & Medien. Ein Erfahrungsbericht. In: *merz. Zeitschrift für Medienpädagogik,* 3/2015, S. 65-71

tradinik, ernst: Medienberufe für Menschen mit Beeinträchtigung. In: *merz. Zeitschrift für Medienpädagogik,* Nr. 5, 2019, S. 55–59

verein andererseits – für inklusion im journalismus: *Über uns – andererseits.* o. J. https://andererseits.org/ueber-uns/

weinert, sebastian: Rezension vom 25.07.2011 zu: Hans-Walter Schmuhl: Exklusion und Inklusion durch Sprache. Zur Geschichte des Begriffs Behinderung. In: *socialnet Rezensionen,* 2011. https://www.socialnet.de/rezensionen/11744.php [21.02.2021]

young, iris marion: Fünf Formen der Unterdrückung. In: nagl-docekal, herta (Hrsg.): *Politische Theorie: Differenz und Lebensqualität.* Frankfurt/M. [Suhrkamp] 1996

TEIL 5: FERNSEHEN, FILM & SOCIAL MEDIA

Einleitung

Von Ernst Tradinik

Film und Fernsehen sind möglicherweise zunächst am wenigsten denkbar, wenn man an inklusive Medienarbeit denkt. Doch dem ist nicht so, wie Sie im folgenden Teil sehen werden. Manches an Technik oder Abläufen muss man u. U. anpassen oder anders begleiten. Das ist aber schon alles. Gleiches gilt natürlich für den Auftritt auf Social-Media-Kanälen. Wie die Arbeit mit einer blinden Moderatorin in einer TV-Talkshow umgesetzt werden kann, wie die Arbeit am Set, im Fernsehstudio, abläuft, das beschreibt Lisa Schuster. Wie kann die interdisziplinäre Zusammenarbeit zwischen Sozialpädagogik, Medientechnik und Menschen mit Behinderung funktionieren? Dies beschreibt sie anhand der TV-Talkshow *Love Talk*, welche sie mit ihren Kolleginnen Sonja Simon und Tanja Hornbacher aus dem akademischen Lehrgang Sozialpädagogik und mit Studienkolleg*innen der Medientechnik unter der Leitung von Lars Oertel auf der Fachhochschule St. Pölten in Österreich umsetzte. Welche Abläufe müssen wie anders als gewohnt gestaltet werden? Worauf soll geachtet werden? Wie kann die Zusammenarbeit zwischen Medientechniker*innen, Sozialpädagog*innen und Menschen mit Behinderung gut klappen? Welche Unterstützung benötigt es, wenn eine TV-Talksendung mit einer blinden Moderatorin umgesetzt wird (s. Kap. 27)?

Seit 2015 gibt es in Deutschland die Talkshow *Face to Face* von Raúl Krauthausen. Raúl Krauthausen, beruflich von der Werbung kommend, hat sich ganz dem Thema Inklusion, Barrierefreiheit und Chancengleichheit verschrieben (s. Kap. 28). Er ist ein gekonnter kluger humorvoller Moderator der TV-Sendung und führt Gespräche rund um Kunst und Medien mit Menschen mit und ohne Behinderung (https://krauthausen.tv). Diese Sendereihe möchte ich Ihnen besonders ans Herz legen.

ABBILDUNG 46
Still aus der TV-Sendung *NA (JA) GENAU* mit Boxweltmeisterin Nicole Wesner, Moderatorinnen Holly Hurtig und Flora Rabinger

Mit Marcell Vala, Flora Rabinger, Holly Hurtig, Stefan Jaindl, Antonia Bögner und anderen mache ich seit 2014 NA (JA) GENAU, die intelligente humorvolle TV-Sendung. Ich startete ausschließlich mit hohem Eigeninteresse an der Entwicklung und Realisierung, zunächst ohne jegliche finanzielle Unterstützung, neben meiner Arbeit als Angestellter. Ich bekam aber von Beginn an Unterstützung vom Medienzentrum wienXtra, dem Community-TV-Sender OKTO und Kameramann Kurt Van der Vloedt, der zu Beginn nicht immer Geld für seine Arbeit bekam. Seit 6 Jahren gibt es nun eine finanzielle Unterstützung vom Sozialministerium. Es war mir wichtig, Menschen mit (Lern-)Behinderung und/oder psychischer Erkrankung als Moderator*innen so arbeiten zu lassen, dass ihr Sprechen so viel Platz wie nötig hat und sie Zeit bekommen, das ›Handwerk‹ zur/zum Moderator*in, Reporter*in oder Journalist*in gut zu erlernen. Und zwar in einer Form, in der sie ihr eigenes Interesse entdecken und leben können. Ob dies nun z. B. eher in einer humorvollen Art und Weise der Gesprächsführung und Moderation liegt oder zum Beispiel in einer Form der seriösen Befragung mit Hilfe von Recherche. Ich wollte wissen, ob es möglich ist, eine inklusive TV-Sendung so zu gestalten, dass die jeweiligen Zuseher*innen die Sendung gerne anschauen, diese als unterhaltsam, informativ und kurzweilig empfinden und bald vergessen, dass hier eine inklusive TV-Sendung zu sehen ist. 2023 haben wir den Fernsehpreis der Erwachsenenbildung bekommen. Die Begründung der Jury lautete:

>»Herausragend, ungeniert, herzlich und charmant. Ein Genuss. Diese Sendereihe ist mediale Inklusion pur. Sie ist humorvoll und trotz ihrer Einfachheit professionell gestaltet« (https://www.bizeps.or.at/fernsehpreis-der-erwachsenenbildung-an-na-ja-genau)

Die Sendung wird beim Community Sender OKTO in Österreich ausgestrahlt. Oft habe ich zu hören bekommen, »die Sendung gehört eigentlich ins Hauptabendprogramm (des ORF)«. Meine diesbezüglichen Anfragen beim ORF wurden bisher im Grunde (fast) schlicht ignoriert. Auf OKTO wird sie selbstverständlich gesendet. OKTO ist ein Community-TV-Sender. Auf Nachfrage, wie sich OKTO finanziert bzw. gefördert werde/wurde, bekomme ich folgende Antwort: »Finanziert wird der nichtkommerzielle Sender vorwiegend aus Mitteln des ›Fonds zur Förderung des Nichtkommerziellen Rundfunks der Rundfunk- und Telekom Regulierungs-GmbH (RTR-GmbH) sowie eigenwirtschaftlichen Erlösen. Mit April 2022 hat die Stadt Wien ihre jährliche Subvention für OKTO nach 17 Jahren komplett eingestellt« (Mail an mich von OKTO GF Christian Jungwirth im Juli 2024). Man könnte den Eindruck bekommen, dass das wichtige Sendeforum eines Community-Senders in einer Großstadt (der österreichweit sendet) auch die inklusiven Sendeformate, die dort entwickelt und umgesetzt werden, für die Stadt Wien wenig Bedeutung haben. Seit 2021 gibt es die *Kinogespräche* im ältesten Kino Wiens. Der Fokus bei den NA (JA) GENAU – Breitenseer Lichtspiele-Kinogesprächen liegt auf Kultur und dem Filmschaffen beziehungsweise den Filmschaffenden in Österreich (s. Kap. 29).

Besonders bespielgebend finde ich die TV-Talkreihe *100percentme – wer ist hier behindert?* Ich persönlich mag besonders die Sendung über/mit

Autist*innen und die Sendung über Dating Apps, welche Leonard Grobien gemeinsam mit Amelie Ebner moderiert. Diese Sendereihe wurde leider bald wieder eingestellt.

Mit Leonard Grobien, der als Schauspieler arbeitet, eine Filmproduktionsfirma besitzt und 2022 den Studienabschluss in Regie macht, spreche ich in Kapitel 30. 2022 trat die Beratungsstelle Inklusion Kärnten, die u.a. Menschen mit Autismus und deren Angehörige berät und unterstützt, bezüglich eines Films an mich heran. Der Film solle ihre Arbeit nach außen hin sichtbar machen. Wir setzten einen Mix aus Dokumentation und inklusiver Medienarbeit um. Zwei junge Erwachsene, Kerstin Tabojer und Elias Facchini, welche von Inklusion Kärnten beraten werden, schlüpften für diesen Film in die Rolle der Moderator*innen und Reporter*innen (s. Kap. 31). Nicht nur bezüglich Humor ist die Arbeit vom viel zu früh verstorbenen Künstler, Autor und Regisseur Christoph Schlingensief wegweisend. 2002 nahm er das Genre der Castingshows aufs Korn und arbeitete hierzu mit Menschen mit (Lern-)Behinderung, welche in einem Wohnheim am Rande von Berlin leben (s. Kap. 32). Die 6-teilige Castingshow wurde bei VIVA ausgestrahlt und »bescherte dem Jugend- und Musiksender Traumquoten« (https://www.schlingensief.com/projekt.php?id=tv002).

Ganz dem Journalismus, der Berichterstattung über gesellschaftliche Teilhabe haben sich 2021 in der Schweiz die ›Reporter*innen ohne Barrieren‹, unter der Leitung von Martina Hermann und Senad Gafuri, verschrieben (s. Kap. 33). Das war auch großes Thema von Martin Habacher (Österreich). Hier vor allem mit Blick auf Barrieren aller Art für Menschen mit Behinderung in der Gesellschaft. Martin Habacher, der 2019 überraschend und viel zu früh verstorben ist, hat durch seine kluge humorige Art viele Menschen angesprochen. Seine Arbeit und der YouTube-Kanal *Mabacher TV* ist noch online und sehr empfehlenswert! Im Grunde ist es immer noch so, dass es nicht in Worte zu fassen ist, was hier viel zu früh zu Ende gegangen ist. Martin Ladstätter stellt uns seinen Text *Martin Habacher dreht nicht mehr – er fehlt mir jetzt schon!* aus 2019 (s. Kap. 34) zur Verfügung.

Im TV-Bereich ist ein TV-Magazin besonders positiv auffällig. Wenn nichts anderes bekannt wird, dann ist das TV-Magazin *Hören statt Sehen* auf dem BR die erste inklusive TV-Sendung und bis heute auf Sendung. Diese gibt es seit 1975. Es wurden recht bald in der Redaktion und in der Moderation gehörlose Menschen eingesetzt. In Österreich gibt es seit 2008 *Gebärdenwelt TV*, das ist das österreichische TV-Nachrichtenportal in Gebärdensprache (s. Kap. 35). Außerdem gibt es das noch sehr junge *Deafies in Wonderland*, der erste österreichische Gehörlosenpodcast von Nikole Mitterbauer und Noah Holzgethan.

Die Beiden haben es sich zur Aufgabe gemacht, alle anzusprechen. Neben der Gebärdensprache ist auch eine digitalisierte Sprecherstimme aus dem Off zu hören und es gibt eine Untertitelung. Die Macher*innen Nikole Mitterbauer und Noah Holzgethan haben einen Beitrag über ihre Motivation und Gedanken zum *1. Austrian Podcast Deafies in Wonderland* geschrieben. Auch weisen sie darauf hin, wie wichtig es wäre, dass beim Social-Media-Anbieter YouTube auch Gebärdensprache als Angebot inkludiert wird (s. Kap. 36).

Alex Oberholzer ist der erste Journalist mit Behinderung, der sein Leben lang vom Journalismus lebte und u.a. die – so sagt man – legendäre Sendung *Movie Talk* in der Schweiz, gemeinsam mit Wolfram Knorr moderierte (s. Kap. 37). Aus Österreich seien an dieser Stelle die ORF-Moderator*innen Miriam Labus und Andreas Onea angeführt (s. Kap. 39). Sie sind ebenso ein Beispiel dafür, dass selbstverständlich Menschen mit körperlicher Behinderung vor der Kamera arbeiten können. Und wie peinlich es eigentlich ist oder unpassend, dass ich die beiden hier anführe(-n muss). Wie schon eingangs im Buch erwähnt, ist das die Schattenseite von inklusiver Medienarbeit. Ich als Brillenträger wollte auch nicht, dass meine Medienarbeit unter dem Aspekt: »Menschen mit Sehschwäche machen Radio« betrachtet und (wissenschaftlich) beschrieben würde.

Wie man mit Menschen mit psychischer Erkrankung eine Kinodokumentation umsetzen kann, darüber schreibe ich im Kapitel 39. Der Titel der Doku wurde von Teilnehmer*innen, den Filmemacher*innen selbst gewählt. Der Mix aus ›Schräge Vögel‹ und ›Bunte Fische und Schmetterlinge‹ wurde in gemeinsamen Redaktionssitzungen zu *LOKvögel, Fische & Schmetterlinge* (s. Kap. 40). Der Film wurde 2009 im Top Kino in Wien gezeigt. Während diese Arbeit ein Mix aus inklusiver Medienarbeit und

Dokumentation ist, ist folgende Arbeit ein Spielfilm, der zeigte, dass vor der Kamera in einem Film ausschließlich Menschen mit (Lern-)Behinderung alle Hauptrollen besetzen können. Die Hommage an den Italowestern, *5 vor 12. Es wird Zeit*, die durfte, dank einer Mitarbeiterin beim ORF, Denis Seifert, 2019 Sendeluft beim ORF schnuppern. Dass sie dies erst lange durchsetzen musste, das wusste ich nicht. Dies erfuhr ich erst, als ich mich über die Sendezeit (unter der Woche um Mitternacht) beschwerte. Es wurde dann ein Wiederholungstermin am Samstagvormittag gemacht (s. Kap. 41). Später wurde dieser auch 2022 und 2023 auf ORF gesendet (leider immer spät in der Nacht). Selbstverständlich wurde *5 vor 12* auf OKTO gesendet, auch zu Hauptabendprogrammzeit. OKTO hat diesen Film mit produziert.

Auf OKTO startete 2020 die Sendereihe *Perspektivenwechsel*. Themen und Gespräche rund um Inklusion werden dort in einem flotten ansprechenden Sendungsformat an die Seher*innen vermittelt (s. Kap. 42). Wie man inklusiven Journalismus verwirklichen kann, dies versucht seit 2020 die *Redaktion andererseits* in Österreich vorzuleben. Wie kann man Journalismus so unterstützen und begleiten, dass die jeweiligen Personen das zur Sprache bringen können, was sie beschäftigt? 2022 fiel die Dokumentation über *Licht ins Dunkel* der *Redaktion andererseits* auf. Schon seit den 1970er-Jahren wird die Senderreihe *Licht ins Dunkel* immer wieder kritisiert, weil Menschen mit Behinderung dort als bemitleidenswerte Wesen dargestellt werden, für die man spenden müsse. *Licht ins Dunkel* ist eine Spendensendereihe vor Weihnachten in Österreich. Die Sendung der *Redaktion andererseits* machte noch mal besonders deutlich, wie sehr das Klischee des bemitleidenswerten behinderten Menschen bemüht wird und dies weit entfernt von den jeweiligen individuellen Persönlichkeiten ist. Und so werde ein völlig falsches Bild von Menschen mit Behinderungen vermittelt (s. Kap. 43).

Peter Radtke kommt in Kapitel 44 mit Zitaten zu Wort. Ich vermute, all das, worüber hier in diesem Buch nachgedacht und worauf hingewiesen wird, darüber hat Peter Radtke schon vor vielen Jahren nachgedacht, geschrieben und dies umgesetzt: in seinen vielen Arbeiten als Schauspieler, als Regisseur, seiner Arbeit als Kabarettist oder der

Arbeit in der Arbeitsgemeinschaft Behinderung und Medien: https://www.abm-medien.de.

Zum Abschluss dieses Teils stellen wir noch folgende Medienarbeiten vor: Die Reporter*innen ohne Grenzen bauen auf die Arbeit und Vorerfahrung des Teams REDAKTION und die Senderreihe *Oli inclusive* (s. Kap. 45.6) auf. Und bezüglich Medienarbeit von/für gehörlose Menschen möchte ich noch unbedingt auf folgendes Magazin hinweisen. In der Schweiz gibt es seit 2018 das TV-Magazin *Signes* beim SFR (s. Kap. 45.10) und in Berlin wurde 2011 die Redaktion für das Talk-Format FINGERZEIG gegründet (s. Kap. 45.8), das mediale Zuhause ist hier ALEX, der offene Kanal Berlin. FINGERZEIG ist die erste Talkshow im deutschen Fernsehen in deutscher Gebärdensprache. In dem Projekt diskutieren Gehörlose und gebärdende Menschen in einer TV- und Internet-Sendung über selbstgestaltete Themen.

Fingerzeig
https://www.youtube.com/playlist?list=PLQOns7rQTDGOEMc1BAmgZKe8TsmV4PBA9

ABBILDUNG 47
Dreharbeiten zum Italowestern *5 vor 12. Es wird Zeit*, eine humorvolle Hommage an den Italowestern - mit Schauspielerin Angela Wirnsberger

Foto: Delphine Esmann

Wie gehörlose Menschen eine TV-Sendereihe gestalten, kann man online auf der Webseite der Universität Wien zu sehen, welches ich sehr gelungen finde, weil dies eine Sendereihe zeigt, wie man ohne Audio auskommt. Das sind Dokumentationen über gehörlose Menschen während der Zeit des Nationalsozialismus. Diese Dokus wurden später auch im ORF gesendet und dafür mit Ton und Audioübersetzung angereichert. Ich finde die Originale sehr empfehlenswert. In einer betreuten Tageswerkstätte habe ich mit den jungen gehörlosen Erwachsenen dort eine Interviewserie gemacht. Sie sollten sich untereinander interviewen. Wir filmten dies mit iPads, welche in einer Stativvorrichtung als Kamera fungierten und gleich danach konnten wir darauf schneiden. Zum Starten und Ausprobieren kann ich dies sehr empfehlen. Es gibt ein Gratisschnittprogramm, welches im Tablet vorinstalliert ist, auch eine Voice-Over-Funktion und man kann die daraus gemachte Sendung auch untertiteln. Last but not least wird auf *Jahns rollende Welt* hingewiesen. Jahn Graf moderierte beim SFR die Paralympics und hat auch einen eigenen YouTube-Channel: *Jahns rollende Welt* (s. Kap. 45.11).

Ich hoffe, dass Sie folgende Beiträge dazu ermutigen, selbst vermehrt inklusive Medienarbeiten zu konsumieren oder zu probieren, solche zu realisieren. Und sollten Sie zu einem Teil eines Medienunternehmens gehören, in dem Entscheidungen gefällt werden dürfen: Ja, es ist recht einfach, diese Personengruppe auch vor die Kamera zu holen und sie ihre Arbeit machen zu lassen. Gegebenenfalls holen Sie sich Beratung und Unterstützung am Beginn der Zusammenarbeit, um mögliche Unsicherheiten zu beseitigen.

27. LOVE TALK: DIE TV-TALKSHOW MIT EINER SEHBEHINDERTEN MODERATORIN IM TV-STUDIO DER FH ST. PÖLTEN

Von Lisa Schuster

Dieses Kapitel soll dazu dienen, (technische) Anforderungen an die Begleitung bzw. Unterstützung inklusiver Medienarbeit darzustellen. Die im Weiteren beschriebenen Erkenntnisse konnten meine zwei Kolleginnen und ich im Zuge unserer Masterarbeit erarbeiten. In unserer Masterarbeit beschäftigten wir uns mit der interdisziplinären Zusammenarbeit zwischen Sozialpädagogik, Medientechnik und Menschen mit Behinderung bei einem inklusiven Medienprojekt. Die Erstellung der inklusiven Talkshow *Love Talk* war also der Ausgangspunkt für unsere Forschung zur inklusiven Medienarbeit. Das Ziel unserer Arbeit war es, durch die wissenschaftliche Begleitung der Talkshow den noch wenig beforschten Gegenstand anhand seiner praktischen Umsetzung analysieren zu können und ein Handbuch für Medientechniker*innen mit Empfehlungen im Umgang mit (Menschen mit) Behinderung erstellen zu können. Um unser Erkenntnisinteresse verfolgen zu können, wählten wir die Kombination aus teilnehmender Beobachtung und Leitfadeninterview. Als geeignete Auswertungsmethode der Beobachtungsprotokolle und Interview-Transkripte stellte sich für uns die qualitative Inhaltsanalyse nach Mayring (2015) heraus, da wir so bestimmte

Themen, Inhalte und Aspekte aus dem Material herausfiltern und zusammenfassen konnten.

Der Ablauf unserer Forschung – das Forschungsdesign – erfolgte in sechs Schritten:
- Auseinandersetzung mit dem Erkenntnisinteresse
- Inklusives Medienprojekt: Talkshow *Love Talk*
- 1. Teil der Erhebung: teilnehmende Beobachtung
- Sampling der Interviewpartner*innen
- 2. Teil der Erhebung: Leitfadeninterviews
- Auswertung: qualitative Inhaltsanalyse

In den folgenden zwei Unterkapiteln wird nun näher auf die Umsetzung der Talkshow und die Ergebnisse der Auswertung unserer Beobachtungen und Interviews eingegangen werden. Dabei werden die Anforderungen an die Begleitung bzw. Unterstützung inklusiver Medienarbeit erläutert.

ABBILDUNG 48
Blick ins TV-Studio FH St. Pölten

Foto: Tanja Hornbacher, Lisa Schuster und Sonja Simon

Wie bereits kurz angeführt war die Erstellung und Umsetzung der inklusiven Talkshow *Love Talk* die Grundlage unserer Forschung zu inklusiver Medienarbeit. Nachfolgend wird der Platz gewährt, auf Vor- und

Nachbereitungen und den Ablauf der Talkshow einzugehen, da die Begleitung der (aktiven) Teilnehmer*innen durch die Talkshow bedeutsam ist.

ABBILDUNG 49
Talkshow *Love Talk* mit der Moderatorin Silvia Oblak vom Verein Blickkontakt

www.blickkontakt.or.at/Foto: Lisa Schuster

Um den nachfolgenden überblicksmäßigen Beschreibungen zur Talkshow gut folgen zu können, werden zuvor die dafür relevanten Personen aufgezählt und kurz beschrieben:

Medientechnikstudierende - technische Begleitung (Regie, Ton, Licht etc.)

- Zwei Ansprechpartner*innen (wurden interviewt)
- Weitere elf Medientechnikstudent*innen
- Fünf Teilnehmerinnen der Talkshow
- Moderatorin (wurde interviewt)
- Gast der Talkshow: Prozessbegleiterin (wurde interviewt)
- Gast der Talkshow: Studiengangsleiterin Masterlehrgang Sozialpädagogik an der FH St. Pölten (wurde interviewt)
- Gast der Talkshow: Masseurin/Energetikerin

- »Kamera-Kind«
- Wir drei Student*innen des Masterlehrgangs Sozialpädagogik – Formatentwicklung, Recherche und Begleitung der in die Talkshow eingebundenen Personen

Zu Beginn unserer Forschung (September 2019) standen wir nun vor der Aufgabe, eine inklusive Talkshow zu den Themen Liebe, Partnerschaft und Sexualität im TV-Studio der FH St. Pölten zu produzieren. Ziel war es, eine Talkshow gemeinsam mit Bachelorstudierenden der Medientechnik (FH St. Pölten) umzusetzen, in der Menschen mit (Lern-)Behinderung vor und hinter der Kamera als Protagonist*innen agieren. Es sollte also eine Live-Talkshow gestaltet werden, in der Inklusion sowohl vor als auch hinter der Kamera gelebt wird. Zudem stand schon zu Beginn fest, dass das Medienprojekt Ende Januar 2020 abgedreht sein musste. Dies erhöhte den Zeitdruck und unseren Stress, da wir zeitnah geeignete Teilnehmer*innen mit und ohne Behinderung finden mussten, die teilnehmen wollten.

Nachdem wir nach etlichen Telefonaten und E-Mails ein paar Interessent*innen – nur Frauen – gefunden hatten, veranstalteten wir Anfang Dezember 2019 ein Kennenlerntreffen in Wien. Dort wurden Informationen zur Talkshow und offene Fragen/Anliegen in gemütlicher Runde besprochen. Außerdem wurde festgelegt, dass die Dame mit Sehbehinderung die Moderation der Show übernehmen wird. Schlussendlich konnten die Teilnehmerinnen die Themen rund um Sexualität, Liebe und Partnerschaft, die sie in der Talkshow besprechen möchten, äußern.

Nachfolgend fand das erste Treffen mit zwei Medientechnikstudierenden an, welche unsere primären Ansprechpartner*innen waren. Dabei wurde der Ablauf der Proben und der Live-Aufnahme der Talkshow besprochen und die weiteren Schritte geplant. Dabei wurde auch die Aufteilung der Tätigkeitsbereiche zwischen Medientechniker*innen und Sozialpädagoginnen besprochen. Die Medientechnikstudierenden waren unter anderem für Regie, Ton, Licht und Kamera zuständig. Wir drei Sozialpädagoginnen waren für die Formatentwicklung, die Recherche und Begleitung der in die Talkshow eingebundenen Personen zuständig.

ABBILDUNG 50
Die Studiogäste der Talkshow sind der Moderatorin Silvia Oblak behilflich

Foto: Tanja Hornbacher, Lisa Schuster & Sonja Simon

Mitte Dezember 2019 konnten endlich die Proben im TV-Studio der FH St. Pölten beginnen. Die Proben waren so aufgeteilt, dass nicht immer zu allen Terminen alle Personen anwesend sein mussten. Zum Beispiel probten die Medientechnikstudent*innen den Ablauf der Talkshow auch ein paar Mal alleine. Ein Probetermin wurde dazu genutzt, damit die Moderatorin ihre Moderation üben konnte und sich alle teilnehmenden Personen miteinander vertraut machen konnten. Zudem wurde der Ablauf der Generalprobe und der Live-Aufzeichnung genau besprochen.

Am Tag der Aufzeichnung (23. Januar 2020) wurden die Medientechnikstudierenden von ihrem Betreuer und uns Sozialpädagoginnen unterstützt. Die Medientechnikstudierenden waren für die Technik verantwortlich, während wir uns um die Mitwirkenden kümmerten, indem wir als Ansprechpartnerinnen für die Medientechniker*innen als auch für die Teilnehmerinnen fungierten. Wir mussten auch mit spontanen Situationen umgehen, da eine geplante Teilnehmerin knapp vor der Aufnahme absagte und wir kurzfristig eine andere Person suchen mussten, die einspringen möchte. Dies gelang uns. Trotz dieses kurzfristigen und überraschenden Zwischenfalls konnten die Generalprobe und die Live-Aufzeichnung gut über die Bühne gebracht werden.

ABBILDUNG 51
Die Moderatorin Silvia Oblak wird gebrieft

Foto: Tanja Hornbacher, Lisa Schuster & Sonja Simon

Die Proben der Talkshow und vor allem die Generalprobe und finale Aufzeichnung waren für unser Forschungsvorhaben von größter Wichtigkeit. Deswegen entschieden wir uns für die teilnehmende Beobachtung, um Aspekte des sozialen Handelns und der Interaktion in vivo erfassen zu können. Die teilnehmende Beobachtung führten wir zu dritt durch und dokumentierten die Beobachtungen und daraus folgende Interpretationen in einem Beobachtungsprotokoll. Die Verschriftlichung ermöglichte es uns, die getätigten Beobachtungen mit der qualitativen Inhaltsanalyse auszuwerten.

Als zweite Erhebungsmethode entschieden wir uns für leitfadengestützte Interviews. Ein Teil unserer Interviewpartner*innen war durch die Talkshow bereits festgelegt. Fünf Mitwirkende – die Moderatorin, zwei Gäste und zwei Medientechnikstudierende – erklärten sich für ein Interview bereit. Diese fünf Personen konnten uns durch die Interviews ihre Erfahrungen als (aktive) Mitwirkende aus verschiedenen Perspektiven mitteilen. Wir wollten u. a. Folgendes wissen:

- Moderatorin mit Sehbeeinträchtigung: Welche Bedeutung hat die aktive Rolle als Moderatorin auf ihr Selbstwertgefühl? Wie empfindet sie ihre Rolle im Medienprojekt? Wie hat sie die Zusammenarbeit und den Umgang mit ihr erlebt? Wie ist ihre Meinung

als Betroffene zur Darstellung von Menschen mit Behinderung in den Medien? Welche beruflichen Möglichkeiten können aus ihrer Sicht für Menschen mit Beeinträchtigung durch ein Medienprojekt als Perspektive eröffnet werden?
- Zwei Gäste der Talkshow: Wie beschreiben sie die Zusammenarbeit und den Umgang mit der Moderatorin bei der Talkshow? Welche Herausforderungen haben sich während des Medienprojekts ergeben? Wie erleben sie die Darstellung von Menschen mit Behinderung in den Medien? Wie können Medientechniker*innen im Umgang mit Menschen mit Behinderung geschult werden?
- Zwei Medientechnikstudierende: Warum haben sie sich für das Studium Medientechnik entschieden? Wird die Zusammenarbeit mit Menschen mit Behinderung im Studium thematisiert? Wie könnte die Ausbildung als Medientechniker*in für Menschen mit Behinderung aussehen? Wie ist der Zustand der FH bzw. des TV-Studios in Hinblick auf die Barrierefreiheit? Wie haben sie die Produktion der Talkshow erlebt?

Als nächstes mussten wir weitere Interviewpartner*innen finden, die einen Mehrwert zur Beantwortung unserer Forschungsfragen bieten konnten. Vor dem Hintergrund theoretischer Überlegungen – Theoretical Sampling – trafen wir die Auswahl der weiteren Personen für die Interviews. Dabei fokussierten wir einerseits auf die medientechnische Ausbildung und andererseits auf die Praxis des Medienbereichs:
- Zwei Lehrende, unter ihnen der Lehrgangsleiter des Bachelorstudiengags Medientechnik, stimmten der Interview-Anfrage sofort zu. Die Professoren konnten durch ihre Expertise einen Einblick in die Ausbildung geben: Wird Behinderung im Studium thematisiert? Wie können Menschen mit Behinderung in Medientechnik ausgebildet werden? Wie kann im Medienbereich die Sensibilität für Menschen mit körperlicher und psychischer Beeinträchtigung vertieft werden? Wie gestalten sich Lehrveranstaltungen hinsichtlich inklusiver Inhalte? Ist die interdisziplinäre Zusammenarbeit für sie essenziell in der Ausbildung? Welchen gesellschaftlichen Auftrag hat die FH im Hinblick auf die Sensibilisierung zum Thema Inklusion und/oder Behinderung?

Unter anderem wurden diese und weitere Fragen im Gespräch mit den Lehrenden besprochen.
- Zudem interviewten wir Expert*innen der Praxis in der (inklusiven) Medienarbeit. Zum einen freuten wir uns über die Zusage des ehemaligen Abgeordneten und Sprechers für Menschen mit Behinderung, welcher zurzeit als Beauftragter für Barrierefreiheit beim ORF tätig ist. Er ist selbst Betroffener, auf einen Elektrorollstuhl und ein Beatmungsgerät angewiesen, und beschäftigt sich seit Jahren mit der Darstellung von Menschen mit Behinderung in den Medien. Er sieht vor allem die Wichtigkeit darin, Personen mit Behinderung durch journalistische und medientechnische Ausbildungen zu befähigen, ihre Darstellung selbst (mit-)gestalten zu können. Der letzte Interviewpartner ist freiberuflicher Tontechniker und Sozialpädagoge. Die Erfahrungen, die er in beiden Bereichen gesammelt hat, brachten einen Mehrwert für unsere Interviews: Wie sind die derzeitigen Arbeitsbedingungen im Medienbereich? Ist hier Platz für Menschen mit (Lern-) Behinderung oder psychischer Erkrankung?

Zusammengefasst durften wir mit neun Personen Leitfadeninterviews führen, welche in Kombination mit den Beobachtungen die Grundlage unserer weiteren Auswertungen und Ergebnisse bildeten:
- Moderatorin der Talkshow
- Gast der Talkshow, Studiengangsleiterin Masterlehrgang Sozialpädagogik (FH St. Pölten)
- Gast der Talkshow, Prozessbegleiterin
- Student Bachelor Medientechnik (FH St. Pölten), Mitwirkender an der Talkshow
- Studentin Bachelor Medientechnik (FH St. Pölten), Mitwirkende an der Talkshow
- Lehrgangsleiter Bachelor Medientechnik (FH St. Pölten)
- Dozent des Departments Medien und Digitale Technologien (FH St. Pölten)
- Ehemaliger Sprecher für Menschen mit Behinderung, Beauftragter für Barrierefreiheit
- Sozialpädagoge und freiberuflicher Tontechniker

Die aus den Beobachtungen und Interviews stammenden Ergebnisse und Erkenntnisse werden nun im nächsten Kapitel zusammenfassend beschrieben, indem für uns wichtige Anforderungen an die Unterstützung durch beispielsweise Medientechniker*innen angeführt werden.

Handbuch: Empfehlungen für Medientechniker*innen im Umgang mit (Menschen mit) Behinderung bei inklusiven Medienprojekten

In unserer Masterarbeit konnten wir einige Punkte herausarbeiten, die bei der Umsetzung bzw. Begleitung inklusiver Medienprojekte unterstützend wirken. Das dafür ausgearbeitete Handbuch bietet Hilfestellungen und Anhaltspunkte bei der Durchführung von inklusiven Medienprojekten und Empfehlungen für den Medienbereich im Umgang mit (Menschen mit) Behinderung. Es werden den begleitenden Medientechniker*innen hilfreiche Organisations- und Unterstützungsmöglichkeiten aufgezeigt, die ihnen die oft fehlende Sicherheit im Umgang mit Menschen mit Behinderung geben kann. Dadurch kann zudem den Menschen mit Behinderung die selbstständige und selbstbestimmte Durchführung ermöglicht werden. Darum sollen für uns die wesentlichen Punkte in der interdisziplinären Zusammenarbeit bei inklusiven Medienprojekten näher erläutert werden.

Wissen aneignen und Sensibilisierung

Bevor es überhaupt zur Planung bzw. Umsetzung eines inklusiven Medienprojekts kommt, sollten sich die Medientechniker*innen mit (Menschen mit) Behinderung auseinandersetzen. Vorteilhaft ist/wäre es natürlich, wenn dies bereits während der Ausbildung (auf Hochschulen) geschieht. Hochschulen sollten generell einen Fokus auf Inklusion, Sensibilisierung und Thematisierung von Behinderung legen. Es sollte für einen barrierefreien Zugang, eine gleichberechtigte Teilnahme an diversen Studiengängen und die Verankerung der interdisziplinären Zusammenarbeit im Studienplan gesorgt werden. Es hat sich in den Interviews gezeigt, dass interdisziplinäre Projekte während der Studienzeit als wichtig empfunden werden und wesentlich zur Sensibilisierung und Wissensaneignung beitragen (können). Interdisziplinäre Projekte können unterschiedlich gestaltet werden: mit sozialen Studiengängen zusammenarbeiten, Expert*innen befragen, mit Betroffenen in Dialog treten oder Workshops gestalten. Dabei kann erarbeitet werden, welche Arten von Behinderungen es gibt und welche Anforderungen in der Zusammenarbeit bzw. Kommunikation und der Barrierefreiheit daraus erwachsen können. Auf diese Weise sollen die (Medientechnik-)Studierenden ein Selbstverständnis im Umgang mit Menschen mit Behinderung erlangen.

Bereits im Beruf stehende Medientechniker*innen sollten sich ebenso mit (Menschen mit) Behinderung auseinandersetzen und geschult werden, wenn sie mit diesen zusammenarbeiten (wollen). Es wäre vor allem hier von Vorteil, wenn sie wissen, was individuelle Bedürfnisse von Menschen mit Behinderung sind oder worauf sie im Umgang mit ihnen achten sollten. Hier kann die Auseinandersetzung mit Fachliteratur einen Einstieg in die Thematik bieten. Jedoch sollte immer das persönliche Gespräch mit Betroffenen und/oder Expert*innen im Mittelpunkt stehen. Workshops, Weiterbildungen oder die Zusammenarbeit mit inklusiven Vereinen/Projekten bieten eine tolle Möglichkeit, sich Wissen anzueignen, zu sensibilisieren und Berührungspunkte zu schaffen.

Mit Vorwissen kann das inklusive Medienprojekt besser geplant werden, da die Bedürfnisse aller Beteiligten und vor allem die der Menschen mit Behinderung bekannt sind und im Fokus stehen.

Organisation

Es gibt also einige organisatorische Rahmenbedingungen, die bei einem inklusiven Medienprojekt beachtet werden sollten/müssen. Bereits bei der Organisation ist es von Wichtigkeit, mit den teilnehmenden Personen mit Behinderung in Kontakt zu stehen. Von großer Bedeutung ist die persönliche Kommunikation mit der Person mit (Lern-)Behinderung, da diese selbst am besten weiß, was sie benötigt und wo sie (keine) Hilfe braucht. Die Kommunikation mit den Betroffenen und die Abklärung der folgenden Aspekte können dazu beitragen, dass Überforderung oder Unwissenheit bei der Umsetzung eines inklusiven Medienprodukts

verringert werden kann. Folgende Fragen können bei der Organisation inklusiver Medienprojekte als Anhaltspunkt genommen werden:
- Wie kann ich die teilnehmenden Personen adäquat über das Medienprojekt und den Ablauf aufklären? Ist ein Treffen vorab sinnvoll? Wo wird gedreht?
- Wie kommt die Person mit Behinderung an den Drehort? Brauchen sie Unterstützung bei der An- und Abreise? Muss die Fahrt mit dem Auto, Bus, Zug (etc.) organisiert werden? Sind die Personen aufgrund ihrer Einschränkungen in der Lage öffentliche Verkehrsmittel zu nutzen? Soll die Person beispielsweise vom Bahnhof abgeholt werden? Können Fahrgemeinschaften gebildet werden? Braucht es eine spezielle Beschreibung des Anfahrtsweges?
- Inwieweit sind die Kosten der Anreise eigenständig zu finanzieren? Gibt es spezielle Förderungen, die einen erhöhten Kostenaufwand abgelten bzw. wer übernimmt die Kosten?
- Sind das Gebäude und die Räumlichkeiten barrierefrei? Gibt es einen Aufzug? Sind irgendwo Stiegen, wo Hilfe benötigt wird? Gibt es für blinde Personen gekennzeichnete Wege? Sind irgendwo nicht leicht erkennbare Hindernisse? Gibt es für Personen mit Hörbeeinträchtigung genug ausgeschilderte Wegbeschreibungen? Soll vorab den mitwirkenden Personen eine Beschreibung – in adäquater Form – des Gebäudes und des Studios geschickt werden? Soll die Person vorm Eingang abgeholt werden, wenn sie selbstständig hinkommt?
- Gibt es zusätzliche Ansprechpersonen, wie beispielsweise Sozialpädagog*innen oder Betreuende? Haben diese hilfreiche Tipps im Umgang mit Personen mit (Lern-)Behinderung?
- Wie und wo organisiert man ein erstes Kennenlernen? Welche Räume stehen kostenfrei zur Verfügung?
- Wie viel (Mehr-)Zeit wird im Vorfeld und bei den Dreharbeiten benötigt? Wie viele Probedurchgänge sind im Vorfeld notwendig? Benötigen die teilnehmenden Personen im Vorfeld ein wenig Zeit, um sich im Raum akklimatisieren zu können?
- Wie reagiert man, wenn Teilnehmer*innen spontan vor dem Treffen oder der Aufnahme absagen? Ist hierbei ein verbindlicher

Vertrag erforderlich, der auch spontane Absagen beinhaltet? (Bei Menschen mit Behinderung kann es unter Umständen öfter zu gesundheitlichen Beschwerden kommen, die ein Mitwirken spontan unmöglich machen. Dies könnte nicht nur im psychischen, sondern auch im physischen Bereich der Fall sein.)

Bei all dem muss immer die Art der Behinderung in Verbindung mit der Barrierefreiheit gesetzt werden. Barrierefreiheit ist für jede Person mit Behinderung anders: Es gibt Unterschiede, wenn jemand eine Seh- oder eine Gehbehinderung hat. Auch für psychische Erkrankungen braucht es spezielle Rahmenbedingungen.

Kommunikation

Wie bereits in den oberen beiden Punkten beschrieben, steht die Kommunikation der verschiedenen Personen(-gruppen) immer im Mittelpunkt. Nicht nur die Fachliteratur, sondern auch unsere Forschung hebt hervor, dass in der Zusammenarbeit mit Personen mit (Lern-)Behinderung niemals die direkte Kommunikation fehlen darf. Abgesehen davon schätzen vor allem Menschen mit (Lern-)Behinderung sehr, wenn sie direkt angesprochen werden, das Gespräch gesucht wird und bei (Berührungs-)Ängsten nachfragt wird. Besonders die Interaktion zwischen den mitwirkenden Personen trägt zur gelungenen Umsetzung des inklusiven Medienprojekts bei.

Bei unserer Talkshow konnten wir einige Situationen wahrnehmen, welche auch von den teilnehmenden Personen im Interview geschildert wurden, die durch Kommunikation verhindert hätten werden können. Wichtig ist immer, mit der Person mit Behinderung das weitere Vorgehen zu besprechen. Die Teilnehmer*innen empfanden teilweise die Besprechungen der Medientechnikstudierenden im Hintergrund als unangenehm, da sie nicht wussten, über was bzw. ob über sie gesprochen wurde. Hier würde genügen, den teilnehmenden Personen mitzuteilen, dass immer wieder im Hintergrund über technische Begebenheiten gesprochen wird. Eine andere Situation zeigt, dass die Kommunikation vor dem Handeln notwendig ist:

Ein*e Medientechnikstudent*in wollte Veränderungen am Mikrofon der Moderatorin mit Sehbehinderung vornehmen und berührte sie deswegen. Diese erschrak und teilte dieser Person mit, sie solle ihr sagen, was sie vorhabe, damit sie sich darauf einstellen könne. Solche Unachtsamkeiten, die unbeabsichtigt sind und aus Routine passieren, können zu Problemen oder Unwohlsein der betroffenen Person führen. Hierbei stehen neben der Kommunikation die Sensibilisierung und Reflexion der speziellen Bedürfnisse sehr stark im Vordergrund.

Generell zeigte sich, dass die ständige Kommunikation über den Ablauf und über (technische) Probleme von allen Beteiligten als sehr hilfreich und wichtig empfunden wurde. Die vermehrte Kommunikation bedarf eines größeren Zeitaufwands, welcher bei inklusiven Medienprojekten einkalkuliert werden sollte.

Zeit

- Bei inklusiven Medienprojekten stellt die Vorbereitungszeit einen bedeutenden Aspekt dar. Es ist von Vorteil, dafür genug Zeit (nicht nur bei der Organisation) einzuplanen, um die Anreise und die Vorbereitungen in Ruhe gestalten zu können.
- Zeit bei Proben und der Aufnahme einplanen, weil für einige Teilnehmer*innen die kurze Vorbereitungszeit bei der Live-Aufnahme eine Herausforderung darstellte

Kreativität - Spontanität - Flexibilität - Humor, Gelassenheit, Rücksicht und Geduld

- Im Zusammenhang mit Humor und Gelassenheit steht die Spontanität und Kreativität. Spontanität und Kreativität erleichtern die Zusammenarbeit immens, da immer wieder Situationen auftauchen, auf die spontan reagiert werden muss. Zudem können durch Kommunikation und Kreativität vermeintliche Probleme bzw. Hindernisse leicht überwunden werden. In diesem Zusammenhang sollte die Offenheit, sich auf etwas Neues einlassen zu können, gegeben sein.

- Aber auch Spontanität und das Einlassen auf neue bzw. ungeplante Situationen sind notwendig. Ungeplante Vorfälle, die zunächst ein vermeintliches Hindernis bzw. Problem darstellen, können mit Kreativität gut gemeistert werden.
- Bei all dem dürfen der Humor und die Gelassenheit nicht vergessen werden. Es ist beim Produzieren von inklusiven Medienprojekten von Wichtigkeit, auf gewisse Dinge heiter, beziehungsweise gelassen zu reagieren.
- Schließlich stellen Rücksicht und Geduld wesentliche Bestandteile der interdisziplinären Zusammenarbeit dar.

ABBILDUNG 52
Die Autorin Lisa Schuster mit ihrer Kollegin im Regieraum

Foto: Tanja Hornbacher, Lisa Schuster & Sonja Simon

Unterstützung für Medientechniker*innen

Zusätzlich können Expert*innen und Fachkräfte aus dem Sozialbereich unterstützend wirken, indem sie als Ansprechpartner*innen fungieren und den Medientechniker*innen Anleitungen geben, wie in gewissen Situationen am besten gehandelt werden sollte. Das Wichtigste jedoch: Die Betroffenen selbst fragen!

Die Moderatorin äußerte in der Interaktion mit den Medientechnikstudierenden sehr klar und selbstbewusst, wo ihre Grenzen sind und wie der Umgang bzw. die Kommunikation mit ihr gut funktionieren kann. Sie gab im Interview an, dass sie die Herausforderungen nie bei sich selbst, sondern bei den anderen Personen sieht, da diese wissen müssen, wie sie mit ihrer Behinderung umgehen.

Zusammenfassung

Wesentliche Bestandteile der interdisziplinären Zusammenarbeit sind
- Kommunikation
- Offenheit
- Spontanität
- Zeit

Zusammenfassend ist somit von Bedeutung, die Kommunikation bei der Zusammenarbeit mit Personen mit (Lern-)Behinderung in den Vordergrund zu stellen. Es ist wichtig, sich auf die Personen einlassen und spontan handeln zu können, damit die interdisziplinäre Zusammenarbeit gelingen kann. In einen weiteren Schritt wird die Forschung kritisch reflektiert und ein Ausblick auf weitere Anschlussforschungen gegeben, damit Empfehlungen für den Medienbereich weitergedacht und erweitert werden können.
- Das bedeutet, dass man sich auch konkret über gewisse Abläufe Gedanken machen muss, die für einen selbstverständlich erscheinen.
- Das bedeutet auch, gemeinsam nach verschiedenen Lösungsansätzen zu suchen.

Bei all dem darf natürlich nicht der Spaß bei der Umsetzung vergessen werden!

Die Autorin Lisa Schuster schrieb 2021 gemeinsam mit Tanja Hornbacher und Sonja Simon ihre Masterarbeit »Inklusive Medienarbeit - Interdisziplinäre Zusammenarbeit zwischen Sozialpädagogik, Medientechnik und Menschen mit Behinderung am Beispiel der Talkshow *Love Talk*.
Die Talkshow *Love Talk* (mit einer Moderatorin mit Sehbehinderung) wurde durch die Kooperation zwischen Studierenden des Bachelorstudienganges Medientechnik und des akademischen Lehr-

gangs Sozialpädagogik, Leitung Christine Schmid, im TV - Studio an der FH St. Pölten ermöglicht. Die Studierenden des Studienganges Medientechnik (alle Namen im Abspann der Talkshow) und Dozenten Lars Oertel, welche im Rahmen einer Lehrveranstaltung dieses TV-Format umsetzten, erarbeiteten gemeinsam mit Studierenden des Masterlehrgangs Inklusive Medienarbeit die Sendung *Love Talk*.

 LOVE TALK
https://www.okto.tv/de/oktothek/episode/25070

Regie: Helene Sorger, Redaktion: Sonja Simon, Tanja Hornbacher & Lisa Schuster, Produktion: Adam El Hamalawi, Technische Leitung: Lars Oertel, Auftraggeber: Ernst Tradinik (alle Namen im Abspann der Sendung *Love Talk*).

28. FACE TO FACE - TV-TALK MIT RAÚL KRAUTHAUSEN - DEUTSCHLAND

Von Ernst Tradinik

Eine besonders gelungene TV-Sendung ist der TV-Talk *Face to Face*. Abgesehen von der Machart ist es die kluge, sensible und humorige Moderation von Raúl Krauthausen, die diesen TV-Talk so sehenswert macht. Auf der *Face to Face*-Webseite wird der TV-Talk folgendermaßen beschrieben:
»Der Berliner Aktivist Raúl Krauthausen lädt als Moderator Künstlerinnen und Künstler, Kulturschaffende und Medienleute mit und ohne Behinderung zum Talk ein. In ›Face to face‹-Gesprächen tauscht sich Krauthausen mit seinem jeweiligen Gast über künstlerisches Schaffen, persönliche Interessen und Lebenseinstellungen aus. Und natürlich geht es auch ab und zu um das Thema Inklusion. Die einzelnen Folgen von ›KRAUTHAUSEN – face to face‹ werden vor Publikum aufgezeichnet. Tickets können vorbestellt werden. ›KRAUTHAUSEN – face to face‹ ist eine Sendereihe der Arbeitsgemeinschaft Behinderung und Medien (ABM).«
Es ist schwierig, hier eine einzelne Sendung zu empfehlen. Mir gefällt die Talksendung mit der Künstlerin Katrin Bittl besonders gut. Das ist für mich ein besonders berührendes, sehr spannendes und sensibles Gespräch, welches sich naturgemäß, weil ja so die Absicht der Sendereihe, mit dem Kunstschaffen der Künstlerin Katrin Bittl auseinandersetzt.

ABBILDUNG 53
Face-to-Face-Moderator Raúl Krauthausen

Still von Krauthausen TV

ABBILDUNG 54
Künstlerin Katrin Bittl in der TV-Sendung Face to Face

Still von Krauthausen TV

Sie beschäftigt sich mit Körperwahrnehmung, der Akzeptanz des eigenen Körpers. Dies ist, so mein Eindruck, für viele Menschen ein Thema. Hier wird zudem ein sehr persönlicher Einblick in die Welt von Körperwahrnehmungen von Menschen mit Behinderungen gewährt. Beim Rezipieren dieser Sendung fängt man an nachzudenken, über den (eigenen) Körper, über Akzeptanz und Wahrnehmung von Menschen (mit Behinderung), Werbung, Gesellschaft u.v.a.

Face to Face mit Katrin Bittl
https://youtu.be/C0QtVZgs4bo

 Krauthausen TV
https://krauthausen.tv/category/gaeste-sendungen/

 **Krauthausen TV mit Coco de Bruycker**
https://www.youtube.com/watch?v=1oT7mIGafmo&list=PLNavkMJPGomL19hm4sHwJTkdb66PysfHP

29. NA (JA) GENAU

Von Ernst Tradinik

29.1 NA (JA) GENAU - die intelligente humorvolle TV-Sendung

2014 begann ich mit der TV-Sendung NA (JA) GENAU. Ich wollte wissen, ob und wie eine TV-Sendung von Menschen mit (Lern-)Behinderung und/oder psychischer Erkrankung funktioniert, wenn der Fokus nicht allein auf Inklusionsthemen liegt. Inklusion sollte en passant vergessen werden. Und auch Humor durfte eine Rolle spielen. Dennoch ist es fast automatisch so, dass die Macher*innen von NA (JA) GENAU journalistische Grundfertigkeiten gelehrt bekommen bzw. erlernen. Wie stelle ich Fragen, wo recherchiere ich, wie höre ich zu und baue ein Gespräch auf?

Wir haben bei den ersten Sendungen mit Flipcharts gearbeitet, auf denen standen die Fragen mit großen Buchstaben geschrieben standen. Wer ist die Person, mit der ich spreche? Wo schaue ich nach? Wie verbinde ich dies mit meinen Interessen und der eigenen Persönlichkeit? Wie wird ein Gespräch flüssiger, ab wann ist es gut, ›zu vergessen‹, was ich mir vorher überlegt habe? Auch die Arbeit mit einem Kamerateam wird erlernt. Wie läuft ein Dreh ab? Worauf muss ich achten? So werden erste Schritte in Medienberufe wie des/der Redakteur*in gemacht.

In regelmäßigen – meist monatlichen – Treffen werden Themen besprochen, Aufnahmen gemacht, zu Drehorten gefahren, Interviewübungen gemacht und Studiogaste eingeladen. Die Arbeit an der Sendung, das Sprechen vor der Kamera und das interviewen von Personen hebt das Selbstbewusstsein. Helmut Fleischmann, Vater des Moderators Marcell Vala schreibt:

> »Auch ist er (Marcell Vala) durch die Auftritte viel selbstbewusster geworden. Auch ist Marcell zu Recht immer stolz (und sein Papa ebenso), wenn ihn Freunde und Bekannte und sogar Fremde auf seinen TV-Auftritt ansprechen, weil sie ihn dort gesehen haben. Er übt auch in seiner Freizeit sehr viel, um als Moderator noch besser zu werden. Er übt dann bewusst in die Kamera zu sehen und schön zu sprechen, damit ihn die Leute auch verstehen. Zum Leidwesen seiner Oma, die ihn dann unterstützen muss. Marcell hat durch die Auftritte viel an Selbstständigkeit gewonnen.«

Barbara Eppensteiner, ehem. Programmintendantion von OKTO meint zu NA (JA) GENAU:

> »Zum einen, dass eine Sendung so wie NA (JA) GENAU ja den Menschen die Möglichkeit bietet, die eigene Medienpraxis umzusetzen. Und so die Voraussetzungen, selbst in Medien aufzutreten, so erst gegeben ist (Gespräch mit Barbara Eppensteiner, Programm Intendantin OKTO TV-Wien, Februar 2021).

NA (JA) GENAU ist eine Mischung aus Unterhaltungs- und Informationssendung. Es werden nicht ausschließlich Themen um (Lern-)Behinderung und/oder psychischer Erkrankung abgehandelt, sondern absichtlich ganz andere, ganz alltägliche oder schon bekannte Themen bzw. Personen, wie z. B. das Profiboxen und *Dancing Stars* aus dem ORF: Als Studiogast kam zum Beispiel die Profiboxerin Nicole Wesner oder z. B. die Autorin Doris Knecht.

> »Ich halte die Medienarbeit mit Menschen mit (Lern-)Behinderungen für einen sehr wichtigen, weil sehr innovativen Ansatz. Das hat auch internationales Niveau, von den Zugängen und der Arbeit her. Weil diese Medienarbeit etwas ist, das die Leute ganzheitlich fordert, damit auch fordert und somit auch entwicklungsfördernd ist, auf eine ganz schöne und gute Weise« (Gespräch mit Barbara Eppensteiner, Programm Intendantin OKTO TV-Wien, Februar 2021).

Im Medienzentrum wienXtra können wir das Studio benutzen. Da gibt es eine Blue Box. Wir werden dort technisch betreut und in jeder Hinsicht gut unterstützt. Hier gibt es das schon bekannte NA (JA) GENAU Studiobild.

ABBILDUNG 55
Still aus der TV-Sendung *NA (JA) GENAU* - mit Moderator Marcell Vala und Kabarettistin Tanja Ghetta

Dennoch haben Themen rund um Inklusion immer wieder Platz. Wie zum Beispiel der Literaturpreis Ohrenschmaus, das Theater Delphin, der Diversity Ball oder Initiativen wie die ›Stillen Helden‹.

NA (JA) GENAU TV-Sendungen
https://okto.tv/de/sendung/najagenau

Diversityball
https://youtu.be/66ocGzxKr44

Voi Fesch Kunstpreis
https://www.youtube.com/watch?v=0SuOahPguGc

29.2 NA (JA) GENAU - Breitenseer Lichtspiele - Kinogespräche im ältesten Kino Wiens

Mit Christina Nitsch-Fitz – der Betreiberin und Inhaberin des Breitenseer Lichtspiele Kinos in Wien – überlegte ich, wie man Inklusion en passant ins Kino bringen kann. Erste Ideen betrafen kurze Spots, die man in Werbeblöcke vor dem Film einbauen kann. Dies ist auch geglückt. Kurze Trailer sind als Nebenprodukte in Form von Ankündigungstrailern zu den Sendungen Wirklichkeit geworden. Und es sind zwei Staffeln von Kinogesprächen entstanden, die Gäste aus dem Film- und Kulturbereich mit den Moderator*innen der Kinogespräche über ihre Arbeit sprechen ließen.

ABBILDUNG 56
Still aus der TV-Sendung *NA (JA) GENAU* - mit Moderator Marcell Vala und Schauspielerin Christina Scherrer

ABBILDUNG 57
Kinogespräch mit Flora Rabinger und Regisseur Sebastian Brauneis

Foto: Katharina Schiffl

Foto: Katharina Schiffl

Der Aufnahmeort, das älteste Kino Wiens, gab der Arbeit und der Sendung noch mal einen Touch von zusätzlicher Professionalität. Durch 4 Kameras und dem Licht (Kurt Van der Vloedt) wurde ein ansprechender bzw. üblicher Schnitt und Gestaltung eines TV-Talks möglich. *NA (JA) GENAU* wurde so zu einer professionelleren TV-Talksendung mit den Schwerpunkten Kultur und Film. In den PR-Aussendungen wird nicht immer auf die ›Inklusion‹ hingewiesen. Das Ziel ist, das Wort irgendwann zur Gänze wegzulassen. Derzeit wird variiert und häufig eine Zwischenform gewählt und das Wort ›Inklusive‹ in Klammern gesetzt.

Einiger dieser Sendungen wurden, bevor sie auf OKTO ausgestrahlt wurden, auch im Kino gezeigt. Vor zum Beispiel Filmen des jeweiligen Studiogastes oder vor Veranstaltungen. Die Sendungen wurden etwas gekürzt, zwischen 10 – 20 Minuten, gezeigt. Außer die Sendung am Saisoneröffnungsabend 2021 mit der Kulturstadträtin von Wien,

Veronica Kaup-Hasler. Diese wurde zur Gänze gemeinsam mit der Dokumentation *Aufzeichnungen aus der Unterwelt*, Österreich 2021, gezeigt.

ABBILDUNG 58
Kinogespräch mit Flora Rabinger und Regisseur Sebastian Brauneis

Foto: Katharina Schiffl

Ebenso die Sendung mit Rudolf Gottsberger (Studio Rot), der über Sounddesign im Kinofilm erzählt. Diese wurde gemeinsam mit dem Film ME WE (Österreich, 2021, David Clay Diaz) gezeigt. Zu Beginn moderierten Marcell Vala und ich den Abend an. Auch wenn das Kino, welches ja 100 Jahre alt ist, keine Barrierefreiheiten im heutigen Sinne aufweist, so ist es möglich, wenn mehrere Menschen mithelfen (Rollstuhl auf die kleine Bühne heben) bzw. man Abstriche machen muss, weil zum Beispiel ein barrierefreies WC in diesen 100 Jahre alten Räumlichkeiten nicht mehr umsetzbar oder – geschweige denn – finanzierbar ist. Dieter Mattersdorfer, der Geschäftsführer des Kinos, erzählte, dass es schon eine selbst gemachte Rampe von einem der Anrainer gibt, der diese extra angefertigt hat. Die Kinobetreiberin Christina Nitsch-Fitz meint zu der Kooperation:

»Als Kulturinstitution ist uns Inklusion ein Anliegen. Da wir aufgrund der räumlichen Gegebenheiten komplette Barrierefreiheit nicht umsetzen können, ist eine Kooperation mit MENSCHEN & MEDIEN eine Möglichkeit, einen Beitrag dazu im Kulturbereich zu leisten. Durch das bestehende Format, der NA (JA) GENAU – Breitenseer Lichtspiele – Kinogespräche ist ein unbeschwerter positiver Zugang zu Inklusion gegeben. Es entstehen sehr menschliche und intime Gespräche mit Kunst- und Kulturschaffenden, wie es sie nur selten zu sehen gibt. Einblicke in verschiedenste Berufswelten in der Welt des Kinos, die den Kinobesucher*innen so näher gebracht werden können. Mir ist das sehr wichtig, dass man dies auf diesem Wege so weitergibt und wir mit unserem Kino da auch einen Beitrag leisten können.«

Durch die Sendungsaufnahme im Kino und den Gästen aus dem Film- und Kulturbereich begeht die Sendereihe NA (JA) GENAU einen neuen Schritt in eine völlig normale gewöhnliche TV-Sendung.

Kinogespräche mit Christina Scherrer
https://okto.tv/de/oktothek/
episode/620665f1589a2

Kinogespräche mit Sebastian Brauneis
https://okto.tv/de/oktothek/
episode/63779fb736d55

30. Die Talk-Reihe 100percentme

30.1 100percentme - Deutschland

Funk ist ein Netzwerk von ARD und ZDF und gestaltet Content für Menschen zwischen 14 und 29 Jahren. *Funk* gestaltete die Sendereihe *100percentme*. Ich finde diese Sendereihe sehr ansprechend, eine meiner Lieblingssendungen ist die über und mit Autist*innen oder auch die Sendung über die Dating-Apps. Die Sendereihe wurde 2019 gestartet, aber leider zu früh wieder eingestellt.

> »Was heißt es eigentlich, 2019 sein eigenes Ding zu machen – und behindert sein? 100percentme soll deine Plattform sein, hier kannst du zeigen, wie du lebst. Ohne Filter, auch wenn es manchmal weh tut. Du willst Realtalk statt Schöngerede, denn #Inspirationporn ist sowas von vorbei?« (Text von der Webseite https://www.funk.net/channel/100percentme-12004)

Einer der Moderator*innen dieser Sendereihe, Leonard Grobien, erzählt im nächsten Kapitel u. a. über *100percent*. Ein Folgeprojekt ist *Hand. Drauf*, ebenso von *Funk* (ARD und ZDF) produziert, welches auf Instagram Themen aus und für die Deaf Community erzählt.

100PercentMe - TV Sendungen
https://www.ardmediathek.
de/sendung/100percentme/
Y3JpZDovL2Z1bmsubmV0LzEyMDA0

TV-Talk Klischees über Autismus
https://youtu.be/Xx35QnA2IAk

30.2 Schauspieler und Filmemacher Leonard Grobien im Gespräch mit Ernst Tradinik

Ernst Tradinik: Hallo Leonard, wie kamst du zur Senderreihe *100percentme*?

Leonard Grobien: Ich wurde von VICE-Magazin gefragt, die haben auch eine Medienproduktionsstätte in Berlin, die produzieren Videos für verschiedenste Dienstleister und auch für sich selbst, und die haben für *Funk* ein Format produziert, das heißt *100percentme*, für einen YouTube-Kanal von *Funk* (Online-Angebote von den öffentlich-rechtlichen Sendern ARD und ZDF), die hatten auch einen Instagram-Kanal und Social-Media-Ausbreitung. Der lief so ein Jahr lang, 2019. Da wurde ich über einen Rapper mit Behinderung, der sich auch für Inklusion einsetzt, der ein Aktivist ist, aus Berlin, in eine Proberunde eingeladen. Um sich die ersten 3 Folgen anzugucken, als Mensch mit Behinderung, der was dazu sagen kann. Der ein Gefühl dazu hat, wie dieses Thema behandelt werden sollte, was lustig ist, was nicht lustig ist, was interessant ist und was nicht interessant ist, was noch nie gemacht wurde und was mal unbedingt gemacht werden sollte. So ist der Kanal entstanden. Und dann habe ich da mal als Protagonist angefangen und wurde dann auch eine Art Moderator da, bis zum Ende des Kanals. Er wurde Ende 2019 wieder eingestellt, weil er den Zahlen nicht entsprochen hat. Ein trauriger Grund eigentlich, wir waren sogar Grimme-Preis-nominiert.

Behindert feiern gehen | Mit dem Rolli in den Club | 100percentme
https://youtu.be/3ksK0s9hclw

Gibt es in Deutschland eigentlich etwas Vergleichbares?

Diese Frage kann ich eigentlich nur mit ›Nein‹ beantworten. Dieser Kanal war schon etwas Besonderes. Es hat sich auch immer weiterentwickelt und bis zur letzten Episode hat er sich auch noch selbst gefunden. Seine eigene Prämisse neu entdeckt oder neu geformt. Da gab es viel Wachstum und Entwicklung drin. Vielleicht hat denen das nicht gefallen, dass es zu wenig konkret war. Aber es gab da immer neue Videos mit dem immer gleichen Thema, Inklusion von innen heraus.

ABBILDUNG 59
Leonard Grobien

Foto: Caspar Siemssen

Also nicht nur fiktional inszeniert, auch nicht dokumentarisch von oben herabblickend, sondern möglichst echt zu zeigen. Aus der Perspektive der Menschen mit Behinderung, die da teilnehmen. Authentisch, aufklärend, lehrreich, ohne mit dem Finger zu zeigen oder ohne den Lehrer zu machen. Der Kanal hat auf eine leichte unterhaltsame Weise, auf eine leichte Art und Weise Lebensrealitäten gezeigt. Zusammen mit einer größeren Message, mit einer Botschaft dahinter, die tatsächlich etwas bewegt hat. Das haben wir auch so durch die Kommentare rückgemeldet bekommen. Dass das etwas ist, was es so woanders nicht gibt.

 **Dating-App Check | Was mit Behinderung nutzen? | 100percentme**
https://youtu.be/hlAnle6m4tA

Nach dem Ende der Sendereihe wurde uns gesagt, dass die Protagonist*innen mit Behinderung auf alle Formate verteilt werden und so das Format im Großen weitergeht. Das Thema Behinderung soll nun in alle Formate gleichermaßen fließen. Das war ein großes Versprechen, was man nicht hätte halten können, glaube ich, weil es die totale Umstrukturierung bedeutet hätte. Weil, das bedeutet ja, wir schalten den Idealfall auf einmal ein, dass in allen Unterthemen Behinderung und Inklusion auf einmal eine Rolle spielt.

Ich studiere Filmdrehbuch, Regie und bin bald mit meinem Studium fertig. Danach möchte ich einen ersten Langfilm machen und viele Kurzfilme schaffen, wie möglich.

Ich kann *100percentme* immer nur als Vorzeigeprojekt nennen. Es war natürlich auch ein sehr aufwendiges Projekt. Die Entwicklung und Produktion hat sehr viel Geld gekostet und die technische Umsetzung hatte einen hohen Standard. D. h., dieser wurde direkt hoch angelegt und FUNK hat das von Anfang so unterstützt.

100PercentMe - TV-Sendungen
https://www.ardmediathek.de/sendung/100percentme/Y3JpZDovL2Z1bmsubmVOLzEyMDA0

31. INKLUSION KÄRNTEN

Von Ernst Tradinik

Der Film *Inklusion Kärnten* ist ein Mix aus Dokumentation und inklusiver Medienarbeit. Das macht diesen Film besonders vielschichtig, weil Menschen vor der Kamera stehen, die von Inklusion Kärnten beraten, begleitet und unterstützt werden. Damit ist man als Seher*in des Films in besonderer Weise mit dieser Personengruppe in Kontakt bzw. erlebt diese in ganz neuer Weise.

ABBILDUNG 60
Kerstin Tabojer im Gespräch mit Andreas Mühlberger, an der Kamera Ernst Tradinik

Foto: Birgit Bierbaumer, Leiterin von Inklusion Kärnten

Und es gibt klare Elemente einer Dokumentation: Die Arbeit mit Kindern mit Autismus-Spektrum-Störung wird mit der Kamera begleitet. Diese finden in den Familienberatungsstellen von Inklusion Kärnten in Villach und Klagenfurt statt. Hier kann man als Zuseher*in mit dabei sein, wenn in Förderstunden oder Sozialgruppen mit Kindern und Jugendlichen mit Autismus-Spektrum-Störung u. a. gearbeitet wird. Der andere Teil der Dokumentation ist an die Prämissen der inklusiven Medienarbeit angelehnt. Zwei junge Erwachsene, Kerstin Tabojer und Elias Facchini, die von Inklusion Kärnten beraten und unterstützt werden, übernehmen die Moderation und die Arbeit des/der Reporter*in.

Hierzu machten die beiden vor Beginn der Dreharbeiten, mit Ernst Tradinik Interview- und Moderationsübungen. Dies wurde gemeinsam mit dem vertrauten Team von Inklusion Kärnten, Birgit Bierbaumer, Andreas Mühlberger u. a. durchgeführt. Anschließend wurde nach Ideen und einem Konzept des Teams von Inklusion Kärnten mit den Dreharbeiten begonnen. Die Dreharbeiten wurden – im *work in progress* – gemeinsam mit Ernst Tradinik umgesetzt. So entstand der Film, die Dokumentation *Inklusion Kärnten*, der die Arbeit und das 22-jährige Bestehen (20 und 2 Jahre, wegen Pandemie), die Entstehungsgeschichte und die Arbeit von Inklusion Kärnten zeigen und nach außen tragen möchte. Inklusion Kärnten ist eine Familienberatungsstelle mit den Schwerpunkten: Menschen mit Behinderung, Schwangerschaft und Geburt & Autismus-Spektrum-Störung. Der Film ist eine Auftragsarbeit vom Verein Inklusion Kärnten. Und wurde im Rahmen der Sendereihe NA (JA) GENAU auf OKTO ausgestrahlt.

Inklusion Kärnten
https://okto.tv/de/oktothek/episode/62c6dfc442744

Inklusion Kärnten (HD, 32min.) Idee & Konzept: Team von Inklusion Kärnten, Moderation: Kerstin Tabojer & Elias Facchini, Inklusive Medienarbeit, Regie, Kamera & Gestaltung: Ernst Tradinik – MENSCHEN & MEDIEN – 2022 in Villach & Klagenfurt. Inklusion Kärnten wurde am 1. Juli 2022 auf OKTO gesendet.

32. FREAKSTARS 3000

Von Ernst Tradinik

Als ich das erste Mal *Freakstars 3000* sah, fand ich es spannend, wie gern Teile oder die Machart von Monty Python mit dieser Personengruppe in Medienarbeiten verbunden werden oder als Anhaltspunkt genommen werden (*Am Anfang war der Schleifstuhl* u. a.). Vor allem fiel mir der sehr normale, fordernde und humorvolle Umgang von Regisseur Schlingensief mit den Protagonist*innen auf. Ich finde die TV-Sendung immer noch sehr sehenswert, auch weil Fragen nach »Wer oder was ist denn nun eigentlich behindert« gestellt werden.

»Mit FREAKSTARS 3000 startete Schlingensief im April 2002 ein TV-Projekt, das geistig und körperlich Behinderte bewusst in den kreativen Prozess des Fernsehmachens einbeziehen sollte. Freakstars 3000 ging am 8. Juni erstmals auf Sendung. Die sechsteilige Reihe bescherte dem Jugend- und Musiksender Viva Traumquoten und löste eine Debatte um die Alltäglichkeit von Behinderung aus, innerhalb derer auch Albträume wahr werden... Angelehnt an Casting-Shows wie ›Deutschland sucht den Superstar‹ oder ›Popstars‹, wo selbsternannte Tanztrainer und Psychotherapeuten Retortenbands wie etwa die ›No Angels‹ oder ›Bro'Sis‹ formten, zieht sich das Casting für die Band ›Mutter sucht Schrauben‹ durch alle ›Freakstars‹-Folgen. Vom ersten Vorsingen bis hin zum Premierenauftritt und zum Release des Debütalbums zeigt das Regieduo Achim von Paczensky / Schlingensief in seiner Parodie die Mechanismen der Castingshows.

FREAKSTARS 3000 (2002), das erste Behindertenmagazin im deutschen Fernsehen (VIVA Plus), bedeutet auch für den im wahrsten Wortsinn multimedial agierenden Schlingensief unentdecktes Neuland.« (Text(-Teile) aus https://www.schlingensief.com/projekt.php?id=tv002 [23.01.2023])

Christoph Maria Schlingensief (*24. Oktober 1960, † 21. August 2010) war Film- und Theaterregisseur, Autor und Aktionskünstler.

Freakstars 3000
https://www.schlingensief.com/projekt.php?id=tv002

Trailer
https://youtu.be/h2NI8kUPY_o

33. REPORTER*INNEN OHNE BARRIEREN - SCHWEIZ

Von Ernst Tradinik

Das erste Mal stoße ich auf Senad Gafuri, ein Initiator, Begleiter und Unterstützer der Reporter*innen ohne Barrieren im Rahmen unserer Online Tagung ›Inklusive Medienarbeit‹ (2022 und 2024), welche von Simon Olipitz, COMMIT, dem Community Medien Institut in Wien, organisiert wurde. COMMIT bemüht sich schon viele Jahre auch um integrative/inklusive Medienarbeit. Ganz gebannt hörte ich den ähnlichen und damit sehr vertrauten Überlegungen zur inklusiven Medienarbeit zu. Die Schweiz hatte 2014 die UN-Behindertenkonvention unterfertigt, um die volle und selbstbestimmte Teilhabe von Menschen mit Behinderungen am gesellschaftlichen Leben zu gewährleisten. Und das Team rund um die Reporter*innen ohne Barrieren nimmt sich der journalistischen inklusiven Medienarbeit an. Durch die Ratifikation der UNO-Behindertenrechtskonvention (UNO-BRK) im Jahr 2014 hat sich die Schweiz verpflichtet, die volle und selbstbestimmte Teilhabe von Menschen mit Behinderungen am gesellschaftlichen Leben zu gewährleisten. Hindernisse für die Partizipation von Menschen mit Behinderungen sind abzubauen und der Zugang zu allen Lebensbereichen zu gewährleisten. Dies betrifft insbesondere auch den Zugang zu Veranstaltungen, an denen Meinungen produziert und ausgetauscht werden. Ob nationale oder kantonale Tagungen, Kongresse, Parteitage, Kulturfestivals oder sonstige Anlässe. Immerfort finden Aktivitäten statt, die einen wichtigen Einfluss auf gesellschaftliche, politische und fachliche Entwicklungen haben. Im Kern geht es dabei um Information, Entscheidung, Innovation und Vernetzung. Was aber meistens an diesen Veranstaltungen fehlt, ist die Stimme und die Perspektive von Menschen mit Behinderungen.

Die produzierten Beiträge werden auf einer eigens dafür geschaffenen Website, auf den Websites von Partnerorganisationen und über verschiedene Social-Media-Kanäle publiziert. In sämtlichen Projektgremien und Umsetzungsmaßnahmen sind Menschen mit und Menschen ohne Behinderungen involviert. Dadurch fördert das Projekt die Inklusion von Menschen mit Behinderungen in die Gesellschaft und den respektvollen Umgang und das Zusammenleben zwischen Menschen mit und Menschen ohne Behinderungen.

»Menschen mit Behinderungen werden zu Reporter:innen geschult. Sie tragen die Perspektiven von Menschen mit Behinderung in die Gesellschaft. Sie bauen Vorurteile und Berührungsängste ab und schärfen das Bewusstsein für eine inklusive Gesellschaft« (https://inclusive-media.ch/ [01.07.2024].

Die Dringlichkeit des Projekts ergibt sich aus der bisher mangelhaften Umsetzung der UNO-Behindertenrechtskonvention und der Prüfung der Schweiz hinsichtlich des Standes der Umsetzung durch den UNO-Behindertenrechtsausschuss. Darum ist nun der richtige Zeitpunkt, um die Öffentlichkeit und die Gesellschaft auf den Handlungsbedarf hinsichtlich der Inklusion in die Gesellschaft und der Gleichstellung von Menschen mit Behinderungen aufmerksam zu machen.

Reporter*innen ohne Barrieren
https://youtu.be/7lOjj07oG2E

Trailer
https://inclusive-media.ch/

34. MARTIN HABACHER DREHT NICHT MEHR – ER FEHLT MIR JETZT SCHON!

Von Martin Ladstätter (vom 20.01.2019)

Auf YouTube fühlte sich Martin Habacher in seinem Element. Wöchentlich präsentierte er seinem immer größer werdenden Publikum zumindest einen Clip. Immer mit Herzblut und Leidenschaft. Er nannte sich gerne keck »Kleinster Social-Media-Berater der Welt« und arbeitete selbstständig. Immer erzählte er, wie viel Spaß ihm die selbstständige Arbeit macht und welche Freiheiten ihm sein Leben bot. Unter »Mabacher« war er auf vielen Plattformen bekannt. Geboren 1977 in Oberösterreich lebte Martin eine Zeit lang in einer Großeinrichtung. Er schaffte den Sprung nach Wien, studierte an der Universität Wien und begann, die Stadt auf seine Art zu rocken. Seinem Naturell entsprach es einfach, ›etwas mit Kommunikation‹ zu machen.

Unverkrampft und schlagfertig

Er gab zwar immer vor, sich in Politik nicht auszukennen, aber so ganz stimmte das nicht. Er hatte ein gutes Gespür für Gesellschaftspolitik, Ungerechtigkeiten und scheute sich nicht, in solchen Situationen – ob von ihm herbeigeführt oder einfach nur vorgefunden – unverkrampft und schlagfertig zu sein. Er bewarb sich bei einem Online-Voting beinahe erfolgreich als Superpraktikant des Vizekanzlers Pröll.

»Mir geht es um einen Perspektivenwechsel in der Politik!«, hielt er bei der Aktion fest. Seine Bewerbung verursachte so großes Aufsehen und zahlreiche Medienberichte, sodass er damit erstmals einem größeren Publikum bekannt wurde. Sein Durchbruch war damit geschafft. Martin arbeitete hart und zielstrebig an der Marke Mabacher, die vielen bald ein Begriff war. Moderationen waren ein Erlebnis und seine Vorträge fesselten die Zuhörerinnen und Zuhörer. Er versuchte sich erfolgreich an Studiosendungen mit Nationalratsabgeordneten. Weil er immer bekannter wurde, lud ihn Bundeskanzler Kern ein – was in einem Desaster für Kern endete, weil Martin seine Grundsätze hatte. Legendär auch seine Replik an den Landeshauptmann Pröll in Sachen Barrierefreiheit.

 Erwin Pröll und Barrierefreiheit - mabacher kommentiert
https://youtu.be/WqufmVdp6IY

Bekannt für seinen schrägen Humor

Martin hatte einen schrägen Humor – und er wusste es und spielte bewusst damit. Eines der ersten Videos, welches ich von ihm kannte, war dieses zur Persönlichen Assistenz (bizeps-Kongress). Es passte zu seiner Lebenseinstellung, dass er kein moralischer Zurechtweiser war, sondern ein humorvoller Zeitgenosse.

»Zwei Jahre lang habe ich jeden Montag nur Behindertenwitze erzählt«, gab er in einem Interview bekannt. Nicht immer waren die Menschen damit einverstanden – ihm war das ziemlich egal. Er war kein Fähnchen im Wind.

Was ich an Martin auch sehr schätzte war, dass er sich nie als Star gab. Klar freute er sich über Erfolge, aber es war ihm immer wichtig, andere zu ermutigen, auch Social Media einzusetzen. Sehr sympathisch war beispielsweise seine Aktion AbilityTubeKalender im Dezember 2018, wo er andere behinderte Menschen auf Social Media empfahl. Hatte ich in den ersten Jahren nur hin und wieder Treffen mit Martin, änderte sich dies im Jahr 2017 schlagartig. Wir waren beide am Podium einer ORF-Diskussion und witzelten ungeniert vor uns hin. Wenig später kamen wir überein, wöchentlich eine Sendung *Schlagzeilen Revue* über die HEUTE zu produzieren.

Kampf für Barrierefreiheit

Viele seiner Videos drehten sich um Barrierefreiheit und die spontanen Tests, die er regelmäßig durchführte. Es ging ihm dabei nie darum, absolut perfekte Situationen zu finden, sondern darum, zu zeigen, was ist. Er forderte Barrierefreiheit aber nicht nur von anderen. Es war für ihn eine Selbstverständlichkeit, dass seine Videos untertitelt waren. Darauf legte er großen Wert. Sehenswert auch das Video zu ORF-Untertitel.

ABBILDUNG 61
Martin Habacher - Still aus dem Film: *Mabacher* - *#ungebrochen*

Foto: Stefan Wolner, Red Monster Film

Wie faszinierend Martin war, merkt man daran, dass im Jahr 2017 ein Film über ihn erschien. Das Werk *Mabacher – #ungebrochen* wurde von Stefan Wolner und Viktor Schaider realisiert. »Der Film begleitet mich drei Jahre lang bei meiner Arbeit und porträtiert das Erleben eines Menschen mit Behinderung. Damit bietet er ein alternatives Bild von Behinderung«, erzählte Martin von den Dreharbeiten. Als Schauspieler gelang ihm im Film *Lourdes* sogar der Sprung auf die große Leinwand. Das Projekt Goldfisch99 beschäftigt sich auf sehr unverkrampfte Weise mit dem Thema Behinderung und Beziehung. Ebenfalls sehenswert seine Produktion *Wie schmeckt eigentlich Behinderung?*

Die Vorbesprechung dazu vergesse ich nie. Beide hatten wir die Angst, dass der jeweils andere unbedingt etwas zum Thema Behinderung daraus machen wollte und wir waren beide erfreut, dass wir falsch lagen. Was folgte war eine bunte Folge von wöchentlichen Sendungen (hier die 50. Episode), die ihr Stammpublikum hatte und auch auf OKTO zu sehen war.

Damit ist nun völlig unerwartet Schluss. Martin ist am 20. Januar 2019 verstorben. Auch wenn ich gerade sehr traurig bin. Mir bleibt die Erinnerung an sehr viele schöne gemeinsame Momente, lustige Drehs, intensive fachliche Diskussionen und das gemeinsame Lachen. Und es bleiben die 555 Videos von Martin auf YouTube, die bisher schon über 1 Million Aufrufe verzeichnen konnten.

Danke Martin! Du warst so lebensfroh! Du fehlst mir jetzt schon.

Autor Martin Ladstätter ist Gründungsmitglied und Obmann von BIZEPS, dem ersten österreichischen Zentrum für Selbstbestimmtes Leben. Für den Nachrichtendienst (BIZEPS) zeichnet er redaktionell verantwortlich. Text auf der BIZEPS-Seite: https://www.bizeps.or.at/martin-habacher-dreht-nicht-mehr-er-fehlt-mir-jetzt-schon/

 Mabacher TV
https://www.youtube.com/user/mabachertv

 Zwergenmassaker
https://youtu.be/OtOcD1ToHcs

35. SEHEN STATT HÖREN - DEUTSCHLAND

Von Ernst Tradinik

»Das Fernsehen für gehörlose Menschen in großem Format ist Sehen statt Hören«, schrieb mir Bernd Holzgethan vom 1. Austria deaf podcast. »Aber das kennst Du sicher schon«. Nervös suchte ich in meinen Notizen und Zetteln und musste erkennen, ich kannte das Fernsehmagazin *Sehen statt Hören*, produziert vom BAYRISCHEN RUNDFUNK, nicht. Und nicht nur das, es ist, wenn man das so beschreiben möchte, die erste inklusive Medienarbeit innnerhalb der drei Länder Österreich, Deutschland und Schweiz.

Schon ab 1975 ging das halbstündige TV-Magazin on air. Die erste Sendung wurde am 05.04.1975 ausgestrahlt. Zunächst mit einer hörenden Moderatorin, die auch Gebärdensprachlehrerin war. Später dann mit gehörlosen Moderator*innen, Redakteur*innen und dem/der Chefredakteur*in. Derzeit ist die verantwortliche Redakteurin Isabel Wiemer. *Sehen statt Hören* läuft immer noch und ist das einzige journalistische Angebot in deutscher Gebärdensprache; produziert vom BAYERISCHEN RUNDFUNK.

 Sehen statt Hören
https://www.br.de/br-fernsehen/sendungen/sehen-statt-hoeren/index.html

 ARD Mediathek

36. DEAFIES IN WONDERLAND. 1ST AUSTRIAN DEAF PODCAST - ÖSTERREICH

Von Noah Holzgethan und Nikole Mitterbauer

deafies in wonderland
https://www.youtube.com/@deafiesinwonderland9222

Handsome Woman
https://www.youtube.com/watch?v=fxaJ48PqGU0

www.deafiesinwonderland.com

Nikole Noah

48° 12' 29.426' N 16° 22' 25.748' E

OUT OF MY SHELL

You made me come out of my shell, Shelly
You gave me strength when there was only fear

I ate at a Burger King today, Shelly
And stood up to a boy who called me queer

When you pushed me off the diving board I fell
And you make the world a nicer place, Shelly

So I can come out of my shell

gesungen von Marcel

www.deafiesinwonderland.com

deafies in wonderland

1st Austrian Deaf podcast.

www.deafiesinwonderland.com ist der erste österreichische Gehörlosen-Podcast und wird von zwei gehörlosen Moderatoren präsentiert. Nikole und Noah gebärden in wienerischer Gebärdensprache über Filmtrailer, internationale Filme, Animationsfilme, Talkshows und noch vieles mehr. Unser Ziel mit unserem visuellen Podcast ist es, die Österreichische Gebärdensprache (Abkürzung: ÖGS) in der hörenden dominierenden Gesellschaft sichtbar zu machen. deafies in wonderland fällt auf, weil es der erste regelmäßig geführte Gebärden-Podcast aus Österreich ist, der bereits seine erste Staffel abgeschlossen hat.

Eine zweite Staffel ist derzeit in Produktion. Das Format ist wohl durchdacht, die Aufbereitung der Episoden in ÖGS, Untertitel Deutsch und Englisch sowie lautsprachlich Englisch unterlegt. Es möge zuerst für Hörende irritierend sein, so viel sprachlichen Input zu bekommen, aber das zeigt, welche Möglichkeiten es gibt, ein Video zu gestalten und in einem Video so viele Zugänge zu schaffen.

Medienkonsum in der hörenden Gesellschaft.

Vor knapp 16 Jahren, 2005, wurde das Videoportal des nordamerikanischen Unternehmens YouTube gegründet. Die YouTube-Benutzer und Benutzerinnen können seitdem auf dem Portal kostenlos Videoclips ansehen, diese schätzen oder despektieren und die eigene Meinung mit Hilfe von einem Hinterlassen von Kommentaren darlegen. Der anfängliche und kreative Werbeslogan des milliardenschweren, weltweit bekannten Konzerns hieß **Broadcast Yourself**.

Einer der drei Gründer, Jawed Karim, macht es mit seinem privaten fernsehähnlichen Kanal vor. Das erste Video auf Jawed Karims YouTube-Channel **Me at the Zoo** hat eine Videolänge von gerade 18 Sekunden. Die Bildqualität erinnert eines an Wiedergabesystems mit Video-Magnetbandaufzeichnungen aus den 90er Jahren. **Me at the Zoo** wurde bis jetzt 2021 über 209 Millionen mal angeklickt.

Der Werbeslogan hat uns und unser Vorhaben inspiriert und nur bestärkt. Die erste Episode unseres visuellen Podcasts deafies in wonderland wurde am 8. Oktober 2020 ausgestrahlt.

Untertitel.

Seit 10. August 1990, also seit 30ig Jahren, begeistert das Internet die Menschen in Österreich. Die Weiterentwicklung der Technik bringt viele Vorteile und hat eine Brücke zwischen der Welt der Hörenden und der Welt der Gehörlosen gebaut.

Vier Jahre nach der Gründung des Unternehmens wurde das Erzeugen von Untertiteln durch automatische Spracherkennung, BETA-Untertitelung, zum ersten Mal für die Lautsprache Englisch eingeführt und dies übte einen mondialen Einfluss innerhalb der Gehörlosenkultur sowie Community aus.
Nach drei Jahren, Ende 2012, wurde sie um sechs europäische Lautsprachen nämlich Deutsch, Italienisch, Französisch, Portugiesisch, Niederländisch und Russisch erweitert. Das Antezedens für diese Implementierung laut YouTube war, dass Menschen, die gehörlos oder schwerhörig sind, sowie Zuschauerinnen und Zuschauer, die eine andere Sprache sprechen, den Videoclip mitverfolgen können.
Durch den YouTube Manager im Google Translator Toolkit werden mittlerweile über 300 Lautsprachen unterstützt. Allerdings handelt es sich um gesprochene Sprachen. Für uns, Gehörlose YouTube Benutzerinnen und Benutzer, erfordert es jedoch bei einem tonlosen Videoclip zweifellos eine manuelle Erstellung des Untertitels und in demselben Maße erfordert es deutsche Schrift-Sprachkenntnisse der gehörlosen Userin oder des gehörlosen Users.

Für Nikole und mich war sonnenklar, dass es uns ein wichtiges Anliegen sein wird, in unserem visuellen Podcast kontinuierlich die deutsche und englische Schriftsprachen und die Österreichische Gebärdensprache in all ihrer Vielfalt als ebenbürtig zu behandeln. Schonungslos herausfordernd, aber ein bewerkstelligbares Unterfangen.

Technisch gesehen funktioniert in der hörenden Welt die Erstellung eines Untertitels relativ rasch. Eine hörende YouTube Benutzerin oder ein hörender Benutzer ist am Werken und filmt sich. Es wird in Lautsprache und mit dem Handy aufgenommen. Danach lädt sie oder er das Video auf ihren oder seinen YouTube-Kanal und nach 24 Stunden ist der automatische Untertitel BETA erstellt.

Bei den visuellen Sprachen verläuft das nicht so praktisch. Einen Videoclip in Österreichischer Gebärdensprache für unseren deafies in wonderland-YouTube-Channel aufzunehmen und nur einen Tag abwarten, um einen erstellten BETA-Untertitel erhalten, das wäre ein Traum, entspricht wenig der derzeitigen Realität.

deafies in wonderland

Reaktionvideo und die Zwickmühlen.

Nikole und ich sind regelmäßig abends zusammengesessen und haben uns YouTube-Videos angesehen. Während wir dabei waren, diese Videos anzusehen, gaben wir ungeniert und unbeobachtet unseren Senf dazu. Dann kam uns in den Sinn, wieso sollen wir nicht den Versuch wagen, ein Reaktionsvideo mit Österreichischer Gebärdensprache aufzunehmen. Mit diesem Sinn kamen wir unserem Zero-Base-Budgeting 1st Austrian Deaf Podcast näher.

In der hörenden Gesellschaft sind Reaction-Videos ziemlich bekannt. Im Grunde genommen betrachtet die YouTube-Userin oder der YouTube-User ein Webvideo, dabei wird die Reaktion auf ein bestimmtes Ereignis aufgenommen und gezeigt. Also im Fokus der Reaktionsvideos steht zumeist nicht das Video oder Ereignis, auf welches reagiert wird, sondern die reagierende Person.

Die nächste Streitfrage, die aufkam, war, wie sollten wir ein Reaktionsvideo bewerkstelligen? Was machen wir, wenn wir uns ein Video ansehen, wo es keinen Untertitel gibt? Machen wir das, was wir ständig in unserem gehörlosen Alltag machen müssen, wenn wir auf hörende Mitmenschen treffen? Versuchen, an jedem Informationsbruchstück zu hängen und sich so gut wie möglich selbstständig ein Bild davon zu machen, was gerade die Situation ist?

Wir sind dieser Misere eines fehlerhaften Untertitels oder BETA-Untertitels nachgegangen und zwar in unser 13. Podcastfolge. Es ist zwar unterhaltsam und macht hin und wieder auch Spaß, mit fehlerhaften BETA-Untertitel zu arbeiten, aber das war eindeutig nicht das primäre Ziel unserer Sendung deafies in wonderland.

EPISODE 13 I Pork rost I Try not to laugh challenge I 09.07 min.
CC I German and English. SIGN LANGUAGE I Austrian Sign Language [ÖGS]
YOUTUBE CREDITS
video source I https://www.youtube.com/watch?v=jCb54SxjYqI
YouTube Channel I Lust aufs Land TV
Resi Oma kocht - Schweinsbraten
Resi Oma zeigt, wie ein Schweinsbraten eine knusprige Schwarte bekommt, innen saftig bleibt und die richtige Würze hat. Denn was ist typisch für die österreichische Küche? Genau - ein Schweinsbraten nach Omas Art!

One Take.

Die nächste Hürde mit der wir uns auseinandersetzen mussten, war die Tatsache, dass die produzierten Reaktionsvideos grundsätzlich von hörenden Menschen für hörende Menschen gemacht sind. Damit meinen wir jetzt nicht nur ausschließlich die Kategorie von Musikvideos, sondern auch jene anderen Kategorien, die es gibt.

Die Österreichische Gebärdensprache sind nicht die einzigen Sprachkenntnisse, die Nikole und ich besitzen. Deutsche sowie Englische Schriftsprache lernten wir auf unserem schulischen Bildungsweg in der hörenden Welt und sind zusätzlich hilfreich, wenn man im europäischen Raum geschäftlich oder privat unterwegs ist und mit hörenden Menschen kommuniziert. Schweizer Gebärdensprache, Amerikanische Gebärdensprache, Französische Gebärdensprache und International Sign gehören auch noch zu unserem sprachlichen Repertoire.

Das Verstehen ohne Gehör ist für viele hörende Menschen eine fremde Vorstellung. Als YouTube gehörlose Menschen auf seinem Radar hatte und die einblendbaren und erstellten Untertitel in der Zukunft automatisch hinzugefügt wurden, war dies ein formidabler und einschneidender technischer Fortschritt, den wir nacheifernswert finden. Allerdings gibt es hier einen Twist. Eine hochkomplexe Gebärdensprache ist eine visuell wahrnehmbare Form von natürlicher Sprache. Sie funktioniert dreidimensional und ist nicht wie die Lautsprache linear. In der hörenden Klangwelt ist die Weitergabe von Information über die Phonologie das A und O in der Lautsprache und für uns gehörlose Menschen sind Hände, Handformen, Handstellungen, Arme, Mimik, Bewegung, Formen, Raum sowie der gesamte Oberkörper (Gebärdenraum) wichtig. Ich finde die Vorstellung interessant, dass 7.000 Sprachen auf der Welt existieren, wobei Gebärdensprachen in unterschiedlichsten Aufzählungen meist nicht berücksichtigt werden, aber unabhängig davon, ob es sich nun um die visuelle Sprache oder um Lautsprachen dreht, etwas haben sie alle dennoch gemeinsam: Sie sind deswegen vollwertige Sprachen, weil jede Sprache ihre eigene Grammatik besitzt. Die Grammatik der Schriftsprache Deutsch und die visuelle Grammatik der Österreichischen Gebärdensprache sind unbestritten und zweifellos diametral.

48° 12' 29.426' N 16° 22' 25.748' E

Seit dem 1. September 2005 ist die Österreichische Gebärdensprache im Artikel 8, Absatz 3 im Österreichischen Bundesverfassungsgesetzbuch als offiziell anerkannte Sprache eingetragen. Darin heißt es:

> „Die Österreichische Gebärdensprache ist als eigenständige Sprache anerkannt.
> Das Nähere bestimmen die Gesetze."
>
> Artikel 8, Absatz 3 B-VG

Die Herausforderung die wir haben, ist, dass sie zwar anerkannt und eingetragen ist, jedoch sind keine Gesetze vorhanden, die unser kulturelles Menschenrecht und ein Recht auf Bildung sichern, schützen und regeln. Die Devise heißt, nicht aufgeben, denn es geht um unsere gehörlose Welt, um unsere gehörlosen Kinder, die definitiv das absolute Menschenrecht besitzen sollten und jede erdenkliche möglichen und gegebenen Maßnahmen erhalten sollen, in ihrer Erstsprache verstehen zu lernen, wie sich die Welt dreht. In Österreich ist es ist leider Tatsache, dass 80% der Gehörlosen funktionale Analphabeten sind. Nur 3% von gehörlosen Menschen haben die Matura absolviert und lediglich 0,5% besuchen eine Hochschule.
In Österreich werden Gehörlose immer noch nicht in ihrer Erstsprache (Muttersprache) – der Österreichischen Gebärdensprache – unterrichtet. Alles zentralisiert sich auf den Erwerb gesprochener Sprache, da bleiben natürlich viele Bildungsinhalte auf der Strecke.

Das ist wichtig zu wissen, um zu verstehen, dass eine Bereitstellung eines Untertitels nicht gleichzeitig bedeutet, dass die Information verstanden wird. Die Zurverfügungstellung von Gebärdensprachvideos ermöglicht einen barrierefreien Zugang zu diesen Informationen. Wir können nicht einfach auf ein Video eingehen und einer gleichen Reaktion, wie eine hörende Person sie hat, freie Hand geben und gleichzeitig bedenkenlos kommentieren. Wie soll eine gehörlose Zuseherin oder ein gehörloser Zuseher uns verstehen, wenn sie oder er keinen Anhaltspunkt hat, worauf Nikole und ich in unseren Episoden eingehen? Das erklärt ein wenig, weshalb Nikole und ich eine andere Form von Reaktionsvideos konstruieren.

Ab dem Zeitpunkt, wo wir uns den zugesandten YouTube-Videoempfehlung von unseren Zuseherinnen und Zusehern widmen, starten wir mit den stilistischen Mittel einer One Take-Aufnahme. Das heißt, dass die Übermittlung von schriftlichen Untertiteln in Österreichischer Gebärdensprache übertragen wird und dafür haben wir nur einen Versuch. Ein ziemlicher Nervenkitzel und ein Wettlauf, wenn Untertiteln nur so dahin flitzen. Bisher hatten wir viele Videoempfehlungen dabei, die meist mit einem englischen Untertitel ausgestatten waren und hin und wieder gab es Episoden, wo wir die Amerikanische Gebärdensprache, Türkische Gebärdensprache oder die Italienische Gebärdensprache sehen konnten.

Die 9. Episode von deafies in wonderland machte uns ziemlich sprachlos. Nicht nur die emotional hochaufwühlende Geschichte dieser betroffenen Gehörlosen lag uns schwer auf der Seele, sondern auch die Gestaltung des Videobeitrags mit der Sprachenvielfalt hat alle Register gezogen. Das Audio ist in der originalen Fassung in Italienisch, gehörlose Frauen und Männer gebärden in Italienischer Gebärdensprache, der schriftliche Untertitel wird in Englisch sowie in Deutsch in implementierter Form bilingual dargestellt. Alles in einem Bild. Nikole transportierte den schweren Inhalt professionell und ließ sich nicht aus der Fassung bringen. Das war eine echte Meisterleistung.

S01E09 I Provo priest confession I 19:06 min.
CC I German and English. SIGN LANGUAGE I Austrian Sign Language [ÖGS]
YouTube video source:
https://youtu.be/wFDqSuUOLR8
We abused deaf children, we were at least ten", the confession of Provolo's priest
YouTube Channel I Fanpage.it
https://www.youtube.com/channel/UCWJh...

www.deafiesinwonderland.com

deafies in wonderland

Technik.

Es ist schon irgendwie interessant, was wir Menschen uns über Technik vorstellen können. Was ist also Technik? Welche Technik braucht es, um die köstlichen Kaisersemmeln herzustellen? Es braucht viel Fertigkeit, Geschicklichkeit sowie Fingerspitzengefühl der Bäckerin oder des Bäckers, um die bekannte und perfekte händisch hergestellte Handkaisersemmel zu backen, damit der Geschmack vorwiegend aus der hellbraunen Kruste sich entfaltet. Ein guter Backofen scheint nicht ausschließlich die Zutaten für diese Technik zu sein. Es ist faszinierend, dass es der Technik gleichgültig ist, von wem sie verwendet wird, denn sie fragt sich nicht, ob der Mensch mit Behinderung es benötigt oder ein Mensch ohne Behinderung.
Die Technik ist darauf ausgerichtet, unsere Lebensbedingung in allen Lebensbereichen zu verbessern, sei es auf dem Arbeitsplatz oder im Haushalt. In jedem Land ist die Technik eine gewisse Art von Kulturleistung.
Die Covid-19-Pandemie hält Österreich weiterhin fest im Griff und bestimmt unseren Arbeitsalltag. Die Kommunikation innerhalb von Familien und Betrieben hat sich teils stark verändert und wurde dank entsprechender Technologien von heute auf morgen in den virtuellen Raum verlagert.

Aber gerade in der heutigen Zeit stehen den Gehörlosen Möglichkeiten zur Kommunikation und Information zur Verfügung, wie es sich viele Gehörlose schon lange fiebernd erhofft haben. Speziell die Smartphones beziehungsweise Internet bieten sich durch die Unabhängigkeit von der gesprochenen Sprache als Kommunikationsmedium für uns an. Einerseits ist es für uns relativ einfach, mit anderen Menschen (schriftlich) in Kontakt zu treten. Auf der anderen Seite bietet das Internet einen Zugang zu einer großen Informationsmenge, die die gehörlose Benutzerin oder der gehörlose Benutzer, je nach ihrem oder seinem Bedarf, abrufen und hand haben kann. Die ältere Generation von Gehörlosen erinnern sich an das Schreibtelefon oder das Fax. Das digitale Zeitalter mit der Möglichkeit, die Videokamera mit dem Computer zu verbinden, hat die direkte Kommunikation unter uns Gehörlosen vereinfacht.

Inklusion rocks! Vertonung. Fiona und Alexander.

Ein Arbeitskollege, der blind ist, brachte mich auf die Idee, unsere Episoden zu vertonen.
Er konnte zwar am Anfang keine Österreichische Gebärdensprache, aber er konnte mit mir schriftlich kommunizieren. Ich wiederum hatte das Text-to-Speech Programm in Verwendung, das mir geholfen hatte, dass ihm meine schriftliche Kommunikation vorgelesen wurde. Meine Kenntnisse über die Machbarkeiten von Screen-Readern sind gering. Wie wird der Untertitel einem Menschen vorgelesen, der blind ist? Es sind nicht nur ausschließlich Menschen, die ein anderes Sehvermögen haben, sondern auch Menschen, die zwar an der Thematik der Gehörlosenkultur und Geschichte interessiert sind und deren eigene Kompetenz in der Österreichischen Gebärdensprache kaum ausgereift sind, für die es eine kleine Unterstützung ist, unsere Episoden ebenfalls über den auditiven Kanal erleben zu können.

Das Ausreizen der technischen Möglichkeiten ist natürlich mit viel Neugierde verbunden. Durch Text-to-speech-Programme ist es machbar, schriftlichen Text in eine Computerstimme zu verwandeln. Mit Hilfe von hörenden Freunden hatten wir die voice-over Stimme für uns gefunden. Wer als Hörender die Stimmen weniger mag, kann unsere Folgen auf tonlos schalten und den Untertitel einschalten. Natürlich ist uns bewusst, dass die Vertonung von echten Stimmen wünschenswert wäre, allerdings sind wir ein Zero-Budget-Podcast und eine Vertonung würde eine zusätzliche Zusammenarbeit bedeuten. Wir sind absolut nicht abgeneigt, aber wir genießen es trotzdem so gut es geht, selbstständig unsere Episoden zu produzieren und darauf sind wir sogar etwas stolz.

48° 12' 29.426' N 16° 22' 25.748' E

Nikole M.
deafies in wonderland Podcast-Moderatorin

Ich bin Nikole und in einer gehörlosen Familie der zweiten Generation aufgewachsen. Meine Erstsprache, also die Muttersprache, ist die Österreichische Gebärdensprache. Als Kind war ich ein Bücherwurm, verbrachte viel Zeit damit, in die Geschichten einzutauchen, denn dort hatte ich einen Zugang zu verschiedensten Themen gefunden.

Seit Generationen sind viele Handwerksberufe in Familienhand, daher war es für mich weniger abwegig, den Lehrberuf der Bäckerin aufzunehmen. Es folgten andere und verschiedene Berufe und absolvierte Aus- und Weiterbildungen in der gehörlosen Welt. In meinem privaten Alltagsleben oder/und in meinem Berufsleben ist es mir ein besonderes Anliegen, mit der Gehörlosencommunity verbunden zu sein.

In Europa gibt es unzählige Videos über die Gebärdensprache, was ich toll finde, durch die sozialen Medien Plattformen wie facebook, tik tok, instagram oder auf YouTube sehe ich regelmäßig Neuigkeiten über das Thema Gehörlosigkeit, manche bieten auch Videos mit Untertitelungen an, es fehlt nichts an Informationen, was mir aber fehlt ist die Brückenwelt, „wie haben die Hörende Zugang zu Gehörlose" und umgekehrt? Wie haben Gehörlose Zugang zur Alltagsgespräche unter Hörenden? Und damit meine ich nicht, dass Hörende immer zu einem Gehörlosenverein gehen sollen, es müsste eine andere Möglichkeit geben.

Brücken bauen.

Gehörlose sollen nicht denken, dass alle Hörenden „sehr kluge" Menschen wären, umgekehrt sollen Hörende nicht über Gehörlose denken, dass sie „ungebildete" Menschen wären. Beides ist unhaltbar, dennoch sehe ich, dass bis heute im Jahr 2022 diese Auffassung in vielen Köpfen der Menschen verankert ist. Unter uns Gehörlosen sind Videos in Gebärdensprache zu sehen, für Hörende jedoch wirkt es, als ob wir Gehörlose eine Art Opfer des Systems sind. Die Welt, in der wir uns befinden, ist für die Mehrheit der Menschen ausgerichtet. Hörenden Menschen. Das einzige, was uns Gehörlose fehlt, ist der Zugang zu auditiven Informationen und Nachrichten und diese in unserer visuellen Sprache, der Österreichischen Gebärdensprache qualitativ zur Verfügung gestellt zu bekommen und am besten von Native Speakern selbst geliefert.

Wenn ich zum Beispiel spontan ein Video sehen will, wie man Computer richtig zusammenbaut, will ich auch alle Informationen wissen oder welche Reiseroute ist am Besten, wenn ich in den Urlaub fahren will?
Bis jetzt ist es so, dass Gehörlose sich untereinander mit Informationen unterstützen und so gut es geht bestmöglichst informieren, irgendwie kennt jeder jeden oder kennt jemanden, der über die notwendigen Computerkenntnisse verfügt, um Hilfestellung zugeben, oder selbst eine abenteuerliche Weltreise erlebt hat.

Dazu fällt mir gerade die vierte Episode von deafies in wonderland ein, weil ich schöne rote Haare hatte. Scherz beiseite, weil ich noch immer cool finde, wenn alle auf der Straße gebärden, als wäre es selbstverständlich, nicht schlecht, was?!

EPISODE 04 | Little suprise by SAMSUNG | 10:00 min.
CC | German and English. SIGN LANGUAGE | Austrian Sign Language [ÖGS]
YOUTUBE CREDITS
original video | https://youtu.be/iyk0CxjNYyw
Little Suprise by samsung - #Hearing_Hands

www.deafiesinwonderland.com

deafies in wonderland

Noah H.
deafies in wonderland Podcast-Moderator

Ich bin Noah, gehörlos und in einer hörenden Familie aufgewachsen. Die Österreichische Gebärdensprache ist meine Zweitsprache, jedoch in meinem privaten sowie im beruflichen Leben meine Alltagssprache.

Das Produzieren einer deafies in wonderland Episode macht unglaublich viel Spaß. Nach 15 Episoden kann ich es jeder und jedem empfehlen, die oder der ebenfalls ein Podcast starten will. Es ist wichtig, dass stets mit einem gewissen Spaß an die Sache rangegangen wird. Wie bei allem, was du tust, denk daran: Nur Taten bringen Ergebnisse. Deswegen hab Lust und Freude bei der Arbeit. Fühlt man sich unter Druck, dann wirkt sich das auf den Content aus.

Wenn du etwas verändern willst, beginne bei dir selbst.

Ich bin froh, wenn ich über die ORF-Thek die Zeit im Bild-Nachrichten von hörenden Dolmetscherinnen und Dolmetschern für Deutsch und Österreichischer Gebärdensprache zur Verfügung gestellt bekomme.
Die Nachrichten von gebaerdenwelt.tv leisten auch einen wichtigen Beitrag, wenn es um Medienarbeit in der gehörlosen Welt geht. Aber ich bin vielleicht blind davon überzeugt, dass Sendeformate wie eine Talk Shows, Kulturveranstaltungen in der Gehörlosengemeinschaft, Gameshows, Tiersendungen, für Herz und Seele, Informationsabende über Wissenschaft, Politik und Natur in Österreichischer Gebärdensprache, ebenso mit gehörlosen Darstellerinnen und Darstellern umsetzbar werden können und ein wenig bei Drehaufnahmen die Moderationhaltungen in der Schublade gelassen werden können. Stellt dir mal vor: Big brother nur mit gehörlosen Menschen oder eine Sendung wie der Runde Tisch mit einer gehörlosen Professorin oder einem Professor, einer gehörlosen Anwältin oder einem Anwalt, einer gehörlosen Journalistin oder einem Journalisten und einer gehörlosen Moderatorin oder einem gehörlosen Moderator. Wie würde diese Sendung aussehen?

Der Privatsender Pro Sieben stellt die Produktion von „Germany's next Topmodel mit Heidi Klum" in Deutscher Gebärdensprache zur Verfügung. Es ist für mich als gehörlosen Zuschauer großartig, ein bisschen die Deutsche Gebärdensprache zu beschnuppern und trotzdem von den Informationen nicht ausgeschlossen zu werden.

Wie wäre es mit einem „Europe's next Deaf Topmodel?" Der Gehörlose Aktivist, Björn Blumaier aus Deutschland organisiert seit Jahren die Miss Deaf Europe und Mister Deaf Europe und das mit wachsendem Erfolg. In der hörenden Welt würde man als gehörlose Person nur eine Chance haben, wahrgenommen zu werden, wenn man gegen alle anderen Kandidatinnen und Kandidaten aufgrund der Behinderung und dem Kampf damit gewonnen hat. Eine Erfolgsstory. In diesem Wettkampf steht die Behinderung nicht im Vordergrund. Weshalb auch? - Wir kommunizieren mit der visuellen Sprache und können uns ohne Barrieren unterhalten.

Wenn ich mir etwas wünschen könnte, dann wäre es, dass wir vermehrt Unterhaltung in Österreichischer Gebärdensprache bekommen, denn es gibt so viele andere Themen, die uns interessieren. Zeitnahe Beiträge, die aktuell diskutiert werden und Fragen, die Leute momentan beschäftigen. Welche aktuellen Themen brennen zur Zeit? Keine einseitigen Informationen, sondern wirklich Diskussionen und Austausch mit Gehörlosen und von gehörlosen Menschen bereit gestellt.

Obwohl wir immer versuchen, uns untereinander die Untertitel unterzujubeln, schätze ich die Zusammenarbeit mit Nikole enorm und es bereitet mir hohes Vergnügen. Nikoles vertrauensvolle und freimütige Art hilft mir besonders, denn ich mag es weniger, vor der Kamera zu stehen. Ich bin gerne hinter der Kamera. da beneide ich einen hörenden Radiosprecher, der nur seine Stimme in den Raum projiziert. Nikole ist eine aufgeweckte und intelligente Frau und meine Bereitschaft neue Ideen und Projekte in die Tat umzusetzen, da sind wir ganz und gar in unserem Element. Und ich freue mich schon darauf, viele weitere Staffeln mit Nikole zu drehen.

In der sechsten Episode von deafies in wonderland waren Nikole und ich damit beschäftigt gewesen, eine Diskussionsrunde, die so flott daher ging, in Österreichischer Gebärdensprache zur Verfügung zu stellen. Nicht nur der Beitrag selbst über die Geschichte und Kultur von gehörlosen Menschen machte diese Folge so spannend, sondern auch die Bewerkstelligung und Zusammenarbeit gemeinsam mit Nikole war ein Moment, an den ich mich sehr gerne zurück erinnere.

EPISODE 06 | Spring awakening | 20:55 min.
CC | German and English. SIGN LANGUAGE | Austrian Sign Language [ÖGS]

YOUTUBE CREDITS
source | original video | Theater Talk: „Spring Awakening"
https://youtu.be/NtePovMsKJg

1st Austrian Deaf Podcast

48° 12' 29.426' N 16° 22' 25.748' E

Rückmeldungen.

An dieser Stelle wollen wir die Gelegenheit nutzen und unseren Zuschauerinnen und Zuschauern danken. Wir freuen uns jedesmal, wenn unser YouTube-Kanal deafies in wonderland abonniert wird oder auf unseren social media Plattformen wie facebook oder auf instagram eine neue Followerin und ein neuer Follower mit dabei ist. Es ist schön, unserem Podcast beim Wachsen zuzusehen.

Obwohl auf unserem facebook Kanal unsere Zuschauerinnen und Zuschauer unsere Beiträge mit „Gefällt mir" oder unserem Lieblingssymbol „Love" hinterlassen, so sind wenige Kommentare oder Rückmeldungen zu lesen. Das bedeutet allerdings nicht, dass das alles so kommentarlos ist. Hier ein paar Rückmeldungen, die unser Herz erreicht haben und die wir euch nicht vorenthalten wollen.

> ... aus meiner Perspektive sehe ich endlich ein Format von und mit Deafies, die sich über all jenes unterhalten wollen, was sie gerade interessiert – und ich als Publikum sehe es mir an, weil es mich ebenso interessiert. Ihr bringt so eine Ehrlichkeit durch eure Gespräche, eure Reaktionen auf eingebrachte Videobeiträge und euren Humor.

> Englischer Untertitel und Österreichische Gebärdensprache zu sehen, so kann ich besser Englisch verstehen.

> Es tut so gut, in den sozialen Medien endlich einmal Themen „aus aller Welt" in ÖGS! besprochen zu sehen

> Shout-out an Nikole und Noah für eure Translationen!

> Aus Sicht einer Dolmetscherin bräuchte diese Antwort zusätzlich 3 Kaffees und mehr Platz auf diesem Blatt Papier, weil es so viele Zugänge und Perspektiven gibt, die in einem Diskurs spannend wären! Aber wohl am wichtigsten ist mir, zu beschreiben, wie wertvoll die Beiträge für die persönliche qualitative Entwicklung meiner Dolmetschleistung sind, seien es nun die sprachlichen, inhaltlichen oder kulturellen Aspekte. Hätte ich mir eines der herangezogenen Themen alleine angesehen oder gelesen, hätte ich nie diese Bezüge in der Form geschaffen, wie Nikole und Noah es schaffen.

Wir wollen uns bei jeder und jedem Einzelnen herzlich bedanken für jede Rückmeldung, die uns erreicht hat. Insbesondere wollen wir uns bei allen bedanken, die uns ihre Videoempfehlungen zugesendet haben. Nikole und ich freuen uns über weitere Einsendungen von Euren Webclipsfavoriten auf YouTube.

Livia I Episode 01 I Mandy Harvey I 10:19 min.
Markus I Episode 02 I In a heartbeat I 13:44 min.
Hedwig I Episode 04 I Little suprise by SAMSUNG I 10:00 min.
Fernando I Episode 05 I It's all gone Pete Tong I 09:29 min.
Laura I Episode 06 I Spring awakening I 20:54 min.
Gabriel I Episode 07 I Mandy Harvey at AGT 2017 (Semi-Finals) I 10:03 min
Jan I Episode 08 I The King's speech - Die Rede eines Königs I 12:12 min.
Andreas Andi I Episode 09 I Provo priest confession I 19:05 min.
Jutta I Episode 10 I short film: Ingelore by Frank Stiefel I 10:20 min.
Alexander I Episode 11 I Queer eye I City of brotherly love I Vienna pride I 11:01 min

Habt ihr eine Videoempfehlung für deafies in wonderland, dann schicke diese an unsere allgemeine Emailadresse: iam@deafiesinwonderland.com

deafies in wonderland

Zukunft.

In den letzten Jahren gab es eine neue Herausforderung. Die COVID19 Pandemie hat uns alle ziemlich erwischt. Wir sitzen nicht mehr wie üblich zusammen, aber wir haben gelernt, wie wir an zwei Orten trotzdem unseren Podcast weiter betreiben. Unsere Zuschauerinnen und Zuschauer finden, dass unsere Episoden spannend und abwechslungsreich sind. Finde, wir machen es bis jetzt gut und können nur noch besser werden.

Im Frühjahr 2022 wird unsere 15. Episode ausgestrahlt. Sie ist zeitgleich auch die letzte Episode der ersten Staffel. Wir arbeiten derzeit an unserer zweiten Staffel, denn wir finden, dass visuelle Podcasts perfekt sind, wenn Schreiben nicht so dein Ding ist oder lange Blog-Texte die Freude am Entdecken nehmen.

Wir bleiben dran, durch unsere Reaktionvideos Brücken zur Unterhaltung und damit unseren Beitrag zu leisten und unsere Zuschauerinnen und Zuschauer hier und da mit Informationen aus unserer Welt teilhaben zu lassen.

Die englischen Stimmen von Fiona und Alexander haben unsere erste Staffel begleitet.
Ein kleiner Spoiler an dieser Stelle: *Unsere zweite Staffel wird mit deutscher Stimme vertont!*

Wir hoffen, dass unsere Zuschauerinnen und Zuschauer uns ihre Videoempfehlungen schicken, unseren YouTube Kanal abonnieren und weiterhin gute Unterhaltung mit unseren Folgen haben werden.

Wir haben ein paar besondere Folgen in der zweiten Staffel geplant, also wer informiert bleiben mag, folgt uns am besten auf facebook oder instagram.

Ein herzliches Dankeschön an Ernst, der uns die Möglichkeit gegeben hat, uns in diesem Buch vorzustellen. Vielen herzlichen Dank für deine Unterstützung!

deafies in wonderland

1st Austrian Deaf Podcast

37. Redakteur und Moderator
ALEX OBERHOLZER - SCHWEIZ

Von Ernst Tradinik

Alex Oberholzer ist einer der ersten Menschen mit Behinderung, die mit einer großen Selbstverständlichkeit als Redakteur und Moderator gearbeitet haben. Zumindest soll dies hier so beschrieben sein, als Alex Oberholzer zu arbeiten begonnen hat, war dies noch lange nicht so. Dies war seinem eigenen Engagement und vor allem Interessen gedankt. Bekannt wurde er durch die Moderation der Filmsendung *Movie Talk* auf STAR TV, gemeinsam mit Wolfram Knorr. Wie er mir per E-Mail schrieb, war es für ihn zunächst überraschend und dann auch sehr wohltuend, als er auf der Straße nicht wegen seiner Behinderung angestarrt wurde, sondern weil er als Fernsehmoderator erkannt wurde.

Der berufliche Lebensweg von Alex Oberholzer ist das beste Beispiel, noch einmal auf den schmalen Grat dieses Buches hinzuweisen, auf den schmalen Grat, an dem man sich fast automatisch bewegt. Es sollte nicht erwähnenswert sein, dass dies hier der inklusiven Medienarbeit zuzuordnen ist. Das ist es nur, weil dies damals (und zu einem bestimmten Teil auch heute) noch besonders aufgefallen ist, wenn ein Mensch mit Behinderung in einem Medienberuf arbeitet, die Moderation macht, vor der Kamera präsentiert. Um es ein wenig drastischer zu formulieren, es hat für mich auch – wie bei einigen anderen in diesem Buch – eher etwas Unangenehmes, Herrn Oberholzer hier anzuführen.

Darum möchte ich an dieser Stelle gerne den TV-Beitrag nennen »Der bekannteste Zürcher Filmkritiker geht in Rente: Alex Oberholzer verlässt Radio 24«. Weil dieser Beitrag klar macht, worum es eigentlich geht. Es geht um einen Mann, der sein Leben lang als Moderator, als Filmkritiker gearbeitet hat und nun »in Rente geht«. Und sonst nichts.

 **Abschied von Redakteur und Moderator Alex Oberholzer**
https://tv.telezueri.ch/zuerinews/der-bekannteste-zuercher-filmkritiker-geht-in-rente-alex-oberholzer-verlaesst-radio-24-143102440

38. SENDUNG OHNE BARRIEREN - ÖSTERREICH

Von Ernst Spiessberger

Die *Sendung ohne Barrieren* ist eine TV-Sendung für Menschen mit und ohne Behinderung. Seit März 2014 wird die Sendung in regelmäßigen Abständen produziert, die sich mit dem Themenkreis ›Inklusion und Diversity‹ beschäftigt. Verschiedene soziale Institutionen sind abwechselnd für die inhaltliche Gestaltung der einzelnen Folgen verantwortlich. Gesendet wird die Sendung viermal wöchentlich auf OKTO, dem österreichischen Community-TV-Sender. Die *Sendung ohne Barrieren* ist das Nachfolgeprojekt der Sendereihe *ZitronenwasserTV*, die von 2012 – 2013 auf OKTO zu sehen war und 2013 mit dem Fernsehpreis der Erwachsenenbildung ausgezeichnet wurde. Außerdem erhielt die Sendung eine ehrende Anerkennung für elektronische Medien beim ÖZIV – Medienpreis 2012. Genauere Infos sind auf der Webseite zu finden: www.zitronenwasser.com.

Ende 2013 wurde das bestehende Sendekonzept von mir, Ernst Spiessberger (Geschäftsführer von Zitronenwasser FILM), überarbeitet, um Anfang 2014 mit der *Sendung ohne Barrieren* zu starten. Diese beschäftigt sich seit März 2014 mit dem Themenkreis ›Behinderung‹. In den einzelnen Sendungen soll das Thema ›Inklusion‹ von Menschen mit Behinderung in das alltägliche Leben und der gesellschaftliche Umgang damit behandelt werden. Die Sendereihe *Sendung ohne Barrieren* bietet Menschen mit Behinderung eine Plattform, um ihre Anliegen einer

ABBILDUNG 62
Ernst Spiessberger und Markus Samek vor einer Sendungsaufnahme

Foto: Zitronenwasser FILM

breiten Öffentlichkeit mitzuteilen. Abseits gängiger Klischees und mit einer guten Portion Humor erzählen diese aus ihrem Leben. Die Idee dieses innovativen Sozialprojekts ist die abwechselnde und inhaltliche Gestaltung der einzelnen Sendungen durch soziale Institutionen. Durch die Kooperationen ist nicht nur eine größere Verbreitung sichergestellt, sondern auch eine vielfältige, inhaltliche Gestaltung gewährleistet.

 Sendung ohne Barrieren
https://www.sendungohnebarrieren.com/

 **Neujahrsansprache von Franz Joseph Huainigg**
https://www.youtube.com/watch?v=P1sYrVX-Bfl

39. DIE ORF-MODERATOR*INNEN MIRIAM LABUS UND ANDREAS ONEA

Von Ernst Tradinik

Weil es nach den Sätzen zu Alex Oberholzer aus der Schweiz gut passt, möchte ich auch auf die beiden Moderator*innen Miriam Labus und Andreas Onea hinweisen. Seit 2012, Andreas Onea, und 2017, Miriam Labus moderieren die beiden das Behindertensport-Magazin *Ohne Grenzen* in ORF SPORT + und zur Weihnachtszeit auch Sendungen für *Licht ins Dunkel* im ORF. Bei beiden kam ich erst spät auf die Idee, dass diese hier auch anzuführen sind. Dies ist ein Best-Practice-Beispiel – nicht nur an gelungener Umsetzung – sondern daran, dass man hier berechtigt Skrupel oder unangenehme Gefühle bekommt, beide zu erwähnen (ähnlich wie bei Alex Oberholzer und anderen). Ich als TV-Seher in Österreich sehe da einfach zwei Moderator*innen und kein Inklusionsprojekt oder ähnliches. Es hat fast was Unverschämtes, die beiden hier anzuführen und doch ist es wichtig und erwähnenswert, wenn man durch die bisherigen eingeführten Brillen durchsieht, dass seit 2012 Andreas Onea und 2017 Miriam Labus beim öffentlich-rechtlichen Rundfunk in Österreich auch Menschen mit Behinderung vor der Kamera agieren.

Miriam Labus
https://der.orf.at/unternehmen/who-is-who/tv/labus100.html

Andreas Onea
https://der.orf.at/unternehmen/who-is-who/tv/onea100.html

40. LOKVÖGEL, FISCHE & SCHMETTERLINGE - EIN FILM ÜBER DIE WIRKLICH WICHTIGEN DINGE IM LEBEN - ÖSTERREICH

Von Ernst Tradinik

Menschen mit (Lern-)Behinderung und/oder psychischer Erkrankung, welche vom Verein LOK betreut werden/wurden, machten gemeinsam mit Alfred Wetzelsdorfer und mir, Ernst Tradinik (damalige Kollegen [Betreuer] beim Verein LOK) ein inklusives Medienprojekt, aus dem ein ganzer Film (DV, 60min.) wurde. Dieser wurde 2009 im Rahmen der Psyennale im TOP Kino gezeigt.

Zunächst wurde mit Kamera und Mikrofon geübt und Ideen entwickelt, wie Wohn- und Lebensbereiche filmisch gezeigt werden wollen. Die Art und Weise war ganz unterschiedlich. Ein Herr zeigt zum Beispiel seinen Lieblingsplatz Bibliothek, in welchem er schon vor seiner psychischen Erkrankung seinem Studium nachging. Er sagt genau an, wie er die Bibliothek gefilmt haben möchte. Eine Gruppe philosophierte über das Leben in ihrem Wohnzimmer und ließ sich dabei filmen. Eine andere Gruppe interviewte und filmte sich spontan gegenseitig zu ihren Psychiatrie-Erfahrungen.

So entstanden verschiedene Szenen, die anschließend wie ein Puzzle montiert wurden. Das Schneiden übernahmen Alfred Wetzelsdorfer und Ernst Tradinik. Die jeweiligen Schnittfassungen wurden in regelmäßigen Treffen besprochen und diskutiert, ob der Schnitt so für alle passt oder ob noch etwas vergessen wurde oder etwas gar nicht im Film sein sollte. So entstand auch der Titel des Filmes. Dieser ist eine Kombination aus zwei Favoriten der Ideen. Aus den »schrägen Vögeln« und den »Bunten Fischen und Schmetterlingen«, welche die Menschenwelt so zu bieten hat, entstand dann *LOKvögel, Fische & Schmetterlinge*.

LOKvögel, Fische & Schmetterlinge
https://youtu.be/y6X69ikOLh8

Trailer
https://youtu.be/8zzeBvvnyal

LOKvögel, Fische & Schmetterlinge wurde 2008/09 von Alfred Wetzelsdorfer und Ernst Tradinik geleitet. Alfred Wetzelsdorfer: http://www.fotogalerie-wien.at/content.php?id=35&kuenstlerid=558%20

41. 5 VOR 12. ES WIRD ZEIT - EIN INKLUSIVO SPAGHETTI-WESTERN - ÖSTERREICH

Von Ernst Tradinik

Inklusive Medienarbeit im Wilden Westen. Oder im wilden Osten. Je nachdem.

Die Idee, einen Cowboyfilm zu drehen, war schon lange da, schon viele Jahre. Ein Film mit Cowboyhüten, Pferden, Revolvern, coolem Schauen und der ewig langen Duellszene zum Schluss. Dass aus dieser Idee eine Hommage an den Italowestern wird, mit Menschen mit (Lern-)Behinderung und/oder psychischer Erkrankung in den Hauptrollen, das hatte ich so nicht vorhergesehen. Es sollten unbedingt prominente Schauspieler*innen dabei sein, aber ausschließlich in Nebenrollen. Dies haben schließlich Alf Poier, Hubsi Kramar und Stefano Bernadin übernommen. Gemeinsam mit OKTO bzw. der oktolab GmbH/Georg Lindner reichten wir das Konzept beim RTR-Fernsehfonds für nicht kommerzielles Fernsehen (u. a.) ein. Wir bekamen die Zusage. Und da außer der Idee noch nicht viel mehr da war, reiste ich zu Orten in Österreich, wo man einen Western drehen könnte und schrieb mich so zu einer Geschichte um Jim, Ben & Cooper, der Banditenbande, die die Uhr des Sheriffs stehlen. Und schließlich kommt es so, wie es kommen muss, *verdammt noch einmal*, am Schluss stehen sich Jim und der Sheriff zum Duell gegenüber.

Ich sah mir noch mal *Spiel mir das Lied vom Tod* an. Der Beginn dieses großartigen Italowesterns sollte unbedingt eingebaut werden. Also musste ein Zug, eine Station her. Diesen fand ich dann in der Steiermark bei Stainz. Kraubath heißt die Station, die zu ›Silvertown‹ wurde. Das Drehbuch war relativ schnell geschrieben, behaupte ich mal so im Nachhinein. Ein großes tragendes Element ist ja immer wieder der Ton bzw. die Filmmusik. Diese setzte Klaus Tschabitzer alias ›der Schwimmer‹ großartig um. Ich wollte Musik, die an Italo-Western bzw. Ennio Morricone erinnert.

Durch den Ausflug und das Suchen nach Drehorten kam ich zu der einen Hälfte der Darsteller*innen. Die andere Hälfte lebt in Wien und Umgebung. Und ein kleiner Teil stammt aus dem Burgenland. Die Kostüme mieteten wir uns aus dem Waldviertel. Der Winnetou-Spiele-Macher Friedrich Gut vermietete uns günstig die notwendigen Kostüme. Nie werde ich das erste Telefonat mit ihm vergessen. Ich rief an und wollte Cowboy-Kostüme. Er fragte mich, aus welcher Epoche. »Ähhhh, im Wilden Westen. Böse und gute Cowboys«, so meine professionelle Antwort.

ABBILDUNG 63
Dreharbeiten 5 vor 12. Es wird Zeit, eine humorvolle Hommage an den Italowestern – in der Westernstadt Lucky Town in Burgenland

Foto: Delphine Esmann

Ich selbst wusste noch nicht, wie weit das Drehbuch auch wirklich so umgesetzt werden kann, wie geschrieben. Dachte dabei auch eher an einen roten Faden, um möglichst großen Spielraum bei den Dreharbeiten zu haben. Wie groß eventuell die Nervosität sein würde oder Schwierigkeiten während des Drehs, bestimmte Wörter oder Sätze auszusprechen. Ich rechnete also damit, dass Einiges improvisiert werden würde. Und schwor die Crew, also Tonfrau und Kameramänner schon darauf ein. Die Hinweise, bezüglich professionellen Ton oder Licht- und Kameraaufbau (viel längerer Aufbau für die jeweilige Szene) musste der einer improvisierenden Arbeitsmöglichkeit (schnellerer Umbau und sich nach den Schauspieler*innen richten) weichen. Also eher schnell, nicht stundenlang warten, geplante Drehs schnell umstellen können, wenn man das Gefühl hatte, die Stimmung könnte bei Einzelnen kippen, die Konzentrationsfähigkeit lässt nach oder ähnliches. Dann wurde schnell der Tagesplan umgestellt und wir drehten eine andere Szene. Dies war dann gar nicht so oft nötig, wie ich zuvor dachte.

Auch wurde der Text bzw. das Drehbuch zum großen Teil so umgesetzt, wie geschrieben. Gekürzt oder umformuliert haben wir schon, sobald klar war, etwas anderes ist z. B. einfacher auszusprechen.

Es waren zwei Kameramänner, Kurt Van der Vloedt und Ernst Spiessberger, mit dem Auftrag, nicht immer auf die ›Klappe‹ zu warten und zeitgleich zu filmen. Durch die zwei Kameras hatten wir zumindest zwei Einstellungsgrößen bzw. -perspektiven, um auf alle Fälle schneiden zu können, wenn mal nur ein Durchspielen einer Szene möglich war.

Abgesehen davon, dass wir manche Drehs spontan umstellten, um Unruhe oder übermäßige Langeweile bei Schauspieler*Innen zu begegnen, war die Konzentration der Schauspieler*innen erstaunlich hoch.

Auch mit uns, also der Filmcrew, hatten die Schauspieler*innen erstaunlich viel Geduld. Mit den häufigen kleinen Anweisungen, wann sie wo zu stehen und/oder zu starten hatten. Die Wiederholungen wurden viel gelassener in Kauf genommen, als von mir erwartet. Einerseits wohl, weil dies ein so besonderes und durchaus auch filmisch professionelles Projekt war. Das spürten die Schauspieler*innen. Es kam auch auf sie an. Aber – wie schon oben erwähnt – das Hineinwachsen durch die Kostümierung, den besonderen Orten, dem Schminken, der Betreuung

ABBILDUNG 64
Dreharbeiten 5 vor 12. Es wird Zeit, eine humorvolle Hommage an den Italowestern – in der Westernstadt Lucky Town in Burgenland

Foto: Delphine Esmann

und der Arbeit von Regieassistentin Doris Habeler oder Aufnahmeleiter Armin Faymann, Elena Strubakis (Kostüme) bis hin zu Human Khazar, der sich um das leibliche, und damit auch seelische Wohlbefinden großartig kümmerte.

Alle glänzten neben ihrer jeweiligen filmischen Profession durch Empathie, menschliche Zuwendung bzw. Aufmerksamkeit. Oder schlicht durch normalen Umgang mit Menschen mit (Lern-)Behinderung/en.

Für alle waren die jeweiligen Filmlocations aufregend. Westernstadt, Dampflok, Kameras, Licht, Kostüme und viele Menschen. Wichtiges Getue und Vorbereitungen aller Art bestimmten den Tag und dann mussten alle ruhig sein. Bis auf jene, die gerade spielten.

Die ersten Drehtage verbrachten wir in der Westernstadt Lucky Town in Großpetersdorf/Burgenland. Dies war ein sehr guter Einstieg, weil wir dort viele Räumlichkeiten zur Verfügung hatten. Für unsere Verpflegung, Kostüme und Schminkraum. Und weil wir uns in einer Westernstadt aufhielten. Dies sorgte für die richtige Stimmung.

Wir drehten Szenen im Saloon, im Gefängnis und natürlich, die wichtigste Szene sozusagen, das finale Duell zwischen dem Gangsterboss Jim und dem Sheriff.

ABBILDUNG 65

Ein Teil des Teams von den Dreharbeiten zu *5 vor 12. Es wird Zeit*, eine humorvolle Hommage an den Italowestern - in der Westernstadt Lucky Town im Burgenland

Foto: Delphine Esmann

Zur Freude aller kamen zu diesen Drehtagen Alf Poier, Hubsi Kramar und Stefano Bernadin. Dieser Umstand, diese besonderen ›Nebendarsteller‹ zu haben, die mit den Leuten vor der Kamera standen, machte die Arbeit zu etwas Besonderem.

Und so erlebte *5 vor 12. Es wird Zeit*, seine Geburtsstunde. Wir machten eine 4-teilige Fernsehserie (je 20min.) für OKTO, aus dem ich im Jahr danach eine einstündige Kinoversion schnitt. Diese zeigten wir in den Jahren danach in einigen Kinos. Das Making-of gestalteten Edgar Ketzer und Georg Lindner.

5 vor 12. Es wird Zeit. Der Spaghetti-Inklusivo-Western. 60 min., HD. Ausgestrahlt und veröffentlicht auf OKTO, ORF und YouTube - mit deutschen, englischen und italienischen Untertitel.

 5 vor 12. Es wird Zeit - mit deutschen UT
https://youtu.be/ZVBeeq-y6kM

 Trailer
https://youtu.be/gP9dgu8t-k4

42. PERSPEKTIVENWECHSEL – ÖSTERREICH

Von Ernst Tradinik

2020 startete die Sendereihe *Perspektivenwechsel* auf OKTO. Diese setzen drei Personen um. Die Moderatorin und Redakteurin der Sendung ist Ivana Veznikova. Sie ist Psychologin und arbeitet in der Behindertenhilfe. Seit ihrer Geburt lebt sie mit einer Körperbehinderung und ist Rollstuhlfahrerin. Als Kind ist sie mit ihrer Familie aus der Tschechoslowakei nach Österreich geflüchtet. Als Betroffene ist es ihr wichtig zu vermitteln, wie vielfältig und erfüllt das Leben mit Behinderung sein kann. Antina Zlatkova ist die Kamerafrau und Cutterin der Sendereihe *Perspektivenwechsel* und zudem Medienpädagogin. Sie gilt als der kreative Kopf von »Mediengarten«. Produktion und Regie macht Thomas Lindermayer. Er ist Historiker und Medienproduzent. Mit ›Mediengarten‹ (so der Name der Produktionsfirma) hat er sich der Medienvermittlung und der barrierefreien Video-Produktion verschrieben. Dies betrifft Bereiche wie Untertitelung, Gebärdensprache, akustische Bildbeschreibung oder Leichte Sprache. Er arbeitete einige Jahre bei OKTO, einem der Community-TV-Sender in Österreich (der andere ist FS1 in Salzburg) und ist auch am Publizistik- und Kommunikationswissenschaftsinstitut in Wien tätig.

Der Name der Senderreihe *Perspektivenwechsel* steht für das Programm. Die Macher*innen der Sendung möchten mit ihrer Sendereihe die Perspektive auf das Thema Behinderung wechseln. Mit wechselnden Gästen im Studio werden Fragen behandelt, warum Empowerment und barrierefreie Zugänge so wichtig sind. Wer ist die Community in Österreich, welche sich mit diesen Fragen in der Praxis auseinandersetzt oder diese umsetzt. Diese Menschen werden zu *Perspektivenwechsel* ins Studio eingeladen. In den Sendungen werden Themen wie »Elternschaft und Behinderung«, »Behinderung und Sexualität«, »Barrierefreies Reisen«, »unterstützte Kommunikation« u.v.a. behandelt.

Die Sendereihe Perspektivenwechsel wird von Mediengarten - Filmproduktion & Medienvermittlung produziert: http://www.mediengarten.eu

ABBILDUNG 66
Team Sendung *Perspektivenwechsel*: Antina Zlatkova, Ivana Veznikova und Thomas Lindermayer

Foto: mediengarten.eu Das Video kann unter https://www.okto.tv/de/sendung/pswx abgerufen werden.

43. REDAKTION ANDERERSEITS - ÖSTERREICH

Von Ernst Tradinik

Die *Redaktion andererseits* wurde 2020 gegründet und sieht sich der Inklusion im Journalismus verpflichtet. Sie bieten Menschen mit Behinderungen Unterstützung an, damit diese ihre Themen journalistisch aufbereiten und publizieren können. Ob dies mittels Grafik, Podcast, Radio, Video oder ein anderes Medium ist. Sie werden in jenen Belangen so unterstützt, dass diese dies eigenständig umsetzen können. Am Beispiel des Schreibens von Texten beschreibt die *Redaktion andererseits* dies folgendermaßen:

»Oft entstehen unsere Texte in Zweierteams. Dabei gibt es zwei Möglichkeiten:

Co-Autorschaft: Beide bzw. alle genannten Personen gestalten den Text in Inhalt, Erzählung und Thematik.

Unterstützte Autor*innenschaft (XY unterstützt von XZ): Autor*innen mit Unterstützungsbedarf gestalten den Text in Inhalt, Erzählung, Thematik mit der Unterstützung, die sie brauchen. Das kann sehr unterschiedlich aussehen: einige der Autor*innen diktieren ihre Texte oder benötigen Unterstützung beim Erklären wichtiger Konzepte und der Organisation von Recherchen.«

Nachzuhören ist ihre Sicht auf inklusiven Journalismus und die Art des Arbeitens in einem ihrer Podcasts:

Podcast andererseits - »Sag's einfach«
https://open.spotify.com/episode/1xa2ykrWWgLcbIOVyHcJWx?si=6gZEN-TMQFu0ka5fIFN9YA&nd=1

Die *Redaktion andererseits* ist ein unabhängiges Online-Magazin, die Textbeiträge sind auf der Webseite von der *Redaktion andererseits* zu lesen, ihre Podcasts u. a. innerhalb der Ö1-Podcastreihe *Inklusion gehört gelebt* zu hören. Ihre erste TV-Dokumentation über das ›Spendenproblem‹ und die Sendung *Licht ins Dunkel* des öffentlich-rechtlichen Rundfunks in Österreich wurde über ihre Webseite veröffentlicht. Das Format *Die Anstalt* des ZDF reagierte ihrerseits mit einer Hommage an *Licht ins Dunkel*.

andererseits
https://andererseits.org/

Video: Das Spendenproblem
https://andererseits.org/spendenproblem/

Die Anstalt
https://www.zdf.de/comedy/die-anstalt/die-anstalt-vom-20-dezember-2022-100.html

44. PETER RADTKE - DEUTSCHLAND

Von Ernst Tradinik

Peter Radtke war Autor, Schauspieler und promovierter Romanist. Er wurde als Schauspieler bekannt, er machte selbst Regie und setzte sich früh für Rechte von Menschen mit Behinderung ein, machte das Krüppel Kabarett in München, arbeitete für die Arbeitsgemeinschaft Behinderung und Medien u.v.a. Er war in vielen Belangen Vorreiter und auch – heute würde man sagen – ein wichtiges ›Rolemodel‹ für viele andere Menschen (mit Behinderung). Er stand auf der Bühne, vor und hinter der Kamera und beschäftigte sich damit, was und wie Menschen mit Behinderung in Medien präsent sind.

»Wenn man vor vierzig Jahren gefragt worden wäre, was die Hauptprobleme in der Thematik ›Menschen mit Behinderungen in den Medien‹ seien, hätte die Antwort vermutlich gelautet: ›Was ist das – Menschen mit Behinderungen in den Medien?‹«

Damit kommen wir wieder an den Beginn dieses Buches. Inklusive Medienarbeit ist noch eine sehr junge Disziplin.

Zudem ist beim Umgang mit Menschen mit Behinderung der noch nicht so weit entfernte Nationalsozialismus in der Gesellschaft nachwirkend. In der Pränataldiagnostik hört man immer wieder, dass – obwohl dies gar nicht zu 100 Prozent sicher beurteilt werden kann, sondern nur Wahrscheinlichkeiten prognostiziert werden – Eltern zum Schwangerschaftsabbruch, fast könnte man sagen, gedrängt werden.

Und dies ohne entsprechende Aufklärung, was es nun heißen kann, ein Kind mit (Lern-)Behinderung zu haben. Es wird davon ausgegangen, dass das Leben dieses Kindes nicht *lebenswert* sei, dass dies viel zu viel Arbeit für Eltern und Umfeld bedeutet. Und so eine Abtreibung voll in Ordnung sei. Abgesehen von diesem Umgang, der sicher unterschiedlich gehandhabt wird, ich beziehe mich hier auf viele Erzählungen aus dem Umfeld, ist völlig im Dunkeln, wie viele Babys hier dabei sind, die keine Behinderung haben. Doch dies nur nebenbei.

Geschweige denn, so wie ganz eingangs im Buch erwähnt, wie der Umgang in der Gesellschaft gegenüber Menschen mit (Lern-)Behinderung und/oder psychischer Erkrankung war und ist. Welche Möglichkeiten es tatsächlich zum Wohnen und Arbeiten gibt oder wie ernst eine UN-Konvention für die Rechte von Menschen mit Behinderung tatsächlich genommen wird usw.

ABBILDUNG 67
Schauspieler, Autor und Regisseur Peter Radtke († 28. November 2020)

Foto: Sabine Eckert

Auf all das hat in anderen oder gar denselben Formen und Worten schon Peter Radtke durch seine vielen Arbeiten (http://www.peter-radtke.de/biografie.php) immer wieder hingewiesen. Auch indem er auf sich selbst hinwies. An Glasknochenkrankheit erkrankt wurden ihm 1943 nur einige Monate Leben diagnostiziert. Hätte es da die Pränataldiagnostik gegeben, wäre er unter Umständen nicht geboren worden, sondern die

Schwangerschaft wäre vorzeitig ›abgebrochen‹ worden. Peter Radtke wurde 77 Jahre alt. Er spielte in vielen Theaterstücken und Filmen mit, er schrieb und führte Regie. Und das in einer Zeit, in der er noch lange recht allein damit war, diese Positionen und Berufe als Mensch mit Behinderung auszuüben. Über das Leben und die Arbeit von Peter Radtke haben Thomas Koerner und Hermann Hoebel eine Kinodokumentation gemacht: *Ein Leben in tausend Brüchen. Body and Brain.*

Body and Brain Trailer
http://www.bodyandbrain.info/trailer.php

Peter Radtke
http://www.peter-radtke.de/

Arbeitsgemeinschaft Behinderung und Medien
https://www.abm-medien.de

»Ich leide nicht an einer Behinderung. Ich habe sie einfach. Es ist eine Art Lebensform« (https://www.sueddeutsche.de/kultur/peter-radtke-tot-1.5132782)

45. WEITERE INKLUSIVE PROJEKTE AUS FERNSEHEN, FILM UND SOCIAL MEDIA

45.1 Radio NÖ Bündnis gegen Depression

Text(-Teile) der Webseiten s.u.

Seit 2010 findet im Rahmen des NÖ (niederösterreichischen) Bündnisses gegen Depression eine Radiowerkstatt statt. Gemeinsam mit dem Campusradio St. Pölten werden Menschen mit Krankheitserfahrungen im psychischen Bereich mit den Grundlagen des Radiomachens im Freien Radio vertraut gemacht und produzieren in der Folge thematische Radiosendungen. Jeden zweiten Monat wird eine Radiosendung produziert. Diese möchte Einblick geben, informieren und Mut machen, den Umgang mit tabuisierten Krankheitsbildern in der Öffentlichkeit und im Privaten zu ändern.

Vom Schatten zur Sonne - Depression braucht Mut zum Leben

Ausstrahlung im Campus & City Radio St. Pölten und Radio Ypsilon/Hollabrunn in Österreich. Projekt: Selina Karl, Psychosoziale Zentren GmbH, Sylvia Lohmeyer der Caritas, mit der Unterstützung des NÖGUS – Initiative »Tut gut!« und der Begleitung und Sendungsverantwortung der Radiotrainerin Margit Wolfsberger.

Psychosoziale Zentren gGmbH
https://www.psz.co.at/buendnis-gegen-depression/bgd/radiowerkstatt

 **Radiosendungen:
NOE Bündnis gegen Depression**
https://www.freie-radios.online/sendereihe/noe-buendnis-gegen-depression

45.2 Barrierefrei aufgerollt - Österreich

ABBILDUNG 68

Barrierefrei aufgerollt bringt Audio- und Videobeiträge zu den Themen Barrierefreiheit, Selbstbestimmtes Leben und Inklusion.

Frei nach dem Motto: kurz, kompakt und leicht verständlich. Verantwortlich für die Inhalte von *barrierefrei aufgerollt* ist der Verein BIZEPS – Zentrum für Selbstbestimmtes Leben.

 **bizeps**
https://www.bizeps.or.at

 **Barrierefrei Aufgerollt**
https://www.barrierefrei-aufgerollt.at

45.3 Podcast *Echt Behindert* - Deutschland

Text(-Teile) von der Webseite *Echt Behindert*

Nach dem Motto »nichts über uns ohne uns« werden in diesem Podcast politische, soziale und persönliche Themen behandelt. Und zwar von denen, die sich damit auskennen, den behinderten Menschen selbst. Moderator Matthias Klaus ist blind. Geboren 1964 arbeitet er seit fast 30 Jahren als Radiojournalist in den Bereichen Kultur und Musik. Er ist ehrenamtlich in der Selbsthilfe engagiert und freut sich besonders, dass Themen rund um Behinderung jetzt auch bei der DW in den Fokus rücken. Wir freuen uns über Feedback, Anregungen und Kritik. Schreiben Sie an: echt.behindert@dw.com

Podcast Echt Behindert
https://www.dw.com/de/echt-behindert-der-podcast-zu-barrierefreiheit-und-inklusion/a-55509792

45.4 Radiosendungen »Ideen sind Gedanken der Schöpfung - wir alle haben sie«

Text(-Teile) aus der Webseite s.u.

Im Rahmen der Sendung »Ideen sind Gedanken der Schöpfung – Wir alle haben sie« haben wir mal mehr, mal weniger bekannte Kunstschaffende eingeladen. Von dem sehr bekannten Musiker Otto Lechner über DJanes des Firefly Clubs – der Firefly Club bildet Menschen mit Beeinträchtigung zu professionellen DJs aus, kümmert sich um deren Vermittlung und organisiert selbst integrative Veranstaltungen für Menschen mit und ohne Behinderung – bis hin zu Gaby Bartl und Nina Grünberger. Die beiden sind zwar keine Berufskünstlerinnen, aber dennoch sind die Künste ein Teil ihrer Lebensführung. Ihre ansteckende Freude an belebten Gedichten teilt Gaby Bartl immer wieder gerne mit ihren Mitmenschen, so auch in der letzten Episode der Sendereihe. Als

Überraschungsgast erzählt uns Nina Grünberger den ein oder anderen Schwank aus ihrem Leben, mit welchem Kunsthandwerk sie sich täglich beschäftigt und gibt ein an anschließendes Ständchen mit ihrer Ziehharmonika. Es war uns eine außerordentliche Freude, die beiden Damen als Gäste begrüßen zu dürfen.

45.5 Radiosendung »*Wohnen und Arbeiten* - Menschen mit Handicaps« - Deutschland

Text(-Teile) aus Webseite tide und Facebook-Seite der beiden Moderatoren

TIDE ist ein Bürger*innensender in Hamburg. Dort gibt es seit 2016 die Sendereihe *Wohnen und Arbeiten – Menschen mit Handicaps*. Die Moderatoren Nikolai Prodöhl und Ing Han Ong haben selber ein Handicap und sprechen über ihre Erfahrungen und Erlebnisse. »Wie wohnen und arbeiten Menschen mit Handicaps und welche Rechte haben sie?« ist eine der Fragen, die sie durch diese Radiosendung thematisieren wollen. Diese Sendereihe wurde auch zu einer Podcastreihe, die *Die guten News und Inklusion*.

Ein Sendungsbeispiel bei TIDE.radio Hamburg der Sendung »Wohnen und Arbeiten«:

»Wir Moderatoren Nikolai Prodöhl und Ing Han Ong sprechen heute am internationalen Tag der Menschen mit Behinderung über die UN-Behindertenrechtskonvention wie Menschen mit Behinderungen dort in Katar leben.«

TIDE Radiosendung Wohnen und Arbeiten
https://www.mixcloud.com/nikolai-prodöhl/

45.6 Oli Inclusive - Die-Redaktion - Schweiz

Text(-Teile) aus dem Folder ›Oli Inclusive Hintergrundinfo‹

Die-Redaktion – https://die-redaktion.org – ist ein unabhängiges Online-Magazin. Mit ihrem Engagement im Bereich Inklusion will die Redaktion einen Beitrag an die von der Schweiz 2014 ratifizierte Umsetzung der UN-Konvention über die Rechte von Menschen mit Behinderungen (UN-BRK) leisten.

Die Rubrik *Oli Inclusive* wird in Fachkreisen wie der Dachorganisation inclusion-handicap als positives Beispiel für Inklusion und Partizipation wahrgenommen. Wichtige Voraussetzung gelebter Teilhabe ist beispielsweise, dass Oli die Interviews tatsächlich selber schreibt und auch seine Interviewpartner*innen selber auswählt.

Oli Inclusive ist eine Rubrik des noch jungen YouTube-Kanals *Die-Redaktion*. Bei *Oli Inclusive* handelt es sich um ein innovatives Video-Projekt im Bereich gelebter Teilhabe, das Oliver Liechti im Alltag begleitet und ihm ermöglicht, als Reporter Interviews mit interessanten Menschen zu führen. Oliver Liechti (32) war durch seine Lernbehinderung eine Ausbildung im Sinne einer Berufslehre nicht möglich. Trotzdem hat er selber eine Arbeit im ersten Arbeitsmarkt gefunden und lebt in der Freizeit seinen Traum als vollwertiger Reporter bei die Redaktion.org.

 **TV-Sendungen Oli Inklusive**
https://www.youtube.com/playlist?list=PLguZ4U4jW2wSe3tF6zieZMuUr2SmNsHKI

 **Die Redaktion**
https://die-redaktion.org/unsere-rubriken/

45.7 Gebärdenwelt TV - Österreich

Seit 2008 gibt es *Gebärdenwelt TV* in Österreich, hier werden Nachrichten in Gebärdensprache moderiert.

»Gebärdenwelt TV sieht sich in erster Linie als primäre Informationsquelle für gehörlose Österreicher*innen. Das heißt, es werden Beiträge für die Community produziert, aber die Themen sollen auch aus der Community kommen. Unsere Zielgruppe sind alle gehörlosen Menschen, vorwiegend in Österreich. Unsere Angebote sollen einerseits Wissen in ÖGS (Österreichische Gebärdensprache) vermitteln, andererseits sollen die Realitäten aus der Welt der Gehörlosigkeit und generell der Welt der Menschen mit Behinderungen in Österreich gezeigt werden. Barrierefreiheit geht vor — alle unsere Beiträge bestehen aus Videos mit einem Transkript oder unterstützendem Text. Die Videos werden entweder direkt auf ÖGS vorgetragen, von einer ÖGS-Moderator*in übersetzt oder untertitelt.

ABBILDUNG 69
Logo ÖGS Barrierefrei mit Gebärdenwelt

Mit unserem neuen Kinderprogramm ›GeKi – für gebärdende Kinder‹ wollen wir auch ein inklusives Angebot für Kinder schaffen. Ein neues, eigenständiges Team bereitet Videos vor, um Kinder zu unterhalten und ihnen etwas beizubringen. So gibt es z.B. Videos mit Experimenten, Bastel-Projekten und eine Übersetzung von Kinderbüchern auf ÖGS.«

 **Gebärdenwelt TV**
https://www.gebaerdenwelt.tv/

45.8 FINGERZEIG - die Talkshow in Gebärdensprache - Deutschland

FINGERZEIG ist die erste Talkshow im deutschen Fernsehen in deutscher Gebärdensprache. In dem Projekt diskutieren Gehörlose und gebärdende Menschen in einer TV- und Internet-Sendung über selbstgestaltete Themen. Das Team aus Berlin hat sich via YouTube-Channel einen Seher*innen-Kreis erarbeitet. Produziert und gesendet wird FINGERZEIG beim offenen TV-Kanal ALEX in Berlin.

Fingerzeig
https://www.youtube.com/playlist?list=PLQOns7rQTDGOEMc1BAmgZKe8TsmV4PBA9

45.9 *Hand drauf* auf Instagram - Deutschland

(Text-)Teile der Webseite s.u.

Hand drauf – der Instagram-Kanal für die Deaf Community und ein Folgeprojekt von *100percentme*. Produziert von FUNK. Die FUNK-Plattform ist ein Online-Netzwerk von ARD und ZDF.

»Hand drauf ist der Instagram-Kanal für die junge Deaf Community in Deutschland. Jede Woche beantworten die gehörlosen Hosts Iris, Toma & Björn Fragen, die ganz speziell gehörlose Menschen betreffen: Wieso kann mein Lehrer nicht gebärden? Sind wir eigentlich anfälliger für Fake News? Wieso sollten wir echt stolz auf uns sein?«

Moderatorin Iris Meinhardt im Interview auf den Medientagen in München
https://www.youtube.com/watch?v=P5yLkhQX5Ds

Bei *Hand drauf* sprechen wir über Diskriminierung und Benachteiligung, wir sprechen aber genauso auch über Mut, Chancen und Identität. Hand drauf bietet einen Mix aus Information und Orientierung – kurz, knackig und vor allem: für alle verständlich.

»Bei Hand drauf ist DGS (Deutsche Gebärdensprache) Muttersprache. Der Kanal wird von einem Team aus Gehörlosen und Hörenden gemacht. Vor allem aber wird er mit euch gemacht: Es ist euer Kanal, die Community ist das Herzstück von Hand drauf. Alles, was hier passiert, könnt und sollt ihr mitbestimmen. Worüber wollt ihr diskutieren? Welche Erfahrung möchtet ihr mit den anderen teilen? Worüber möchtet ihr mehr erfahren? Lasst es uns wissen! Unser Kanal steht für Vielfalt, Toleranz und Identifikation. Wir wollen zum Austausch und zur Diskussion in der Community anregen.« (https://www1.wdr.de/funk-hand-drauf100.html)

Hand drauf bei Instagram
https://www.instagram.com/hand.drauf/?hl=de

45.10 Signes - Schweiz

Signes ist ein TV-Magazin in Gebärdensprache. Es richtet sich an Hörbehinderte und alle, die sich für deren Welt interessieren. Im Dezember 2022 feierte die Redaktion ihr 40-jähriges Bestehen und ist vom SRF (Schweizer Radio und Fernsehen). Ausgestrahlt wird das Magazin in SRF1 (DSGS, nur in der Schweiz empfangbar) und ist in der SRF-Mediathek mehrere Jahre lang auch außerhalb der Schweiz abrufbar.

TV-Sendungen Signes
https://www.srf.ch/play/tv/sendung/signes-in-gebaerdensprache?id=5832074e-3266-4c7d-8879-db5b5e485566

45.11 Jahns rollende Welt - Moderator Jahn Graf - Schweiz

Text(-Teile) der Webseiten s.u.

Gruezi mitenand ;)! Dieser Kanal wird sich hauptsächlich mit Videos rund ums Thema Behinderung auseinandersetzen. Durch meine Behinderung erlebe ich die Welt »rollend« aus der Perspektive meines Rollstuhls, deshalb der Name des Kanals ;) im Format Jahn Trifft Interview ich Menschen mit und ohne Behinderung und In unregelmässigen Abständen werden auch Vorträge von mir erscheinen, welche ich z. B. an Schulen oder öffentlichen Orten gehalten habe. Es werden wöchentlich zwei bis drei Videos hochgeladen. Manche Videos sind in schweizerdeutscher Sprache. Diese sind im Thumbnail entsprechend markiert ;). Jahns rollende Welt findet man auch auf Facebook: https://www.facebook.com/jahnsrollendewelt/

Jahn Graf ist zudem auch Moderator beim SRF (Schweizer Rundfunk und Fernsehen). Nach einer Pause moderiert er ab 2022 wieder die Paralympics.

Jahns rollende Welt
https://www.youtube.com/channel/UCUuIK2IsSIL3OEhaKKa-xEQ

SFR-Moderator Jahn Graf
https://www.srf.ch/sport/mehr-sport/paralympics/in-eigener-sache-paralympics-2022-bei-srf-jahn-graf-kehrt-als-moderator-zurueck

46. FAZIT UND AUSSICHTEN DER INKLUSIVEN MEDIENARBEIT

Von Ernst Tradinik

Ausgehend von den für mich persönlich faszinierenden audiovisuellen Medien wie Radio, Podcast, Video, Film u. a. und der Erfahrung der Beobachtung des Mannes, der sich seine Lautsprache immer und immer wieder anhörte (wie am Beginn des Buches beschrieben), meiner langjährigen Praxis in inklusiven Medienarbeiten, der Lehre, der Arbeit als Filmemacher und Betreuer, habe ich Teilbereiche der inklusiven Medienarbeit definiert. Diese sind keineswegs überraschend oder übermäßig spannend, kann man da auch sagen. Sehr spannend und interessant finde ich jedoch die Entwicklung und die Arbeit an diesen Teilbereichen.

Das Buch ist für mich auch ein Blick über die Zeit(-geschichte) der inklusiven Medienarbeit geworden. Manches wusste ich noch nicht. Der BAYRISCHE RUNDFUNK produziert seit 1975 die TV-Sendung *Sehen statt Hören*. Es arbeiten dort gehörlose Redakteur*innen und Moderator*innen. 1995 wurde in Oberösterreich der humorvolle Vierteiler *Am Anfang war der Schleifstuhl* gedreht. Hier arbeiteten erstmals Menschen vor der Kamera, die mehrfach schwer behindert waren/sind. Die Absicht des Vierteilers war, neben der gemeinsamen Arbeit mit Film und Schauspiel, die als sehr bereichernd beschrieben wurde, dass Zuseher*innen ein anderes Bild von Menschen mit (Lern-)Behinderung und/oder psychischer Erkrankung bekommen. Dies ist ein wichtiger Faktor der inklusiven Medienarbeit, die im Grunde automatisch zum Tragen kommt.

In den späten 1990er-Jahren wurde Redakteur und Moderator Alex Oberholzer in der Schweiz auf STAR TV im *Movie Talk* (gemeinsam mit Wolfram Knorr) bekannt. Diese Filmkritiksendung lieferte neben der Information über neue Filme eine humorvolle vergnügliche Moderation (https://schweizermonat.ch/nacht-des-monats-mit-alex-oberholzer/# [23.01.2023]). So machte Alex Oberholzer neben dem beruflichen Erfolg u. a. die Erfahrung, im öffentlichen Raum nicht nur wegen seiner Behinderung angesehen zu werden.

Diese drei (ersten) Beispiele von inklusiver Medienarbeit aus Deutschland, Österreich und der Schweiz zeigen die Wirkungsbreite von inklusiver Medienarbeit auf. Es verweist auf Möglichkeiten, nein, auf die Notwendigkeit, dass alle Menschen selbst journalistisch tätig sein können und wollen. Und auch, dass die Arbeit mit Humor hier einen ebenso wichtigen wie selbstverständlichen Platz hat. Und dies ist weit davon entfernt, das Bild des permanenten Opfers oder ähnlichem zu bemühen. Menschen mit (Lern-)Behinderung und/oder psychischer Erkrankung können und wollen in ihrer jeweiligen Medienarbeit, mit oder ohne Unterstützung, sehr gut für sich selbst sprechen.

Man kann dies selbstverständlich in Medienberufen umsetzen, als Moderator*in, Journalist*in u. a. Aber auch in Formaten von inklusiver Medienarbeit, die Patient*innen einer Psychiatrie Radio machen lassen. Hier geht es auch um Tätigkeiten wie Moderation und Redaktion, der Nutzen ist hier aber ein anderer. Man kann ins Sprechen kommen, man erzählt oder vermittelt ein Bild von Menschen, die eben in der Psychiatrie sind, psychisch erkrankt sind usw. Für die Patient*innen ist der Akt des Radiomachens und in die Öffentlichkeit sprechen ein Überwinden von Mauern. Für Hörer*innen ist es ein spannender Blick hinter diese Mauern. Unter Umständen trägt dies auch zu einer Ausgewogenheit in Fragen von Machtausübung von Ärzten oder Pflegepersonal gegenüber Patient*innen bei.

Die Radioformate *Radio loco-motivo* (Schweiz) und *Radio Schrägformat* (Deutschland) orientieren sich an die Erfahrungen und dem Wissen von Gianni Python. Parallel wurden in anderen Institutionen und freien

Radios Formate entwickelt, in denen Menschen mit psychischen Erkrankungen aktiv mitwirken und ähnliche Erfahrungen wie bei *Radio loco-motivo* machen. Neben der journalistischen oder künstlerischen Radioarbeit, der Moderation, hat das Sprechen ins Mikrofon, an ein unbekanntes Publikum positive Effekte für die eigene Persönlichkeit und fördert die Selbstbemächtigung. Hier seien Sendereihen wie das Leben in der Kapsel oder das Bündnis gegen Depression (Österreich) genannt. Auch ist dies für die Außenwirkung auf Hörer*innen der Sendungen von Menschen mit psychischer Erkrankung ganz wichtig. Hier wird automatisch und en passant ein Bild erzeugt, welches ein anderes ist, als wenn man das erste Mal an Psychiatrie oder Menschen mit psychischer Erkrankung denkt. Das ist ein wichtiger Nutzen von inklusiver Medienarbeit.

Sehr wichtig sind Arbeiten wie die der *Redaktion andererseits*, die u. a. vermehrt den Blick darauflegen, dass auch kritische Berichterstattung, (kritischer) Journalismus ermöglicht wird. Dies betrifft insbesondere Menschen mit Lernbehinderung, Trisomie 21 u. a. Wie können diese Menschen gut journalistische Arbeit umsetzen? Wie kann man dies begleiten und unterstützen, sodass tatsächlich die Betroffenen selbst ihre Geschichte erzählen und sie selbst journalistisch tätig sind, ihre eigene Kritik formulieren?

Das sind wesentliche Grundfragen von inklusiver Medienarbeit. Menschen mit Behinderung sind schon einige Jahre journalistisch tätig. Wie zum Beispiel die Journalist*innen von BIZEPS, Journalist*innen der Leidmedien, Alex Oberholzer aus der Schweiz u.v.a. Sobald Menschen eine Lernbehinderung oder, in irgendeiner Form eine kognitive Beeinträchtigung haben, müssen diese in einer Form unterstützt und begleitet werden, die gewährleistet, dass sie tatsächlich ihre eigenen Themen zur Sprache bringen. Und nicht z. B. Themen, die andere für sie bereithalten.

Dass inklusive Medienarbeit auch innerhalb einer großen Institution möglich ist, zeigte HARTHEIM TV. Hier ist besonders gut nachvollziehbar, wie Teilbereiche der inklusiven Medienarbeit verknüpft werden können. Die (Werte-)Haltung der Begleitung und Unterstützung einer inklusiven Medienarbeit ist entscheidend. Wie sehe ich selbst diese

Menschen? Blicke ich auf die kolportierte Verhaltensauffälligkeit der jeweiligen Person? Oder lasse ich das und nehme eine eigene Position ein, nehme eine Position ›auf Augenhöhe ein‹ und nutze zudem die Möglichkeiten der inklusiven Medienarbeit (wie hier zum Beispiel mit Straßeninterviews zum ›Wert des Lebens‹) u.v.a.

Dazu wurden in diesem Buch die nötigen Teilbereiche und wichtige Aspekte der inklusiven Medienarbeit beschrieben. Ob dies die Partizipation (GRÖBER) oder die Selbstbemächtigung (ADLER) betrifft, die Möglichkeiten und Notwendigkeit von unterstützter Kommunikation aufzeigt (TOMAN) oder Logopädie und inklusive Medienarbeit in Verbindung bringt (BITRIOL). Wie kann ich inklusive Medienarbeit nutzen, welche Verbindungen gibt es zur Sprache und wie kann ich dies in den Arbeitsbereich mit Medien bringen (DAMBÖCK, LEHNER, WAGNER)?

Wie kann ich inklusive Medienarbeit in die Lehre der Sozialen Arbeit, der Sozialpädagogik, der Kommunikationswissenschaft u. a. einbauen (NAGY)? Wie kann man das vermehrte Sprechen, das ›Ins Sprechen‹-kommen durch die Praxis der inklusiven Medienarbeit weiter beforschen? Welche Phänomene oder Wissen kann oder sollte man von der Psychoanalyse (nach Lacan) genauer betrachten, um zu wissen, welches Hören man u.U. automatisch in der inklusiven Medienarbeit anwendet. Wie kann man dies didaktisch so aufbereiten, um dies in der Lehre gut weiter geben zu können? Worauf achte ich als Begleiter*in und Unterstützer*in einer Radiosendung? Wo und wie höre ich hin? Welchen Platz oder welche Pause lasse ich wo? Was tue ich intuitiv, wenn ich als Co-Moderator*in einer Radiosendung, eines Podcastes dabei bin (TRADINIK)? Es gibt auch erste Überlegungen, wie man Traumapädagogik innerhalb der inklusiven Medienarbeit (ADLER) anwenden kann. Diese sollte unbedingt weitergedacht und umgesetzt werden.

Einer der Grundpfeiler für gelungene inklusive Medienarbeit ist der Blick auf die jeweilige Machtfrage. Dies habe ich in diesem Buch in verschiedenen Formen immer wieder erwähnt. Das mag lästig oder banal oder übertrieben klingen. Aber den Unterschied kann man zum Beispiel in Sendungen erkennen. Da schwingt mit, wer tatsächlich was entschieden hat.

Wie werden die jeweiligen Sendungsmacher*innen von ihren Begleiter*innen und Unterstützer*innen wahrgenommen? Geht es tatsächlich darum, was die Sendungsmacher*innen selbst wollen? Oder ist da jemand, der/die vermeintlich wohlwollend diesen Personen in seinem eigenen Sinne ermöglicht, mal Radio, Podcast, Video oder was auch immer zu machen? Und sich selbst bzw. die eigenen Themen oder die Machart der Sendung in den Vordergrund rücken möchte? Das sieht und hört man relativ schnell. Vor allem dann, wenn man sich die Frage stellt, wie viel selbstständiges Arbeiten oder selbstständige Gestaltung ist tatsächlich umgesetzt worden?

Ein wichtiger Teilbereich ist natürlich zu schauen und zu zeigen, welche inklusiven Medienarbeiten es gibt. Ich hoffe, dass dieses Buch hier ein wenig dazu beitragen kann. Zum Glück ist es derzeit so, dass sich inklusive Medienarbeiten schnell ausweiten. Ob dies nun in der Umsetzung eines eigenen YouTube-Channels oder die Gestaltung eines eigenen Podcast ist, oder im Rahmen von Arbeiten am ersten oder zweiten Arbeitsmarkt. Ich wünsche mir, dass sich vermehrt potenzielle Arbeitgeber*innen die nötige Unterstützung suchen und mutig genug sind, diesen Schritt zu wagen.

Ich persönlich würde mich über eine Radiosendung freuen, die eine/n Moderator*in leitet, die sich in nonverbalen Worten ausdrückt. Oder über Sendungen von gehörlosen Menschen, die ihre eigenen Lebensbedingungen als Anlass zur Gestaltung von TV-Sendungen oder Filmen heranziehen, sprich, dass diese ganz ohne Audio gedacht und umgesetzt werden. Es wäre spannend, ob sich daraus – zum Beispiel im Bereich Film bzw. Kino – eine eigene Bildsprache entwickelt.

In all diesen Bereichen ist immer noch eine große Portion (Zivil-)Courage nötig. Oder eine gelebte Selbstverständlichkeit, die noch nicht (überall) selbstverständlich ist. Lassen Sie sich nicht von Worten wie ›Inklusion‹, ›Empowerment‹ und ähnlichen Worten blenden. Schauen und hören Sie selbst genau hin, wenn Ihnen jemand etwas erzählt oder wenn Sie ein inklusives Medienprodukt anschauen/anhören. Und achten Sie auch regelmäßig auf die eigene Arbeit und das eigene Handeln in diesen Arbeits- und Lebensbereichen.

Inklusive Medienarbeit wirkt in viele Bereiche der Gesellschaft hinein. Inklusive Medienarbeit ist für mich auch ein wichtiges gesellschaftliches Puzzlestück, um das Wort ›lebensunwert‹ endgültig und umfassend in die Geschichtsbücher zu verbannen.

Ich hoffe, dass dieses Buch dazu beiträgt, inklusive Medienarbeiten aller Art umzusetzen, dass diese auch am ersten Arbeitsmarkt Fuß fassen. Und ich hoffe, einen Startschuss für eine kontinuierliche Erforschung von inklusiver Medienarbeit gegeben zu haben.

Praktischer Journalismus

STEFAN WACHTEL / ANTJE KEIL / CLEMENS NICOL

Sprechen und Moderieren.
In Radio, Fernsehen und Social Media

Praktischer Journalismus, 23
2022, 7., komplett überarbeitete Auflage,
288 S., 38 Abb., Broschur m. Klappe,
240 x 170 mm, dt.

ISBN (Print) 978-3-7445-2007-2 | 29,50 EUR
ISBN (PDF) 978-3-7445-2008-9 | 25,99 EUR

In Zeiten einer neuen Mündlichkeit muss jede und jeder ihren und seinen wirkungsvollen Stil finden. Mikrofon und Kamera verlangen spezielles Handwerk und System. Vieles davon haben YouTube, Instagram und Podcasts verändert, die Grundregeln aber bleiben. Drei Autor*innen aus der Praxis geben in einem erweiterten und modernisierten Klassiker der Sprecherziehung Anleitungen und System – gegen das Auswendiglernen oder das Ablesen. Sie plädieren für das freie Sprechen mithilfe von Stichwortkonzepten. Auch wenn heute aus Wohnzimmern (und morgen vielleicht aus noch viel virtuellerer Realität aus Broadcast-Drohnen) medial gesprochen wird, das Professionalitätsgebot bleibt, und es wird wichtiger!

Das Buch liefert die Theorie des Sprechens und Grundpfeiler zu einem zeitgemäßen Stimm- und Sprechtraining. Und es enthält zahlreiche Beispiele zu Betonung, Ausdruck, Aussprache, Moderation und Interview. In einer radikal neuen Form liefert das Buch alles, was man braucht: für die spezielle Situation in Studios, im Außeneinsatz und in Smartphone-Settings auf engstem Raum. Professionalität, auch aus Wohnzimmern.

HERBERT VON HALEM VERLAG

Boisseréestr. 9-11 · 50674 Köln
http://www.halem-verlag.de
info@halem-verlag.de

Praktischer Journalismus

CHRISTIAN THIELE

Interviews führen

Praktischer Journalismus, 109
2024, 3., komplett überarbeitete Auflage,
142 S., Broschur, 185 x 120 mm, dt.

ISBN (Print) 978-3-7445-2088-1 | 22,00 EUR
ISBN (PDF) 978-3-7445-2089-8 | 18,99 EUR

Mal ist es ein Tanz, mal ein Boxkampf, mal eine therapeutische Sitzung. Ein gutes Interview informiert, unterhält und gibt etwas über die befragte Person preis. Kein anderes Genre stellt höhere Anforderungen an die Journalist*innen: Im Interview müssen sie einen genau festgelegten Zeitrahmen optimal nutzen. Sie müssen schlagfertig sein und sich etwas trauen, aber vor allem müssen sie zuhören können. Sie sollten sich gründlich vorbereiten und sie müssen gelernt haben, wie man aus einem mündlichen Gespräch ein elegantes, flüssig zu lesendes Interview schnitzt. Auch sollten sie die Eigenheiten, Dos und Don'ts von Podcast-Interviews kennen.

Was es zu beachten gilt und was zu vermeiden, weiß der Autor aus eigener Erfahrung als regelmäßiger Interviewer. In seinem Buch gibt er sein Wissen weiter – so lehrreich wie nötig und so unterhaltsam wie möglich. Die 3. Auflage wurde überarbeitet und aktualisiert.

HERBERT VON HALEM VERLAG

Boisseréestr. 9-11 · 50674 Köln
http://www.halem-verlag.de
info@halem-verlag.de

Journalismus

STEPHAN RUSS-MOHL / TANJEV SCHULTZ

Journalismus.
Das Lehr- und Handbuch

Praktischer Journalismus, 110
2023, 4. Auflage, 352 S., 60 Abb., Broschur,
240 x 170 mm, dt.

ISBN (Print) 978-3-86962-544-7 | 34,00 EUR
ISBN (PDF) 978-3-86962-548-5 | 28,99 EUR
ISBN (ePub) 978-3-86962-541-6 | 28,99 EUR

Journalismus. Das Lehr- und Handbuch von Stephan Russ-Mohl erscheint mit Tanjev Schultz als neuem Ko-Autor in vierter Auflage – aktualisiert und von Grund auf überarbeitet. Das Buch widmet sich primär der Praxis und dem journalistischen ›Handwerk‹, lässt aber Erkenntnisse der Journalismus- und Medienforschung mit einfließen, wenn dies nützlich ist und den Horizont erweitert. Es spürt den dramatischen Veränderungen im Berufsfeld nach, ohne in modischen ›Hype‹ zu verfallen. Das Buch zeigt, wie sich durch netzbasierte Recherche- und Kommunikationsformen der journalistische Alltag verändert. Nach amerikanischen Vorbildern konzipiert, ist das Lehrbuch leicht lesbar, aber vor allem informativ. Kurze Pro- und Contra-Texte zu umstrittenen Themen sollen zu eigenem Nachdenken anregen.

Das Buch bietet Grundlagen für Volontäre, Journalistenschüler und Studierende der Journalistik, Kommunikations- oder Medienwissenschaft, aber auch Interessantes für voll ausgebildete Journalistinnen und Journalisten, PR-Fachleute und Medienmanager.

HERBERT VON HALEM VERLAG

Boisseréestr. 9-11 · 50674 Köln
http://www.halem-verlag.de
info@halem-verlag.de